新资料与中古文史论稿（修订本）

刘安志 著

上海古籍出版社

本书出版得到如下项目支持：

教育部新世纪优秀人才支持计划项目（NCET-10-0615）
"敦煌吐鲁番文书与中国中古史研究"

教育部人文社会科学研究规划基金项目（13YJA770016）
"中古衣物疏研究"

国家社会科学基金重大招标项目（17ZDA183）
"吐鲁番出土文书再整理与研究"

作者简介

刘安志 1966年出生于贵州省织金县，1999年毕业于武汉大学，获历史学博士学位。现任武汉大学历史学院院长、教授、博士生导师，国家社科基金重大招标项目首席专家，兼任教育部高等学校历史学科教学指导委员会委员（2013—2017）（2018—2022），中国唐史学会副会长、常务理事，中国敦煌吐鲁番学会常务理事，新疆吐鲁番学研究院专家委员会委员，《西域研究》《吐鲁番学研究》《西域文史》编委等。2009年入选教育部新世纪优秀人才支持计划，2012年受聘为日本龙谷大学佛教文化研究所外国人客员研究员。研究领域为魏晋南北朝隋唐史暨敦煌吐鲁番文书整理与研究。著有《吐鲁番文书总目（日本收藏卷）》（与陈国灿教授共同主编，2005）、《敦煌吐鲁番文书与唐代西域史研究》（2011）、《新资料与中古文史论稿》（2014），在《历史研究》《中国史研究》《敦煌写本研究年报》等中日刊物发表学术论文数十篇。

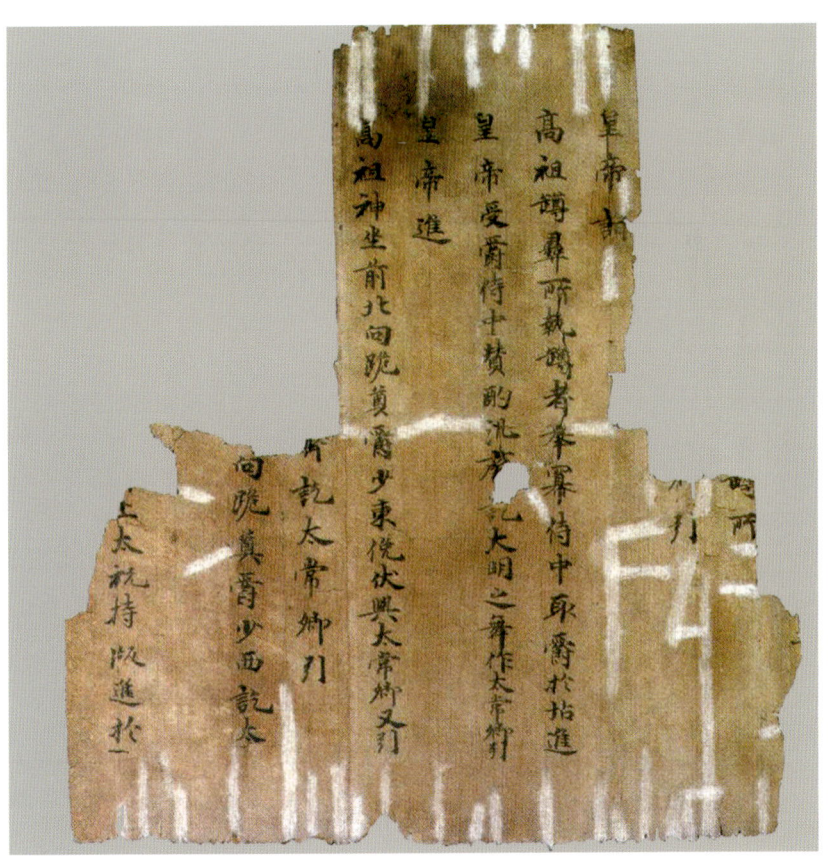

图版一：国家图书馆藏敦煌写本《大唐开元礼》残片（周字70A号）
来源：荣新江：《唐写本〈唐律〉〈唐礼〉及其他》，载《文献》2009年第4期

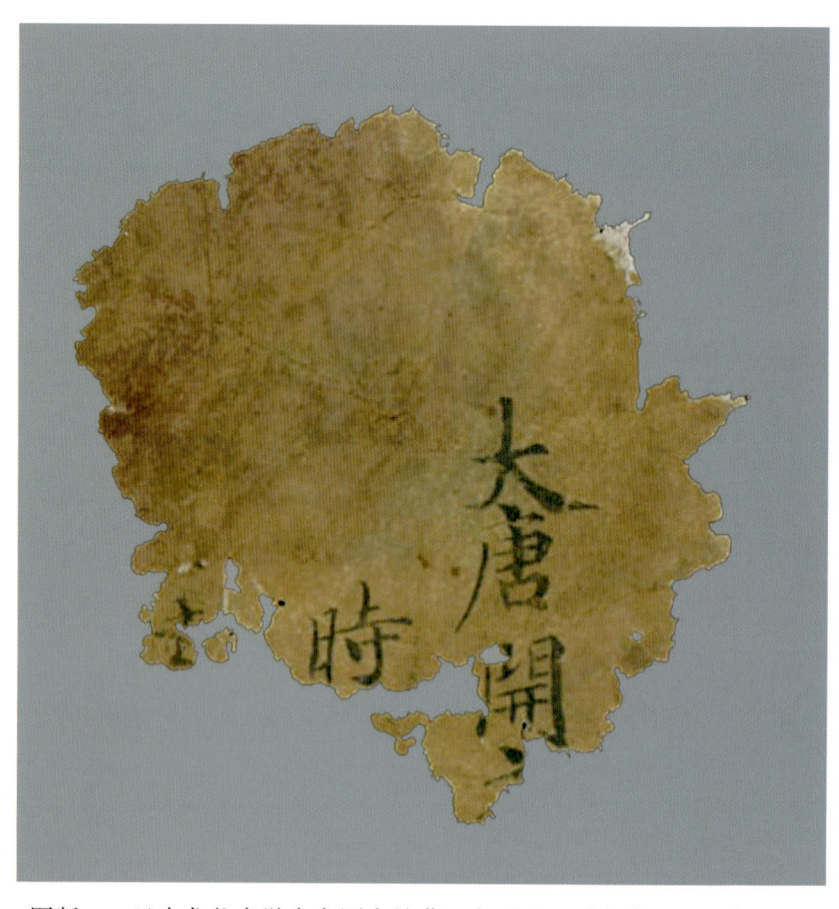

图版二：日本龙谷大学大宫图书馆藏吐鲁番出土《大唐开元礼》残片
（大谷4922号）

来源：小田义久主编：《大谷文书集成》第三卷，京都：法藏馆，2003年

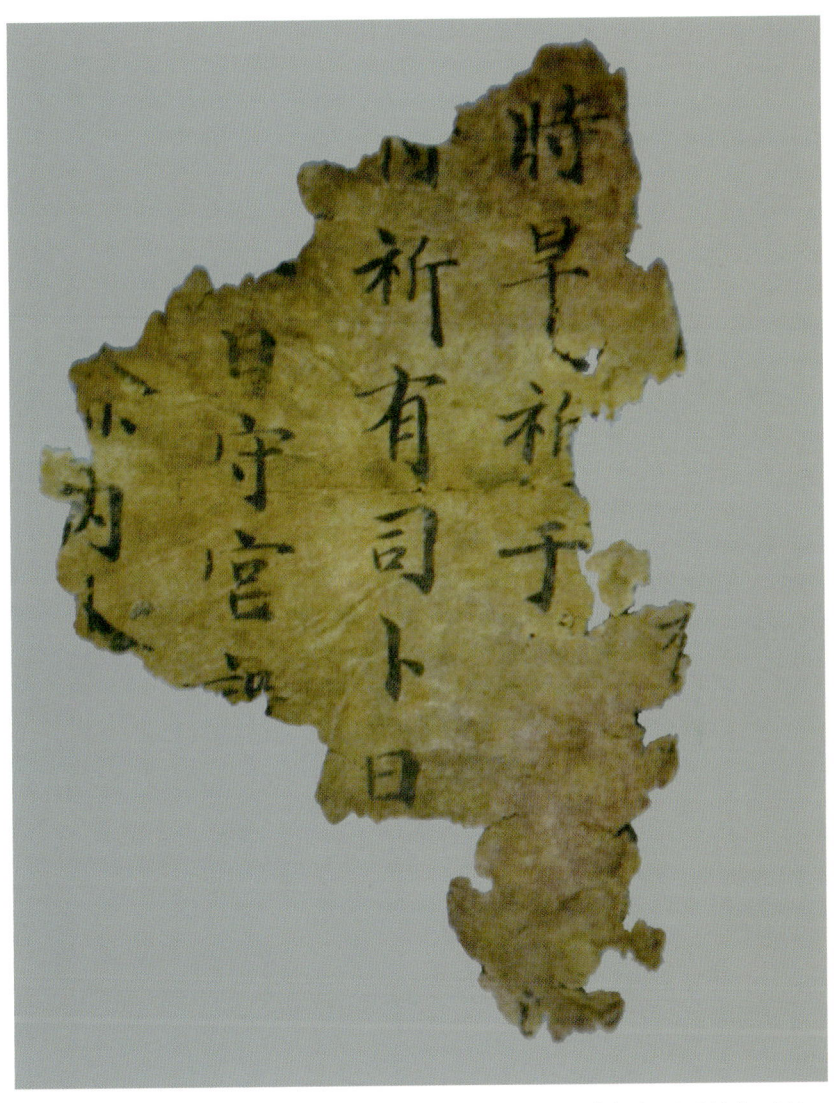

图版三：日本龙谷大学大宫图书馆藏吐鲁番出土《大唐开元礼》残片
（大谷8113号）

来源：小田义久主编：《大谷文书集成》第三卷，京都：法藏馆，2003年

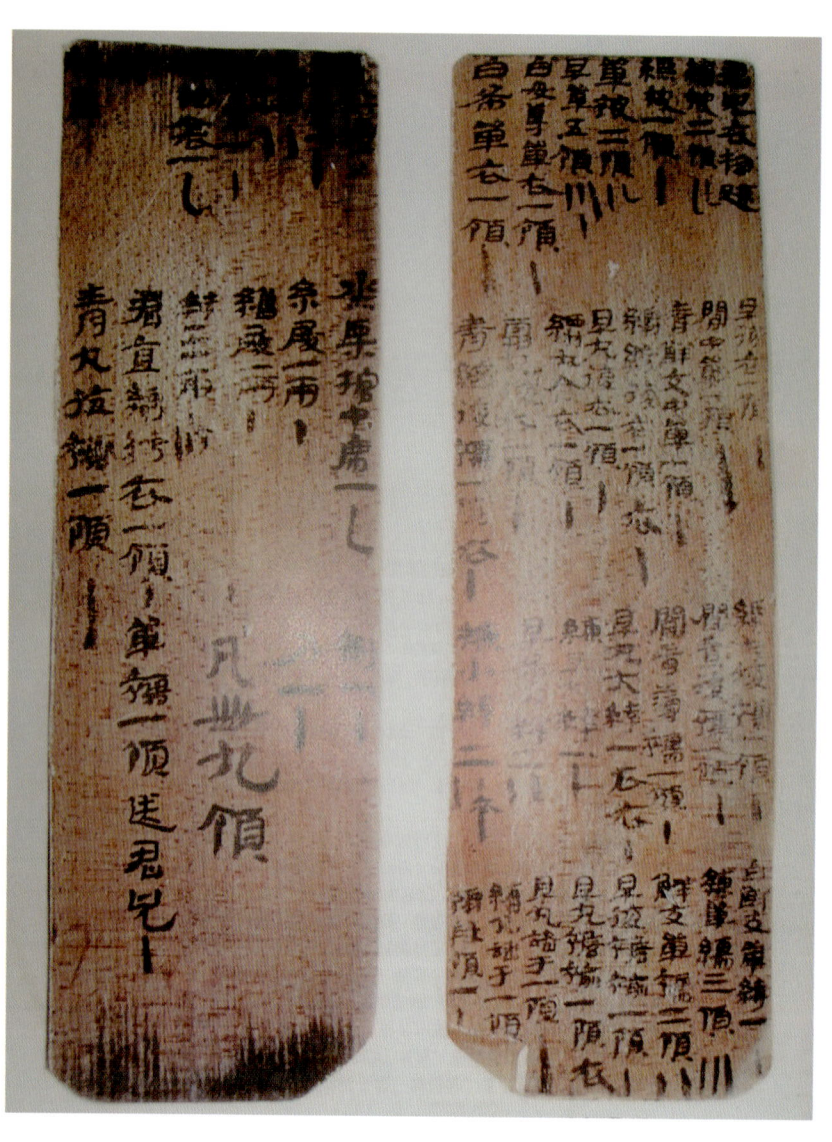

图版四：江苏连云港市尹湾汉墓出土君兄衣物疏
来源：《尹湾汉墓简牍》，北京：中华书局，1997年

图版五：江苏连云港市尹湾汉墓出土君兄缯方缇中物疏、君兄节司小物疏

来源：《尹湾汉墓简牍》，北京：中华书局，1997年

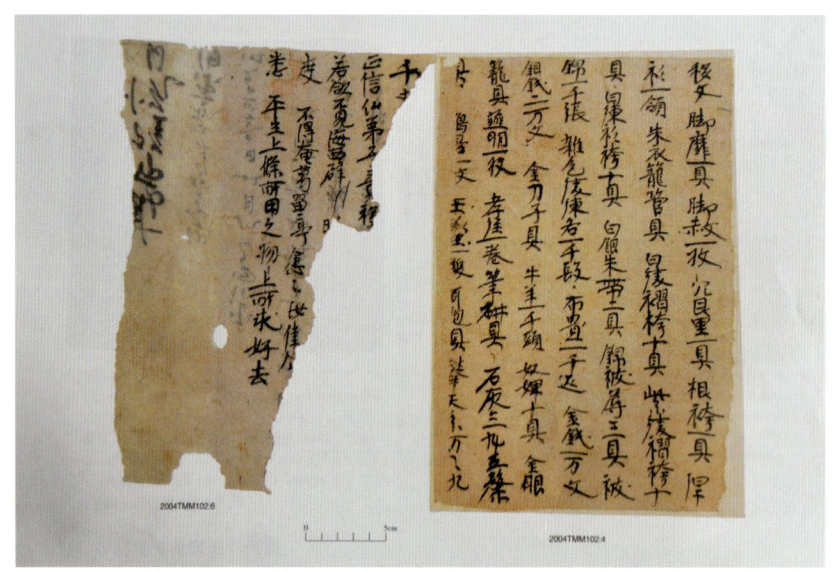

图版六：新疆吐鲁番地区木纳尔墓葬出土《唐显庆元年（656）宋武欢移文》
来源：荣新江等主编：《新获吐鲁番出土文献》，北京：中华书局，2008年

图版七：湖南长沙出土刘宋元嘉十年（433）徐副地券
来源：王育成：《徐副地券中天师道史料考释》，载《考古》1993年第6期

图版八：湖北武昌出土萧齐永明三年（485）刘觊地券
来源：郭沫若：《由王谢墓志的出土论到兰亭序的真伪》，《文物》1965年第6期

图版九：湖北罗田县博物馆藏《北宋潘五娘买地券》
来源：湖北省罗田县博物馆，未发表

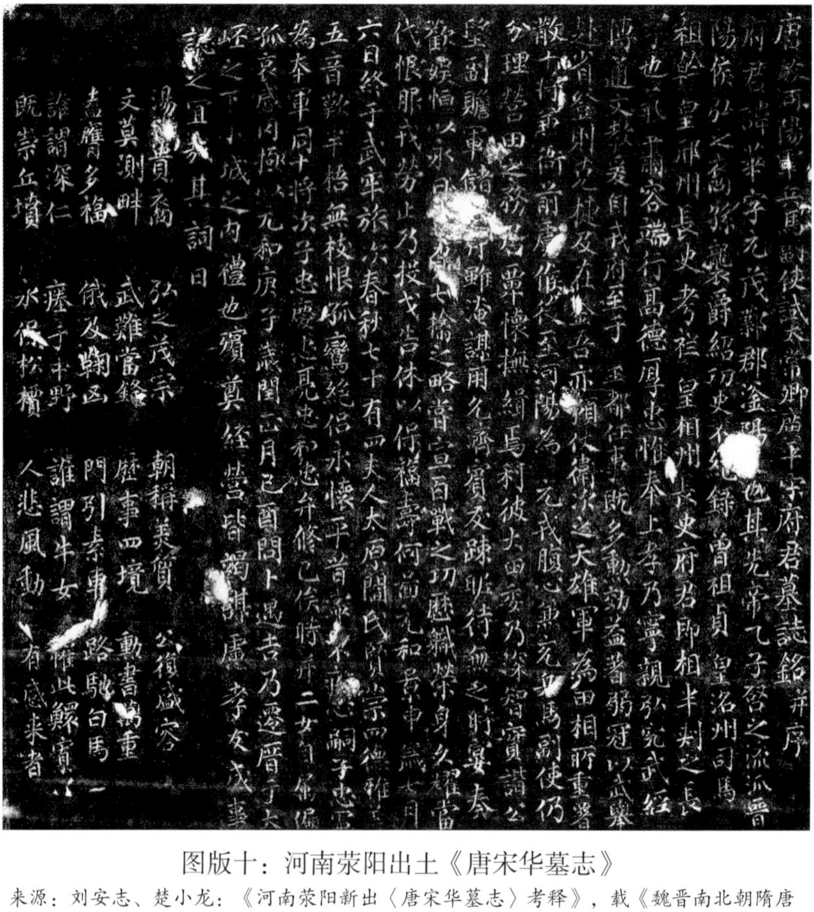

图版十：河南荥阳出土《唐宋华墓志》

来源：刘安志、楚小龙：《河南荥阳新出〈唐宋华墓志〉考释》，载《魏晋南北朝隋唐史资料》第二十五辑

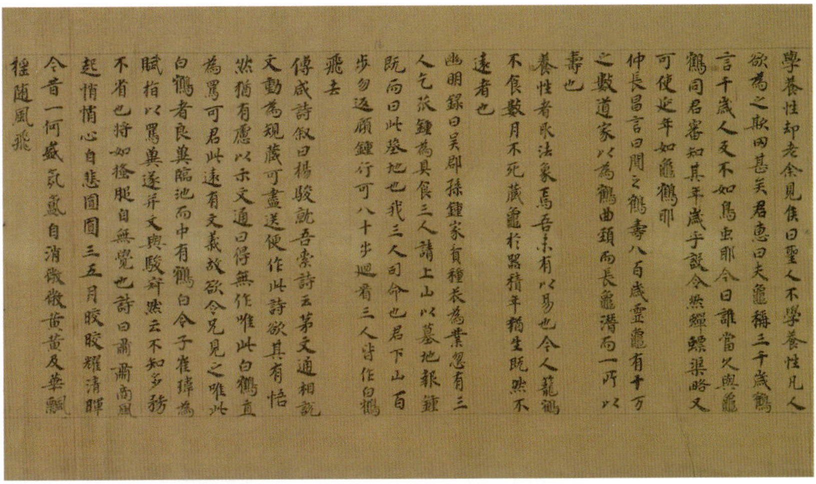

图版十一：法国国家图书馆藏敦煌写本P.2526号（一）
来源：国际敦煌项目（IDP）

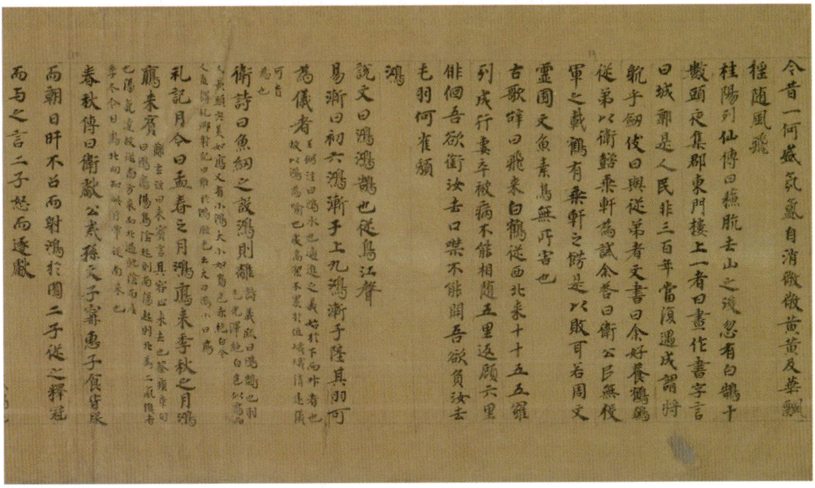

图版十二：法国国家图书馆藏敦煌写本P.2526号（二）
来源：国际敦煌项目（IDP）

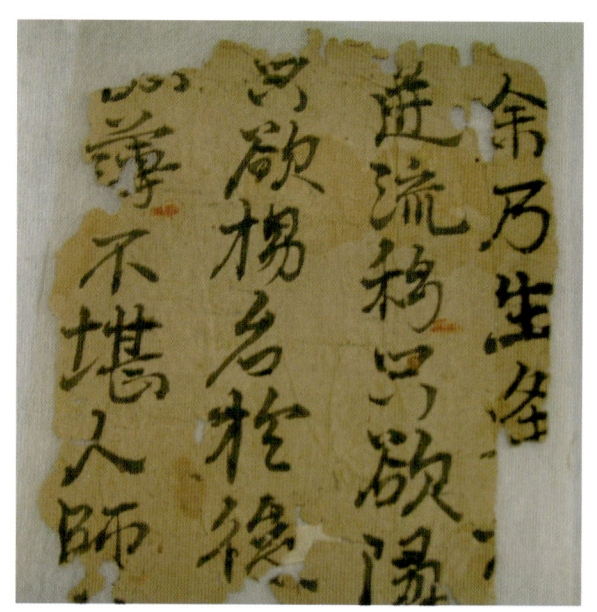

图版十三：日本龙谷大学大宫图书馆藏吐鲁番出土《太公家教》残片（大谷3507号）

来源：笔者摄于日本龙谷大学大宫图书馆

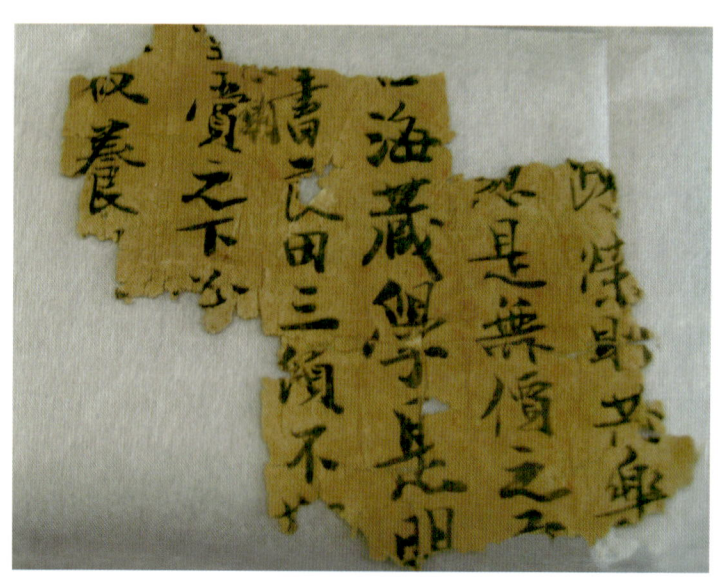

图版十四：日本龙谷大学大宫图书馆藏吐鲁番出土《太公家教》残片（大谷4394号）

来源：笔者摄于日本龙谷大学大宫图书馆

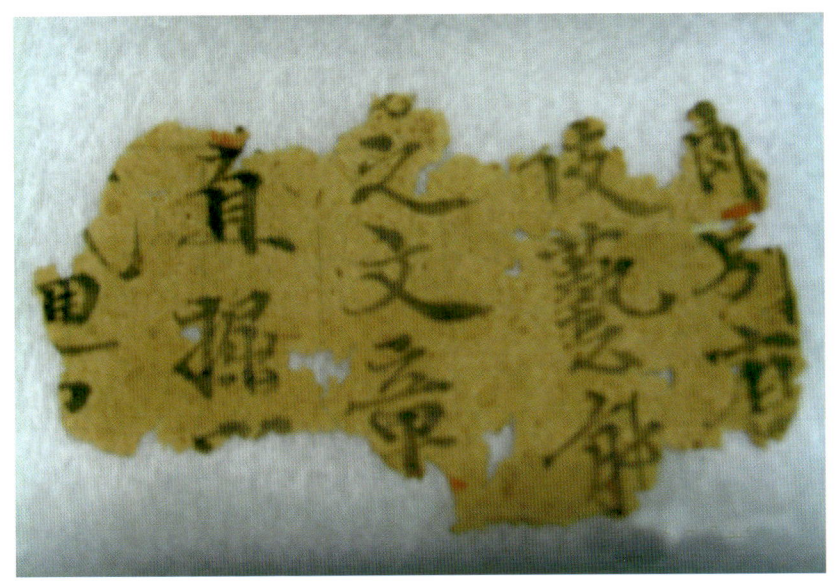

图版十五：日本龙谷大学大宫图书馆藏吐鲁番出土《驾幸温泉赋》残片
（大谷3170号）
来源：笔者摄于日本龙谷大学大宫图书馆

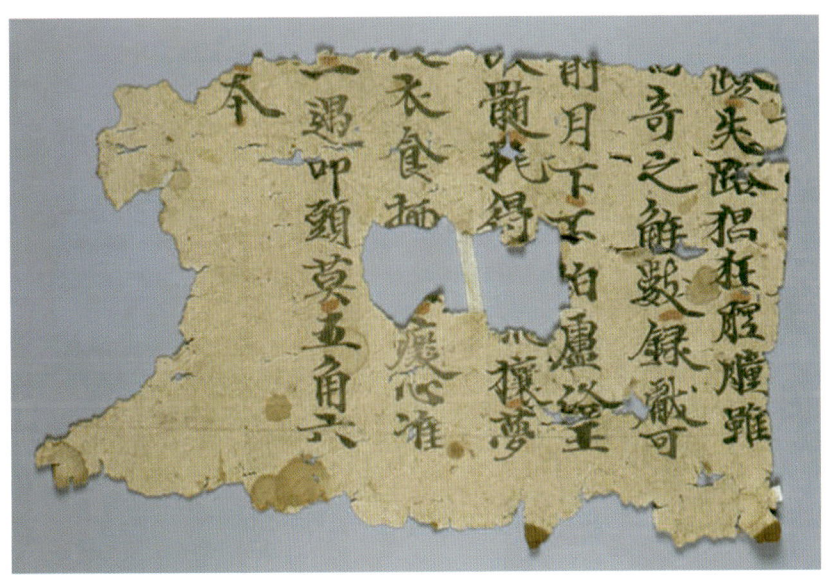

图版十六：日本龙谷大学大宫图书馆藏吐鲁番出土《驾幸温泉赋》残片
（大谷3504号）
来源：国际敦煌项目（IDP）

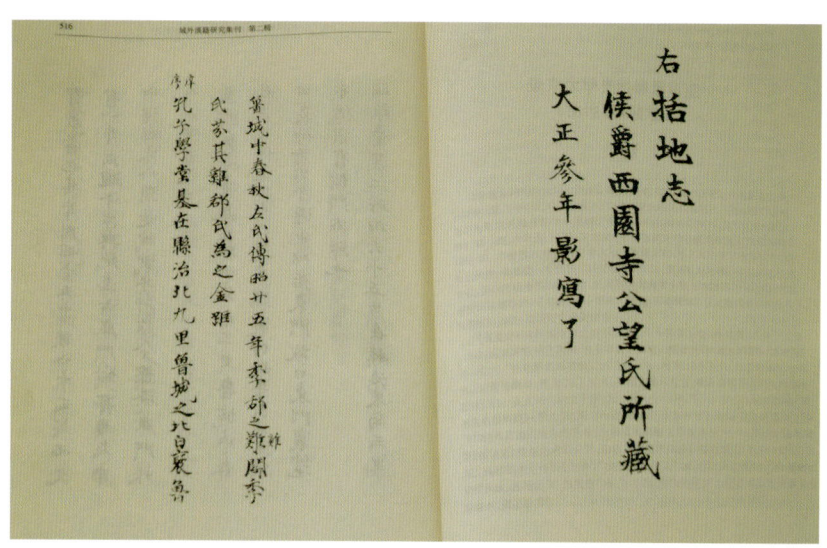

图版十七：日本东京大学史料编纂所藏《括地志》残卷（一）
来源：《东京大学史料编纂所藏〈括地志〉残卷（影印）》，载张伯伟主编：《域外汉籍研究集刊》第二辑

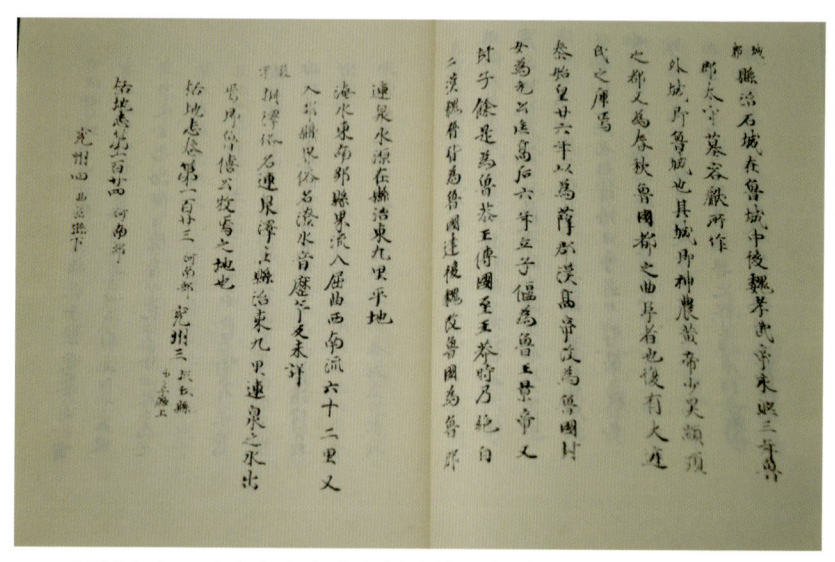

图版十八：日本东京大学史料编纂所藏《括地志》残卷（二）
来源：《东京大学史料编纂所藏〈括地志〉残卷（影印）》，载张伯伟主编：《域外汉籍研究集刊》第二辑

目 录

绪论 …………………………………………………………………… 1

上编：礼仪·宗教·制度

关于《大唐开元礼》的性质及行用问题 …………………………… 3
中古衣物疏的源流演变 ……………………………………………… 36
六朝买地券研究二题 ………………………………………………… 65
从泰山到东海
　　——中国中古时期民众冥世观念转变之一个侧面 …………… 87
吐鲁番出土的几件佛典注疏残片 …………………………………… 118
唐代府兵简点及相关问题研究
　　——以敦煌吐鲁番文书为中心 ………………………………… 131
伊西与北庭
　　——唐先天、开元年间西域边防体制考论 …………………… 157
关于唐代钟绍京五通告身的初步研究 ……………………………… 193
河南荥阳新出《唐宋华墓志》考释 ………………………………… 211

下编：写本·知识·学术

《华林遍略》乎？《修文殿御览》乎？
　　——敦煌写本 P.2526 号新探 ………………………………… 227

关于中古官修类书的源流问题 …………………………………… 266

《修文殿御览》佚文辑校 …………………………………………… 291

《太公家教》成书年代新探
　　——以吐鲁番出土文书为中心 ……………………………… 318

吐鲁番出土《驾幸温泉赋》残卷考释 …………………………… 330

《括地志》与《坤元录》 …………………………………………… 343

关于《括地志》辑校的若干问题 ………………………………… 362

参考文献 ………………………………………………………… 382

后记 ……………………………………………………………… 410

修订后记 ………………………………………………………… 412

绪 论

收入本书的十六篇论文,大致按其性质和内容,分为"礼仪·宗教·制度"与"写本·知识·学术"上、下两编,上编侧重"史",下编偏向"文",而且多是利用敦煌吐鲁番文书、碑刻、地券、族谱以及部分域外文献等"新资料",探讨中古文史问题的研究成果,故取书名为《新资料与中古文史论稿》。下面就这些论文的撰作缘起及基本观点做一简单介绍。

上编包括九篇论文,其中《关于〈大唐开元礼〉的性质及行用问题》一文,是笔者在十余年前协助陈国灿先生编纂《吐鲁番文书总目》(日本收藏卷)时,获得的一个意外收获。在《总目》编纂过程中,我们对当时已知的日本所藏吐鲁番文书进行了全面的核查和比对,结果比对出了不少佛经和典籍,收录《西域考古图谱》中的大谷8113号文书,最终被确认为《大唐开元礼》残片,即是其中一例。2003年,荣新江教授发表《唐写本中の「唐律」「唐礼」及びその他》一文①,首次披露了一件国家图书馆所藏敦煌文书,编号为周字七〇A号的《大唐开元礼》残片;就在同年,《大谷文书集成》第三卷正式出版,所收大谷4922号文书,亦属《大唐开元礼》残片②。敦煌、吐鲁番两地同出有《大唐开元礼》残片,必然促使我们思考该书在唐代的行用问题。本文在前人已有比对基础上进一步指出,大谷4922号与8113号是两件可以前后缀合的文书,所抄内容为《大唐开元礼》卷六五《时旱祈于太庙》,敦煌所出周字七〇A号则为《大唐开元礼》卷三九《皇帝祫享于太庙》。论文认为,唐人对《大唐开元礼》极为推崇,视同礼经,体现了

---

① 荣新江:《唐写本中の「唐律」「唐礼」及びその他》,载《东洋学报》第八五卷第二号,森部丰译,2003年9月。
② 小田义久主编:《大谷文书集成》第三卷,京都:法藏馆,2003年,录文第66页,图版四五。

唐人对本朝文化的崇重。《开元礼》是对汉魏以来礼制的一次全面总结，是对五礼的一种规范，是礼的一般性原则规定，而具体的仪注则多是依据《开元礼》或其它礼文而来，二者之间是体、用关系，虽有联系，但并不完全等同。因此，考察《开元礼》在唐代是否行用，应视其基本原则和一般规定是否得到遵循。种种证据表明，《开元礼》在唐代是基本行用的，其中的不少原则规定仍在唐代中后期的礼仪生活中发挥过重要的作用。唐人吕温所言"郁而未用"，当为矫枉过正之辞，恐非实情，不可凭信。

《中古衣物疏的源流演变》、《六朝买地券研究二题》、《从泰山到东海——中国中古时期民众冥世观念转变之一个侧面》三文，是笔者有关中古衣物疏研究的系列成果。其中《中古衣物疏的源流演变》一文，系由此前发表的《吐鲁番所出衣物疏研究二题》①、《跋吐鲁番新出〈唐显庆元年（656）西州宋武欢移文〉》②二文全面综合改写而成，并新撰了"中古移文的流变"一节。这篇小文试图从长时段考察中古衣物疏的源流演变问题，并对其间的变化特征及其原因给予相对合理的解释。本文认为，自先秦以来无所不记的"遣策"与"赗方"，随着葬俗由单人葬向合葬的转变，至西汉中叶以后，开始演变为仅记衣物品名一类的"衣物疏"；逮至南北朝时期，随着佛教、道教影响的增大，自汉代以来的"衣物疏"，逐渐演变为"移文"。这种在传统"衣物疏"基础上发展而来的新型"移文"，系模仿现实世界中的官文书"移文"而来，最先出现于南方，其后则传播至北方，反映了南朝文化对北方的深刻影响。由于南北地域的差异，以及所受宗教影响程度的不同，南北"移文"呈现出不同的特点，南方"移文"更多受到了道教的影响，北方"移文"则更多受到了佛教的影响。不过，新疆吐鲁番墓葬所出北朝至唐初"移文"表明，尽管佛教已渗入其中，但南朝传来的地下神灵张坚固、李定度及"东海"信仰，依然占据当地民众的心灵，佛教并没有取得绝对的统治地位。进入隋唐一统后，"移文"虽然继续使用，但开始发生了变化。北方高昌（西州）地区的"移文"逐渐为"功德疏"所取代，反映了佛教

---

① 刘安志：《吐鲁番所出衣物疏研究二题》，载《魏晋南北朝隋唐史资料》第二十二辑，2005年。
② 刘安志：《跋吐鲁番新出〈唐显庆元年（656）西州宋武欢移文〉》，载《魏晋南北朝隋唐史资料》第二十三辑，2006年。

的巨大影响;南方地区"移文"则呈现被"买地券"取代的趋势。南北地区"移文"的演变轨迹,虽各有特色,但也存在一定的相似性,其背后所蕴藏的种种复杂原因,仍有待进一步探讨。

《六朝买地券研究二题》一文,系提交2010年5月在东京召开的"第2回日中学者中国古代史论坛"会议论文,后被林佳惠翻译成日文,收入《魏晋南北朝における貴族制の形成と三教・文学——歴史学・思想史・文学の連携による——》一书中①,此为中文本。该文主要讨论两个问题:一是南朝某类地券性质的认定,二是张坚固、李定度的产生及其含义。本文根据唐初道士朱法满《要修科仪戒律钞》有关"道士移文"的记载,对南朝徐副地券、萧谦地券等进行重新审视和探讨,认为此类地券并非学界此前所认为的"买地券"或"镇墓券",而是严格意义上的"移文",其在遣策、衣物疏基础上发展而来,是死者通往死后世界的证明,具有过所的功能和作用,与"买地券"、"镇墓文"有着本质的不同。地下神灵张坚固、李定度产生于刘宋元嘉年间,与东晋末年以来的战乱有关。战乱导致民众流移,客死他乡,而异地葬埋需要保障墓地不受到侵犯,张坚固、李定度正是在此背景下产生,具有墓地保护神的性质。二神之所以取姓张、李,是因为当时对不确定的人,一般多用张甲、李乙来指称,实乃沿用惯例,并没有什么特别的含义。

我们知道,吐鲁番所出诸"移文"中,大多记有"若欲求海东头,若欲觅海东(西)壁"之类的话语,有的还记有"东海畔上住"。那么,此类"海"或"东海"究竟具有什么特别的含义?反映了什么样的观念?《从泰山到东海——中国中古时期民众冥世观念转变之一个侧面》一文,力图对此类问题做出正面回答。这篇小文原载荣新江教授主编《唐研究》第十三卷,收入本书时,作了较大幅度的修改,但基本观点不变。本文认为,所谓"若欲求海东头,若欲觅海东(西)壁",系指死者前往求觅之地为"海东头"或"海东(西)壁","海东头"或"海东(西)壁"并非地下神灵张坚固和李定度

---

① 《魏晋南北朝における貴族制の形成と三教・文学——歴史学・思想史・文学の連携による——》,东京:汲古书院,2011年。

寻觅之地；"东海畔上住"，是指死者住于东海畔上，东海是死后世界和黄泉之地。吐鲁番阿斯塔那二一〇号墓所出《唐居太夫人移文》①中，所记"付东海居太夫人神领，付与黄泉"一语，正是最为直接有力的证据，可惜并未引起学者们足够的重视。人死归于东海、住于东海，是当时民众盛行的一种冥世观念或信仰，是继汉代以来人死归于泰山之后的冥世新观念，东海成为继泰山之后的新的地下世界。这一新的冥世观念，至迟公元6世纪即已产生，有可能最先出现于南方，其后传至高昌（吐鲁番盆地）。这种新观念的产生，极有可能受到了南方道教的影响，同时也与佛教把泰山纳入自己的"地狱"观念有一定的关联。从南北朝到隋唐，这一新的冥世观念一直存在，并有可能延续到宋元时期，影响不可谓不深远，说明中国古代民众固有的冥世观念自有其独特的历史发展轨迹，并没有因为佛教的盛行和影响而销声匿迹。汉代以来的魂魄二元观念在后世依然存在，也没有被佛教的"十地狱"信仰所取代。不管是人死归于泰山，还是人死归于东海，都既不是佛教信仰中的观念，也不是道教信仰中的观念，而是中国古代民众特有的冥世观念。

笔者关于中古衣物疏的系列研究，实缘起于已故著名简帛研究专家谢桂华先生的一次学术讲座。谢先生乃武汉大学校友，十多年前曾应邀来母校讲学，他向我们介绍他主持整理尹湾汉墓所出简牍情况，其中提及六号墓所出的两方木牍，上有"君兄衣物疏"、"君兄缯方缇中物疏"、"君兄节司小物疏"等记载，引起笔者特别的关注，这不正是"赗方"与"遣策"向后世衣物疏转变的重要线索吗？自那以后，笔者就开始对衣物疏产生浓厚兴趣，潜心探讨并发表相关研究成果。直到今天，依然在进行思考和探索，并希望结合买地券、镇墓文等丧葬文书，着力探讨中古史上的一些重要问题。

《吐鲁番出土的几件佛典注疏残片》一文，是编纂《吐鲁番文书总目》（日本收藏卷）的副产品。这篇小文主要是根据已有的比对结果，向学界介绍吐鲁番出土《维摩诘经》注疏、《鞞婆沙论》注疏、《金刚般若波罗蜜经》注疏、《俱舍论颂疏论本》注疏等新资料，并就相关问题提出自己的若

---

① 《吐鲁番出土文书》（图文本）第三册，北京：文物出版社，1996年，第35页。

干粗浅判断和认识。这些佛典注疏残片,过去多不为学界所识,对其进行比对和介绍,对深入认识和研究中古时期高昌地区的佛教和民众信仰诸问题,还是有一定的学术价值的。

关于唐代府兵制的研究,经过中日学者长期不懈的努力与探索,业已积累了丰硕的成果,但也并非题无剩义。笔者在考释吐鲁番鄯善县所出《唐开元五年(717)后西州献之牒稿为被悬点入军事》过程中①,发现其中有关"简点"、"悬点入军"的记载,涉及唐代府兵的简点制度,而且开元年间府兵制已走向崩坏,何以府兵简点之制仍在西州继续推行?带着这一问题,笔者悉心研读了相关典制文献及前人研究成果,结果发现,有关唐代府兵简点时间,史籍记载含混不清,前人解释也存在若干疑问,于是撰著发表了《唐代府兵简点及相关问题研究——以敦煌吐鲁番文书为中心》。这篇小文在深入考察和细致分析敦煌吐鲁番文书的基础上,对唐代府兵简点之制提出了新看法,认为唐代府兵的简点,既包含对成丁之人的点入,又包含对入老及不合留军之府兵的简退。开元六年以前,府兵的简点是每年一次,具体时间在每年秋收后的九、十月间。武周以后,府兵制渐趋瓦解,"每年一简点"之制不能照常进行,但唐朝政府仍在尽力维持并试图挽救这一制度,开元六年五月玄宗敕"诸折冲府兵,每年一简点",实是对已往旧制之重申。可能由于成效不大,故被迫做出调整,最终于开元七年三月以法令的形式放宽府兵简点时间的年限,由一年一次改为三年一次。这一调整,得到了敦煌吐鲁番文书的证实。府兵简点由一年一次改为三年一次,是府兵制走向崩坏的重要体现,也反映了唐中央朝廷对此所做出的努力。沙、西二州在开元九年据朝廷九月九日所发格文简点当地府兵,说明府兵简点之制仍在顽强推行。然而,兵源枯竭已是无可回避之事实,西州"悬名"点及因公外出当差之人,正是这一情形的真实写照。因此,府兵制的最终放弃,已是不得不然了。

《伊西与北庭——唐先天、开元年间西域边防体制考论》一文,原为笔

---

① 刘安志:《跋吐鲁番鄯善县所出〈唐开元五年(717)后西州献之牒稿为被悬点入军事〉》,载《魏晋南北朝隋唐史资料》第十九辑,2002年。修订稿收入拙著《敦煌吐鲁番文书与唐代西域史研究》,北京:商务印书馆,2011年。

者博士学位论文《唐朝西域边防研究》①中的一节,后来抽出发表时进行了大幅扩充和修改。本文认为,唐先天元年在西域设置的伊西节度使,统辖范围为伊、西二州和四镇地区,并不包括北庭。至迟开元二年设置的四镇节度使,管及西州,与伊西节度使当存在某种关联,二者很有可能为同名异称。碛西节度使始置于开元十二年,首任节度使为杜暹,权限极大,统及整个西域军政,主要目的是为了对付突骑施苏禄,也兼有防御吐蕃入侵西域之责。其间于开元十五年三月至五月、开元二十二年四月至二十三年十月有过两次短暂废置,但时间皆不长。至开元二十七年,碛西节度使盖嘉运灭突骑施、俘吐火仙,最终完成了消灭突骑施政权的历史使命。此后,碛西节度使废置,不复出现。另外,至迟开元十年北庭节度使设置后,唐朝在西域的节度使只有两个:其一为安西四镇节度使或伊西节度使,其二为北庭节度使。伊西与北庭的分合,关涉碛西节度使的置废,二者合则碛西节度使置,西域边防属一元化军政管理体制;二者分则碛西节度使废,西域边防呈二元分治格局。其间的几度分合,皆与西域边防形势息息相关。过去中日学者多把伊西节度使理解为节制伊、西二州的节度使,是有疑问的。

2005 年 4 月,在四川宜宾学院召开的"中华文学史料学国际学术研讨会"上,谢文学先生发表了《〈钟氏族谱〉中的五篇唐代制书》一文②,介绍了他从兴国县《钟氏族谱》中发现的五篇唐代制书,指出其中一篇为大赦制文,其余四篇虽见于《赣州府志》、《兴国县志》,但内容不尽相同,是研究钟绍京和唐代典章制度的第一手难得的珍贵资料。在认真研读谢文学先生大作后,笔者发现,这五篇制文的内容和抄写格式与唐代告身相近,很有可能就是唐代著名书法家钟绍京的五通告身抄件,于是撰写了《关于唐代钟绍京五通告身的初步研究》一文。这篇小文参据唐代告身格式,并结合相关文献记载,大致复原了《唐唐隆元年(710)六月钟绍京中书侍郎告身》、

---

① 刘安志:《唐朝西域边防研究》,武汉大学博士学位论文,1999 年。
② 谢文学:《〈钟氏族谱〉中的五篇唐代制书》。按此文初刊于四川省宜宾学院四川思想家研究中心网页上(http://sxjzx.yibinu.cn/article_show.asp?articleID=474),后收入刘跃进主编:《中华文学史料》第二辑,北京:学苑出版社,2007 年,第 153—161 页。

《唐唐隆元年(710)六月钟绍京同中书门下三品告身》、《唐唐隆元年(710)六月钟绍京中书令告身》、《唐唐隆元年(710)六月钟绍京户部尚书告身》、《唐建中元年(780)十一月赠钟绍京太子太傅告身》五通告身抄件,为研究唐代告身制度、追赠制度提供了若干珍贵新资料。据五通告身抄件内容,从唐隆元年六月二十一日至二十七日短短七天时间里,钟绍京从苑总监先后经历了中书侍郎、同中书门下三品、中书令、户部尚书四职,迁转神速及变化之快,令人惊奇,一定程度透示了当时紧张的政治局势。

《河南荥阳新出〈唐宋华墓志〉考释》一文,对 2005—2006 年出土于河南荥阳薛村遗址的《唐宋华墓志》进行了初步考释,指出其对研究唐代武举、十将、河阳军、屯田等问题有一定的价值,并认为墓志所记之"大岯",与《尚书·禹贡》之"大岯"一样,很有可能是指唐代汜水县境内之大岯山,而非前人所说的黎阳大岯山。

下编包括七篇论文,其中《〈华林遍略〉乎?〈修文殿御览〉乎?——敦煌写本 P.2526 号新探》、《关于中古官修类书的源流问题》、《〈修文殿御览〉佚文辑校》三文,是笔者近年来探讨中古类书及其相关问题的系列成果。《〈修文殿御览〉佚文辑校》一文,属基础性的文献辑佚与整理成果,是其他两文的基础。该文主要根据中日古籍及前人相关研究成果,对 95 条《修文殿御览》佚文进行了较为全面的辑校,并对该书的特点及流传问题提出了初步看法,认为《修文殿御览》的编纂,有"条目清晰,编排有序"、"'事''文'分列,开后世类书'事前文后'之先河"、"文字简洁、凝练,长文较少"等特点,其所以能传承长久,当与这些特点有关。《修文殿御览》最后散佚,极有可能在清初以后。

《〈华林遍略〉乎?〈修文殿御览〉乎?——敦煌写本 P.2526 号新探》一文,在中外学人已有研究成果基础上,对敦煌所出 P.2526 号写本进行了再整理与再研究,不仅重新复原并校录了写本雉门 9 条,还根据写本书法及避讳特点,指出其抄写年代当在公元 8 世纪中叶前后。又在全面搜集、整理目前所知《修文殿御览》佚文基础上,通过比较其与 P.2526 号写本、《太平御览》所记内容的异同,确认《修文殿御览》与《太平御览》所记大多相同,二者之间实存在着直接的渊源承袭关系;而 P.2526 号写本所记,与《太平御览》相比,则存在着诸多差异。另外,写本在编纂体例上,事文不分、杂乱无章,也与《修文殿御览》与《太平御览》"事先文后"之编纂特点有异,都足可说明写本并非《修文殿御览》。再以写本内容与《艺文类聚》相比较,发现二者关系密切,同属一个系谱,存在着直接的渊源承袭关系,从这一意义讲,写本极有可能就是南朝萧梁所修之《华林遍略》。本文的研究,不仅进一步证实了洪业先生早年对写本的分析和判断,而且对今后中古类书的研究也将有一定的推动作用。

《关于中古官修类书的源流问题》一文,系在上揭两文基础上对中古类书源流问题的进一步探讨。本文认为,《华林遍略》乃南朝梁武帝萧衍敕令编纂的一部大型官修类书,成书于普通四年(523),其后传入北方。贾思勰《齐民要术》卷十所载各种典籍及引文,与《艺文类聚》有不少相通之处,很有可能就是抄自《华林遍略》。武平三年(572),北齐统治者下令以《华林遍略》为蓝本,新修成《修文殿御览》三百六十卷,在编纂体例、部类安排、内容增减、文字表述等方面皆有自己的创新,带有整合南北文化之意蕴,对后世影响极大。进入隋唐一统,"沿江左余风",类书编纂一切以南朝为准绳,不管是隋代的《长洲玉镜》,还是唐初的《艺文类聚》、《文思博要》、《三教珠英》,皆主要依据《华林遍略》,《修文殿御览》遭到冷遇。直到开元年间,这一情况才有改变。玄宗"崇雅黜浮",力图对隋及唐初以来的"沿江左余风"有所纠正和改变,令张说等修《初学记》三十卷,而《初学记》的编修,又主要依据《修文殿御览》。从此,代表北朝文化的《修文殿御览》,因为统治者的推重而走向历史的前台,地位越来越高,最终成为中古第一大类书。进入北宋,统治者下令编纂《太平御览》,以前朝类书《修文殿御览》、《艺文类聚》、《文思博要》为蓝本,其实就是南北类书的一次大整合,这种整合标志着自西晋灭亡以后,因长期分裂而导致的南北类书差异,在经历隋唐时期不断的选择和磨合之后,最终于北宋初年整合为一,重归一统,从而开启了一个新的文化时代。

关于敦煌所出 P.2526 号写本,笔者关注时间较早,并通过王重民先生《敦煌古籍叙录》一书,知悉了罗振玉、刘师培、洪业等前辈学者对该写本的认识和判断。后来读到日本森鹿三先生《修文殿御览について》一文①，感觉P.2526号写本与森鹿三先生所辑佚的《修文殿御览》佚文存在较大差异，洪业先生判断写本非《修文殿御览》的观点很有可能是对的。然限于条件，尚无力深究此问题。直到2012年，笔者受聘为龙谷大学佛教文化研究所外国人客员研究员，赴日访学半年，才有机会和条件深入了解日本古籍所载《修文殿御览》佚文的情况，并因此展开系列研讨，撰成上述三篇学术论文。

《〈太公家教〉成书年代新探——以吐鲁番出土文书为中心》与《吐鲁番出土〈驾幸温泉赋〉残卷考释》，皆为笔者编纂《吐鲁番文书总目》（日本收藏卷）的副产品。前文根据新比定的吐鲁番所出《太公家教》写本，对《太公家教》的成书年代进行了新的探讨，认为吐鲁番所出《太公家教》写本，无论从书法还是纸质都可判断为唐前期写本，《太公家教》应成书于安史之乱前，而非过去学界所普遍认为的安史之乱后。《太公家教》作者自称"余乃生逢乱代，长值危时"，实指隋末大乱到唐初扫平群雄统一全国这一段时期。后文则对吐鲁番所出《驾幸温泉赋》写本进行了整理和研究，并比较了其与敦煌所出《驾幸温泉赋》写本的差异，指出该赋传入西州并为当地学生学习、传抄的时间，当在公元8世纪中叶前后。吐鲁番所出《太公家教》、《驾幸温泉赋》等写本的发现及其研究，为深入认识唐代前期西州的文化教育和知识传播提供了重要的资料。

值得一提的是，笔者曾于2010年、2012年两次赴日本龙谷大学大宫图书馆，调查该馆所藏吐鲁番出土《太公家教》、《驾幸温泉赋》写本残片。通过对写本原卷的直接接触与细致观察，感觉无论是纸质、书法，还是抄写格式及朱点特征，它们都只能是唐朝统治西州时期的写本，而非高昌回鹘时期的写本。这一调查，使笔者更加确信此前对《太公家教》成书年代已有的分析和判断。

《〈括地志〉与〈坤元录〉》与《关于〈括地志〉辑校的若干问题》二文，是

---

① 森鹿三：《修文殿御览について》，载《东方学报》第三十六卷，1964年；又收入同著《本草学研究》，大阪：（财）武田科学振兴财团杏雨书屋，1999年，第276—305页。

笔者近年来研究《括地志》一书的系列成果。前文根据《日本国见在书目录》有关《括地志》与《坤元录》不同书名及不同卷数的记载，结合唐杜佑《通典》、宋乐史《太平寰宇记》既引《括地志》又引《坤元录》的情况，通过比较日本所藏《括地志》残卷与《因明论疏明灯抄》所引《坤元录》相关卷数的差异，指出《括地志》与《坤元录》虽同属魏王李泰所主持编撰的地志，且叙事也大致类同，然二者却并非同本，《括地志》六百卷（含《序略》五十卷），《坤元录》仅一百卷，二者不仅卷数不同，内容也有详略之分，《坤元录》很有可能即是《括地志》的略写本。《括地志》在安史之乱后出现散佚，故《通典》引用《坤元录》以补不足。后文则对前人有关《括地志》的辑校提出若干不同意见，认为自清代孙星衍以来，前人对《括地志》一书的辑佚工作，取得了卓著的成就，但有些佚文是否为《括地志》原书中的内容，尚需认真分析考辨。《括地志》成书后，并不存在《魏王泰坤元录》、《贞观地记》、《魏王地记》、《括地象》之类的别名。《坤元录》虽也属魏王李泰所编，但仅有一百卷，与六百卷的《括地志》是内容详略不同的两部地志。《魏王地记》实为北魏《魏土地记》之误，《括地象》、《括地图》则为《括地志》成书之前的著作，三者并非同一部书。因此，前人据《路史》等书所引《魏土地记》、《括地象》、《括地图》内容，未加分辨即视之为《括地志》佚文，并辑入《括地志》辑本中，恐怕是有疑问的。

　　以上简略介绍了本书所收十六篇论文的撰作缘起及其基本观点。从中不难看出，这些论文有的是提供新资料，有的是在前人已有认识和判断基础上的进一步深化和发展，有的则是提出新见。不管哪种情况，笔者都尽了全力，是焉、非焉，只有留待时间去检验了，也真诚希望得到大家的批评指正。

上编：礼仪·宗教·制度

关于《大唐开元礼》的性质及行用问题

众所周知,中国自古以来即号称礼仪之邦,一部二百卷的《通典》,仅礼典部分就达一百卷,占了全书的一半,可谓真实写照。成书于唐玄宗开元二十年(732)的《大唐开元礼》(以下简称《开元礼》),是古代礼制的集大成者,它上承先秦汉魏,下启赵宋,在中国古代礼制史上占有十分重要的地位。迄今为止,中外学术界对唐礼及《开元礼》的研究业已取得了较为丰硕的成果①,但仍有不少问题值得作进一步的探讨。近年来,敦煌吐鲁番文书中《开元礼》残片的发现,为深入研究唐礼及《开元礼》提供了非常珍贵的资料。本文拟在前贤已有研究成果基础上,对《开元礼》的性质和行用等问题进行若干粗浅探讨,不当之处,尚望方家不吝赐教。

一、敦煌吐鲁番所出《开元礼》残片考释

荣新江教授在 2003 年发表的《唐写本中の「唐律」「唐礼」及びその他》一文中②,首次披露了一件国家图书馆所藏敦煌文书、编号为周字七〇A 号的《开元礼》残片(参见图版一)。该文书前后缺,存 11 行,楷书,书法工整秀丽,兹引录荣先生录文如下:

---

① 参胡戟等主编:《二十世纪唐研究》第五章《礼制》(甘怀真撰写),北京:中国社会科学出版社,2002 年;又吴丽娱:《唐礼摭遗——中古书仪研究》,北京:商务印书馆,2002 年;杨华:《论〈开元礼〉对郑玄和王肃礼学的择从》,《中国史研究》2003 年第 1 期。
② 荣新江:《唐写本中の「唐律」「唐礼」及びその他》,载《东洋学报》第八五卷第二号,森部丰译,2003 年 9 月。按荣先生中文增订本题为《唐写本〈唐律〉〈唐礼〉及其他》,载《文献》2009 年第 4 期。

　　　　　（前　缺）
1　太祝入奠版于神坐出还罇所
2　皇帝拜讫乐止太常卿引
3　皇帝诣
4　高祖罇彝所执罇者举幂侍中取爵于坫进
5　皇帝受爵侍中赞酌汎齊讫大明之舞作太常卿引
6　皇帝进
7　高祖神坐前北向跪奠爵少东俛伏兴太常卿又引
8　皇帝出取爵于坫酌醴齊讫太常卿引
9　皇帝入诣神坐前北向跪奠爵少西讫太
10　常卿引
11　皇帝出户北向立乐止太祝持版进于
　　　　　（后　缺）

以上画线部分为原文书所抄文字，未画线部分则为荣先生据光绪十二年（1884）洪氏公善堂校刊本《开元礼》（以下简称刊本）所补①。荣文指出，该文书所抄为《开元礼》卷三七《皇帝时享于太庙》中的"馈食"条，并与刊本进行了比较，指出文书中的"罇"，刊本作"尊"；第 6 行"进"字，刊本作"入诣"；第 7 行"坐"、"向"二字，刊本作"座"、"面"；第 9 行"讫"，刊本作"兴"。译者森部丰先生还补充指出，第 5 行"汎"，刊本作"醴"。需要说明的是，文书中的"坫"字，原录文作"坫"。据《汉语大字典》（简编本）解释称："坫：'坫'的讹字。《墨子·备城门》：'楼辄居坫。'孙诒让闲诂：'毕（沅）云：坫疑坫。'"②据荣文所附文书图版，似为"坫"，《通典》中礼典部分的《开元礼纂类》俱作"坫"。因此，当以"坫"为是。我们注意到，文书第 5 行所记用酒为"汎齊"，如森部丰先生所指出的，刊本作"醴齊"，若文书比定无误，则由皇帝亲自主持的"时享于太庙"礼，出现了"汎齊"与"醴

---

① 《大唐开元礼》（附《大唐郊祀录》），北京：民族出版社，2000 年。以下简称刊本。
② 李格非主编：《汉语大字典》（简编本），武汉：湖北人民出版社，1996 年，第 204 页。

齐"两种不同种类的酒。按汎(泛)齊、醴齊与盎齊、醍(缇)齊、沈齊,乃古代五种清浊不同的酒,合称"五齊"①,不同的祭祀人员和祭祀场合,多用不同的酒类②,如《开元礼》卷三七《皇帝时享于太庙》记:皇帝亲祭,统一使用"醴齊",亚献太尉、终献光禄卿则统一使用"盎齊";卷三八《时享于太庙有司摄事》则记:初献太尉用"醴齊",亚献太常卿、终献光禄卿用"盎齊";卷三九《皇帝祫享于太庙》记:皇帝用"汎齊",太尉用"醴齊",光禄卿用"盎齊"。据此,上揭文书不可能出现两种不同种类的酒。基于这样一种考虑,我们再次对文书所记进行了认真的比对和核查,结果发现,该写本所记应为《开元礼》卷三九《皇帝祫享于太庙》中的"馈食"条,今重新复原文书内容如下:

1 太祝进奠版于神坐还罇所
2 皇帝拜讫曲终乐止太常卿引
3 皇帝诣
4 高祖罇彝所执罇者举幂侍中取爵于坫进
5 皇帝受爵侍中赞酌汎齊讫大明之舞作太常卿引
6 皇帝进
7 高祖神坐前北向跪奠爵少东俛伏兴太常卿又引
8 皇帝取爵于坫酌汎齊讫太常卿引
9 皇帝进神坐前北向跪奠爵少西讫太
10 常卿引
11 皇帝少退北向立乐止太祝持版进于

需要特别说明的是,刊本卷三九并无此段文字,此处复原主要依据《开元

---

① 《周礼·天官·酒正》曰:"辨五齊之名:一曰泛齊,二曰醴齊,三曰盎齊,四曰缇齊,五曰沈齊。"郑玄注曰:"自醴以上,尤浊缩酌者,盎以下差清。"《十三经注疏》(附校勘记)上册,中华书局,1980年,第668页。
② 江川式部:《唐朝祭祀における五齐三酒》,载日本《文学研究论集》第十四号,2001年,第187—202页。

礼》文渊阁四库全书本(以下简称四库本)①。按刊本、四库本《开元礼》记朝廷有事于太庙,不管是皇帝亲祭,还是"有司摄事",其所祭对象依次皆为献祖、懿祖、太祖、代祖、高祖、太宗、高宗、中宗、睿宗九位,如卷三七《皇帝时享于太庙》、卷三八《时享于太庙有司摄事》、卷四〇《祫享于太庙有司摄事》、卷四一《皇帝禘享于太庙》、卷四二《禘享于太庙有司摄事》、卷六〇《皇帝巡狩告于太庙》、卷六一《巡狩告于太庙有司摄事》等。惟独刊本卷三九《皇帝祫享于太庙》"馈食"条缺了有关高祖、太宗的祭仪,而同卷"陈设"条、"晨祼"条都有高祖、太宗的相关记载。据此可以肯定,刊本卷三九《皇帝祫享于太庙》"馈食"条实脱漏了有关高祖、太宗的祭仪。

如荣文所指出的,文书"坐"、"罇",四库本作"座"、"尊"。此外,第7行"太常卿又引",四库本作"太常引",当有脱漏;第9行"讫",四库本作"兴",此外则无差异,相较刊本、四库本卷三七《皇帝时享于太庙》"馈食"条而言,文书的差异更大,有鉴于此,我们认为,文书所抄应为《开元礼》卷三九《皇帝祫享于太庙》"馈食"条。

荣新江教授指出,文书严格按照《唐令》所规定的平阙式书写,表明其为官文书无疑,又根据抄本的书式,指出文书年代属初盛唐时期。这一看法值得重视。不过,《开元礼》毕竟成书于开元二十年,此时已属盛唐时期,而敦煌所出《开元礼》残片只能写于开元二十年之后,因此,把该写本的年代定于盛唐时期,似更为妥当。

就在荣文发表的同一年即2003年,学界期盼已久的由小田义久教授主编的《大谷文书集成》(以下简称《集成》)第三卷,亦由日本法藏馆公开出版了。是书公布了不少新材料,而引起我们特别关注的,是大谷4922号和8113号两件文书,其中4922号前后缺,下部残,仅存3行数字,有大小两种字体,书法为楷书,工整秀丽,兹先录文如下(参见图版二)②:

  1 大唐开 元

---

① 文渊阁四库全书,第六四六册,第298页。以下简称四库本。
② 小田义久主编:《大谷文书集成》第三卷,京都:法藏馆,2003年,录文第66页,图版四五。

```
2    时□□□
3     □□□
    （后缺）
```

上揭文书虽仅残存四五字，但小田义久先生以其整理和研究大谷文书的数十年功力，敏锐地判断出其属《开元礼》残片，认为所抄内容为《开元礼》卷三八《时享于太庙有司摄事》：

```
1 大唐开元礼卷第三十八
2     时享于太庙有司摄事
3      □□□
```

小田先生的这一揭示非常重要，因为与该残片书法相同的大谷8113号，亦属《开元礼》残片，足以证明小田先生对文书性质的判断是十分准确的（详后），从而表明敦煌和吐鲁番两地都出有《开元礼》残片，其意义非同小可。不过，《开元礼》中，以"时"字起头的条目除卷三八外，还有卷六五"时旱祈于太庙　时旱祈于太社"①、卷六六"时旱祈岳镇于北郊（报祠礼同）"②、卷六七"时旱就祈岳镇海渎　久雨禜国门"等。又文书第3行首字残剩笔画颇像"土"字，且此字所抄位置与第2行首字"时"并列，可以推断，第3行所抄内容应为另一条目。而上述《开元礼》条目以"时"字起头诸卷中，只有卷六五与文书所抄较为吻合，因为该卷第二个条目首字亦为"时"字，文书第3行残剩笔画极有可能就是"时（時）"字的右上半部。据此，文书可大致复原如下：

```
1 大唐开元礼卷第六十五 吉礼③
```

---

① 刊本《开元礼》作"时旱祈太庙　时旱祈太社"，无"于"字，第345页。此处从四库本，第439页。
② 四库本《开元礼》无"北"字，第444页。此处从刊本，第347页。
③ 此处"吉礼"二字，乃据刊本、四库本《开元礼》之编撰格式推补。此点承雷闻先生见告，谨致谢忱。

2　时旱祈于 太庙

3　时旱祈于 太社

大谷 8113 号文书前后上下残,存 4 行,楷书,书法同于上揭 4922 号,其图版最早刊登在日本香川默识编《西域考古图谱》下卷(以下简称《图谱》),《集成》第三卷亦刊有其录文和图版(参见图版三)。今据二书图版并参考小田义久先生的录文重录如下①:

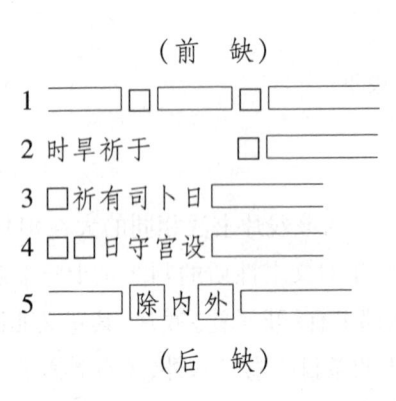

（前　缺）

1 □□□□□

2 时旱祈于　□

3 □祈有司卜日

4 □□日守官设

5 □□除内外

（后　缺）

本件出自吐峪沟,虽刊布已久,但长期以来不为学界所识,《图谱》、《集成》皆定名为"唐钞古书断片"。经认真核查比对,写本所抄实为《开元礼》卷六五《时旱祈于太庙 时旱祈于太社》中内容,兹据刊本与四库本《开元礼》复原写本内容如下②:

1 □□□□□

2 时旱祈于　　　　太庙

3 将祈有司卜日如别仪

4 前二日守宫设祈官以下次各于常所

---

① 《西域考古图谱》(下)经籍八—九,京都:国华社,1915 年;此据学苑出版社 1999 年影印本;《大谷文书集成》第三卷,录文第 241 页,图版四五。

② 刊本,第 345 页;四库本,第 439 页。

5　右校埽除内外为瘗埳于北门之内道

上揭内容亦见于《通典》卷一二〇《开元礼纂类》"时旱祈太庙"条①。值得注意的是,"时旱祈于太庙"一句,文书所抄与四库本同,而刊本作"时旱祈雨于太庙","雨"字或为后人所加。据图版,第2行"时旱祈于"四字后留有二三字的空阙处,并未接抄"太庙"二字,此当与唐代平阙式有关。按《唐六典》卷四尚书礼部郎中员外郎条记:"凡上表、疏、笺、启及判、策、文章,如平阙之式。"注称:"谓昊天、后土、天神、地祇、上帝、天帝、庙号、祧皇祖、妣、皇考、皇妣、先帝、先后、皇帝、天子、陛下、至尊、太皇太后、皇太后、皇后、皇太子皆平出;宗庙、社稷、太社、太稷、神主、山陵、陵号、乘舆、车驾、制书、敕旨、明制、圣化、天恩、慈旨、中宫、御前、阙廷、朝廷之类并阙字。"②由此可见,"太庙"、"太社"等并属"阙字"之词,文书"时旱祈于"后因接抄"太庙"二字,故须阙字以示尊敬,大谷4922号中"太社"亦当如此。这表明文书在抄写时严格遵循平阙式规定,据此可以断定,该文书与敦煌所出《开元礼》残片一样,同属官文书无疑。

大谷8113号与上揭4922号书法相近,且所抄内容同为《开元礼》卷六五,二者似为同一写本,并可前后缀合,今试作缀合如下:

1　　　大唐开元礼卷第六十五　　　吉礼
2　　　　时旱祈于　　　太庙
3　　　　时旱祈于　　　太社
4　　　时旱祈于　　　太庙
5　　　将祈有司卜日如别仪
6　　　前二日守宫设祈官以下次各于常所
7　　　右校埽除内外为瘗埳于北门之内道

---

① 《通典》,北京:中华书局,1988年,第3053页。
② 《唐六典》,北京:中华书局,1992年,第113页。

从吐鲁番所出《开元礼》残片的书法及抄写格式看，它与敦煌所出《开元礼》残片同属楷书，且书法精美，并严格遵循唐代平阙式规定，二者皆为官文书，年代应大致相当，同属盛唐时代写本。

唐代沙、西二州俱属边州，两地《开元礼》残片的发现，对认识唐礼及《开元礼》在全国的行用问题具有十分重要的意义。

二、关于《开元礼》的性质问题

有关《开元礼》之编撰，史籍多有记载，据《唐会要》卷三七《五礼篇目》载①：

> 开元十年，诏国子司业韦縚为礼仪使，专掌五礼。十四年，通事舍人王嵒疏请撰《礼记》，削去旧文，而以今事编之。诏付集贤院学士详议。右丞相张说奏曰："《礼记》，汉朝所编，遂为历代不刊之典。今去圣久远，恐难改易。今之五礼仪注，贞观、显庆两度所修，前后颇有不同，其中或未折衷。望与学士等更讨论古今，删改行用。"制从之。初令学士右散骑常侍徐坚、左拾遗李锐、太常博士施敬本等检撰，历年不就。说卒后，萧嵩代为集贤学士，始奏起居舍人王邱，撰成一百五十卷，名曰《大唐开元礼》。二十九年九月，颁所司行用焉。

此事《通典》卷四一《礼序》、《旧唐书》卷二一《礼仪志一》、《新唐书》卷五八《艺文志二》等俱有类似记载。参据诸书，《会要》所记"王邱"当为"王仲丘"，"二十九年九月"当为"二十年九月"之误。据此知《开元礼》始撰于开元十四年（726），成书于开元二十年，历时达六年之久。参与本书编撰的人员有张说、萧嵩、王仲丘、徐坚、李锐、施敬本、贾登、张烜、陆善经、洪孝昌等人。书成后，备受后世推崇，唐人杜佑称赞说："於戏！百代之损

---

① 《唐会要》，北京：中华书局，1955 年，第 670—671 页。

益,三变而著明,酌乎文质,悬诸日月,可谓盛矣。"①

关于《开元礼》之性质,前人有不同的看法,《新唐书》卷五八《艺文志二》最早把《开元礼》系为史部"仪注"类,《宋史》卷二〇四《艺文志三》同;王尧臣等编《崇文总目》卷一列为"礼类"②,尤袤的《遂初堂书目》亦同③;陈振孙《直斋书录解题》卷六列为"礼注类"④;郑樵《通志·艺文略第二》列为礼类仪注之"礼仪"门⑤;马端临《文献通考》卷一八七《经籍考十四》列为经部"仪注"门⑥;《钦定四库全书总目》卷八二列为史部政书类"典礼之属"⑦。可见,《开元礼》性质之分类,有经部礼类仪注及史部仪注、礼注、政书等数种不同的划分,反映了前人对其性质的认识有经与史之别。姜伯勤先生对此曾解释说:"这也表明,仪注与礼学有密切关系,但却又只能视作经学中礼学的因时制宜的一种变通。"⑧按《隋书》卷三三《经籍志二》史部"仪注"门载⑨:

> 仪注之兴,其所由来久矣。自君臣父子,六亲九族,各有上下亲疏之别。养生送死,吊恤贺庆,则有进止威仪之数。唐、虞已上,分之为三,在周因而为五。《周官》,宗伯所掌吉、凶、宾、军、嘉,以佐王安邦国、亲万民,而太史执书以协事之类是也。是时典章皆具,可履而行。周衰,诸侯削除其籍。至秦,又焚而去之。汉兴,叔孙通定朝仪,武帝时始祀汾阴后土,成帝时初定南北之郊,节文渐具。后汉又使曹褒定汉仪,是后相承,世有制作。然犹以旧章残缺,各遵所见,彼此纷争,盈篇满牍。而后世多故,事在通变,或一时之制,非长久之道,载笔之士,删其大纲,编于史志。而或伤于浅近,或失于未达,不能尽其旨要。遗

---

① 《通典》卷四一《礼序》,第1122页。
② 《崇文总目》,丛书集成初编本,第12页。
③ 《遂初堂书目》,丛书集成初编本,第3页。
④ 陈振孙:《直斋书录解题》,上海古籍出版社,1987年,第182页。
⑤ 《通志二十略》,北京:中华书局,1995年,第1502页。
⑥ 《文献通考》,北京:中华书局,1986年,第1596页。
⑦ 《钦定四库全书总目》,北京:中华书局,1997年,第1088、1098页。
⑧ 姜伯勤:《敦煌艺术宗教与礼乐文明》,北京:中国社会科学出版社,1996年,第425页。
⑨ 《隋书》,北京:中华书局,1973年,第971—972页。

文余事,亦多散亡。今聚其见存,以为仪注篇。

关于此段议论,吴丽娱先生指出,按照《隋书·经籍志》作者的观点,历代所作五礼,仅是根据现实需要而制作的"一时之制",而非"长久之道",不足为万古之训,与作为一贯和根本指导的礼经有着决然不同的体用之分。它们的出现,只有"史"的意义,而无"经"的价值,故被列入"仪注",被作为具体的指导而不是原则的纲常来对待。这反映了作者的思想,也代表了儒家的传统观念①。吴先生的分析十分精当,给人以诸多启发。我们注意到一个非常有趣的现象,在《隋书·经籍志》中,隋代潘徽等编撰的《江都集礼》,并未列入史部"仪注"门,而是入于经部"论语"类②,这一现象颇值玩味。《江都集礼》虽属"礼"的范畴,与经部"论语"类著作并无必然的联系,列入其中似乎有点不伦不类,但它在一定程度上反映了《隋书·经籍志》作者的某些思想和观点:即《江都集礼》并不等同于那些列入史部"仪注"门的五礼著作,它属于"经",而非"史"。初唐学人的这些思想和观点,到唐玄宗开元年间进一步完善和明朗化。《旧唐书·经籍志》所录乃开元书目③,其中《江都集礼》、房玄龄等撰《大唐新礼》、武则天撰《紫宸礼要》三书被置于经部礼类著作之中。很显然,这与《隋书·经籍志》系《江都集礼》于经部之中是有前后因袭关系的,只不过《旧唐书·经籍志》更明确把它划入礼经类。吴丽娱先生指出,《旧唐书·经籍志》的这一记载,反映了唐人的分类观念,那就是要把《江都集礼》、《大唐新礼》、《紫宸礼要》与三《礼》类书籍并列。玄宗时《开元礼》的制作及德宗时开元礼科的确定,都反映了唐人视本朝之礼等同礼经的观念④。我们认为,这一观念变化可能自唐初就已产生了,《隋书·经籍志》作者把对唐礼有着直接影响的隋代《江都集礼》列入经部似可说明此点。既然如此,综合前朝礼制而成的《开元礼》,也应该归属于礼类著作,故前揭《崇文总目》、《遂初堂

---

① 吴丽娱:《唐礼摭遗——中古书仪研究》,第476页。
② 《隋书》卷三二《经籍志一》,第939页。
③ 吴丽娱:《唐礼摭遗——中古书仪研究》,第477页。
④ 吴丽娱:《唐礼摭遗——中古书仪研究》,第477—480页。

书目》、《通志》、《文献通考》等书把《开元礼》置于经部礼类之属,是极有道理的。

诚然,《开元礼》在分记吉、嘉、宾、军、凶诸礼时,都详细记录了诸礼的各种礼仪,但其内容更多是体现各种礼仪的规范和标准,而非具体的仪注,尤其在具体的人物姓名、官名和时间上,多具有不确定性,是书中所载祝文最能说明这一问题。若皇帝亲祭,祝文多首称"维某年岁次月朔日,子嗣天子臣某敢昭告于(后略)"、"维某年岁次月朔日,子孝(曾孙、孙、侄、子)开元神武皇帝臣某敢昭告于(后略)"①;若"有司摄事",祝文则为"维某年岁次月朔日,子开元神武皇帝某谨遣具官姓名敢昭告于(后略)"②、"维某年岁次月朔日,子嗣天子某谨遣具官(位)姓名敢昭告于(后略)"③,地方州县的祝文亦与此相类。不仅如此,《开元礼》一书中,不少礼仪就根本未记祝文,仅在"跪读祝文"之后注明:"祝文临时撰",或"临时制撰",如卷五六《皇帝巡狩告于圆丘》"亲告"条记:"太祝持版进于神座之右,东面跪读祝文(祝文临时撰),讫,兴。"④又卷六五《时旱祈(雨)于太庙》载:"太祝持版进于室户外之右,东面跪读祝文(其文为水、旱、疠、疫、蝗、虫及征伐四夷,各临时撰),讫,兴。"⑤显然,这些祝文都是在正式举行礼仪之前临时撰写。由此可见,《开元礼》所记更多的是体现五礼的一般原则性规定,与实际操作的礼仪活动是有所区别的。朝廷在举行礼仪活动时,通常都要先由"有司"撰写仪注,以作指导。从这一意义上讲,《开元礼》与具体的仪注是有所区别的,但仪注所依据的又可能是《开元礼》或其他礼文,故二者之间存在一定的关联。一言以蔽之,《开元礼》与具体的仪注之间其实是体和用的关系。以下对此试作论证。

---

① 如《大唐开元礼》(附《大唐郊祀录》)卷四《吉礼·皇帝冬至祀圆丘》"进熟"条所载两种祝文,第41、42页。
② 如《大唐开元礼》(附《大唐郊祀录》)卷五〇《吉礼·有司享先代帝王》所载各种祝文,第284—286页。
③ 如《大唐开元礼》(附《大唐郊祀录》)卷六五《吉礼·时旱祈雨于太社》所载各种祝文,第346—347页。
④ 《大唐开元礼》(附《大唐郊祀录》),第309页。
⑤ 《大唐开元礼》(附《大唐郊祀录》),第346页。

《册府元龟》卷四八《帝王部·谦德》载①：

> 肃宗初为皇太子,将行册命,有司进仪注,有中严、外辨(办)之礼,及所御衣服有绛纱衣。帝以逼尊极,辞不敢受。公卿议,太师萧嵩、左丞相裴耀卿奏："此乃旧仪,古今通用。皇太子因心谦让,不欲混同,请改外辨(办)为外备,其中严停,绛纱衣请为朱明服。"诏可其议。

据《旧唐书》卷四五《舆服志》,此事发生在开元二十六年(738),"有司"作"太常","绛纱衣"作"绛纱袍"②。有司所进册命李亨为皇太子的仪注所依据的是什么呢？萧嵩、裴耀卿说"此乃旧仪",说明此仪并非新创。《开元礼》卷一〇六《临轩册命皇太子》、卷一〇七《内册皇太子》记册命皇太子时,皇太子服远游冠、绛纱袍,有中严、外办之仪,与太常所进仪注内容相合。由此不难看出,尽管《开元礼》中记有册命皇太子的礼仪,但在实际操作中,并没有原封不动地照搬《开元礼》中的礼文,而是重新撰写仪注,且根据新的实际情况做出相应调整。萧嵩、裴耀卿建议"请改外辨(办)为外备,其中严停,绛纱衣请为朱明服",得到玄宗的批准,这一变动必然会促使已撰好的仪注做出相应的改动和调整。于此亦可看出仪注的特点,确如《隋书·经籍志》所言"事在变通,或一时之制,非长久之道"。

又《旧唐书》卷二四《礼仪志四》载③：

> (开元)二十三年正月,亲祀神农于东郊,以勾芒配。礼毕,躬御耒耜于千亩之甸。时有司进仪注："天子三推,公卿九推,庶人终亩。"玄宗欲重劝耕藉,遂进耕五十余步,尽垄乃止。

玄宗亲行籍田之礼,有司进仪注："天子三推,公卿九推,庶人终亩。"但玄

---

① 《册府元龟》,北京：中华书局,1960 年,第 542 页。
② 《旧唐书》,北京：中华书局,1975 年,第 1941—1942 页。
③ 《旧唐书》,第 913 页。

宗并未严格遵循仪注,而是"进耕五十余步"乃止①。按《开元礼》卷四六《皇帝孟春吉亥享先农耕籍》"耕籍"条载有籍田之礼,皇帝三推,三公、诸王五推,尚书、卿九推,未记"庶人终亩"之事②。但在具体实施的籍田礼中,有司所撰仪注虽与《开元礼》之规定并不尽相同,但基本原则应该是一致的,如仪注中"天子三推,公卿九推",与《开元礼》之规定就有相近之处。而在具体的操作过程中,皇帝可根据自己的意愿进行调整,并不完全遵循有司所制定的仪注,这都反映了仪注为"一时之制"所具有的不确定性特点。

据《唐六典》卷四祠部郎中员外郎条载:"凡国有大祭祀之礼,皇帝亲祭,则太尉为亚献,光禄卿为终献;若有司摄事,则太尉为初献,太常卿为亚献,光禄卿为终献。"③这是一般性的原则规定。贞元六年(790)十一月,德宗亲行南郊祭祀之礼,诏以皇太子为亚献,亲王为终献,《旧唐书》卷一四九《柳登传》附《柳冕传》载④:

> (贞元)六年十一月,上亲行郊享。上重慎祀典,每事依礼。时冕为吏部郎中,摄太常博士,与司封郎中徐岱、仓部郎中陆质、工部郎中张荐,皆摄礼官,同修郊祀仪注,以备顾问。初,诏以皇太子亚献,亲王终献,上令问柳冕当受誓戒否,冕对曰:"准《开元礼》有之,然誓词云'不供其职,国有常刑',今太子受誓,请改云'各扬其职,肃奉常仪'。"

此事又见于《旧唐书》卷二一《礼仪志一》⑤。根据记载,柳冕之建议得到了德宗的批准。这一记载表明,柳冕等礼官在撰修郊祀仪注时,是以《开元礼》为依据的,只不过由于皇太子为亚献,故誓词有了一些改变。由此可见,《开元礼》并不等同于仪注,但仪注又依《开元礼》而定,二者之间显然是体、用关系。

---

① 《册府元龟》卷一一五《帝王部·籍田》则记玄宗"九推而止",第 1372 页。
② 《大唐开元礼》(附《大唐郊祀录》),第 268—269 页。
③ 《唐六典》,第 124 页。
④ 《旧唐书》,第 4032 页。
⑤ 《旧唐书》,第 844 页。

宪宗元和十三年(818)，礼官王彦威在上《元和曲台新礼》疏中所说的一番话，很能说明这一问题，疏文称："又国家每有礼仪大事，则命礼官、博士，约旧为之损益，修撰仪注，以合时变，然后宣行。"①据此，朝廷在举行礼仪大事之前，首先令礼官、博士据旧有的礼仪进行"损益"，修撰与当时情势相合之仪注，然后宣行。疏文又称《开元礼》为"开元仪礼"，与仪注显然有所区别。此处"约旧"，当然不仅仅是指《开元礼》，如《唐会要》卷八三《嫁娶》载："建中元年十一月十六日敕：'宜令礼仪使与博士及宗正卿李琬、汉中王瑀、光禄卿李涵，约古今旧仪及《开元礼》，详定公主、郡主、县主出降觐见之仪，条件闻奏，将以化行天下，用正国风。'"②可见，德宗下制要大臣详定公主、郡主、县主出降觐见之仪，除依据《开元礼》之外，还有"古今旧仪"。

元和六年(811)，礼官在讨论左右仆射上事仪注时，曾有过如下一段议论③：

> 按《开元礼》，有册拜官上仪，初上者，咸与卑官答拜。今左右仆射，皆册拜官也，令准此礼为定。伏寻今之所行仪注，其非典礼之文，又无格敕为据，斯乃越礼随时之法。有司寻合厘正，岂待议而后革也。伏以《开元礼》者，其源太宗创之，高宗述之，玄宗纂之曰《开元礼》，后圣于是乎取则。其不在礼者，则有不可以传。今仆射初上，受百僚拜，是舍高宗、玄宗之祖述，而背开元之正文，是有司失其传，而又云礼，得无咎哉！今既奉明诏详定，宜守礼文以正之。

此段议论比较准确地反映了时人对《开元礼》的认识。论中所言"今之所行仪注"，乃指左右仆射上事之仪注。在众礼官看来，左右仆射为册拜官，据《开元礼》，初上仅受卑官拜；而今所行仪注，则"受百僚拜"，此"非典礼之文"，又无格敕为依据，因此属"越礼随时之法"，"是舍高宗、玄宗之祖

---

① 《唐会要》卷三七《五礼篇目》，第671页。
② 《唐会要》，第1529页。
③ 《唐会要》卷五七《尚书省诸司上》"左右仆射"条，第991—992页。

述,而背开元之正文","而又云礼,得无咎哉!"礼与仪之关系于此可见。

礼与仪并不完全等同,此种观念自先秦以来就已存在,如《左传》"昭公五年"条载:"公如晋,自郊劳至于赠贿,无失礼。晋侯谓女叔齐曰:'鲁侯不亦善于礼乎?'对曰:'鲁侯焉知礼!'公曰:'何为?自郊劳至于赠贿,礼无违者,何故不知?'对曰:'是仪也,不可谓礼(后略)'"①又同书"昭公二十五年"条载:"夏,会于黄父,谋王室也。赵简子令诸侯之大夫输王粟,具戍人,曰:'明年将纳王。'子大叔见赵简子。简子问揖让周旋之礼焉,对曰:'是仪也,非礼也。'"②由此可见,上揭礼官所云"今之所行仪注""非典礼之文",因而不能"云礼"之观点,与先秦时人对礼与仪之认识是一致的,都反映了礼与仪二者之间是有区别的。

更为值得注意的是,"后圣于是乎取则"之言,揭示出《开元礼》在当时礼官心目中所具有的尊崇地位。易言之,《开元礼》是后圣"取则"的具有权威性的东西,它是制度层面的礼,后世应该以之作为原则性的纲常来对待和遵循,所谓"其不在礼者,则有不可以传",即表明《开元礼》所具有之权威性。德宗贞元元年(785)十一月,太常博士柳冕还曾上奏指出:"开元定礼,垂之不刊。天宝改作,起自权制。此皆方士谬妄之说,非礼典之文。请一准《开元礼》。"③在柳冕看来,开元年间所制定的《开元礼》,乃"垂之不刊"之典,而能够享有"不刊之典"美誉的,一般多为"经",前揭《唐会要》卷三七《五礼篇目》记张说称《礼记》"为历代不刊之典",即表明此点。开元七年(719)八月,玄宗下诏亦指出:"惟周公制礼,当历代不刊。"④穆宗时薛放的一段话也很能说明这一问题,史载:"穆宗常谓侍臣曰:'朕欲习学经史,何先?'放对曰:'经者,先圣之至言,仲尼之所发明,皆天人之极致,诚万代不刊之典也。史记前代成败得失之迹,亦足鉴其兴亡,然得失相参,是非无准的,固不可为经典比也。'"⑤薛放认为,"经"乃"万代不刊之典","史"虽有借鉴前代成败得失及兴亡之作用,但"是非无准的",故不能

---

① 《春秋左传正义》,《十三经注疏》下册,第2041页。
② 《春秋左传正义》,《十三经注疏》下册,第2107页。
③ 《旧唐书》卷二一《礼仪志一》,第843—844页。
④ 《旧唐书》卷二七《礼仪志七》,第1031页。
⑤ 《旧唐书》卷一五五《薛戎传》附《薛放传》,第4127页。

与"经"相提并论。在唐人看来,《开元礼》即是"垂之不刊"、"后圣于是乎取则"之典,是"礼文"或"典礼之文",其属"经"的性质毋庸怀疑,它与仪注之区别亦是显而易见的。文宗大和三年(829)八月,太常礼院所上奏文称:"详简贞观、显庆、开元礼书并仪注,今参酌古今,备其陈设及奏歌曲之仪(后略)"①此处称《贞观礼》、《显庆礼》、《开元礼》为"礼书",与"仪注"并列,这同上引文称《开元礼》为"礼文"、"仪礼"一样,都表明《开元礼》与仪注并不等同。

吴丽娱先生曾指出:"唐人对于本朝礼的尊崇,理所当然为五代人继承。"②事实确是如此,南唐太常博士陈致雍亦曾有过这样的议论:"《开元礼》太宗纂之,高宗述之,玄宗定之,垂为永则,岂合改作!"③《开元礼》对后世的深刻影响由此可见。"垂为永则"的《开元礼》,显然是仅为"一时之制"的仪注所无法比拟的。因此,判断《开元礼》的性质,应对唐五代人的认识予以充分的重视。

综上所述,我们认为,《开元礼》是在全面综合、总结前朝礼制基础上而成的一部礼典,是对吉、嘉、宾、军、凶五礼的一种规范,其属于制度层面的礼,它虽然也记载了五礼之仪,与仪注有一定联系,但并非"一时之制",而是"垂为永则"的长久之制,在唐代受到了礼经一样的尊崇,对后世也产生了极大的影响。它并不属于《隋书·经籍志》所言的"仪注",而是五礼的规范和一般性原则,是礼制,与仪注之间是体和用的关系。对《开元礼》性质的准确把握,有助于认识其在唐代的行用问题。

三、关于《开元礼》的行用问题

《开元礼》作为一部号称"一代典制"的皇皇巨著,在撰成后是否行用于天下,自唐以来,以迄今日,仍未有较为一致的看法。较早提出《开元礼》并未行用之观点的,大概是唐代中叶的著名文人吕温,他在《代郑相公

---

① 《册府元龟》卷五六九《掌礼部·作乐五》,第6846页。
② 吴丽娱:《唐礼撮遗——中古书仪研究》,第480页。
③ 《全唐文》卷八七三陈致雍《博士高远奏改颜子祝文议》,北京:中华书局,1983年,第9141页。

请删定施行〈六典〉〈开元礼〉状》中说①：

> 以论材审官之法作《大唐六典》三十卷,以导(《集》作"道")德齐礼之力作《开元新礼》一百五十卷。网罗遗逸,芟翦奇邪,亘百代以旁通,立一王之定制。草奏三复,祗令宣示中外;星周六纪,未有明诏施行。遂使丧、祭、冠、婚,家犹异礼,等威名分,官靡成规,不时裁正,贻弊方远(中略)伏见前件《开元礼》、《六典》等圣(《集》作"先")朝所制,郁而未用。(中略)臣请于常参官内选学艺优深、理识通远(《集》作"敏")者三五人就集贤院,各尽异同,量加删定,然后敢尘(《集》作"冀纡")睿览,特降德音,明下有司,著为恒式,使公私共守,贵贱遵行,苟有愆违,必正刑宪。

据日本学者内藤乾吉氏考证,此状时间在宪宗元和三年(808)正月至九月之间,"郑相公"即时任宰相的郑絪②。状文指出,玄宗时期所修之《六典》与《开元礼》,皆只是"宣示中外",并未有"明诏施行","郁而未用",以致丧、祭、冠、婚之礼,家家都不一样,"等威名分,官靡成规"。此状距《开元礼》成书时间约七十余年,且提及《六典》与《开元礼》的行用问题,故历来受到学者们的高度重视。

四库馆臣在评介《周礼注疏》一书时,亦指出:"郑樵《通志》引孙处之言曰:'周公居摄六年之后,书成归丰,而实未尝行。盖周公之为《周礼》,亦犹唐之《显庆》、《开元礼》,预为之以待他日之用,其实未尝行也。惟其未经行,故仅述大略,俟其临事而损益之。(中略)'云云。其说差为近之,然亦未尽也。(中略)此又如《开元》、《六典》、《政和五礼》在当代已不行用,而今日尚有传本,不足异也。"③可见,郑樵与四库馆臣同样认为《开元礼》在当时并未行用。

---

① 《文苑英华》卷六四四,北京:中华书局,1966年,第3306页。又参《吕衡州文集》卷五,丛书集成初编本,第55—56页。
② 内藤乾吉:《唐六典の行用に就いて》,《东方学报》第七册,京都,1936年;后收入同著《中国法制史考证》,东京:有斐阁,1963年,第64—89页。
③ 《钦定四库全书总目》卷一九,第235页。

吴丽娱先生认为,虽然《开元礼》制作的初衷是"折衷"两部前朝礼典,但它修订的时间至少持续六年之久;且受安史之乱的影响,《开元礼》似始终未能向民间颁布。直到德宗朝,仍然"不列学官,藏在书府","星周六纪,未有明诏施行"。而所谓"未有明诏施行",只是未能像律令那样,下制使全国百姓一律服从①。

姜伯勤先生指出,敦煌文书中可以找到当时国家颁定的《开元礼》在社会生活中流行的佐证。例如 P.2697 号《丧礼书》,就引用了《开元礼》及杜佑的《唐礼图》,证明《开元礼》为士大夫遵行。而 S.1725 号所载《释奠文》、《祭社文》等,大抵系以《开元礼》为蓝本,而所附《用祭诸神物品牒》,明确证明沙州据《开元礼》释奠、祭风伯、祭雨师等②。

赵澜先生认为,吕温指出《唐六典》、《开元礼》"未有明诏施行",当是事实,其原因在于,《开元礼》涉及的主要是朝廷礼仪,《唐六典》讲的是国家政权的组织形式、官员编制、职掌权限等,这些内容没有必要颁诏于天下,让全国民众都知道,主要靠皇帝与朝廷官员们来掌握。但没有颁诏于天下,并不等于没有行用过,《旧唐书·礼仪志》所载"颁所司行用焉",即指明《开元礼》交有关部门使用③。

以上介绍表明,《开元礼》在唐代是否行用问题,仍未得到很好的解决,笔者谨就此发表一些不成熟的看法。

如所周知,《开元礼》是在"折衷"前朝《贞观礼》与《显庆礼》的基础上写成的,那么,《贞观礼》与《显庆礼》的行用情况如何呢?《贞观礼》始修于贞观二年(628),贞观七年(633)成书献上,太宗下令颁行天下,《通典》卷四一《礼序》称:"贞观七年,始令颁示。"④《唐会要》卷三七《五礼篇目》云:"(贞观)七年正月二十四日,献之,诏行用焉。"⑤显然,《贞观礼》成书

---

① 吴丽娱:《唐礼摭遗——中古书仪研究》,第 227、479 页。
② 姜伯勤:《敦煌社会文书导论》,台北:新文丰出版公司,1992 年,第 2 页;同著《敦煌艺术宗教与礼乐文明》,第 439 页;又同著《唐敦煌城市的礼仪空间》,《文史》2001 年第 2 辑,第 243 页。
③ 赵澜:《〈大唐开元礼〉初探——论唐代礼制的演化历程》,《复旦学报》1994 年第 5 期,第 91 页。
④ 《通典》,第 1121 页。
⑤ 《唐会要》,第 669 页。

后即行用于天下。高宗即位后的永徽二年(651),议者以"《贞观礼》未备",令长孙无忌等"重加缉定",至显庆三年(658)修成《显庆礼》一百三十卷,高宗自为之序,"诏中外颁行焉"①。《显庆礼》修成后,《贞观礼》并未弃置不用,而是二者兼行,史称:"时许敬宗、李义府用事,其所取舍,多依违希旨,学者不便,异议纷然。上元三年下诏,命依贞观年礼为定。仪凤二年,诏并依周礼行事。自是礼司益无凭准,每有大事,辄别制一仪,援古附今,临时专定,贞观、显庆二礼,亦皆施行。"②既然如此,在"折衷"《贞观礼》、《显庆礼》基础上而重新撰成的《开元礼》,如果仅是"藏在书府"而不行用,就令人费解了。易言之,如果《开元礼》未行用的话,那么,开元、天宝年间朝廷、地方官府和民间的礼仪活动所依据的是什么呢? 是《贞观礼》还是《显庆礼》,抑或二礼兼用? 似乎看不到这方面的史料依据。有唐一代,在《开元礼》成书后,臣僚们更多的是引据和提及《开元礼》,而《贞观礼》与《显庆礼》则较少提及,说明二礼在开元以后的作用和影响已非《开元礼》所比。《通典》、《唐会要》、《旧唐书·礼仪志一》等记张说的奏疏皆为"望与(《通典》作"请")学士等更讨论古今,删改行用",玄宗"制从之",说明这一建言得到了玄宗的批准。正因如此,故《开元礼》撰成后,玄宗即下令"颁所司行用焉",《旧唐书》卷八《玄宗本纪》亦载:"制所司行用之。"③这些都表明《开元礼》在当时是行用的。据《五代会要》卷七《论乐下》载,后周显德六年(959)正月,兵部尚书张昭等讨论"乐"时指出:"其五郊天地、宗庙、社稷三庙大礼,合用十二管诸调,并载唐史、《开元礼》,近代常行。"④说明《开元礼》中有关祭祀用乐的规定,是得到贯彻实行的。宋苏颂《苏魏公文集》卷一八《请重修纂国朝所行五礼》亦称《开元礼》"行于累朝"⑤。

《开元礼》撰成后,唐人对其注疏、解说之著述亦有若干,据《新唐书》卷五八《艺文志二》载,有萧嵩的《开元礼义镜》一百卷、《开元礼京兆义

---

① 《唐会要》卷三七《五礼篇目》,第670页。
② 《通典》卷四一《礼序》,第1121—1122页。
③ 《旧唐书》,第198页。
④ 《五代会要》,北京:中华书局,1998年,第88页。
⑤ 《苏魏公文集》(附《魏公谭训》),北京:中华书局,1988年,第244页。

罗》十卷、《开元礼类释》二十卷、《开元礼百问》二卷等。萧嵩所撰《开元礼义镜》,《通志·艺文略第二》、《崇文总目》卷一、《文献通考》卷一八七《经籍十四》等俱作"《开元礼义鉴》","镜"、"鉴"二字形近易误,当以《开元礼义鉴》为是。关于是书,《崇文总目》称:"唐萧嵩撰。既定《开元礼》,又以礼家名物繁伙,更取历代沿革,随文释义,与礼并行。"①有关《开元礼》的撰写,在张说卒后,萧嵩总领其事,并由其最后领衔献上。因此,对于《开元礼》的编撰及行用情况,萧嵩当最为熟悉,显然,他"以礼家名物繁伙,取历代沿革,随文释义"而撰写是书,是为配合《开元礼》的行用而作的,所谓"与礼并行"是也。如果《开元礼》仅是"藏在书府"而不颁行天下,试问萧嵩撰写此书的目的何在呢?

更为值得注意的是,唐德宗统治时期,《开元礼》被立为官学,开科取士。《唐会要》卷七六《开元礼举》载②:

> 贞元二年六月十一日敕:"(中略)其诸色举人中,有能习《开元礼》者,举人同一经例。选人不限选数许习,但问大义一百条、试策三道,全通者超资与官;义通七十条、策通两道已上者,放及第,已下不在放限。其有散官能通者,亦依正官例处分。"至贞元九年五月二十日,敕:"其习《开元礼》人,问大义一百条,试策三道,全通者为上等;大义通八十条已上、策两道以上,为次等。余一切并准三礼例处分,仍永为常式。"

自德宗贞元二年(786)实行《开元礼》科取士制度后,此制一直为后世所取法,直到宋太祖开宝六年(973)方改为乡贡通礼③。关于此科取士情况,《玉海》卷一一五《唐开元礼举、三礼举》引《登科记》云:"贞元五年,始有《开元礼》一人。"④参据清徐松《登科记考》及相关传世文献,唐代登《开元

---

① 《崇文总目》卷一《礼类》,第12页。
② 《唐会要》,第1396—1397页。
③ 《玉海》卷一一六《开宝三经科、嘉祐明经科》,江苏古籍出版社、上海书店,1987年,第2142页。
④ 《玉海》,第2135—2136页。

礼》科者有如下诸人：京兆长安的程异①、苏州吴郡的丁公著②、陇西的辛秘③、河东闻喜的裴乂④、京兆的杜辇⑤、福州闽县的林勋⑥、彭城刘全交⑦、钱塘的罗修古⑧、邠州柏廷徽⑨以及籍贯不明的李涪⑩等。当然，也有习《开元礼》而未中举者，如《全唐文》卷八二八罗衮《仓部柏郎中墓志铭》载："近代科学之家，有柏氏仓部府君讳宗回，字几圣。祖士良，忠州司马。父嵒，《毛诗》博士，赠国子司业。君踵父学《开元礼》，咸通中，考官第之，尚书落之。不胜压屈，因罢。取家荫出身，选为州县官。"⑪柏宗回随父习《开元礼》，最终未能登《开元礼》科，只好"取家荫出身"而"选为州县官"，但其子柏廷徽却能承祖父业考中《开元礼》科，说明邠州柏氏实为当地的礼学世家，这是一个非常值得注意的现象。像柏宗回那样学习《开元礼》而未能中举者，全国当不在少数。上揭登《开元礼》科的士人来自京畿道、陇右道、河东道、河南道、江南道等，显然，这些人对《开元礼》十分精熟，是当地习读《开元礼》士人中的佼佼者，有的家学渊源，如柏廷徽；有的则家

---

① 《旧唐书》卷一三五《程异传》，第3737页。
② 《旧唐书》卷一八八《孝友·丁公著传》，第4936页。徐松《登科记考》卷一二系其中《开元礼》在贞元六年（790），北京：中华书局，1984年，第456页。
③ 《旧唐书》卷一五七《辛秘传》，第4150页。
④ 裴乂，《元稹集》卷五五《裴公墓志铭》有载："公讳某，字某。河东闻喜其望也（中略）少好学，家贫，甘役劳于师，雨则负诸弟以往，卒能通《开元礼》书，中甲科。"北京：中华书局，1982年，第589—590页。又见《全唐文》卷六五五，第6663—6664页。郁贤皓：《唐刺史考全编》（四）考其刺福州在元和十四年至长庆三年之间（819—823），合肥：安徽大学出版社，2000年，第2162页。
⑤ 徐松：《登科记考》卷二二载："宋李光撰《杜缜墓志铭》：'杜氏故京兆人，五世祖辇，唐末习《开元礼》，以本科出身，仕太子太保，赠太师。'"第113页。
⑥ 徐松：《登科记考》卷二二载："《永乐大典》引《闽中记》：'林勋字公懋，闽县人，大中五年《开元礼》登科。'"第817页。
⑦ 陆心源：《唐文拾遗》卷二九黄棨《陈府君墓志铭并序》记："府君讳觉，字昌言，其先颖川人，太邱宰仲弓之后也。晋末避乱于闽，因而家焉（中略）皇考憓，大理评事，赠兵部郎中；皇妣彭城刘氏，赠彭城郡君（中略）亲舅全正，鸿（胪）少卿；次全交，前《开元礼》，见任河南清县主簿；内弟知新，三礼登科，见任陕州司马。"此处"前《开元礼》"当有夺文，据陈觉内弟陈知新曾"三礼登科"，此似指全交曾登《开元礼》科。《全唐文》，第10701—10702页。
⑧ 罗修古乃著名文人罗隐之父，其应开元礼科当在唐后期，参见《吴越备史》卷一《武肃王》，丛书集成初编本，第119页；《十国春秋》卷八四《罗隐传》，北京：中华书局，1983年，第1217页。
⑨ 《全唐文》卷八二八罗衮《仓部柏郎中墓志铭》记仓部郎中柏宗回有"子廷徽，《开元礼》登科"。志称柏宗回于光化二年（899）卒官京师，后"归葬先人之茔于邠州"，知柏氏原籍当为邠州。第8729页。
⑩ 《北梦琐言》卷九《李涪尚书改切韵》，北京：中华书局，2002年，第198页。
⑪ 《全唐文》，第8729页。

贫,但好学,最终通《开元礼》而登科,如河东的裴乂。这些都无可置疑地表明《开元礼》是颁行于天下的。《册府元龟》卷五六四《掌礼部·制礼第二》亦有这样的记载:"(开元)二十年九月,以新修《开元新礼》一百五十卷颁示天下。"①敦煌、吐鲁番两地所出《开元礼》残片无疑可以进一步证明此点。

开元二十一年(733)五月,玄宗下敕:"诸州县学生,专习正业之外,仍令兼习吉凶礼,公私礼有事处,令示仪式,余皆不得辄使。"②敕文要求州县学生除习正业之外,还要兼习吉凶礼,而公私礼有事处,则"令示仪式",此处"仪式"应该是指的具体的仪注,与"吉凶礼"似不能完全等同。开元二十年,玄宗将《开元礼》"颁示天下",次年即下令州县学生"兼习吉凶礼",二者不可能没有丝毫联系,易言之,州县学生所习之"吉凶礼",自当是属于《开元礼》中的有关内容。

上文业已指出,《开元礼》是有关五礼的一般原则性规定,是制度层面的礼,与具体的仪注是有所区别的,因此,考察其在唐代是否行用,主要应看其基本原则和一般性规定是否得到遵行。观《开元礼》所记之五礼,大体上可分为如下三个方面:一为常礼,指长期遵循不变之礼;二是变礼,指已有所变化之礼;三为新礼,指新增之礼。关于常礼与变礼,吴丽娱先生《唐礼摭遗》一书中所制《中古服制变化表》③,为此提供了形象生动的例证。据表,为高祖服丧,《仪礼》为"齐衰三月",《贞观礼》、《显庆礼》、《开元礼》俱同,此即为长期沿用不变之常礼;又如为曾祖服丧,《仪礼》为"齐衰三月",《贞观礼》、《显庆礼》、《开元礼》俱改为"齐衰五月",此为变礼。至于新礼,乃指不见于《贞观礼》、《显庆礼》之记载,而据新的政治形势需要及其他情况所撰之礼,如"仲春兴庆宫祭五龙坛"、"仲春、仲秋上戊释奠于齐太公"等,《开元礼》卷一《序例上》"神位"条载:"仲春兴庆宫祭五龙坛:右准敕新撰享礼,乐用姑洗之均三成,(中略)仲春、仲秋上戊释奠于齐太公(以留侯张良配):右准敕新撰享礼,(中略)隐太子庙、章怀太子庙、

---

① 《册府元龟》,第6774页。
② 《唐会要》卷三五《学校》,第634—635页。
③ 《唐礼摭遗——中古书仪研究》,第465—466页。

懿德太子庙、节愍太子庙、惠庄太子庙、惠文太子庙：右并新撰享礼,每年四享。"①可见,"祭五龙坛"与"释奠于齐太公"皆为根据朝廷所发敕文新撰的享礼,而祭隐太子等庙亦为新撰享礼。

《开元礼》中,释奠礼除"释奠于齐太公"外,还有"皇太子释奠于孔宣父"、"国子释奠于孔宣父"、"诸州释奠于孔宣父"、"诸县释奠于孔宣父"等。关于唐代有关孔子的释奠礼,高明士先生有过精深的研究②,这里仅着重谈谈该礼的行用问题。开元二十七年(739)八月,玄宗下诏追谥孔子为文宣王,"所司奠祭,亦如释奠之礼"③。次年二月,玄宗又下敕:"文宣王庙春秋释奠,宜令三公行礼,著之常式。"④由三公负责行礼,说明祭祀级别有了提高,但礼仪似未发生太大的变化。敦煌所出 S.1725 号背所记"释奠文",颇能说明这一问题,兹引录如下⑤:

1 释奠文
2 敢昭告于　　先圣文宣王,惟王固天攸纵,诞隆生知,经纬礼乐,
3 阐扬文教,余烈遗风,千载是仰。俾兹末学,依仁游艺。
4 谨以制弊醴斋,粢晟庶品,恒奉旧章,式陈明荐,以先
5 师衮公配。
6 敢昭告于　　先师衮公,爰以仲春,率尊故实,敬修释
7 奠于先圣文宣王,惟公庶几体二,德冠四科,服道圣门,实
8 臻壶奥,谨以制弊礼斋,粢晟庶品,式陈明荐,作主
9 配神。右已前释奠文。

文书第 2 行记"先圣文宣王",说明此释奠文成于开元二十七年之后。王

---

① 《大唐开元礼》,第 16—17 页。
② 高明士:《唐代的释奠礼制及其在教育上的意义》,《大陆杂志》第六十一卷第五期,1980 年,第 20—38 页。
③ 《唐会要》卷三五《褒崇先圣(先师已下附)》,第 638 页;《通典》卷五三《礼十三》"孔子祠(先儒及弟子附)"条,第 1482 页。
④ 《唐会要》卷三五《释奠》,第 642 页。
⑤ 《英藏敦煌文献(汉文佛经以外部分)》第三册,成都:四川人民出版社,1990 年,第 133 页。姜伯勤:《敦煌社会文书导论》,第 3 页。又见同著《唐敦煌城市的礼仪空间》,第 232 页。

泾《大唐郊祀录》(以下简称《郊祀录》)卷一〇《释奠文宣王》记有类似的祝文和配坐文,配坐文注称:"州县云:庶几具体,德冠四科,服膺圣道,实臻堂奥。"①可知文书所抄实为州、县释奠文。姜伯勤先生指出,本件内容大抵见于《开元礼》卷六九《诸州释奠于孔宣父》②。需要补充指出的是,文书所记还见于《开元礼》卷七二《诸县释奠于孔宣父》③。比较文书内容与《开元礼》、《郊祀录》所记祝文,可以发现,三者内容基本一致,仅在称谓与个别字词上有些差异,它们之间的承袭关系十分明显。这说明孔子在被追谥为文宣王后,其释奠之礼在很大程度上仍袭自《开元礼》,《开元礼》之基本原则和具体规定仍得到遵循。

安史乱后,每年春秋二时释奠文宣王之礼一如既往地进行。建中三年(782)二月,国子司业归崇敬奏称:"上丁释奠,其日准旧例,合集朝官讲论五经文义。自大历五年以前,常行不绝。其年八月以后,权停讲论。今既日逼,恐须复依旧奏。"④据此,大历五年(770)以前,朝官在上丁释奠之日讲论五经文义,"常行不绝",说明"上丁释奠"之礼一直都在进行。即使在特定情况下,有的祭礼被暂时取消,释奠礼也照常举行,如《新唐书·礼乐志五》载:"上元元年,肃宗以岁旱罢中、小祀,而文宣之祭,至仲秋犹祠之于太学。"⑤可见此礼在唐代礼仪生活中所具有的重要地位,同时也说明《开元礼》有关释奠礼的原则和规定是得到执行的。

我们再来考察一下《开元礼》中有关新礼的行用情况。如前所论,"仲春兴庆宫祭五龙坛"、"仲春、仲秋上戊释奠于齐太公"等俱属新礼。据《唐会要》卷二二《龙池坛》载,开元二年(714)闰二月,玄宗下令祠龙池;开元十六年(728),诏置坛及祠堂;十八年(730),敕太常卿韦绍草祭仪,韦绍建言在每年二月仲春举行祭礼,牲用少牢,规格为小祀,得到玄宗批准⑥。《开元礼》卷五一《兴庆宫祭五龙坛》载有此礼仪的全部内容。五龙坛置在

---

① 《大唐开元礼》,第801页。
② 姜伯勤:《敦煌社会文书导论》,第3页。
③ 《大唐开元礼》,第367页。
④ 《唐会要》卷三五《释奠》,第642页;《册府元龟》卷六〇四《学校部·奏议三》,第7252页。
⑤ 《新唐书》卷一五《礼乐志五》,第376页。
⑥ 《唐会要》,第433—434页。

兴庆宫,任士英先生认为,祭五龙坛是唐玄宗的一个发明,意在从国家礼制的角度表明兴庆宫在国家礼仪场合下的地位,从而巩固兴庆宫所具有的政治中枢的地位①。所言有理。此礼是否行用呢?《唐会要》卷二二《龙池坛》有这样一条记载:"贞元六年六月,复祭五龙坛。"②这说明德宗贞元六年(790)又重新恢复对五龙坛的祭祀。那么,此前情况如何呢?据《册府元龟》卷三四《帝王部·崇祭祀三》载:"(贞元六年)六月己酉,复祭五龙坛。初,开元中每岁以二月祭之,有司行事,著于新礼。自上元中罢中小祀,其祭遂废。及是,宰臣请复之,帝始以是日亲祭焉。"③又《玉海》卷一〇一《唐五龙坛》载:"《实录》:'贞元六年六月己酉,复祭五龙坛。初,开元中每岁以二月祭之,有司行事,著于新礼。自上元中(元年闰四月己卯)罢中小祀,其祭遂废。及是,宰臣请复之,帝始以是日亲祭。'宋朝仲春祭五龙于堂,庙在国门东。"④由此知《册府元龟》所记乃出自《实录》。上文业已提及,肃宗在上元元年(760)因岁旱而罢中、小祀,五龙坛祭属小祀,除释奠礼外,自当也属于被罢废之列。五龙坛祭从上元元年被废,到贞元六年再次恢复,其间虽经历了三十年时间,但从上列记载仍不难看出,该祭礼在上元元年以前显然是在行用的,《郊祀录》卷七《祀五龙》记王泾案语称:"古礼无此祠,明皇置之兴庆宫,(中略)自后每年尝祭,至上元元年闰四月十九日权停中祀,因此废祭。至贞元七年春,诏令复祭之也。"⑤可为明证。又《全唐文》卷四八八权德舆《祭岳镇海渎等奏议》载:"风伯雨师,本皆小祠,天宝中始升为中祠。贞元初,陛下又以事切苍生,屈己再拜,况岳镇海渎,能出云为雨,故祝文有赞养万品、阜成百谷之言。国朝旧章,诸儒损益,伏请以《开元礼》祭官再拜为定。其诸神龙、毗沙门神等,在礼无文,今则咸秩,遣使致祭,推类相从。诸神龙准五龙坛例,毗沙门神准四镇

---

① 任士英:《唐代玄宗肃宗之际的中枢政局》,北京:社会科学文献出版社,2003年,第28页。
② 《唐会要》,第434页。
③ 《册府元龟》,第369页。
④ 《玉海》,第1846页。
⑤ 《大唐开元礼》(附《大唐郊祀录》),第779页。王泾所言恢复祭礼的时间与诸书所记有异,暂存疑待考。

山例,并主祭官再拜,请依太常寺状为定。谨议。"①议文提及"贞元初",又直称"陛下",且谈到"五龙坛",知其时间当在德宗朝贞元六年以后。议文"诸神龙准五龙坛例",说明五龙坛祭在贞元六年恢复后,确实是在行用着的。这一祭礼,一直到宋朝仍在沿用。因此,我们不能因其曾有过一段时间的停废,就否认其在唐代的行用。

关于唐代对齐太公吕望的祭祀及其相关问题,高明士先生亦有过精彩的剖析②。《开元礼》卷五五《仲春仲秋释奠于齐太公》载有其祭祀礼仪。此礼以太常卿为初献,太常少卿为亚献,丞为终献③。肃宗乾元元年(758)九月十二日,太常少卿于休烈奏称:"臣一昨因秋飨汉高祖庙,见傍无侍臣;飨太公庙,有张良在侧。伏以子房生于汉初,翊奉高祖,坐筹帷幄,佐定天下,考其年代,不接太公。自古配食庙庭,陪葬陵寝,皆取当时佐命,同受哀荣。太公人臣,不合以张良配飨,请移于汉祖庙。"肃宗从之④。据此,于休烈是以太常少卿的身份"飨太公庙"的,且时间正当秋天,说明"仲春仲秋释奠于齐太公"之礼确实在行用着。其后,至上元元年闰四月十九日,齐太公被追封为武成王,依文宣王置庙,"享祭之典,一同文宣王"⑤。《新唐书》卷一五《礼乐志五》在记上元元年齐太公被尊为武成王之后,有这样一句话:"后罢中祀,遂不祭。"⑥似乎武成王之祭在"罢中祀"之后不复进行。事实可能并非如此,首先,"后罢中祀"一语时间并不确定。有唐一代,"罢中祀"似只有上揭肃宗上元元年因岁旱而"罢中小祀"一次,具体时间在是年闰四月己卯(十九日),与肃宗下制追封齐太公为武成王事,俱在同一天,《资治通鉴》卷二二一肃宗上元元年闰四月己卯条亦记二事发生在同时。可见,祭武成王庙与祭文宣王庙一样,当同在未罢废之列。不过,中间可能曾有一段时间没有进行祭祀,《郊祀录》卷一〇《释奠武成王》载:

---

① 《全唐文》,第4988页。
② 高明士:《唐代的武举与武庙》,《第一届国际唐代学术会议论文集》,台北:台湾唐代学者联谊会,1989年,第1016—1069页。
③ 《唐六典》卷四尚书礼部祠部郎中员外郎条,第124页。
④ 《通典》卷五三《礼十三》"太公庙(大唐)"条,第1483—1484页。
⑤ 《唐会要》卷二三《武成王庙》,第437页;又参《大唐开元礼》,第803页。
⑥ 《新唐书》,第377页。

"其庙倾,暂废祭。屋宇倾摧,及今上在位,建中二年诏有司缮葺再修,祀事准旧差太尉充献。"①据此,知释奠武成王之礼曾因庙宇毁坏废祭一段时日,但建中二年(781)以后,此礼照常进行。德宗贞元四年(788)八月,兵部侍郎李纾所上的一段奏文,很能说明这一问题,奏文称②:

> 准开元十九年敕:置庙以张良配享,准式以太常卿、少卿、丞等充三献官。祝文云:"皇帝遣某官,敢昭告于齐太公、汉留侯。"至上元元年,追赠为武成王,享祭之典一同文宣王。有司因差太尉充献,兼进祝版亲署。臣以今月三日蒙差摄祭,方睹庙仪。伏以太公,即周之太师,张良即汉之少傅,圣朝列于祀典,已极褒崇,载在祝词,必资折衷,理或过当,神何敢歆?今者屈礼于至尊,施敬于臣佐,每谓御署并称昭告,于上下之祭,窃谓非宜,一同文宣王,恐未为允。臣以为文宣王垂教,百代宗师,五常三纲,非其训不明,有国有家,非其制不立。故孟轲称:"自生人以来,一人而已。"由是正素王之法,加先圣之名,乐用宫悬,献差太尉,尊师崇道,雅合正经。且太公述作,止于《六韬》,勋业形于一代,岂可拟其盛德,均其殊礼哉!前件祝文,请自今更不进署,其"敢昭告",请改为"致祭",请准式差太常卿以下。

观李纾奏文,其于贞元四年八月三日"蒙差摄祭",主持对武成王庙的祭祀,说明此礼照常进行。查陈垣先生《二十史朔闰表》,贞元四年八月三日为戊寅日,且八月正当仲秋,在这一天祭祀武成王庙,与《开元礼》之规定完全吻合。对于李纾的建议,德宗下诏令群臣集议闻奏,大理卿于顾等四十六人附同此议,至同年九月十六日,德宗下敕:"以上将军以下充献官,余依李纾所奏。"③据此,献官由太尉改为上将军以下,祝文变动则依李纾所奏,说明祭武成王礼依然照常进行。因此,上揭《新唐书·礼乐志五》之

---

① 《大唐开元礼》,第803页。
② 《唐会要》卷二三《武成王庙》,第436—437页;《通典》卷五三《礼十三》记"享"作"飨",第1484页。
③ 《唐会要》卷二三《武成王庙》,第438页;又参《大唐开元礼》(附《大唐郊祀录》),第803页。

记载是不可信的。

从唐代官员依官品设置家庙之情形,亦可看出《开元礼》中的一些原则规定是得到贯彻遵循的。《全唐文》卷四八六权德舆《请祔庙状》云:"按《开元礼》文,合立私庙三室,永怀怵惕,思展吉蠲。已于通济坊修建,择用二月二十日祔飨。臣位忝台司,时逢孝理,事循彝典,礼展私诚,感戴恩荣。不敢不奏闻,伏听敕旨。"①据甘怀真先生研究,权德舆此状上于元和五年至元和十二年之间(810—817)②。《开元礼》卷三《序例下·杂制》载:"凡文武官二品以上,祠四庙;五品以上,祠三庙(三品已上不须兼爵,四庙外有始封祖者,通祠五庙),牲皆用少牢;六品以下达于庶人,祭祖祢于正寝,用特牲(纵祖父官有高下皆用子孙牲)。"③很显然,权德舆状文中提及的"合立私庙三室",正是依据《开元礼》的这一规定。据《唐会要》卷一九《百官家庙》载:"大中五年四月,武昌军节度使、检校户部尚书韦损奏:'臣四代祖凑,开元中,于上都立政坊立庙,至建中四年,亡失木主,其庙屋及树并在。今臣官阶至三品,合立私庙,请祔享前件庙。'敕旨宜依。"④同书还记此前不久,韦损之门吏右司员外郎杨师复曾以此事问于礼官,太常寺主簿韦孺实回答说:"又准礼:文武官二品以上,祠四庙;五品以上,祠三庙。今韦尚书官至三品,自合得立三庙。"⑤韦孺实所说的"礼",即是《开元礼》,又说"今韦尚书官至三品,自合得立三庙",显然也是依据《开元礼》⑥。从元和年间到大中年间,官员们在立私庙时,所依据的都是《开元礼》,这都说明《开元礼》之规定在唐朝中后期是得到遵循的,其行用应无疑义。

当然,皇皇一百五十卷之《开元礼》,其所载五礼礼仪是否都得到行用呢?这是一个值得进一步深入考察的问题。不过,就目前所见资料看,《开元礼》中的有些礼仪,在唐代似乎并未行用,如"养老礼",《开元礼》载

---

① 《全唐文》,第4969页。
② 甘怀真:《唐代家庙礼制研究》,台北:台湾商务印书馆,1991年,第40页,第53页。
③ 《大唐开元礼》(附《大唐郊祀录》),第34页。
④ 《唐会要》,第390页。
⑤ 《唐会要》,第390页。
⑥ 甘怀真:《唐代家庙礼制研究》,第40页。

有其礼仪,但此礼在唐代是否行用,不见于文献记载,故清人秦蕙田《五礼通考》卷一七七《嘉礼五十·养老》认为:"视学养老之礼,后世惟汉明帝、魏高贵乡公、北魏孝文帝、周武帝行之,如北齐、唐、宋、明虽有养老辟雍之仪,其实皆未之行也。"①据《开元礼》卷一〇四《皇帝养老于太学》"养老"条载:"仲秋之月,择吉辰,皇帝亲养三老、五更于太学。所司先奏定三师、三公致仕者,用其德行及年高者一人为三老,次一人为五更。"②但唐代似未有"三老五更"之设,《通典》卷二〇《职官二》"三老五更"条记东汉、曹魏、北魏、北周设有"三老五更"之职,"其余历代皆无",可为明证③。由此看来,《开元礼》中,"皇帝养老于太学"之礼仅为具文,并未行用,秦蕙田所言不无道理。但我们不能因此而否定《开元礼》中的其他礼仪并未得到行用,上揭"释奠于孔宣父(文宣王)"、"释奠于齐太公(武成王)"、"祭五龙坛"等礼在唐代的行用,已足以说明这一问题。

宪宗元和十三年(818)八月,礼官王彦威曾上疏指出:"自开元二十一年已后,迄于圣朝,垂九十余年矣。法通沿革,礼有废兴,或后敕已更裁成,或当寺别禀诏命,贵从权变,以就便宜。"④诚然,礼是一种规范,一种约束,但并非一成不变。特别是经历安史之乱后,唐朝已不复昔日之辉煌,统治秩序也因藩镇割据而受到一定破坏,新问题、新情况不断涌现,在这样的历史背景下,礼典不可避免地要发生某些变化。尽管如此,《开元礼》仍具有不可替代的权威性。据姜伯勤先生《唐贞元、元和间礼的变迁——兼论唐礼的变迁与敦煌元和书仪文书》一文研究,贞元、元和间礼制和仪制上的变局,是基于两方面的背景:一方面是应付藩镇膨胀和加强王权,引起朝廷对陵寝之礼和国家郊祀之礼整备;另一方面则是家礼散佚和私家礼仪逾制,引起朝廷和礼学家对士庶吉凶礼仪的整顿⑤。姜先生此文还系统深入地考察了贞元、元和间礼的变迁历程及其深刻内涵,指出这是一个变礼迭

---

① 文渊阁四库全书,第一三九册,第 265 页。
② 《大唐开元礼》,第 494 页。
③ 《通典》,第 503—504 页。
④ 《唐会要》卷三七《五礼篇目》,第 671 页。
⑤ 姜伯勤:《唐贞元、元和间礼的变迁——兼论唐礼的变迁与敦煌元和书仪文书》,《敦煌艺术宗教与礼乐文明》,第 446、455 页。

出、仪注兴革的变化纷呈的年代,所论洞察入微,极具启发性。不过,我们也要注意到,尽管贞元、元和间礼制确曾发生过较大的变化,但这一期间出现的变礼、新礼乃至仪注,似乎并未完全取代《开元礼》,成为唐代中后期全部礼仪活动的准的。如贞元九年(793)王泾所上的《大唐郊祀录》十卷,姜伯勤先生不同意清人周中孚"是书大都钞撮《开元礼》所载郊祀诸礼而损益之"的观点,认为"应该是反映了唐德宗时期整备礼制的历史情状的重要文献"①。陈成国先生对《开元礼》与《郊祀录》所记礼典进行了认真细致的比较研究,认为二者大体一致,并未有太多的分歧②。我们认为,二说皆各自成理,值得重视。据王泾上《郊祀录》表称:他"集历代郊庙享祀之要及圣朝因革沿袭之由,伦比其文,各标篇目,裁为《大唐郊祀录》十卷"③。观《郊祀录》卷一〇《释奠文宣王》、《释奠武成王》诸内容,知该书记录了若干《开元礼》以后已有所变化了的礼典。而且,王泾表还称:"伏望颁诸东观,庶有补于将来,上表陛下教敬之源,下申微臣蚁术之望。"所谓"上表陛下教敬之源",似表明王泾所上《郊祀录》与唐德宗时期整备礼制不无关联。但也要看到,《郊祀录》仅有十卷,且所载"释奠文宣王"、"释奠武成王"等仪,与《开元礼》有着明显的因袭关系④。因此,我们倾向于认为,《郊祀录》在一定程度上仍基本沿自《开元礼》,《开元礼》之原则规定继续得到沿用。至于元和十三年王彦威所上之《元和曲台新礼》三十卷,乃"集开元以后,至元和十三年,奏定仪制,不惟与古礼有异,与开元仪礼已自不同矣"⑤。是书记开元以后至元和十三年以前的新礼,与《开元礼》显然不同,但毕竟只有三十卷,不可能完全取代《开元礼》,如大中五年(851)十一月太常礼院所上奏文称⑥:

---

① 姜伯勤:《敦煌艺术宗教与礼乐文明》,第448页。
② 陈成国:《中国礼制史》(隋唐五代卷),长沙:湖南教育出版社,1998年,第92—104页。
③ 《大唐开元礼》(附《大唐郊祀录》),第728页。
④ 如《大唐郊祀录》卷一〇《释奠武成王》与《开元礼》卷五五《仲春仲秋释奠于齐太公》所载祝文,除存在主持祭祀官员和太公望的谥号称谓不同外,其余皆大致相同,二者之间显然有着明显的因袭关系。参《大唐开元礼》(附《大唐郊祀录》),第305、801页。
⑤ 《唐会要》卷三七《五礼篇目》,第671页。
⑥ 《唐会要》卷一九《百官家庙》,第391页。

应立庙之初,先取礼司详定,兼请准《开元礼》:二品以上祠四庙,三品祠三庙,三品以上不须爵者,四庙外有始封祖,通祠五庙,(中略)余并准《开元礼》及《曲台礼》为定制。(后略)

宣宗批准了太常礼院的这一奏议。据此可知,大中五年重定的立庙制度,首先依据的还是《开元礼》,其次才是《曲台礼》,说明二者是并用的,《曲台礼》并没有也不可能取代《开元礼》。陈戍国先生研究指出:"李唐开元礼与所谓开元后礼中的祭祀之礼基本一致,李唐开元定礼后祭祀之礼基本固定,其间即有变化,亦无伤大体。"①这一判断不能说没有道理。

总之,我们倾向于认为,《开元礼》在唐代是基本得到行用的。那么,如何理解上揭吕温状文中所说的"草奏三复,祗令宣示中外;星周六纪,未有明诏施行"、"郁而未用"呢?如上文所论,《开元礼》成书后,曾"宣示中外"是没有疑问的,不过,"宣示中外"应该还伴有与此相应的朝廷诏敕,只是未能保存下来而已。而"未有明诏施行",可能亦是事实,礼毕竟不能等同律令格式,需要依靠国家的力量强制遵守、执行,它很大程度上还是依靠道德、教化的力量,正如吴丽娱先生所言:"相信所谓'未有明诏施行',只是未能像律令那样,下制使全国百姓一律服从。"②至于说"郁而未用",则不尽然。据唐末李涪撰《刊误》卷下《舅姑服》载③:

贞元十一年,河中府仓曹参军萧据状称:"堂兄至女子适李氏,婿见居丧。今时俗,妇为舅姑服三年,恐为非礼,请礼院详定垂下。"详定判官、前太常博士李岜议曰:"谨按《大唐开元礼》五服制度,妇为舅姑,及女子适人,为其父母,皆齐衰不杖周。盖以妇之道以专一,不得自达,必系于人,故女子适人,服夫以斩,而降其父母。《丧服传》曰:女子已适人,为父母何以周也?妇人不二斩也。妇人从人,无专用之道,故未嫁从父,既嫁从夫,夫死从子。父者,子之天也;夫者,妻之天

---

① 陈戍国:《中国礼制史》(隋唐五代卷),第105页。
② 吴丽娱:《唐礼摭遗——中古书仪研究》,第479页。
③ 李涪:《刊误》卷下,沈阳:辽宁教育出版社,1998年,第19—20页。此处标点不尽从是书。

也。先圣格言,历代不敢易。以此论之,父母之丧,尚止周岁,舅姑之服,无容三年。今之学者,不本其义,轻重紊乱,寖以成俗。伏以《开元礼》,玄宗所修,上纂累圣,旁求礼经,其道昭明,其文彰著,藏之秘府,垂之无穷,布在有司,颁行天下,率土之内,固宜遵行,有违斯文,命曰败法乱纪。伏请正牒,以明典章。"此李岩之论,可谓正矣。凡居士列,得不守之!

《唐会要》卷三八《服纪下》亦有类似记载,但"今之学者"以下内容缺,知《会要》所引非李岩议论全文①。据李岩所言,《开元礼》"藏之秘府"是为了"垂之无穷",而"布在有司,颁行天下",则明白告诉我们,《开元礼》不仅颁示天下,而且亦行用于天下。在李岩看来,《开元礼》理所当然应该得到天下臣民的遵行,若有违者,则属"败法乱纪",这显然已把《开元礼》上升到国家法纪的地步,与吕温状请求删定《六典》、《开元礼》,"著为恒式,使公私共守,贵贱遵行。苟有愆违,必正刑宪",有一定的相似之处。这种希望依靠国家的法制力量以强制推行《开元礼》的想法和要求,正是那一时期礼制混乱的真实反映。李岩乃详定判官、前太常博士,对大唐礼制及其施行情况应该非常熟悉,他所说《开元礼》曾"布在有司,颁行天下",定非虚言,值得重视。前揭贞元四年兵部侍郎李纾称其"蒙差摄祭,方睹庙仪",说明并非所有朝廷官员都能够参与并知晓当时的礼仪。因此,尽管李岩所说与吕温状文所言正好相反,但李岩毕竟是朝廷礼官,所言应该更具权威性。

我们还注意到,吕温状文与唐德宗贞元二年所下敕文有一定的相似之处,敕文称:"《开元礼》,国家盛典,列圣增修。今则不列学科,藏在书府,使效官者昧于郊庙之仪,治家者不达冠婚之义。"②把"效官者昧于郊庙之仪,治家者不达冠婚之义"归因于《开元礼》"不列学科,藏在书府",实在是一件有趣的事情;而吕温状文中所言《开元礼》"草奏三复,祗令宣示中外,星周六纪,未有明诏施行。遂使丧、祭、冠、婚,家犹异礼,等威名分,官靡成

---

① 《唐会要》,第687页。
② 《唐会要》卷七六《开元礼举》,第1396页。

规,不时裁正,贻弊方远",亦把当时的礼制崩坏归因于《开元礼》仅是"宣示中外",而"未有明诏施行",对真正导致贞元、元和年间礼制崩坏的藩镇膨胀、社会动荡等深层次原因只字不提,更在一定程度上否认了《开元礼》业已颁行天下的事实。德宗颁发敕文的目的是要设置"开元礼科",以"移风固本,合正其源";而吕温状文的目的是要"删定"《六典》和《开元礼》,然后"明下有司,著为恒式,使公私共守,贵贱遵行"。从某种意义上讲,二者都有一定的矫枉过正之嫌。因此,吕温状所言《开元礼》"郁而未用",未必是事实,不可轻信。

四、结　语

敦煌、吐鲁番两地同出有《开元礼》残片,这无疑是十分值得关注的事情。据上文初步考证,敦煌所出为《开元礼》卷三九《皇帝祫享于太庙》,吐鲁番所出为《开元礼》卷六五《时旱祈于太庙》,二者书法工整,严格遵循唐代的"平阙式",应同为盛唐时期的官文书。两地《开元礼》残片的发现,对认识《开元礼》在唐代的行用等问题有着非常重要的意义。关于《开元礼》的性质,自唐以来就有不同的认识和看法,但唐人的观念颇值注意,他们视《开元礼》等同礼经,并给予极高的推崇和评价,体现了唐人对本朝文化的崇重。分析《开元礼》的内容,可以发现,《开元礼》是对汉魏以来礼制的一次全面总结,是对五礼的一种规范,是礼的一般性原则规定,而具体的仪注则多是依据《开元礼》或其他礼文而来,二者之间是体、用关系,虽有联系,但并不完全等同。因此,考察《开元礼》在唐代是否得到行用,应视其基本原则和一般规定是否得到遵循。诚然,《开元礼》中有些礼仪,如"养老礼"在唐代可能并未实行,且有的礼仪因种种原因曾经有过废止,但不能因此就否定《开元礼》的行用。通过对相关文献的考察和分析,我们认为,《开元礼》在唐代基本上是得到行用的,其中的不少原则规定仍在唐代中后期的礼仪生活中发挥过重要的作用。

（本文原载《中国史研究》2005 年第 3 期。收入本书时,有一定修订。）

中古衣物疏的源流演变

所谓衣物疏,属古代丧葬文书类,具体指记录死者随葬物品的清单,系死者通往死后世界的一份凭证,是研究古代社会生活、物质文化、丧葬礼仪、宗教信仰等问题的第一手珍贵资料。20世纪初叶以来,我国新疆、甘肃、山东、安徽、江西、湖南等地出土了近百件中古时期(魏晋至隋唐)衣物疏实物资料①,书写材质有木牍、纸、石、砖等类,内容十分丰富,极大地弥补了传世文献记载的不足,备受中外学人关注,发表了不少令人瞩目的研究成果②。本文拟在前人已有研究成果基础上,对中古衣物疏的源流演变

---

① 参据池田温:《中国古代墓葬の一考察》,《国际东方学者会议纪要》第六号,1960年,第51—60页;侯灿、吴美琳:《吐鲁番出土砖志集注》附录二《吐鲁番——唐古墓出土随葬衣物疏》,成都:巴蜀书社,2003年,第697—721页;樊锦诗、彭金章:《敦煌莫高窟北区B228窟出土河西大凉国安乐三年(619)郭方随葬衣物疏初探》,《敦煌学》第二十五辑,2004年;鲁西奇:《六朝买地券丛考》,载《文史》2006年第2辑;何双全、狄晓霞:《甘肃省近年来新出土三国两晋简帛综述》,《西北师大学报》2007年第5期;张俊民:《甘肃玉门毕家滩出土的衣物疏初探》,《湖南省博物馆馆刊》第七辑,长沙:岳麓书社,2011年;寇克红:《高台骆驼城前凉墓葬出土衣物疏考释》,《考古与文物》2011年第2期。

② 池田温:《中国古代墓葬の一考察》,《国际东方学者会议纪要》第六号,1960年,第51—60页。马雍:《吐鲁番的白雀元年衣物券》,原载《文物》1973年第10期,又收入同著《西域史地文物丛考》,北京:文物出版社,1990年,第122—128页。小田义久:《吐鲁番出土的随葬衣物疏について》,《龙谷大学论集》第四〇八号,1976年,第78—104页。小田义久:《吐鲁番出土葬送仪礼关系文书の一考察——随葬衣物疏から功德疏へ——》,《东洋史苑》第三十、三十一合并号,1988年,第41—82页。小田义久:《吐鲁番出土随葬衣物疏の一考察》,《龙谷史坛》第一〇八期,1997年,第1—22页。白须净真:《随葬衣物疏付加文言(死者移书)の书式とその源流》,《佛教史学研究》第二十五卷第二号,1983年,第72—99页。郑学檬:《吐鲁番出土文书〈随葬衣物疏〉初探》,韩国磐主编:《敦煌吐鲁番出土经济文书研究》,厦门大学出版社,1986年,第414—444页。Anna Seidel, "Traces of Han Religion in Funeral Texts Found in Tombs." 秋月观暎编:《道教と宗教文化》,东京:平河出版社,1987年,第21—57页。侯灿:《吐鲁番晋——唐古墓出土随葬衣物疏综考》,载《新疆文物》1988年第4期,又收入同著《高昌楼兰研究论集》,乌鲁木齐:新疆人民出版社,1990年,第165—180页。陈国灿:《从葬仪看道教"天神"观在高昌国的流行》,《魏晋南北朝隋唐史资料》第九、十合期,1988年,第13—18页,又收入同著《论吐鲁番学》,上海古籍出版社,2010年,第124—135页。(转下页)

问题略作探讨,不当之处,敬请批评指正。

一、从遣策、赗方到衣物疏

中外学人一般认为,中古衣物疏源于先秦时期的"遣策"。据《仪礼·既夕礼》载①:

> 凡将礼,必请而后拜送。兄弟,赗、奠可也。所知,则赗而不奠。知死者赠,知生者赙。书赗于方,若九,若七,若五。书遣于策。

东汉郑玄注云:"方,板也。书赗奠赙赠之人名与其物于板。每板若九行,若七行,若五行。"又云:"策,简也。遣犹送也。谓所当藏物茵以下。"唐贾公彦疏:"以宾客所致,有赙、有赗、有赠、有奠,直云'书赗'者,举首而言,但所送有多少,故行数不同。"又云:"云'策,简'者,编连为策,不编为简,故《春秋左氏传》云南史氏执简以往,上书赗云方,此言书遣于策,不同者,《聘礼》记云'百名以上书于策,不及百名书于方',以宾客赠物名字少,故书于方,则尽遣送死者。明器之等并赠死者玩好之物,名字多,故书之于策。"根据这些记载可知,记录死者随葬物品的清单有"赗方"与"遣策"两种②,前

(接上页)孟宪实:《吐鲁番出土隋葬衣物疏的性质及其相关问题》,《吐鲁番学研究专辑》,1990年,192—208页;又见同著《汉唐文化与高昌历史》,济南:齐鲁书社,2004年,第235—253页。刘昭瑞:《关于吐鲁番出土随葬衣物疏的几个问题》,《敦煌研究》1993年第3期,第64—72页。钟国发:《也谈吐鲁番晋——唐古墓随葬衣物疏》,《新疆师范大学学报》1995年第3期,第1—10页。荒川正晴:《トゥルファン汉人の冥界观と佛教信仰》,载森安孝夫责任编集:《中央アジア出土文物论丛》,京都:朋友书店,2004年,第111—125页。樊锦诗、彭金章:《敦煌莫高窟北区 B228 窟出土河西大凉国安乐三年(619)郭方随葬衣物疏初探》,《敦煌学》第二十五辑,2004年。关尾史郎:《莫高窟北区出土〈大凉安乐三年(619)二月郭方随葬衣物疏〉的两个问题》,《敦煌吐鲁番研究》第九卷,北京:中华书局,2006年,第111—122页。浅见直一郎:《黄泉の土地と冥途への旅——中国の葬送文书に关する一考察》,《大谷学报》第八十七卷第一号,2007年,第1—20页。

① 《十三经注疏》(附校勘记),北京:中华书局,1980年,第1153页。李学勤主编:《十三经注疏·仪礼注疏》(标点本),北京大学出版社,1999年,第747—748页。
② 聂崇义:《三礼图集注》卷一八绘有"赗方"与"遣策"图样,《景印文渊阁四库全书》第一二九册,台北:台湾商务印书馆,1986年,第263—264页。关于"赗方",今人陈伟先生称为"赗书",参氏著《包山楚简初探》,武汉大学出版社,1996年,第191—192页。

者是对助丧赙赠人员及其所赠物品的记录,书于方牍;后者是对遣送死人所用随葬物品的记录,书于简策,二者并不完全等同。从目前所发现的考古资料看,"赙方"与"遣策"的书写材料并未严格按照《仪礼·即夕礼》之规定,故有学者认为:"书写赙赠材料与古书记载的不同,可能出于地域或时代差异的缘故。"①

"赙方"与"遣策"所记内容较为广泛,衣物只是其中之一部分。《公羊传·隐公元年》载:"车马曰赗,货财曰赙,衣被曰襚。"何休注云:"赗,犹覆也;赙,犹助也。皆助生送死之礼。襚犹遗也,遗是助死之礼。知生者赗赙,知死者赠襚。"②可见,在随葬物品中,有衣衾、车马、玩好、财货等,衣物仅是其中之一。到了汉代,这种登录随葬物品的清单出现了若干新变化。首先,在一些随葬物品清单后出现了带有宗教信仰色彩的内容,如湖北江陵凤凰山一〇号墓所出的一方木牍,正面记录的是随葬的各种物品及奴婢人数,背面则有如下4行文字③:

1 酒□二斗一
2 四年后九月辛亥,平里五夫(大)夫张偃敢告
3 地下主:偃衣器物,所以祭具器物,各令
4 会,以律令从事。

本件木牍,池田温先生定名为《汉景帝四年(公元前153年)后九月南郡江陵县平里五大夫张偃遣策》,不少学者则把木牍背面内容称为"告地策"或"告地书"。此外,湖北江陵高台一八号墓④、江陵凤凰山一六八号墓⑤、江苏邗江胡场五号汉墓⑥等亦出有类似的"告地策"或"告地书",年代皆在

---

① 陈伟:《包山楚简初探》,第192页。
② 《十三经注疏》(附校勘记)下册,第2199页。
③ 《湖北江陵凤凰山西汉墓发掘简报》,《文物》1974年第6期。此处录文据池田温先生《中国古代籍帐研究》,东京大学东洋文化研究所,1979年,第292页。
④ 《江陵高台18号墓发掘简报》,《文物》1993年第8期。
⑤ 《湖北江陵凤凰山一六八号汉墓发掘简报》,《文物》1975年第9期。
⑥ 《江苏邗江胡场五号汉墓》,《文物》1981年第11期。

西汉前期,书写材料亦同为木牍。刘屹先生指出,"告地策"与遣策虽然存在着渊源关系,但遣策仅是随葬物品的清单而已,而"告地策"虽然也有随葬品清单的作用,但已不像遣策那样详细地罗列随葬物品,具有鲜明的宗教含义,这反映了在西汉前期,从战国以来单纯记录随葬品目录清单的遣策中,逐渐发展出一种希望通过地上和地下两个世界的官吏之间的行政手续移交,可以使死者在冥界过着与生前同样生活的观念①。

通过比较,我们注意到,上揭西汉出现的《张偃遣策》等,在书写内容与格式上,与新疆吐鲁番所出的绝大多数衣物疏一样,都是分为两大类:一类为各种随葬物品的记录,另一类为死者通往死后世界的告白。尤其是湖北江陵高台一八号墓所出的遣策中,"江陵龙氏丞敢移安都丞"一语,与吐鲁番所出衣物疏中"果愿敬移五道大神"之记载,有着惊人的相似之处,二者之间的前后渊源关系至为明显。兹略举一例以证明之。吐鲁番阿斯塔那一七〇号墓所出《高昌章和十三年(543)孝姿随葬衣物疏》载②:

1 故树叶锦面衣一枚 故绣罗当一枚 故锦襦一枚领带 具

　　　　　　　(中　略)

11 故布叠二百匹 故手杞二枚 攀天糸万万九千丈
12 章和十三年水亥岁正月任(壬)戌朔,十三日甲戌,比丘果愿
13 敬移五道大神。佛弟子孝姿持佛五戒,专修
14 十善,以此月六日物故。迳(经)涉五道,任意所适。右上
15 所件,悉是平生所用之物。时人张坚固、季
16 定度。若欲求海东头,若欲觅海东辟(壁),
17 不得奄遏停留,急急如律令。

本件第1—11行所记为孝姿的随葬衣物品名,12—17行为"比丘果愿"知

---

① 刘屹:《敬天与崇道——中古经教道教形成的思想史背景》,北京:中华书局,2005年,第48—49页。
② 《吐鲁番出土文书》(图文本)第一册,北京:文物出版社,1992年,第143页。

会"五道大神"的文告；而前揭《张偃遣策》木牍正面及背面第 1 行所记亦是各种衣物品名，第 2—4 行系死者张偃本人以"平里五大夫"的身份知会"地下主"的告白，二者无论在内容还是书写格式上，都有极大的相似性，由此不难看出它们之间密切的渊源承袭关系。

其次，西汉武帝以后，埋入墓中的随葬衣物品清单，由原来记录内容较为广泛的"遣策"与"赗方"，开始转变为专门的"衣物疏"、"物疏"、"小物疏"等名称，内容与名称都有了一定的变化。

江苏连云港市东海尹湾汉墓六号墓出土有两方木牍，正背两面皆书有文字，首行分别写有"君兄衣物疏"、"君兄缯方缇中物疏"、"君兄节司小物疏"等文字（参见图版四、图版五）。此"君兄"姓师，名饶，"君兄"乃其字，生前任东海郡功曹史。墓中所出简牍有"永始"和"元延"年号，知墓葬不晚于成帝末年①。在"君兄衣物疏"木牍中，所记有被、单、衣、襦、绔、诸于、席、常、履、袜、衾、璧、刀、剑、哈（唅）具等，尤其值得注意的是，背面有如下一段文字："君直缥绮衣一领—单襦一领送君兄—"②。此"君直"，当即师饶之兄弟，他在师饶死后送给其缥绮衣和单襦各一领，显然属于赠赠一类。由此可见，在汉代的"衣物疏"中，并没有战国时期那种"赗方"与"遣策"的严格区分，而是融合了二者，而且所记也主要是衣、被一类。"君兄缯方缇中物疏"记载的则是笔、墨、书、刀等项内容，"君兄节司小物疏"记疏比、镜、手衣、手巾等各类小杂物③。像这种把与死者密切相关的随葬物品区分为"衣物疏"、"物疏"、"小物疏"三类进行登记，而不记录所有随葬物品，在当时的丧葬礼仪实践中，恐怕并非个别现象。在约为新莽时代的尹湾二号汉墓所出的一方木牍中，既没有记录死者姓名，也没有诸如"衣物疏"、"物疏"、"小物疏"之类的名称，但所记随葬物品有衣、襦、襦、绔、被、裙、巨巾、诸于、履、手衣、青（？）管、絮、□囊、骨尺、刀等，是与死者相关的各种衣物的综合记录④。这些记录与战国乃至汉初的随葬物品清单有很大的区别，无

---

① 《尹湾汉墓简牍》，北京：中华书局，1997 年，第 1 页。
② 《尹湾汉墓简牍》，图版第 23 页，录文 129—130 页。
③ 《尹湾汉墓简牍》，图版第 24 页，录文第 131—132 页。
④ 《尹湾汉墓简牍》，图版第 74 页，录文第 151—152 页。

疑是一种值得注意的变化。至于这一变化始于何时，目前还不是很清楚。

洪石先生曾注意到，在汉武帝以前各墓出土的物疏简牍（即登记随葬物品的简牍）均出于棺外，如头箱、边箱内，而武帝以后各墓物疏牍均出于棺内。究其内容，出于棺外的物疏简牍记录内容比较全面，包括椁箱及棺内的随葬品；而出于棺内的物疏牍所记内容仅限于棺内，棺外椁内的随葬品则不予记录。洪石指出，这种差别可能是当时葬俗变化的一种反映，武帝以前实行单人葬，墓中棺内外的随葬品均为墓主一人所有；而武帝以后，出物疏牍的墓多为合葬墓，棺内随葬品为个人所有，而棺外随葬品可能为合葬者共同享有。所以把物疏牍放入棺内，只记录棺内明确属于墓主人的随葬品，应是基于对合葬的考虑，即棺外椁内的随葬品非一人独有，应为墓内合葬者共享之物①。这一解释极合情理，颇具启迪意义。也就是说，这种随葬衣物品清单，由汉武帝以前的"遣策"与"赗方"，发展演变为此后的"衣物疏"、"物疏"、"小物疏"，实与当时的葬俗变化密切相关，即从单人葬向合葬习俗的转变。在合葬墓中，墓主既有男性，又有女性，随葬物品除共享之物外，还会有男性墓主与女性墓主各自使用之物，这部分物品主要是随身的一些衣物，需要分别条列记录，以明确归属，"衣物疏"之名或许即是由此而来。目前所知吐鲁番地区的合葬墓中，同时出有两件或三件衣物疏的墓葬有多座，如前揭阿斯塔那一七〇号墓中，除《高昌章和十三年（543）孝姿随葬衣物疏》外，还出有《高昌章和十八年（548）光妃随葬衣物疏》、《高昌延昌二年（562）长史孝寅随葬衣物疏》②，总三件，说明该墓墓主三人的随葬衣物品清单是分别条列记录的，反映了"衣物疏"的某些特点。尤其是"衣物疏"中特别强调所记衣物为死者所有，更能说明其私属特征，如吐鲁番哈拉和卓九九号墓所出《建平六年张世容随葬衣物疏》，最后明确声明："右条衣裳杂物悉张世容随身所有，若有人仞（认）名，诣太平事讼了。"③可证明此点。

西汉武帝以后，"衣物疏"取代过去的"遣策"与"赗方"，成为随葬物品

---

① 洪石：《东周至晋代墓所出物疏简牍及其相关问题研究》，《考古》2001年第9期，第65页。
② 《吐鲁番出土文书》（图文本）第一册，第143—145页。
③ 《吐鲁番出土文书》（图文本）第一册，第90页。

清单的专用名称。吐鲁番所出早期衣物疏中,多能见到"谨条随身衣裳杂物如右"之类的记载,尤其是阿斯塔那三八三号墓所出《大凉承平十六年(458)武宣王且渠蒙逊夫人彭氏随葬衣物疏》中,有这样一段记载:"大凉承平十六年岁在戊戌,十二月庚子朔,十八日丁巳。大且渠武宣王夫人彭。谨条随身衣被、杂物疏。所止经过,不得留难。急急如律令。"①这里,"谨条随身衣被、杂物疏"一语告诉我们,当时的随葬品清单可能就叫"随身衣物疏"。

然而,魏晋以后,随着佛教、道教的传播及影响力的增大,自汉代以来形成并为后世所沿袭的"衣物疏",是否受到佛、道二教的影响并发生相应的改变呢?

二、从衣物疏到移文

中古衣物疏中,以吐鲁番所出最为大宗,总数近七十件,年代在公元4世纪至7世纪之间,时间跨度长达近三百年。学者们业已注意到,数十件吐鲁番衣物疏之间存在着一个自身发展变化的过程,如侯灿先生就把衣物疏划分为三个阶段:第一阶段为高昌郡至高昌王国前期,这个阶段的衣物疏由具有写实性质的随葬物品清单,初步发展为带有为死者祈求冥福的墓葬文书;第二阶段为麴氏高昌王国时期,这是衣物疏的盛行阶段,这个阶段的衣物疏为死者祈求冥福成为主要用途,与此同时墓砖随葬普遍发展起来;第三阶段为唐设西州前期,衣物疏衰落而为墓表墓志所取代②。日本小田义久先生亦有类似的划分③,孟宪实先生则在侯灿先生基础上有进一步的论说④。

如果仅就吐鲁番所出衣物疏本身而言,前贤的分期及其相关解说,自有其道理。不过,从先秦以来衣物疏的源流演变情况看,不难发现,吐鲁番

---

① 柳洪亮:《新出吐鲁番文书及其研究》,乌鲁木齐:新疆人民出版社,1997年,第22页。
② 侯灿:《吐鲁番晋——唐古墓出土随葬衣物疏综考》,载《新疆文物》1988年第4期;又收入同著《高昌楼兰研究论集》,第165—180页。
③ 小田义久:《吐鲁番出土葬送仪礼关系文书の一考察——随葬衣物疏から功德疏へ——》,《东洋史苑》第三十、三十一合并号,1988年,第41—82页。
④ 孟宪实:《吐鲁番出土随葬衣物疏的性质及其相关问题》,《吐鲁番学研究专辑》,1990年,第192—208页;又见同著《汉唐文化与高昌历史》,第235—253页。

所出衣物疏的内容和书写格式,与先秦两汉时期的"遣策"、"赗方"、"衣物疏"相比,既有联系,又有区别,明显可分为前后两期:以阿斯塔那一七〇号墓所出《高昌章和十三年(543)孝姿随葬衣物疏》为分界,前期衣物疏既有单纯的随葬物品清单,如阿斯塔那三〇五号墓出土的两件衣物疏,没有死者的姓名,也没有宗教信仰方面的内容,所记只有随葬衣物品名及数量①,与前揭尹湾二号汉墓所出的一方木牍并无差异;又有虚拟、夸大并带有一定冥世观念内容的随葬物品清单,如阿斯塔那二号墓所出《北凉缘禾六年翟万随葬衣物疏》第1—9行记各种衣物品名,第10—12行则有如下文字:"缘禾六年正月十四日,延寿里民翟万去天入地,谨条随身衣裳物数如右。时见左清(青)龙,右白虎,前朱雀,后玄武。"②这与前揭《张偃遣策》正、背面所记内容与格式大致相同,区别仅在于吐鲁番衣物疏所记随葬物品有虚拟、夸大的成分,如"黄金千斤"、"色帛千疋"等。因此,可以这样说,吐鲁番前期的衣物疏与汉代的"告地策"与"衣物疏"并无太大的本质区别,这一类衣物疏可据其内容统一称为"随身衣物疏"。后期衣物疏与前期衣物疏相比,则存在较大的差异。首先,从内容上看,后期衣物疏明显受到了佛教的影响,出现"五道大神"、"五戒"、"十善"之类的佛教用语;其次,后期衣物疏还出现了新的地下神灵"张坚固"、"李定度",取代前期衣物疏中的青龙、白虎、朱雀、玄武;其三,后期衣物疏的行文遣词有着较为固定的程式,尤其是多次出现"敬移五道大神"一语,表明其可能使用了当时同级官府部门之间公文来往的"移文"格式③,此点值得重视。

《礼记·曲礼下》"书方、衰、凶器,不以告,不入公门"条唐人孔颖达疏曰④:

"书方"者,此谓臣有死于公宫,应须凶具,此下诸物,并宜告而后

---

① 《吐鲁番出土文书》(图文本)第一册,第3页。
② 《吐鲁番出土文书》(图文本)第一册,第85页。
③ 《唐六典》卷一尚书都省载:"诸司自相质问,其义有三,曰:关、刺、移。(关谓关通其事,刺谓刺举之,移谓移其事于他司。移则通判之官皆连署。)"第11页。
④ 《十三经注疏》(附校勘记)上册,第1258页。李学勤主编:《十三经注疏·礼记正义》(标点本),北京大学出版社,1999年,第113页。

入者也。书谓条录送死者物件数目多少，如今死人移书也。方，板也。百字以上用方板书之，故云"书方"也。

据文意，所谓"书方"，当指"赗方"一类，孔颖达说"如今死人移书也"，表明"赗方"与唐代"死人移书"存在着密切的渊源关系。唐人所说的"死人移书"，其实就是埋入墓中的随葬衣物品清单，即唐代以前的"赗方"、"衣物疏"一类，所谓"书谓条录送死者物件数目多少"，可证明此点。由此可见，中古时期，这种随葬衣物品清单有一个从"衣物疏"向"死人移书"的演变历程。问题是，这一变化发生于何时？值得探讨。

池田温先生最早把吐鲁番所出衣物疏与"死人移书"联系起来进行考察①，给人以诸多启示。其后，白须净真先生在此基础上重点考察了"移书"的源流及演变②。吐鲁番所出后期衣物疏虽多有"敬移五道大神"之类的记载，然据唐代公文中的"移式"，在案文后应该还有"故移"二字③，而吐鲁番衣物疏并无这样的字词。因此，这一类衣物疏是否即唐人所说的"死人移书"，还有待进一步证实。有幸的是，山东临朐所出《北齐武平四年(580)七月高侨妻王江妃衣物疏》为此提供了证据，兹录文如下④：

> 武平四年岁次癸巳七月乙丑六日庚子，释迦文佛弟子高侨敢告渑湾里地振坦国土：高侨元出冀州渤海郡，因宦仍居青州齐郡益都县渑湾里。其妻王江妃，年七十七，遇患积稔，医疗无损，忽以今月六日命

---

① 池田温：《中国古代墓葬の一考察》，《国际东方学者会议纪要》第六号，1960年，第51—60页。
② 白须净真：《随葬衣物疏付加文言（死者移书）の书式とその源流》，《佛教史学研究》第二十五卷第二号，1983年，第72—99页。
③ 参刘俊文：《敦煌吐鲁番唐代法制文书考释》，北京：中华书局，1989年，第229页。
④ 端方：《陶斋藏石记》卷十三，叶六至叶八。《文物》1965年第10期刊有其图版（图8）。池田温：《中国古代墓葬の一考察》（第55—56页）、浅见直一郎：《中国南北朝时代の葬送文书——北齐武平四年〈王江妃随葬衣物疏〉を中心に——》（载《古代文化》1990年第4期，第4页）、韩森：《中国人是如何皈依佛教的？——吐鲁番墓葬揭示的信仰改变》（载《敦煌吐鲁番研究》第四卷，北京大学出版社，1999年，第27页）、余欣：《唐宋敦煌墓葬神煞研究》（载《敦煌学辑刊》2003年第1期，第64页）等俱有录文。此处录文主要参据池田先生及余欣氏文，但在标点及个别字词的释读上则有些不同。

过寿终。上辞三光,下归蒿里。江妃生时十善持心,五戒坚志,岁三月六,斋戒不阙。今为戒师藏公、山公等所使,与佛取花,往知不返。江妃命终之时,天帝抱花,候迎精神,大权□往,接待灵魂。敕汝地下女青诏书、五道大神、司坡之官,江妃所赍衣资杂物、随身之具,所迳之处,不得诃留。若有留诘,沙诃楼陁碎汝身首如阿梨树枝。来时念念,不知书读是谁。书者观世音,读者维摩大士。故移,急急如律令。

本件为木牍,正面所记为随葬衣物品名,背面即如上文字,是一件极富研究旨趣的出土文献。日本学者浅见直一郎先生曾有专文予以考释①,此处仅就其内容及性质略作说明。据上揭记载,高侨妻王江妃在生时"十善持心,五戒坚志",与吐鲁番后期衣物疏中所记的"持佛五戒,专修十善",意思相近;又"江妃所赍衣资杂物、随身之具,所迳之处,不得诃留",与衣物疏中的"迳涉五道,任意听过,幸勿呵留",也无太大差异;又"敕汝地下女青诏书、五道大神、司坡之官",吐鲁番衣物疏多作"敬移五道大神",一用"敕",一用"移",二者稍有差异,余皆大致相近。因此,上揭文书的性质,与吐鲁番所出后期衣物疏应该是一样的,皆为知会地下神灵一类的文告。尤其值得注意的是,文书最后 1 行"故移"二字,明白告诉我们,这是一件"移文"或"移书",是高侨为其妻王江妃所作通往冥界的证明,也就是唐孔颖达所说的"死人移书"。

吐鲁番所出后期衣物疏中,除"敬移五道大神"一语外,还有一些字句也存留有"移文"或"移书"的痕迹,如阿斯塔那一六九号墓所出《高昌延昌十六年(576)信女某甲随葬衣物疏》,最后 1 行存有"从移令"三字②,此处"移",当指"移文"。所谓"从移令",或指按"移文"有关规定行事。又阿斯塔那五一七号墓所出《高昌延昌三十七年(597)武德随葬衣物疏》第 10 行中,有如下一段话:"若欲觅海西壁,不得奄遏□□,事事依移。"③所谓

---

① 浅见直一郎:《中国南北朝时代の葬送文书——北齐武平四年〈王江妃随葬衣物疏〉を中心に——》,载《古代文化》1990 年第 4 期,第 1—19 页。
② 《吐鲁番出土文书》(图文本)第一册,第 208 页。
③ 《吐鲁番出土文书》(图文本)第一册,第 255 页。

"事事依移",即一切依"移文"有关规定行事,与上引的"从移令"一样,具有同一含义。因此,吐鲁番所出后期衣物疏的性质和名称,极有可能即是"移文"或"移书",与前期的衣物疏并不等同。

2004 年,吐鲁番木纳尔一〇二号墓出土的纸质文书《唐显庆元年(656)西州宋武欢移文》,可以使这一问题得到圆满解决(参见图版六)。该文书总存 12 行,兹引录如下①:

1 移文　脚靡一具　脚赦(㦿)一枚　穴(靴)艮(跟)里一具　根袴一具　浑(汗)

2 衫一领　朱衣笼管(冠)具　白绫褶袴十具　紫绫褶袴十

3 具　白练衫袴十具　白银朱带二具　锦被蓐(褥)三具　被

4 锦一千张　杂色绫练各一千段　布叠一千疋　金钱一万文

5 银钱二万文　金刀子具　牛羊一千头　奴婢十具　金眼

6 笼具　燕明一枚　《孝经》一卷　笔研(砚)具　石灰三九(斛)五谷

7 具　鸡鸣一枚　玉坠一双　耳抱具　攀天糸(丝)万々九

8 千丈 ▭

9 正信仏弟子竟(敬)移 ▭

10 若欲觅海西辟(壁)＝ 时 ▭

11 度　不得奄葛(遏)留亭(停)　急急汝(如)律令 ▭

12 悉　平生上條所用之物一上所求好去

本件由两片文书缀合而成,原缺纪年和主名,然据同墓所出《唐显庆元年(656)宋武欢墓志》②,可确定主名为宋武欢,文书年代为唐高宗显庆元年③。据文书内容,第 1—8 行所记为各种衣物的品名,第 9—12 行则为正

---

① 荣新江等主编:《新获吐鲁番出土文献》上册,北京:中华书局,2008 年,图版第 104 页,录文第 105 页。
② 荣新江等主编:《新获吐鲁番出土文献》上册,图、文第 103 页。
③ 参见拙文《跋吐鲁番新出〈唐显庆元年(656)西州宋武欢移文〉》,载《魏晋南北朝隋唐史资料》第二十三辑,武汉大学文科学报编辑部,2006 年。

信佛弟子知会地下神灵("五道大神"?)的文告。从本件文书的内容及抄写格式看,其与吐鲁番阿斯塔那、哈拉和卓墓出土的众多后期衣物疏相比,并无什么差异,可见都属同类性质的文书。尤其值得注意的是,本件文书首行所记"移文"二字,是此前出土的衣物疏所未见的,它表明了文书的性质和名称,至关重要。可以说,这是目前所见唯一一件明确标明其性质和名称为"移文"的文书,它为我们准确认识吐鲁番所出其他衣物疏的性质和名称提供了重要的参据。至此可以判定,吐鲁番所出后期衣物疏的性质与名称是"移文",与前期的"衣物疏"存在一定的区别。

从目前吐鲁番所出衣物疏情况看,以《高昌章和十三年(543)孝姿随葬衣物疏(移文)》为分界,前期可统一定名为"随身衣物疏",后期则可定名为"移文"。那么,由"衣物疏"向"移文"的转变究竟发生于何时?这种新型的丧葬文书"移文"最先产生于何地呢?

如所周知,魏晋南北朝是中国历史上长期分裂割据的时代,特别是西晋灭亡以后,南北政权长期对峙,各自在政治、经济、军事、文化等方面都有不同的发展走向①。在这样一种历史大背景下,最先在丧葬礼仪活动中开创性地使用"移文"这样一种特殊的文书格式,究竟是南方还是北方呢?中古时期的吐鲁番盆地,虽然是中西交通的枢纽之地,但此地经济并不发达,文化底蕴也不深厚,"移文"这样一种新型的丧葬文书,不太可能最先产生于吐鲁番盆地。那么,其由何地传播而来呢?种种迹象表明,"移文"最先出现于南方,后则传至高昌(吐鲁番)及北方其他地区。

三、移文的南方源头

据唐初道士朱法满著《要修科仪戒律钞》记载,道士在死后的丧葬仪式中,使用了名为"移文"的文书格式。是书卷一五《入棺大殓仪第五》载②:

---

① 参见唐长孺先生:《魏晋南北朝隋唐史三论》第二篇《论南北朝的差异》,武汉大学出版社,1993年。
② 《道藏》第六册,文物出版社、上海书店、天津古籍出版社,1988年,第996—997页。

旧以白素书移文,今人纸书,亦得先条随身佩带于前,次送终物置后。道士移文:谨条某州郡县乡里观舍男女官三洞弟子某甲所受经法札目如左:(中略)谨条三洞弟子随身寒夏衣裳及纸笔等札目:某衣某物。右件随身入棺中,(中略)维某年太岁甲子某月朔某日,天老移告天一地二、孟仲季、五路将军、蒿里父老、土下二千石、安都丞、里域真官、河伯水府、魂门监司、墓门亭长、山川泽尉、直符使者:今有三洞弟子某州郡县乡里男生某甲年如于今月某日某时,生期报尽,奄然舍化,魂升天府,形入地居,(中略)约勒所部,扶迎将送,不得留滞,令无障碍,迳至藏所。不使左右比庐、东西南北佗姓等鬼货名诈姓,妄生侵夺。明承符勒,不得有违。一如太玄都鬼法、女青诏书律令。

右移增损随时耳。

此为道士卒葬时所用"移文"之范本。按朱法满《要修科仪戒律钞》一书,分类抄录了道教各种科仪戒律,所引道书皆为六朝至唐初之三洞经戒科仪①。而且,从上揭道士"移文"所记"旧以白素书移文,今人纸书"及道士籍贯以"某州郡县乡里"标示亦可看出,这种道士"移文"应产生于隋唐以前,很有可能最先出现于南方地区。据日本学者小林正美教授研究,《要修科仪戒律钞》卷一五、卷一六《道士吉凶仪》,是根据南朝梁代道士孟景翼、孟智周的《丧礼仪》等书编纂而成。"道士移文"在二孟的《丧服仪》中也被记载了,其做成年代可以推定为梁代初期②。小林先生的这一观点,得到了相关出土文献的证实。

1977年,湖南长沙出土的刘宋元嘉十年(433)徐副地券,从其内容和性质分析,极有可能就属于朱法满《要修科仪戒律钞》所记的"移文"(参见

---

① 参见胡孚琛主编:《中华道教大辞典》,北京:中国社会科学出版社,1995年,第298页。
② 小林正美:《唐代の道教と天師道》第二章《天師道における受法のカリキュラムと道士の位階制度》,东京:知泉书馆,2003年。李之美汉译存《天师道的受法教程和道士位阶制度》,载程恭让主编:《天问》丙戌卷,南京:江苏人民出版社,2006年,第296—330页。此点承刘屹先生见告,谨致谢忱!

图版七)。为便于说明问题,兹先抄录徐副地券全文如下①:

> 宋元嘉十年太岁癸酉十一月丙申朔廿七日壬戌辰时。新出太上老君符敕天一、地二,孟仲四季,黄神、后土,土皇、土祖、土营、土府、土文、土武,土墓上、墓下、墓左、墓右、墓中央五墓主者,丘丞、墓伯,冢中二千石,左右冢侯,丘墓掾史,营土将军,土中督邮,安都丞,武夷王,道上游逻将军、道左将军、道右将军三道将军,蒿里父老,都集伯依,营域亭部,墓门亭长,天罡、太一、登明、功曹、传送随斗十二神等:荆州长沙郡临湘县北乡白石里男官祭酒、代元治黄书契令徐副,年五十九岁,以去壬申年十二月廿六日,醉酒寿终,神归三天,身归三泉,长安蒿里。副先人立者旧墓,乃在三河之中,地宅侠窄,新创立此,本郡县乡里立作丘冢,在此山塎中。遵奉太山诸君丈人道法,不敢选时择日,不避地下禁忌,道行正真,不问龟筮,今已于此山塎为副立作宅兆。丘墓营域,东极甲乙,南至丙丁,西接庚辛,北至壬癸,上极青天,下座黄泉。东仟佰,各有丈尺,东西南北地皆属副。日月为证,星宿为明,即日葬送。板到之日,丘墓之神,地下禁忌,不得禁呵,志讶坟墓宅兆、营域冢郭,闭系亡者魂魄,使道理开通。丘墓诸神,咸当奉板,开示亡人道地,安其尸形,沐浴冠带亡者;开通道理,使无忧患,利护生人。至三会吉日,当为丘丞诸神言功举迁,各加其秩禄,如天曹科比。若有禁呵,不承天法,志讶冢宅,不安亡人,依玄都鬼律治罪。各慎天宪,明承奉行。一如太清玄元上三天无极大道太上老君地下女青诏书律令。

关于徐副地券的性质,学者们多视为"买地券",笔者对此有不同理解。首先,从已知汉魏六朝买地券内容看,买地券一般包含买卖时间、地点、买卖双方、土地所在及四至、土地价格、证人或知见人等基本要素。而上揭徐副

---

① 长沙市文物工作队:《长沙出土南朝徐副买地券》,《湖南考古辑刊》第一辑,长沙:岳麓书社,1982年,第117—119页。王育成:《徐副地券中天师道史料考释》(载《考古》1993年第6期),张勋燎、白彬:《中国道教考古》(北京:线装书局,2005年,第846—847页),鲁西奇:《六朝买地券丛考》(载《文史》2006年第2辑)皆有录文。此处录文、断句,主要据《中国道教考古》,但也略有差异。

地券除了记载坟墓之"四至"外，既无买卖双方，又无土地价格和相关证人，丝毫未见有关土地买卖的记载。因此，定其性质为"买地券"，似有疑问。其次，把徐副地券与上揭道士移文相比较，不难发现，二者有诸多相似之处。不管是"天老移告"，还是"新出太上老君符敕"，首先列出的地下神灵都是天一地二和孟仲四季（移文中当漏一"四"字），而且不少神灵名完全相同，如蒿里父老、墓门亭长、安都丞、冢中（地下）二千石等。移文所记"魂升天府，形入地居"，与地券所言"神归三天，身归三泉"，意思相近。移文要求地下神灵"约勒所部，扶迎将送，不得留滞，令无障碍，迳至藏所。不使左右比庐、东西南北佗姓等鬼货名诈姓，妄生侵夺"，地券则云"板到之日，丘墓之神，地下禁忌，不得禁呵，志讶坟墓宅兆、营域冢郭，闭系亡者魂魄，使道理开通。丘墓诸神，咸当奉板，开示亡人道地，安其尸形，沐浴冠带"亡者，都是要求地下神灵不得对死者魂神有所阻滞，以便其顺利到达所在之地。有趣的是，吐鲁番所出诸"移文"中"不得奄遏留停"一语，也具有这方面的含义，这说明三者之间存在一定的关联。又如"明承符勑，不得有违"，与地券中的"各慎天宪，明永奉行"，都具同样的口吻。移文最后一句为"一如太玄都鬼法、女青诏书律令"，地券则为"一如太清玄元上三天无极大道太上老君地下女青诏书律令"，二者意思亦相近，且"太玄都鬼法"，即地券中所记的"玄都鬼律"。基于以上分析，笔者认为，徐副地券的性质绝非买地券，而应是严格意义上的"移文"。

2002 年湖北鄂州郭家细湾八号墓出土的刘宋元嘉十六年（439）莆谦地券①，可以进一步证明笔者的这一判断。该墓出土砖质地券三方，其中两方所记内容基本相同，涉及用钱若干买地之事，是典型的"买地券"无疑；另一方则两面书写，所记内容与前揭徐副地券多有相同之处，其性质显然亦为"移文"，而非"买地券"②。二者之区别仅在于，徐副生前是道士，而莆谦为俗人，且生前曾担任过县令。

---

① 黄义军、徐劲松、何建萍：《湖北鄂州郭家细湾六朝墓》，载《文物》2005 年第 10 期。
② 三方地券的录文及研究，参见拙文《六朝买地券研究二题》，日文本载《魏晋南北朝における贵族制の形成と三教・文学——历史学・思想史・文学の连携による——》，东京：汲古书院，2011 年；中文本已收入本书。

1978年5月至1980年12月,湖南省考古工作者在资兴县旧市、厚玉等地发掘出三方陶质地券,其中M413出二方,M474出一方,均置于亡人头部①。据原发掘报告,M413为双人合葬墓,所出地券一属民女何靖,但纪年已残缺;地券二纪年为梁普通元年(520),缺主名,当属何靖亡夫②。M474所出地券纪年为梁天监四年(505),亦缺主名。原报告业已指出,此三方墓券并无买地内容,不能算作"买地券";也没有衣物清单,更不是衣物券,其只有"护照"的性质。又指出三方地券与徐副地券等的主要内容几乎完全相同,说明从宋到梁八十余年的葬俗并没有多大的变化,地券所反映的道教神仙迷信思想是广为流传的。这一揭示很有见地,颇值重视。从三方墓券所记格式及内容看,与前揭徐副地券(移文)、萠谦地券(移文)基本一样,没有什么大的差异,显然存在着前后的继承和因袭关系,其性质亦同为"移文",应无疑义③。

从刘宋元嘉十年(433)徐副墓券(移文)到梁普通元年(520)何靖亡夫墓券(移文),历时近百年,在墓券的书写格式及内容上大都相同,并无本质的差别,其间的因袭与继承关系是显而易见的。这说明南朝时期南方民众在丧葬礼仪活动中,业已较为普遍地使用了"移文"这一特殊的文书格式。从徐副、萠谦、何靖诸"移文"内容看,明显受到了道教的影响。徐副身份为天师道道徒,萠谦为县令,何靖则为一般平民女性,但他们或"遵奉太上诸君丈人道法",或"敬奉太上老君",或"惟道是信",都在一定程度上反映了其道教信仰特征。湖南长沙所出刘宋元嘉十年(433)徐副"移文"表明,"移文"在刘宋统治时期的南方业已出现,而同地所出的石质《东晋升平五年(361)六月周芳命妻潘氏随身衣物疏》④又昭示我们,东晋时期当地沿用的仍然是汉代以来的传统⑤。据此可以推断,南方地区由"衣物疏"

---

① 湖南省博物馆:《湖南资兴晋南朝墓》,载《考古学报》1984年第3期。
② 鲁西奇《六朝买地券丛考》(载《文史》2006年第2辑,第149—150页)一文把二墓券合并为一,由此认为何靖墓券的纪年亦为梁普通元年,似误。
③ 具体录文及研究,参见拙文《六朝买地券研究二题》。
④ 李正光:《长沙北门桂花园发现晋墓》,载《文物参考资料》1955年第11期;史树青:《晋周芳命妻潘氏衣物券考释》,载《考古通讯》1956年第2期。
⑤ 长沙出土的《东晋升平五年(361)六月周芳命妻潘氏随身衣物疏》,与吐鲁番所出早期衣物疏极为相近,说明南北双方都承袭了汉代以来的传统。

向"移文"的转变,当在公元四五世纪之交。易言之,"移文"最先出现于南方,即 4 世纪末到 5 世纪初这一段时间内。而南方这种"移文"的产生,又可能与道教有一定的关联,这从上揭诸移文内容可以看出某些端倪。

北方使用"移文"的时间则比南方稍晚,在内容及所体现的民众宗教信仰特征方面,也与南方有着较大的差异。吐鲁番所出"移文"最早时间是公元 543 年,比南方晚了百余年。除吐鲁番地区之外,前揭山东临朐县所出《北齐武平四年(580)七月高侨妻王江妃移文》,以及甘肃敦煌莫高窟北区 B228 窟所出《河西大凉国安乐三年(619)郭方移文》①,都表明北方地区"移文"使用也较为普遍。

比较南北双方使用的"移文",可以发现,北方"移文"多记有各种衣物品名,而南方"移文"则未见有相类似的记载,南方为何会出现这样一种情况?是未有发现还是本来就无这方面的内容,并不是很清楚;另外,北方"移文"多为佛教僧人如果愿"敬移五道大神",而南方"移文"则多为"太上老君符敕天一地二"诸地下神灵或"天老移告天一地二"。而且,北方"移文"多强调亡者在生时"持佛五戒,专修十善",与南方"移文"中所记"遵奉太上诸君丈人道法"、"敬奉太上老君"、"惟道是信",都有很大的差异,这或许反映了南北两地在丧葬礼仪中所受宗教影响程度的不同。易言之,北方民众在丧葬礼仪活动中,可能较多受到了佛教的影响,而南方则可能较多受到了道教的影响,这是南北双方在丧葬礼仪文化中的一大差异,值得做进一步的研究。

从湖南长沙出土的宋元嘉十年徐副"移文"看,南方至迟公元 433 年业已在丧葬礼仪中使用了"移文"这一特殊的文书格式,而同一时期的北方,仍在沿用自汉代以来的传统的"衣物疏"形式,如吐鲁番所出的《北凉缘禾五年(436)缺名随葬衣物疏》②、《北凉缘禾六年(437)翟万随葬衣物疏》③、《北凉承平十六年(458)武宣王且渠蒙逊夫人彭氏随葬衣物疏》④

---

① 樊锦诗、彭金章:《敦煌莫高窟北区 B228 窟出土河西大凉国安乐三年(619)郭方随葬衣物疏初探》,载《敦煌学》第二十五辑,2004 年,第 516 页。
② 《吐鲁番出土文书》(图文本)第一册,第 47 页。
③ 《吐鲁番出土文书》(图文本)第一册,第 85 页。
④ 柳洪亮:《新出吐鲁番文书及其研究》,第 20—22 页。

等,知见人或见证人多为传统的青龙、白虎、朱雀、玄武四神灵。直至公元6世纪以后,吐鲁番地区才开始行用"移文"。从时间的前后关系看,北方"移文"的使用,很有可能受到了南方"移文"的影响,或者说是渊源于南方。尤其值得注意的是,在吐鲁番所出诸"移文"中,知见人或见证人已由原来的青龙、白虎、朱雀、玄武四神灵一变而为张坚固、李定度。而张坚固、李定度二神灵名又最先出现于南方。前揭湖北鄂州莆谦墓中所出的两方"买地券",即明确记有张坚固、李定度二神灵名。鲁西奇先生业已指出,这是目前所见资料中最早有张坚固、李定度共同出现者①。这说明至迟公元439年,南方业已出现了张坚固、李定度之类的地下神灵名,而吐鲁番地区直到6世纪才开始有了此类神灵名的出现,在此之前皆为传统的青龙、白虎、朱雀、玄武四神灵。因此,吐鲁番所出诸"移文"中的张坚固、李定度二神灵,很有可能系由南方传播引进而来。当地民众把南方"买地券"中的神灵引入"移文"之中,这其实是一种新的创造和发明,一定程度体现了高昌文化的某些特点。总之,中古时期吐鲁番地区所使用的"移文",很有可能受到了南方"移文"及"买地券"的影响,并直接从南方传播而来。

南北朝时期,尽管南北政权长期对峙,西域与江南之间的交通并没有因此而有所阻隔,仍然通过吐谷浑居住的青海地区保持着密切的联系。在这条名为"河南道"的著名交通要道上,朝聘使节、求法僧侣及商旅行人络绎不绝,从而密切了江南与西域之间的政治、经济与文化联系②。吐鲁番出土文书表明,在高昌地区就有一些来自江南的"吴客"。《北凉承平七年(449)凉王大且渠安周供养〈持世〉第一题记》载③:

1 持世第一
2 岁在己丑凉王大且渠安周所供养经
3 吴客丹阳郡张烋祖写

---

① 黄义军、徐劲松、何建萍:《湖北鄂州郭家细湾六朝墓》,载《文物》2005年第10期。鲁西奇:《六朝买地券丛考》,第143页。
② 唐长孺:《南北朝期间西域与南朝的陆道交通》,载同著《魏晋南北朝史论拾遗》,北京:中华书局,1983年,第168—195页。
③ 池田温:《中国古代写本识语集录》,东京大学东洋文化研究所,1990年,图十一,第86页。

4 用帋廿六枚

张烋祖身份为"吴客",籍为丹阳郡,治所在今江苏南京市,表明其来自江南。唐长孺先生曾指出:"而此经题记却不记年号,不称臣,表明张烋祖是来自江南的寓客,不是北凉的臣民。他在什么时候以及怎样从丹阳到达高昌无从查考,但由此可证高昌和江南不仅有官府的使命往来以及僧徒行踪,也还有普通人较长期的流寓。"① 不管张烋祖因何原因来到高昌,他能够进入凉王且渠安周的王府,为其抄写《持世经》,说明他是有知识文化之人,其由江南来到高昌,恐怕也并非孤身一人,与他一起同来的当还有其他一些人,只不过不见记载而已。1997 年在吐鲁番洋海一号墓出土《阚氏高昌永康九年、十年(474—475)送使出人、出马条记文书》中,所记往来的使者中,就有"吴客"②,应该就是来自南朝的使人。又吐鲁番哈拉和卓九〇号墓所出永康年间《高昌主簿张绾等传供帐》中,还有"……匹,付得钱,与吴儿折胡真"的记载③,这说明在公元 6 世纪以前,由江南来到高昌的"吴客"、"吴儿"并不少见。像张烋祖一类有知识文化的"吴客",如果在高昌的流寓时间较长,有的甚至客死高昌,极有可能会把江南的一些文化习俗带到高昌来。吐鲁番所出宋昇明元年(477)竟陵郡开国公萧道成供养《妙法莲华经·普门品》题记④及某经题记⑤,即表明这些原本抄写于江南的佛经或佛经题记,是由人从江南带到高昌的,反映了南朝与高昌之间密切的文化联系。从这一意义上讲,高昌地区公元 6 世纪以后在丧葬礼仪方面所使用的"移文",很有可能即经由这些"吴客"、"吴儿"从江南传播而来。至于北方其他地区如敦煌、山东等地"移文"的使用,是直接来自江南还是由其他地区传播而来,并不清楚,仍有待进一步的研究。

---

① 唐长孺:《南北朝期间西域与南朝的陆道交通》,第 190 页。
② 荣新江等主编:《新获吐鲁番出土文献》上册,图第 162 页,文第 163 页。
③ 《吐鲁番出土文书》(图文本)第一册,第 122 页。本件缺纪年,但同墓所出有永康十七年(482)文书,其年代亦相当。王素:《吐鲁番出土高昌文献编年》即系于 460—488 年之间,台北:新文丰出版公司,1997 年,第 265 页。
④ 池田温:《中国古代写本识语集录》,第 91 页。
⑤ 池田温:《中国古代写本识语集录》,第 91—92 页。

论及高昌的制度与文化,学者们多认为其源自汉魏之制,这无疑是正确的,但南朝制度文化对高昌的影响亦不容小视。吐鲁番出土麴氏高昌王国重光三年(622)文书记当时有官名"儒林参军"①,据王素先生考证,此"儒林参军"为东晋南朝将军府和校尉府的属官,麴氏王国所设之"儒林参军",乃麴坚与梁朝交通,从梁朝移植过去的,反映了南朝制度对高昌的影响②。不仅如此,公元6世纪以后,高昌的丧葬礼俗及其信仰亦深受南朝的影响,如"移文"的使用,地下神灵"张坚固"、"李定度"的北传,以及人死归于"东海"之冥界信仰③,等等,莫不反映了南朝文化对高昌的影响。由此可见,高昌的制度文化中,除汉魏之制这一主要因子外,南朝因子亦是一不容忽视的重要组成部分。

唐长孺先生所撰《论南朝文学的北传》④、《跋吐鲁番所出〈千字文〉》⑤等宏文,深刻揭示了南朝文学、蒙书的北传及其对北方的深远影响。而南朝丧葬礼俗中的某些方面,尤其是在汉晋衣物疏基础上发展演变而来的新型丧葬文书"移文",同样也传到北方,并对北方地区的丧葬礼仪产生过重要影响。

四、中古移文的流变

逮至隋唐,"移文"继续使用,前揭孔颖达所言"如今死人移书也",以及敦煌、吐鲁番等地所出诸"移文",可以证明此点。不过,从目前所见材料看,

---

① 《吐鲁番出土文书》(图文本)第一册,第423页。
② 王素:《麴氏高昌职官"儒林参军"考略》,载《文物》1986年第4期。
③ 关于中古高昌民众的"东海"信仰,拙文《从泰山到东海——中国中古时期民众冥世观念转变之一个侧面》有过粗浅探讨,认为中古时期民众有关人死归于"东海"之信仰,是在汉代以来人死归于"泰山"基础上出现的一种冥世新观念,最初产生于南方,后则传入高昌,并为当地民众所信仰。拙文载荣新江主编:《唐研究》第十三卷,北京大学出版社,2007年。修订稿已收入本书。
④ 唐长孺:《论南朝文学的北传》,原载《武汉大学学报》1993年第6期;又收入《唐长孺文集》第六卷《山居存稿续编》,北京:中华书局,2011年,第212—241页。
⑤ 唐长孺:《跋吐鲁番所出〈千字文〉》,原载荣新江主编:《唐研究》第一卷,北京大学出版社,1995年。后收入《唐长孺文集》第七卷《山居存稿三编》,北京:中华书局,2011年,第300—311页。

这一时期的"移文",开始有了一些新的发展走向。这一现象颇值探究。

在北方地区,以吐鲁番所出文书为例,大概在唐高宗统治后期以后,也就是公元7世纪下半叶后,埋入墓葬中的"移文"渐趋少见,取而代之出现更多的,则是"功德疏"一类的佛教文书。南方地区迄今为止出土属于隋唐五代时期的买地券约二十六种①,但未见到南朝"徐副移文"、"萧谦移文"那样的地券。到了宋元时期,南北地区更多出现的是买地券②,虽然南方也出有个别专门记录衣物的地券,但似乎并不普遍。

关于吐鲁番所出中古"移文"到"功德疏"的转变,日本学者小田义久教授《吐鲁番出土葬送仪礼关系文书の一考察——随葬衣物疏から功德疏へ——》曾有过探讨③,揭示了佛教对高昌(西州)民众丧葬礼仪的深刻影响,这里稍作补充说明。上文业已指出,至迟公元543年,高昌民众业已开始使用"移文"之类的丧葬文书,文中也开始有了"比丘"、"大德"、"五道大神"、"五戒"、"十善"之类的佛教用语,说明佛教已渗入当地民众的丧葬礼俗活动之中。然而,"移文"前半部记各种随葬衣物品名,后半部则记与地下神灵沟通的告白,仍然沿袭传统"衣物疏"的书写模式。不仅如此,按照佛教天堂地狱观念,人死之后,是进"天道"、"人道"还是"三恶道"(地狱、畜生、饿鬼),是由其在生时所做善恶诸行决定的。吐鲁番所出诸"移文"中,多强调死者在生时"持佛五戒"、"专修十善",按理会进入"天道"或"人道",而非"三恶道"。然"移文"并无这方面的内容,所记死者归往之地是"东海",并要求"五道大神"不得在途中有所阻留。而"东海"实乃中土汉民族信仰中的死后世界,并非佛教观念中的内容④。"移文"中出现的地下神灵张坚固、李定度,也同样不是佛教系统中的神灵。这些都表明佛教虽然对高昌民众丧葬礼俗有所渗透,但还没有完全占据当地民众的

---

① 鲁西奇:《隋唐五代买地券丛考》,《文史》2007年第2辑,统计总有三十种,其中南方地区出土二十六种。
② 参见高朋:《人神之契:宋代买地券研究》附录《宋代买地券校录》,北京:中国社会科学出版社,2011年,第201—294页。
③ 小田义久:《吐鲁番出土葬送仪礼关系文书の一考察——随葬衣物疏から功德疏へ——》,《东洋史苑》第三十、三十一号,1988年,第41—82页。
④ 参见拙文《从泰山到东海——中国中古时期民众冥世观念转变之一个侧面》。

心灵,中土汉民族固有的传统信仰依然在发挥作用。当然,北方各地的情况可能并不一致,如前揭山东临朐所出《北齐武平四年(580)七月高侨妻王江妃移文》、甘肃敦煌所出《河西大凉国安乐三年(619)郭方移文》,既无"东海"也无"张坚固"、"李定度"之类的记载,一定程度反映了北方民众信仰的地域差异性。不过,《高侨妻王江妃移文》中出现的"女青诏书",实乃道教律令,同样不属佛教内容,也可说明当时北方民众信仰杂糅的某些特点,佛教尚未取得独占的统治地位。

然而,进入公元7世纪下半叶后,吐鲁番墓葬中的"移文"渐趋少见。从目前所见资料看,吐鲁番所出最晚的一件"移文",即前揭《唐显庆元年(656)西州宋武欢移文》,此后更多出现的是充满佛教色彩的各种"功德疏",如阿斯塔那九区二号墓所出《唐乾封二年(667)西州高昌县董真英随葬功德疏》①、阿斯塔那二九号墓所出《唐咸亨三年(672)新妇为阿公录在生所修功德疏》②、阿斯塔那二〇一号墓所出《唐咸亨五年(674)𠆢为阿婆录在生及亡没所修功德牒》③、阿斯塔那二三九号墓所出《唐景龙四年(710)后西州高昌县成默仁诵经功德疏》④等。这一类"功德疏"所记多为讲经、写经、布施、绘制经变画等,其埋入墓葬之中,可能也与"移文"一样,具有通往死后世界凭证一类的功能,吐鲁番阿斯塔那四号墓所出《唐咸亨四年(673)左憧憙生前功德及随身钱物疏》,似可说明此点,兹引录文书内容如下⑤:

1 憧憙生在之日告佛
2 憧憙身在之日,十年已前造壹佛、贰陪(菩)
3 阵(萨)。迳叁年,说汗兰贪(贫)迳(经)。左郎身自□
4 唤伍伯僧表银钱用。左郎随身去日,将

---

① 陈国灿:《斯坦因所获吐鲁番文书研究》,武汉大学出版社,1994年,第346—347页。
② 《吐鲁番出土文书》(图文本)第三册,北京:文物出版社,1996年,第334—340页。
③ 《吐鲁番出土文书》(图文本)第三册,第259页。
④ 《吐鲁番出土文书》(图文本)第三册,第567页。
⑤ 《吐鲁番出土文书》(图文本)第三册,第208页。

5　白银钱参卧，白练壹万段，清科(稞)、□麦、粟、床

6　等伍万石，婢□香、婢多不胫、婢解、奴双

7　德、婢尾香。咸亨四年四月廿九日付曹主左□

8　校收取钱财及练，伍谷麦粟等卧酙(斛)收

9　取领用。铠(?)有于人，不得拽取。付主左

10　憧惠收领。

本件内容与此前的衣物疏、"移文"相比，有同有异，如"铠(?)有于人，不得拽取"，与衣物疏中的"谨条随身衣物数，人不得仞(认)名"①有相通之处，都强调所记物品为死者所有，他人不得"认名"、"拽取"；又第7—10行所记，与阿斯塔那二一〇号墓所出《唐眭太夫人移文》第11—14行亦有相似之处②：

11　车牛五十乘　羊、马、驴、驼、骡等总

12　三百五十头疋　悉是平生用具，随意

13　取用，不得迴回。付东海眭太夫人神领，付与

14　黄泉，急如律令。

一为"收取"、"收领"，一为"取用"、"神领"，其义相同。这些相近之处，说明其与此前的衣物疏、"移文"联系密切。不同之处在于，文书第1—3行所记造一佛二菩萨、说《盂兰盆经》等"功德"，不见于此前的"移文"。此前的"移文"，多记死者生前"持佛五戒"、"专修十善"，未记具体作"功德"之事，其差异较为明显。不管如何，这件文书既有死者收领钱物的记载，又有各种"功德"的记录，兼具"移文"与"功德疏"的双重功能，故文书整理

---

① 如哈拉和卓九六号墓所出《北凉真兴七年(425)宋泮妻隗仪容随葬衣物疏》第10—11行记："谨条随身衣物数。人不得仞(认)名□□辛(幸)关津河梁不得留难，如律令。"《吐鲁番出土文书》(图文本)第一册，第28页。

② 《吐鲁番出土文书》(图文本)第三册，第35页。

者定名为《唐咸亨四年(673)左憧憙生前功德及随身钱物疏》,是有道理的。从文书的书写模式看,它应是介于"移文"与"功德疏"之间的文书形态,体现了"移文"向"功德疏"转变的重要历程。此件文书之后,再未见吐鲁番墓葬出有记载衣物一类的"移文"了。这一变化历程,反映了佛教对高昌(西州)民众丧葬礼仪的重大影响。

南方地区出土属于隋唐五代时期的二十六方买地券中,虽然未见有此前南朝"徐副移文"、"萧谦移文"那样的地券,但也有一些迹象值得注意,如1972年湖南湘阴县出土的《隋大业六年(610)长沙郡临湘县陶智洪买地券》载①:

> 维大业六年太岁在庚午二月癸巳朔廿一日癸丑,斩草。没故道民陶智洪,今居长沙郡临湘县都乡吉阳里,今寄巴陵郡湘阴县治下里中东堽太阳山买地百亩,东至甲乙,南至丙丁,西至庚辛,北至壬癸,中央戊己,东南西北堽域。斩草讫,下灵柩,上无泪落,下无罪名。亡人薄命寿尽,当还蒿里。地府官人、蒿里父老、墓乡有秩、左右冢候、丘丞墓伯、地下二千石、安都、武夷王、魂门监司、墓门亭长、山林将军、冥府吏□,今用雇钱万九千九百九十九文,买东阳山堽,卜其宅兆,而安厝之。生属皇天,死属地泉。生死异域,勿使山神土地、五道游□,葬送之日,不得更相鄣碍。天地水三官,刊石为券。张兼固、李定度明知券约。券成之后,勿使里域真官诃问。亡人祀瘗毕事之后,千年不惊,万年不动。亡人安乐,子孙安隐。四时□□,□□生人饮食,不得复连生人。女青敕诏,一如奉行。女青照下。

鲁西奇先生业已注意到,陶智洪买地券中"券成之后,勿使里域吏官呵问"一语,与长沙出土刘宋元嘉十年(433)徐副买地券(移文)与鄂州所出元嘉

---

① 熊传新:《湖南湘阴县隋大业六年墓》,《文物》1981年第4期。按原报告附有拓片图影,未有释文。张传玺主编:《中国历代契约汇编》(上)有释文,北京大学出版社,1995年,第248—249页。此处释文,主要参据鲁西奇:《隋唐五代买地券丛考》,《文史》2007年第2辑,第109—110页。

十六年(439)简谦买地券(移文)所记"板到之日,丘墓之神,地下禁忌,不得禁呵志讶",有相近之处①,值得重视。按鲁先生所言的徐副买地券与简(蕑)谦买地券,实即"移文",而非一般意义上的买地券②。不仅如此,券中"生属皇天,死属地泉。生死异域,勿使山神土地、五道游□,葬送之日,不得更相郭碍"之类的记载,也与徐副移文中"日月为证,星宿为明,即日葬送。板到之日,丘墓之神,地下禁忌,不得禁呵,志讶坟墓宅兆、营域冢郭,闭系亡者魂魄,使道理开通"的相关记载,有相近之义。这是陶智洪买地券与一般买地券之不同处。换言之,这方买地券渗入了"移文"的内容,兼具"买地券"与"移文"之双重功能。值得注意的是,此种情况在南朝时期业已出现,如湖北武昌东郊何家大湾一九三号墓所出南朝齐永明三年(485)刘觊地券,即是一方兼具"买地券"与"移文"双重功能的地券,兹录券文内容如下(参见图版八)③:

齐永明三年太岁乙丑十一月甲子朔十二日乙亥,新出老鬼太山老君符敕:天一地二、孟仲四季、黄神后土、土皇土祖、土营土府、土文土武、墓上下左右中央墓主、丘丞墓伯、冢中二千石、左右墓侯、五墓将军、营土将军、土中督邮、安都丞、武夷王、蒿里父老、都集伯仗、营域亭仗、部墓门亭仗、功曹、传送、大吉、小吉、胜先、神后、太一、征明、天魁、天罡、从魁、太冲随斗十二神等,南阳郡涅阳县都乡上支里、宋武陵王前军参军事、□□□□参军事刘觊,年卌五,以齐永明二年□□四月十五日□命□,□归三天,身归三泉,长安蒿里。父元山,宋衡阳王安西府主簿、天门太守,宋南谯王车骑参军事、尚书都官郎;祖肃,将军参军事、给事中,旧墓乃在荆州照心里。中府君今更新其丘宅,兆在江夏

---

① 鲁西奇:《隋唐五代买地券丛考》,第112—113页。
② 参见拙文《六朝买地券研究二题》(日文),载《魏晋南北朝における贵族制の形成と三教・文学——历史学・思想史・文学の连携による——》,东京:汲古书院,2011年。中文本修订稿已收入本书。
③ 湖北省博物馆:《武汉地区四座南朝纪年墓》,载《考古》1965年第4期;又郭沫若《由王谢墓志的出土论到兰亭序的真伪》(《文物》1965年第6期)附有刘觊买地券拓本及郭沫若手书之释文。此处录文参考了鲁西奇《六朝买地券丛考》中的释文,第145—146页。

郡汝南县孟城山北。中府君敬奉太上老君,道行正直,不问龟蔡。封域之内,东极甲乙,南极丙丁,西极庚辛,北极壬癸,上极青天,下极黄泉。从此土神买地,价钱八万万九千九百九十九文,毕了。日月为证,星宿为明,即日葬送。丘墓之神、地下禁长,不得莫胡志记;坟墓千□,□溦不得随注。生人毋敢大意,明然奉行。一如泰清玄元、上三天无极大神、太上老君陛下之青诏书律令。

与前揭道士移文、徐副地券(移文)相比较,刘觊地券增加了若干新内容,如有关祖父的名讳及仕宦、土地的买卖及价格等。又如"新出老鬼"一语,亦为过去地券所无,颇值注意①。总之,刘觊地券既有新出老鬼太上老君"符敕"地下神灵的"移文",又有买卖土地的内容,这显然是"移文"与"买地券"二者的综合。可见,隋陶智洪买地券与南齐刘觊地券有一脉相承之处。应该说,这是一种值得注意的新现象,而且宋代买地券中也有类似情况的反映。

湖北罗田县博物馆藏《宋潘五娘买地券》载(参见图版九)②:

南膳部洲大宋国淮南道蕲州蕲水县龙门乡石里白阳保殁故亡人潘五娘,年登四十八岁,因往后园采花,仙人赐酒,命终,迷而不返。今备银钱九万九千九百九十九贯,买得此地一坟,安殡亡人。东止甲乙青龙,南止丙丁朱雀,西止庚辛白虎,北止壬癸玄武,上止青天,下止黄泉。此是亡人塚宅。谨录随身衣複,直路过所。身归,三魂归黄泉蒿里,所在鬼神不得横来侵占。男为奴,女为婢。何人书?水中鱼;何人读?山头鹿。(鹿)读了,上高山;鱼书了,入深泉。如有人相寻觅,但来黄河、东海边。急急如律令敕。

券中"谨录随身衣複"一语,多见于吐鲁番所出衣物疏与"移文"中。尤其

---

① 参见刘昭瑞:《"老鬼"与南北朝时期老子的神化》,载《历史研究》2005年第2期。收入氏著《考古发现与早期道教研究》,北京:文物出版社,2007年,第51—62页。
② 参见拙文《从泰山到东海——中国中古时期民众冥世观念转变之一个侧面》,第375—376页。修订稿已收入本书。标点与原文有些不同。

是"过所"二字,颇值注意。按"过所"乃汉唐间由官府所颁发的路证,即通行证。吐鲁番哈拉和卓九一号墓所出《北凉缺名随葬衣物疏》①最后1行也残有"过所"二字,表明衣物疏具有通行于地下世界的"过所"性质,故黄烈先生指出:"十六国高昌时期的随葬衣物疏已发展成为让死者上天入地的过所。"②所言甚是。从这一意义上讲,《宋潘五娘买地券》就不仅仅是一般意义的买地券了,它兼具了"买地券"与衣物疏、"移文"的双重功能,与前揭隋代陶智洪买地券有类似之处。

宋代买地券中,像潘五娘买地券那样记有随身衣物的,尚有若干。如江西分宜县出土《宋庆元五年(1199)彭氏念一娘买地券》③记有"所有亡人衣木,万年粮食等,并是生存置得。切虑地中或有五方无道鬼神,妄有侵占。奉太上老君敕给地券一所,与亡人冥中自执为照",又江西德兴县出土《宋宣和三年(1121)张公买地券》④记有"亡人随身衣物,已给公□(验)。妄有□相侵夺者,奏上太上天帝付青衣使者□□……亡人随身衣物,付与收掌。粮罂贮千年,涌水不绝,五谷袋贮万年之粮"。又四川成都市所出《宋宣和五年(1123)孟氏三娘子买地券》、《宋嘉定十六年(1223)董士和、任氏大卯买地券》、《宋嘉定十六年(1223)苟氏二娘买地券》三方地券⑤,亦分别有"亡人衣服,不得侵夺"、"(亡)人随身(棺)椁(衣)服,大力鬼(不)得侵占"、"亡人随身(棺)椁(衣)服,大力鬼不得侵占"之类的记载。湖北、江西、四川等地都出有类似的买地券,说明宋代时这种现象并非个别,应该具有一定的普遍性。这一类买地券,实已兼具"买地券"与衣物疏、"移文"的双重功能,与一般意义上仅强调买地合法性与不可更改性的"买地券",已有较大的不同,一定程度反映了买地券自身的演变轨迹。

总之,隋唐以后的南方地区,类似南朝"徐副移文"、"萧谦移文"那样

---

① 《吐鲁番出土文书》(图录本)第一册,第55页。
② 黄烈:《略论吐鲁番出土的"道教符箓"》,《文物》1981年第1期。
③ 陈柏泉:《江西出土墓志选编》,南昌:江西教育出版社,1991年,第565页。
④ 陈柏泉:《江西出土墓志选编》,第557页。
⑤ 成都市龙泉驿博物馆:《成都龙泉驿区出土的宋明石质买地券与镇墓券》,《考古与文物》2002年汉唐考古增刊。

的地券,虽已不见,然衣物疏、"移文"中相关的内容,却见载于买地券之中,这种现象与北方吐鲁番地区"移文"被"功德疏"所取代,存在一定相似性。不过,我们也注意到,在南方地区出土宋代地券中,也出现个别专门记载衣物的情况,如湖北英山县博物馆所藏《宋文氏三娘地券》,即是如此。券文略云:"维南膳部州大宋国蕲州蕲水县直河乡安仁里石合保,今有殁故女弟子文氏三娘,辛巳生人,三月生,年当　　岁。昨于　　年　　月　　日为泰山所兆(召),蒿里□呼,凶时命至,台(抬)以归宅。今有随身资财衣服件段,谨具数目如后。"其后分条记录衫、袴、裙等的品名及数量①。从所记内容及格式看,其与此前的衣物疏、移文相比,并没有什么不同,说明宋代时南方地区民众仍在使用"移文","移文"并没有完全被买地券所取代而走向消失。当然,类似专门记录随身衣物的地券并不多见,其是否具有普遍性还很难说。不管如何,隋唐以后南北地区的"移文"演变情况,虽各具特色,但都具有一定程度的相似性,这是一个非常有趣的现象,其背后所蕴涵的种种复杂原因,值得做专门的探讨。

五、结　语

综上所述,可归纳总结如下:

自先秦以来无所不记的"遣策"与"赗方",随着葬俗由单人葬向合葬的转变,至西汉中叶以后,开始演变为仅记衣物品名一类的"衣物疏";逮至南北朝时期,随着佛教、道教影响的增大,自汉代以来的"衣物疏",逐渐演变为"移文"。这种在传统"衣物疏"基础上发展而来的新型"移文",系模仿现实世界中的官文书"移文"而来,最先出现于南方,其后则传播至北方,反映了南朝文化对北方的深刻影响。由于南北地域的差异,以及所受宗教影响程度的不同,南北"移文"呈现出不同的特点,南方"移文"更多受到了道教的影响,北方"移文"则更多受到了佛教的影响。不过,新疆吐鲁番墓葬所出北朝至唐初"移文"表明,尽管佛教已渗入其中,但南朝传来的

---

① 此处录文,据鲁西奇教授惠赐之券文照片,谨致谢忱!

地下神灵张坚固、李定度及"东海"信仰,依然占据当地民众的心灵,佛教并没有取得绝对的统治地位。进入隋唐一统后,"移文"虽然继续使用,但开始发生了一些变化。北方高昌(西州)地区的"移文"逐渐为"功德疏"所取代,反映了佛教的巨大影响;南方地区"移文"则呈现被"买地券"取代的趋势。南北地区"移文"的演变轨迹,虽各有特色,但也存在一定的相似性,其背后所蕴藏的种种复杂原因,仍有待进一步探讨。

（本文由《吐鲁番所出衣物疏研究二题》、《跋吐鲁番新出〈唐显庆元年(656)西州宋武欢移文〉》二文全面综合改写而成,并增加了"中古移文的流变"一节。前文载《魏晋南北朝隋唐史资料》第二十二辑,2005年;后文载《魏晋南北朝隋唐史资料》第二十三辑,2006年。）

六朝买地券研究二题

今见中国南方地区所出六朝买地券,据初步统计,总有四十余件①。这些买地券因蕴涵非常丰富的历史信息,受到中外学界的广泛关注,取得了不少优秀的整理与研究成果②,为今后的进一步探讨奠定了坚实的基础。本文拟在学界已有研究成果基础上,对六朝买地券中的两个问题略作探讨,不妥之处,敬请批评指正。

一、"买地券"与"移文"

四十余件六朝买地券中,属南朝者约十七件,但其中数件无论在文字还是内容上,都与严格意义上的买地券有很大差异。此点虽已引起学者的注意,但未得到合理解释。笔者曾在《吐鲁番所出衣物疏研

---

① 张勋燎、白彬:《中国道教考古》统计有三十八件,未录湖北鄂州2002年出土的莆谦地券三件,北京:线装书局,2005年,第813—814页;鲁西奇:《六朝买地券丛考》统计有二十六种,似有遗漏,文载《文史》2006年第2辑。

② 主要有:仁井田陞:《中国法制史研究(土地法·取引法)》,东京大学出版会,1980年;池田温:《中国历代墓券略考》,《东洋文化研究所纪要》第八十六号,1981年;王育成:《徐副地券中天师道史料释》,《考古》1993年第6期;张传玺:《中国历代契约汇编考释》上、下册,北京大学出版社,1995年;王志高、董庐:《六朝买地券综述》,《东南文化》1996年第2期;刘昭瑞:《妳女地券与早期道教的南传》,《华学》第二辑,广州:中山大学出版社,1996年,又收入氏著《考古发现与早期道教研究》,北京:文物出版社,2007年,第320—335页;白彬:《吴晋南朝买地券、名刺和衣物疏的道教考古研究》,四川大学博士学位论文,2001年;莫志东:《浅析桂林地区出土的南朝买地券及其相关问题》,《桂林文化》2003年第3期;王育成:《考古所见道教简牍考述》,《考古学报》2003年第4期;黄景春:《早期买地券、镇墓文整理与研究》,华东师范大学博士学位论文,2004年;刘屹:《敬天与崇道——中古经教道教形成的思想史背景》,北京:中华书局,2005年;张勋燎、白彬:《中国道教考古》,北京:线装书局,2005年;鲁西奇:《六朝买地券丛考》,《文史》2006年第2辑;张传玺:《契约史买地券研究》,北京:中华书局,2008年。

究二题》①、《跋吐鲁番新出〈唐显庆元年(656)西州宋武欢移文〉》②二文中对此有所探讨,但囿于篇幅,所论不深,今续作探讨如下。

首先看徐副地券。徐副地券1977年出土于湖南长沙县麻林桥,石质,直书17行,总有495字③:

> 宋元嘉十年太岁癸酉十一月丙申朔廿七日壬戌辰时。新出太上老君符敕天一、地二,孟仲四季,黄神、后土,土皇、土祖、土营、土府、土文、土武,土墓上、墓下、墓左、墓右、墓中央五墓主者,丘丞、墓伯,冢中二千石,左右冢侯,丘墓掾史,营土将军,土中督邮,安都丞,武夷王,道上游逻将军、道左将军、道右将军三道将军,蒿里父老,都集伯伥,营域亭部,墓门亭长,天罡、太一、登明、功曹,传送随斗十二神等:荆州长沙郡临湘县北乡白石里男官祭酒、代元治黄书契令徐副,年五十九岁,以去壬申年十二月廿六日,醉酒寿终,神归三天,身归三泉,长安蒿里。副先人立者旧墓,乃在三河之中,地宅侠窄,新创立此,本郡县乡里立作丘冢,在此山堭中。遵奉太山诸君丈人道法,不敢选时择日,不避地下禁忌,道行正真,不问龟筮,今已于此山堭为副立作宅兆。丘墓营域,东极甲乙,南至丙丁,西接庚辛,北至壬癸,上极青天,下座黄泉。东仟佰,各有丈尺,东西南北地皆属副。日月为证,星宿为明,即日葬送。板到之日,丘墓之神,地下禁忌,不得禁呵,志讶④坟墓宅兆、营域冢郭,闭系亡者魂魄,使道理开⑤通。丘墓诸神,咸当奉板,开示亡人道地,安其尸形,沐浴冠带亡者;开通道理,使无忧患,利护生人。至三会吉日,当为丘丞诸神言功举迁,各加其秩禄,如天曹科比。若有禁

---

① 刘安志:《吐鲁番所出衣物疏研究二题》,《魏晋南北朝隋唐史资料》第二十二辑,武汉大学文科学报编辑部,2005年。
② 刘安志:《跋吐鲁番新出〈唐显庆元年(656)西州宋武欢移文〉》,《魏晋南北朝隋唐史资料》第二十三辑,武汉大学文科学报编辑部,2006年。
③ 长沙市文物工作队:《长沙出土南朝徐副买地券》,《湖南考古辑刊》第一辑,岳麓书社,1982年,第117—119页。王育成:《徐副地券中天师道史料考释》(载《考古》1993年第6期),张勋燎、白彬:《中国道教考古》(第846—847页),鲁西奇:《六朝买地券丛考》(载《文史》2006年第2辑)皆有录文。此处录文、断句,主要据《中国道教考古》,但也略有差异。
④ "讶",刘宋元嘉十六年(439)莆谦地券作"认",详见后文。
⑤ "开",莆谦地券作"不"字,当是。

呵,不承天法,志讦冢宅,不安亡人,依玄都鬼律治罪。各慎天宪,明承奉行。一如太清玄元上三天无极大道太上老君地下女青诏书律令。

关于徐副地券的性质,学者多视为"地券"或"买地券",刘屹先生称其为"'镇墓、买地'混合类墓券"①。学者虽已认识到徐副地券与此前镇墓文、买地券之间的差异,并对其中所涉道教史之内容予以特别关注,然对其性质判定仍存疑问。

吴荣曾先生曾指出:"镇墓文一般包括以下几个内容:一是纪年月日;二是天帝使者告死者之家或丘丞墓伯,为死者解谪,为生人除殃;三是说死生异路,死人魂归泰山,接受冥间官吏的管束;四是说利生人或后世子孙之类的吉利话。有的镇墓文中,还讲东、南、西、北或青帝、白帝之类有关阴阳五行的话。"②刘昭瑞先生亦曾指出:"所谓镇墓文,是指墓葬中出土的反映死者及其亲属所具有的一定宗教意识及信仰的文字。其基本形式应该是在西汉时已出现的告地册、买地券类文字的基础上发展而来,延续到南北朝之末乃至隋唐时期,格式逐渐划一且了无新意,融入到了虚拟的买地券中。"③据徐副地券,系新出太上老君符敕丘墓诸神,令其不得对死者有所呵禁,不得志认死者墓宅,从而"闭系亡者魂魄,使道理开(不)通",要"开示亡人道地,安其尸形,沐浴冠带。亡者开通道理,使无忧患,利护生人",否则,依玄都鬼律治罪。可见,地券更多强调的是地下神灵不得对死者有所阻滞和干扰,虽带有一定的镇墓作用,但与汉代的镇墓文是截然有别的。另外,从汉到六朝的买地券内容可以看出,买地券一般包含买卖时间、地点、买卖双方、土地所在及四至、土地价格、证人或知见人等基本要素④。而徐副地券除了记载坟墓之"四至"外,既无买卖双方,又无土地价格和相关证人,丝毫未见有关土地买卖的记载。因此,定其为"买地券",恐怕很

---

① 刘屹:《敬天与崇道——中古经教道教形成的思想史背景》,第122页。
② 吴荣曾:《镇墓文中所见到的东汉道巫关系》,载同著《先秦两汉史研究》,北京:中华书局,1995年,第363页。
③ 刘昭瑞:《汉魏石刻文字系年》,台北:新文丰出版公司,2001年,第262页。
④ 池田温先生曾指出买地券的要项有:年月日、买者、卖者、购买时日、对象地、四至、面积、代价、收价时日、立会人、违法卖地担保、买酒等。参见前揭氏著《中国历代墓券略考》。

难真实反映其本质。那么,它究竟是什么性质的地券呢?

2002年,湖北鄂州郭家细湾八号墓出土的刘宋元嘉十六年(439)萠谦地券,为进一步认识徐副地券性质提供了重要帮助。该墓出土砖质地券三方,其中两方所记内容相近,均涉及用钱若干买地之事,是典型的"买地券"无疑;另一方则两面书写,所记内容与前揭徐副地券多有相同之处,兹全部录文如下①:

(第一券)

元嘉十六年太岁己□□□庚申二日□□□新出太□□□敕□□□天一地二,孟仲四季,黄神后土□□□土营土府,土文土武,上墓下墓,左墓右墓,中央墓主,丘丞墓伯,冢中二千石,左右□侯,丘墓掾史,营土将军,土中督邮,安都丞,武夷王,道上游逻将军,当道将□,横道将军,断道将军,道上将军,道左将军,道右将军,中道□军,三道将军,蒿里父老,都集伯伥,营域亭部,墓门亭长,天魁、地罡、太上、征明、功曹、传送随斗十二神□。武昌郡武昌县东乡新丰里男生萠谦,年六十五岁,以今己卯岁二月九日巳时,醉酒命终,□□三泉,长安蒿里□□□下地宅夹迮,自徙祖父母来葬在此石龟环里□□□凭大道□正之法,不择日选时,不避地下禁忌,惟道是信。今已于此山罡为谦立作宅兆。丘墓营域,东极甲乙,南极丙丁,西极庚辛,北极壬癸,上极青云,下极黄泉。东仟西佰,各有丈尺,东西南北皆属谦。日月为证,星宿为明,即日葬送。板到之日,丘丞墓伯之神,地下禁忌,不得禁呵,志认坟墓宅兆、营域冢郭,闭系亡者魂魄,使道理不通。丘墓诸神,咸当奉板,开示亡人道地,□其尸形,沐浴冠带亡者;谦□通道理,永无忧患,利宥生人。三会吉日,当为丘丞诸□言□□□若□禁呵,不承天法,志讶冢宅,不安□□□罪。各慎天宪,明承奉行。急急如太玄清□□□道□□□地下女青诏书律令。

---

① 黄义军、徐劲松、何建萍:《湖北鄂州郭家细湾六朝墓》,《文物》2005年第10期。原报告仅发表了文字摹本,未作释文。鲁西奇:《六朝买地券丛考》一文最先作了释文,然对第三方券文的释文有重要脱漏。张传玺:《契约史买地券研究》第261—283页亦有录文。

(第二券)

元嘉十六年太岁己卯十二月庚申朔二日辛酉,武昌郡武昌县都乡石龟环里,地下先人、蒿里父老,墓乡有秩,左右冢侯,丘丞墓伯,地下二千石,安都丞,武夷王,共买此地从□□亩,与武昌郡武昌县东乡新丰里前罗江□□□县令蘭谦,值钱九万九千九百九十九文,即日毕了。承玄都鬼律、地下女青诏书:从军乱以来,普天之下死人,听得随□□□在郡县乡里亭邑买地葬埋。今皆于□中掘□□□□自得还归此冢,随地下死人俗□□□□□呵右□□□□□张坚固、李定□,沽酒各半,共为券荝□□门水入□□□人以□□

(第三券)

元嘉□□年太□□□辛酉□□□邑□县令蘭(谦)□□□五岁,以今己卯□□□□九百□□□□玄都鬼律、地下女青诏书:□□从军乱以来,普天之下□□,听□□□石龟环里,(乡)亭(里)邑,地下先人,蒿里父老,□墓□□,左右□□,□丞墓伯□□□武夷王买此冢地,纵广五亩,于中掘□□□九百九十文,即日毕了。地下先人,蒿里父老,墓□□□丞墓伯,地下二千石,安都丞,武夷王,并皆共听谦于此地□□王不得左右比居,妄志认此地,侵犯界□。时知者张坚固□□□各半,共为券荝。

上揭三方地券,鲁西奇、张传玺二先生都有一定研究①。第二、三券前后文字虽有不同,然皆有用钱若干买地之事,且有证人张坚固、李定度,尤其是"沽酒各半,共为卷荝"一语,表明其属典型的"买地券"无疑。第一券文字较多,然未见有任何买地的记载,与第二、三券内容迥然不同。鲁西奇先生业已注意到三券之间的区别与联系,指出第一券侧重于"镇墓",相当于罗振玉以来学术界通称之"镇墓券",而二、三券则侧重于"买地",相当于一

---

① 鲁西奇:《六朝买地券丛考》,第140—143页;张传玺:《契约史买地券研究》,第261—283页。

般意义上的"买地券"①。我们注意到,第一券所记内容与前揭徐副地券相比,除具体的时间、地点、人名有差异外,余皆大致相同,不少语句表述完全一样。二券一出湖南,一出湖北,同属楚地,在券文内容书写上出现的这种极大相似性,表明它们都是依据当时通行的某种范本抄写而成,出自同一渊源,属于同一类型地券,与当时通行的买地券应该有所区别。

另外,广东始兴县都圹村所出的两方刘宋元嘉十九年(442)妳女地券②,与葫谦墓所出地券有相似之处,颇值关注。其中一方文字较完整,记有"雇钱万万九千九百九十九钱",又有"时有张坚固、李定度,沽酒各半,共为卷莂"之语,是典型的"买地券"无疑;另一方则残损严重,仅存"□□元嘉十九年太岁壬午十一月癸卯□廿□□子(季),黄神后地(土),地(土)里(皇)土祖,土□□游罗将军,当道将军,横□□地下女□□言(书)□□"等文字。从残存文字看,其与同墓所出买地券内容有异,而与前揭葫谦墓所出第一券内容较为相近,表明二者亦属不同性质的地券。

按葫谦墓葬位于湖北,妳女墓葬位于广东,二墓年代一为元嘉十六年,一为元嘉十九年,时间相距不过三四年,然墓中皆出有两方内容与性质并不相同的地券,说明这种葬俗在当时并非个别现象。

又广东仁化县所出刘宋元嘉二十一年(444)□和砖券,与徐副地券、葫谦第一券性质相同,兹先录文如下③:

> 宋直(值)日元嘉廿一年太岁甲申九月癸巳朔十四日丙午。新出太上老君符敕天一、地二,孟仲四季,黄神、后土,(土皇、土)祖,(土营)、土府,土文、土武,墓上、墓下、墓左、墓右、墓中央墓主,丘丞、墓伯,冢中二千石,左右墓(?)侯,丘墓掾史,营土将军,土中督邮,安都

---

① 鲁西奇:《六朝买地券丛考》,第142页。
② 廖晋雄:《广东始兴发现南朝买地券》,《考古》1989年第6期。
③ 杨豪:《广东晋南朝隋唐墓葬》,广东博物馆、香港中文大学文物馆合编:《广东出土晋至唐文物》,香港中文大学出版社,1985年,第25—26页;范家伟:《六朝时代岭南的天师道传播——从出土的镇墓文谈起》,《宗教学研究》1996年第3期,第33页;刘昭瑞:《妳女地券与早期道教的南传》,《考古发现与早期道教研究》,第324页;张勋燎、白彬:《中国道教考古》,第855—856页。此处主要参据《中国道教考古》的释文。

丞、武义(夷)王、道上游罗将军、营道将军、横将军、断道将军、道左将军、道上将军、道右将军三道将军、五道将军、蒿里父老、都集伯长、营域亭长、墓门亭长、天罡、太一、登明、功曹、传送随斗十二神等：始兴郡曲江县□乡太平里众？□拓？□□,以去元嘉廿一年十一月二十六日,和半醉(酒)命终,神归三天,身归三泉,长安蒿里。七界元□□墓,乃在三河之中,地宅夹小。亡父母以乘垄沙？本郡县立丘冢,汉耶□□下,□土老塔□上。□□析立作此丘冢在此坑中。自□□尊奉太上诸君丈人道法,不敢选时择日,不避地下禁忌,道行正真,不问龟筮,今已于此山墟(为和立作)宅兆。和营域,东极甲乙,南至丙丁,西接庚辛,北至壬癸,上极青天,下归黄泉。东仟西佰,各有丈尺,东西南北地□属和。日月为证,星宿为明,即日葬送。板到之日,丘墓之神,地下禁忌,不得禁呵,志讦坟墓宅兆、营域冢郭,闭系亡者魂魄,使道理不①通。丘墓(诸)神,咸当奉板,开示亡人道地,安其尸形,沐浴冠带亡者;开通道理,使无忧患,利护生人。至三会吉日,当为丘丞诸神言功举迁,为各加禄秩,如天曹科比。若有禁呵,不承(天)法,志讦冢宅,不安亡人,依玄都鬼律治罪。各慎天宪,明承奉行。急急如泰清玄元上三天无极大道太上老君地下女青诏书律令。

经过比较,可以发现,广东仁化所出的这方□和砖券,无论从内容还是书写模式上,都与通行买地券明显有异,而与徐副地券、莆谦地券(第一券)极为相近,它们属同类性质的地券应无疑义。范家伟先生认为其属镇墓文[2],刘昭瑞先生则指出："东汉时代的地券文字大致可以分为三类,一类是劾鬼驱邪的镇墓文,一类是虚拟的买地券,还有一类是纯粹的买地券。三国以后,前两类出现合流,即既具有镇墓驱邪性质又有虚拟的买地券性质。上举的几种地券(笔者按：即徐副地券、刘觊地券、妳女

---

① 张勋燎、白彬释作"开",范家伟、刘昭瑞皆释作"不",据前揭莆谦地券(第一券),当以"不"为是。
② 范家伟：《六朝时代岭南的天师道传播——从出土的镇墓文谈起》,第33页。

地券、何靖地券等)是合流的典型,并成为以后历代地券的主要形式。"① 我们认为,刘先生的观点有一定道理,湖北武昌出土的刘觊地券似可说明此点②,但还是无法解释同墓之中为何会出现两种不同文字地券的现象,如莆谦墓与妳女墓,既出有严格意义上的买地券,又出有与买地券内容并不相同的地券,二者各自独立,并未"合流"。因此,刘昭瑞先生之解释,仍未揭示出徐副地券、莆谦地券(第一券)等的真正本质。

1978年5月至1980年12月,湖南省考古工作者在资兴县旧市、厚玉等地发掘出三方陶质地券,其中M413出二方,M474出一方,均置于亡人头部③。据原发掘报告,M413为双人合葬墓,所出地券一属民女何靖,但纪年已残缺;地券二纪年为梁普通元年(520),缺主名,当属何靖亡夫④。M474所出地券纪年为梁天监四年(505),亦缺主名。原报告业已指出,此三方地券并无买地内容,不能算作"买地券";也没有衣物清单,更不是衣物券,其只有"护照"的性质。又指出三方地券与徐副地券、刘觊地券的主要内容几乎完全相同,说明从宋到梁八十余年的葬俗并没有多大的变化,墓券所反映的道教神仙迷信思想是广为流传的。为便于说明问题,兹先录三方地券内容如下:

M413:7

□□符敕天一、地二,孟仲四季,黄神□□□武,土墓上、土墓下□□□,左右中央,仅人丘墓将军□□□蒿里父老,都侯伯长,丘墓□□□天魁、地罡、太上、登明、功曹、传送随斗十二神等:桂阳郡晋宁县都乡宜阳里女民何靖,年二十九岁,先已□□建墓,旧名曰毛

---

① 刘昭瑞:《妳女地券与早期道教的南传》,《考古发现与早期道教研究》,第322—323页。
② 湖北省博物馆:《武汉地区四座南朝纪年墓》,《考古》1965年第4期;又郭沫若:《由王谢墓志的出土论到兰亭序的真伪》附有刘觊买地券拓本及郭沫若手书之释文,《文物》1965年第6期。南朝齐永明三年(485)刘觊地券,出土于武昌东郊何家大湾一九三号墓,与前揭徐副地券、莆谦地券(第一券)相比较,不少文字相近,但也增加了一些新内容,如有关祖父的名讳、仕宦、土地的买卖及价格等。这应该是一种兼具'过所'(移文)与买地两重性质的综合性地券,但是否具有普遍性,仍有待进一步探讨。
③ 湖南省博物馆:《湖南资兴晋南朝墓》,《考古学报》1984年第3期。
④ 鲁西奇:《六朝买地券丛考》一文把二地券合并为一,由此认为何靖地券的纪年亦为梁普通元年,似误。第149—150页。

□□堤中。尊奉太上诸君丈人道法，不敢选日问时，不避地下禁忌，道行正真。丘墓营域，□东南西北，各有丈尺。丘墓之神，地下禁忌，不得禁呵，志讦丘墓。诸神咸当奉板，开示亡人道地，安其尸形，沐浴冠带亡者；开通道理，使无忧患，利护生人。三会吉日，当为丘丞诸神言功举迁，各加其秩禄，如天曹科比。若有禁呵，不承天法，志讦冢宅，不安亡人，依玄都鬼律治罪。各慎天宪，明承奉行。急急如泰清三天无极大道太上地下女青诏书律令。

M413:8

□普通元年□□庚子十一月□□□十五日乙□□□□太上□□符敕天一、地二、孟仲四季、黄神、后土、土皇、土祖，□□□□，土文、土武、土墓上、土墓下、墓左、墓右、墓中央五墓主者，丘丞、墓伯，冢中二千石□□□营土将军，土中□□□道上游罗将军、道左将军、道右将军三道将军，蒿里父老□□□□天魁、天罡、太一、登明、功曹、传送随斗十二神等：桂阳郡晋宁县都乡宜阳里□□□□尊奉太上诸君丈人道法，不敢选日问时，不避地下禁忌，道行正真。丘墓营域，东西南北，各有丈尺。丘墓之神，□□□□丘墓。诸神咸当奉板，开示亡人道地，安其尸形，沐浴冠带亡者；开通道理□□□□生人。三会吉日，当为丘丞诸神言功举迁□□□□如天曹科比。若有禁呵，不行天法，依玄都鬼律治罪□□□明承奉行□□□□三天无极大道太上地下女青诏书律令。

M474:8

□□四年太岁□□□丁巳□□□□□□太上□□符敕天一、地二、孟仲四季□□□□土文、土武，土墓上、墓下□□□□丘丞、墓伯，冢中二千石，左右墓侯，丘墓□□□，营土将军，□□□□道上将军、道左将军、道右将军三道将军，蒿里父老，都侯伯长，□□□□天魁、天罡、太一、登明、功曹、传送随斗十二神等：桂阳郡都乡宜阳里□□□□岁□□□问□□□□月十二日醉酒寿终，神归三天，身归三泉，长安蒿里。先人今者乡？墓□□□□奉太上丈人道法，不敢选日问时，不避地下禁忌，道行正真□□为立宅作兆,□□各有丈尺。丘墓之神,地下禁忌□□丘墓。诸神咸当奉板,开示亡人道地,安其尸形,沐浴冠带□□使无忧虑□□巽?□□如天曹科比。若有禁呵,不承天法□□依玄都鬼律治罪。各慎天宪,明果奉行。急急如泰清三天无极大道太上地下女青诏书律令。

以上三方地券,确如原报告者所言,并无买地内容,不能算作"买地券"。而且三方地券与前揭徐副地券、莆谦地券(第一券)、□和地券的主要内容几乎完全相同,说明它们之间俱来自同一渊源,存在着非常密切的联系,是同一类型的地券。

此外,1987年6月广西鹿寨出土的梁中大通六年(534)周氏滑石地券,亦与上揭徐副地券、莆谦地券(第一券)、□和地券等性质相近,兹录文如下①:

> 中大通五年太岁甲寅,三月甲申朔,十四日丁酉。老君神符敕道路将军、禁?防?地下二千石、豪(蒿)里父老、丘丞墓伯:今日大化,复除道民象郡新安县都乡治下里没故女民周,当界醉酒命终,今归里豪(蒿里),置宅在本郡县乡里来会岗上。付(符)到,部吏营卫,皆令如法。敢有志訴有□者,先诛后奏。当安随迁者,使千年万岁,不得于(干)犯生人,明承奉行。如太上老鬼律令。

周氏地券原录文错讹之处甚多,张勋燎、白彬先生对此多有辨析②,此处不拟多说。仅就内容分析,丝毫未见土地买卖及相关证人的记载,而与前揭徐副地券等内容相近,只是文字较少而已。从这一意义上讲,周氏地券并不是什么"买地券",而是与徐副地券、莆谦地券(第一券)、□和地券等性质相同的地券。那么,这一类地券的本名是什么?其性质和功能又是什么呢?

---

① 本件迄今尚未正式刊布,此处录文据张勋燎、白彬:《中国道教考古》,第874页。
② 张勋燎、白彬:《中国道教考古》,第874页。

唐初道士朱法满《要修科仪戒律钞》卷一五《入棺大殓仪第五》中，有一段记载颇值注意①：

> 旧以白素书移文，今人纸书，亦得先条随身佩带于前，次送终物置后。道士移文：谨条某州郡县乡里观舍男女官三洞弟子某甲所受经法札目如左：（中略）谨条三洞弟子随身寒夏衣裳及纸笔等札目：某衣某物。右件随身入棺中，（中略）维某年太岁甲子某月朔某日，天老移告天一地二、孟仲季、五路将军、蒿里父老、土下二千石、安都丞、里域真官、河伯水府、魂门监司、墓门亭长、山川泽尉、直符使者：今有三洞弟子某州郡县乡里男生某甲年如于今月某日某时，生期报尽，奄然舍化，魂升天府，形入地居，（中略）约勒所部，扶迎将送，不得留滞，令无障碍，迳至藏所。不使左右比庐、东西南北佗姓等鬼货名诈姓，妄生侵夺。明承符勒，不得有违。一如太玄都鬼法、女青诏书律令。
>
> 右移增损随时耳。

以上所记为道士卒葬时所用"移文"之范本。按朱法满《要修科仪戒律钞》一书，分类抄录了道教各种科仪戒律，所引道书皆为六朝至唐初之三洞经戒科仪②。而且，从上揭道士"移文"所记"旧以白素书移文，今人纸书"及道士籍贯以"某州郡县乡里"标示亦可看出，这种道士"移文"应产生于隋唐以前。据日本学者小林正美教授研究，《要修科仪戒律钞》卷一五、卷一六《道士吉凶仪》，是根据南朝梁代道士孟景翼、孟智周的《丧礼仪》等书编纂而成。"道士移文"在二孟的《丧服仪》中也被记载了，其作成年代可以推定为梁代初期③。说明此种道士"移文"至迟南朝时期业已产生。以"道士移文"与前揭徐副地券、萧谦地券（第一券）相比较，可以发现，二者有不少相近之处。不管是"天老移告"，还是"新出太上老君符敕"，首先列

---

① 《道藏》第六册，文物出版社、上海书店、天津古籍出版社，1988年，第996—997页。
② 参见胡孚琛主编：《中华道教大辞典》，北京：中国社会科学出版社，1995年，第298页。
③ 小林正美：《唐代の道教と天师道》第二章《天师道における受法のカリキュラムと道士の位阶制度》，东京：知泉书馆，2003年。此据李之美汉译文：《天师道的受法教程和道士位阶制度》，程恭让主编：《天问》丙戌卷，南京：江苏人民出版社，2006年，第296—330页。

出的地下神灵都是天一地二和孟仲四季（移文中当漏一"四"字），而且不少神灵完全相同，如蒿里父老、墓门亭长、安都丞、冢中（地下）二千石等。移文所记"魂升天府，形入地居"，与地券所言"神归三天，身归三泉"，意思大致相近。又如"明承符勒，不得有违"，与地券中的"各慎天宪，明承奉行"，都具同样的口吻。移文最后一句为"一如太玄都鬼法、女青诏书律令"，地券则为"一如太清玄元上三天无极大道太上老君地下女青诏书律令"，二者意思亦相近，且"太玄都鬼法"，即地券中所记的"玄都鬼律"。这些都表明"道士移文"与徐副地券、莆谦地券（第一券）存在着非常密切的联系。换言之，徐副地券、莆谦地券（第一券）的性质是"移文"，而非"买地券"或"镇墓文"。"道士移文"仅是范本，所谓"右移增损随时耳"，表明"移文"内容可以根据实际情况进行增损。徐副地券、莆谦地券（第一券）应是根据当时某种"移文"范本而书写的。

目前所见明确标明其为"移文"的，是2004年出土于吐鲁番木纳尔一〇二号墓的《唐显庆元年（656）西州宋武欢移文》（2004TMM102：4 + 2004TMM102：6）[①]：

    1 移文　脚靡一具　脚赦（敝）一枚　穴（靴）艮（跟）里一具　根袴一具　㪲（汗）
    2 衫一领　朱衣笼管（冠）具　白绫褶袴十具　紫绫褶袴十
    3 具　白练衫袴十具　白银朱带二具　锦被蓐（褥）三具　被
    4 锦一千张　杂色绫练各一千段　布叠一千疋　金钱一万文
    5 银钱二万文　金刀子具　牛羊一千头　奴婢十具　金眼
    6 笼具　燕明一枚　《孝经》一卷　笔研（砚）具　石灰三九（斛）五谷
    7 具　鸡鸣一枚　玉坠一双　耳抱具　攀天系（丝）万々九
    8 千丈□□
    9 正信佛弟子竟（敬）移□□

[①] 荣新江等主编：《新获吐鲁番出土文献》，北京：中华书局，2008年，第104—105页。

10 若欲觅海西辟(壁)＝时□□
11 度 不得奄葛(遏)留亭(停) 急急汝(如)律令□□
12 悉 平生上條所用之物—上所求好去

根据此"移文"内容,并与吐鲁番所出其他衣物疏相比较,可知其是在先秦两汉以来遣策、衣物疏基础上发展而来①。据我们初步考察,古代吐鲁番地区约在公元6世纪初才开始使用"移文"这种丧葬文书,比南方晚了近一百年,北方"移文"很有可能从南方传播而来,但又有一些不同于南方的特点,即北方"移文"受到佛教的影响较大,而南方"移文"则受到道教的影响较大②。

陈直先生曾指出,战国秦汉遣策"与后来过所性质相似",也就是行使于地下的通行证③。此后出现的衣物疏,也具同样的性质。黄烈先生认为:"十六国高昌时期的随葬衣物疏已发展成为让死者上天入地的过所。"④刘昭瑞先生亦持类似的看法⑤。南北朝时期,在遣策、衣物疏基础上发展而来的"移文",不管是在南方,还是在北方,其作用和功能都与过所性质相似,实即死者通往地下世界的证明。死者在通往地下世界的途中,地下神灵不得任意呵留阻滞,死者所带衣物不得随意让他人认领,不得对死者所居坟墓宅兆、营(茔)域冢郭(椁)有所"禁呵志讶"。这与"买地券"和"镇墓文"的性质和功能是完全不一样的。

南朝最先出现的这种"移文",可以说是一种新型的丧葬文书,虽是在汉代衣物疏的基础上发展而来,但从内容和书写模式看,又与汉代的"镇墓文"存在一定关联,此点已引起中外学者的高度关注⑥。美国学者 Peter

---

① 参见拙文《吐鲁番所出衣物疏研究二题》。
② 参见拙文《吐鲁番所出衣物疏研究二题》、《跋吐鲁番新出〈唐显庆元年(656)西州宋武欢移文〉》。
③ 陈直:《关于"江陵丞"告"地下丞"》,《文物》1977年第12期。
④ 黄烈:《略论吐鲁番出土的"道教符箓"》,《文物》1981年第1期。
⑤ 刘昭瑞:《关于吐鲁番出土随葬衣物疏的几个问题》,《敦煌研究》1993年第3期;收入同著《考古发现与早期道教研究》,第360页。
⑥ Anna K. Seidel, "Traces of Han Religion in Funeral Texts Found in Tombs",秋月观暎编《道教と宗教文化》,东京:平河出版社,1987年,第21—57页;Peter Nickerson, "Taoism, Death and Bureaucracy in Early Medieval China", Appendix 6: Texts 2, 1996, pp. 655—662. 刘昭瑞:《妳女地券与早期道教的南传》;张勋燎、白彬:《中国道教考古》,第925—929页。

Nickerson 认为:"南朝墓券就是从东汉镇墓文发展而来的。"①这一观点虽有一定道理,但从汉代以来丧葬文书的源流演变趋势看,情况并不尽然。诚然,前揭南朝"移文"中"利护生人"、"不得于(干)犯生人"之记载,与汉代镇墓文强调生死异路、各不相妨之观念确有相通之处,表明二者之间存在着某种关联。然而,我们知道,在汉代,衣物疏、买地券、镇墓文是三种分别具有不同性质和功能的丧葬文书,其在后世的发展演变有不同的走向:衣物疏演变为"移文",镇墓文发展为镇墓石文,唯买地券一直为后世所沿用。从前揭吐鲁番所出《唐显庆元年(656)西州宋武欢移文》看,前面所记为死者的各种衣物,后面则是有关宗教信仰色彩的内容,系模仿现实世界官府文书"移文"的格式而来,是死者能够顺利进入死后世界的证明,这与汉代以来的衣物疏存在着明显的渊源关系。而汉代的镇墓文则没有衣物之类的记载,特别强调的是生死异路、各不相妨,死者无与生人复会等观念,与衣物疏、移文并不存在直接的渊源关系。朱法满《要修科仪戒律钞》所载的"道士移文",也是先记衣物,如"谨条三洞弟子随身寒夏衣裳及纸笔等札目:某衣某物。右件随身入棺中",然后才是"移告"文句。尽管目前还未发现南朝"移文"中有相关衣物的记载,但此类"移文"强调地下神灵不得对通往冥界的死者有所阻滞和干扰,与汉代镇墓文强调生死异路、各不相妨,还是截然有别的。当然,镇墓文中出现的某些神灵和若干表达方式,为后来的"移文"所借鉴和吸收,反映了二者之间确实存在一定的关联,但并不表明他们有直接的渊源关系。

二、张坚固、李定度新考

在出土的中国古代衣物疏(移文)、买地券中,张坚固、李定度二神灵名出现频率最高,影响最大。然而,在佛、道二教的神灵谱系中,却不见其名,传世文献也少有记载。因此,有关二神灵的具体情况,并不是很清楚。

---

① Peter Nickerson 论文未获读,其观点据张勋燎、白彬:《中国道教考古》,第927页。

2003年，黄景春先生发表《地下神仙张坚固、李定度考述》一文①，对张坚固、李定度的性质、起源、作用等问题进行了专门探讨，提出若干富有启发性的见解。其后，石英②、郑阿财③等先生亦对此续有探讨。但仍有一些问题并不清楚，如张坚固、李定度产生的历史背景是什么，其作用和功能为何，为何取姓张、姓李等等。本节拟对上述问题展开进一步探讨。

从目前所见资料看，张坚固、李定度最早出现于前揭湖北鄂州郭家细湾八号墓所出两方刘宋元嘉十六年（439）蕳谦买地券中。其后，此二神灵名得到广泛传播，为南北各地民众所接受。在南朝买地券和吐鲁番所出衣物疏（移文）中，张坚固、李定度业已成为不可或缺的地下神灵，反映了其在古代民间所具有的深远影响。为便于说明问题，兹再录两方蕳谦买地券内容如下：

（第二券）

　　元嘉十六年太岁已卯十二月庚申朔二日辛酉，武昌郡武昌县都乡石龟环里，地下先人、蒿里父老，墓乡有秩，左右冢侯，丘丞墓伯，地下二千石，安都丞，武夷王，共买此地从□□亩，与武昌郡武昌县东乡新丰里前罗江□□□县令蕳谦，值钱九万九千九百九十九文，即日毕了。承玄都鬼律、地下女青诏书：从军乱以来，普天之下死人，听得随□□□在郡县乡里亭邑买地葬埋。今皆于□中掘□□□□自得还归此冢，随地下死人俗□□□□□□呵□右□□□□张坚固、李定□，沽酒各半，共为券莂□□□□门水入□□□□人以□□□□

（第三券）

　　元嘉□□年太□□□□辛酉□□□□邑□县令蕳（谦）□□□□五岁，以今己卯□□□□九百□□□□玄都鬼律、地下女青诏书：□□从

---

① 黄景春：《地下神仙张坚固、李定度考述》，《世界宗教研究》2003年第1期。
② 石英：《隋唐五代买地券的若干问题研究》第二章第一节，武汉大学硕士学位论文，2007年。该论文乃笔者指导的硕士学位论文，本节的撰写，对此文多有参考。
③ 郑阿财：《论"张坚固、李定度"的形成、发展与民俗意涵——以买地券、衣物疏为考察对象》，《民间文学年刊》第二期增刊号（2008民俗暨民间文学国际学术研讨会专号），2009年5月。

军乱以来,普天之下□□,听□□□石龟环里,(乡)亭(里)邑,地下先人,蒿里父老,□墓□□,左右□□,□丞墓伯□□□武夷王买此冢地,纵广五亩,于中掘□□□九百九十□文,即日毕了。地下先人,蒿里父老,墓□□□丞墓伯,地下二千石,安都丞,武夷王,并皆共听谦于此地□□□王不得左右比居,妄志认此地,侵犯界□。时知者张坚固□□□各半,共为券莂。

二券同出于蕭谦墓,俱属买地券,文字大致相近,唯前后顺序不一。"第二券"先记买地,后记"玄都鬼律、地下女青诏书"内容,"第三券"则先记"玄都鬼律、地下女青诏书"内容,后记买地。这种一墓同出两方买地券的情况极为少见,其原因为何,有待进一步探讨。我们注意到,广东始兴县都圹村所出刘宋元嘉十九年(442)妳女买地券,与蕭谦"第三券"内容相近,二者可互为补充。兹录妳女买地券券文如下①:

元嘉十九年太岁壬午十一月癸卯朔廿四日丙寅,始兴郡始兴县东乡新城里□□,年□□五岁,以去甲戌岁四月廿七日戌时没故。玄都鬼律、地下女青诏书律令:从军乱以来,普天下死人,皆得听随生人所在郡县葬埋。妳女始兴郡始兴县东乡新城里夕口村前掘土冢作丘墓,乡亭里邑,地下先人、蒿里父老、墓乡有秩、左右冢侯、丘丞墓伯、地下二千石、安都丞、武夷王,买此冢地,纵广五亩,于中掘凿,葬埋妳女尸丧,雇钱万万九千九百九十九钱,即日毕了。地下先人、蒿里父老、墓乡有秩、左右冢侯、丘丞墓伯、地下二千石、安都丞、武夷王,并皆共听妳女于此地中掘土作冢葬埋,不得使左右比居妄志此冢地分界。知者张坚固、李定度,沽酒各半,共为券莂。座前。

---

① 廖晋雄:《广东始兴发现南朝买地券》,《考古》1989年第6期。此处录文,参据刘昭瑞《考古发现与早期道教研究》(第321页)、张勋燎与白彬《中国道教考古》(第851—852页)、鲁西奇《六朝买地券丛考》(第143—144页)等综合而成。

张传玺先生业已注意到妳女买地券与莆谦"第三券"之间的相似之处,推测两券有共同的样文或底本①。此点颇值重视。二券分别出于湖北和广东,一为元嘉十六年,一为元嘉十九年,时间相距不远,说明此种格式的买地券已在南方地区有所流行。而且,张坚固、李定度二神名,皆以"知者"或"时知者"的身份出现于买地券中,反映二神名在当时业已产生并开始传播于南方各地。值得注意的是,在元嘉十六年以前的买地券中,还未见到张坚固、李定度二神名,如徐州所出《宋元嘉九年(432)王佛女买地券》即是如此,券文载②:

> 宋元嘉九年太岁壬申十一月壬寅朔廿日辛酉,□□□□郡□□□都乡仁义里王佛女,薄命□□,□□□□,下归黄泉。今为王佛女占买彭城郡□□□北乡□城里村南龟山为墓田百亩,东至青龙,西至白虎,南至朱雀,北至玄武,雇钱卅九□□□。有丹书铁券,事事分明。时知者东皇父、西王母;任者王子侨,傍人张亢根。当永(?)今元嘉九年十一月廿日辛酉,归就后土蒿里,如女青□□。

据券文,"知者"为东王公、西王母,"任者"为王子侨,"傍人"为张亢根。东王公、西王母乃古代神仙名,作为"知者",已常见于此前的买地券中;王子侨亦为神仙;张亢根则不知何许人也,鲁西奇教授认为"当即后世买地券与衣物疏常见之'张坚固'",并称"此为今见材料中最早出现'张坚固'者"③。诚然,"张亢根"与"张坚固"俱姓张,但取名"亢根",与"坚固"之意似无多大联系,而且,在后来的买地券与衣物疏(移文)中,张坚固与李定度多同时出现。因此,鲁先生之说尚是推测,有待进一步证实。

我们认为,张坚固、李定度二神名,并未出现于元嘉九年王佛女买地券

---

① 张传玺:《契约史买地券研究》,第278页。
② 《罗雪堂先生全集》续编第三册,台北文华出版公司、台北大通书局,1968年,第969页;仁井田陞:《中国法制史研究(土地法·取引法)》,第423—424页;池田温:《中国历代墓券略考》,第229页;《北京图书馆藏中国历代石刻拓本汇编》第二册,郑州:中州古籍出版社,1989年,第127页;鲁西奇:《六朝买地券丛考》,第137页。此处录文系综合诸家释文而成。
③ 鲁西奇:《六朝买地券丛考》,第138页。

中,而广泛出现于元嘉十六年以后,这是一个非常有趣的现象。我们还注意到,元嘉十年(433)以后,南朝地券(包括移文和买地券)呈现出了若干新变化:一是新型地券"移文"的出现,如上节所探讨的刘宋元嘉十年徐副移文、元嘉十六年萧谦移文、元嘉十九年姁女移文等。"移文"中出现的诸多地下神灵,如地下先人、蒿里父老、墓乡有秩、左右冢侯等,也为此前之地券所无;二是买地券中出现了张坚固、李定度二神名,券文中"承玄都鬼律、地下女青诏书:从军乱以来,普天下死人,皆得听随生人所在郡县(乡里亭邑)买地葬埋"一语,亦为此前所无;三是买地券中购买墓地的虚拟价格出现固定化模式。萧谦买地券中出现的"万万九千九百九十"买地价格,为后世买地券所普遍沿用,吐鲁番出土衣物疏(移文)记攀天丝的长度,亦多用"九"计额。而此前的地券,买地的价格多种多样,从数百、数千、数万到数百万不等,虽也有用"九"计额的,但局限在个别地区,并不普遍。尤其值得注意的是,此种买地用"九"计额的方式,与张坚固、李定度二神名几乎同时出现,二者之间或有某种关联①。张坚固、李定度的出现,即属上述诸变化之一端。因此,刘宋元嘉(424—452)年间,当是张坚固、李定度产生的重要历史时期,颇值关注。

关于张坚固、李定度二名之含义,林忠干先生认为:"顾名思义,坚固、定度,是永久之法度之意。"②美国韩森先生认为,张、李皆普通姓氏,其名"坚固"、"定度",则是强调他们的可信度及坚定不变的特质③。黄景春先生则认为,张坚固、李定度是塚墓中的"专职神仙",取名"坚固"、"定度",乃是强调土地买卖的合法性和可用性。"坚固"当是着眼于土地买卖成交后固若金石,不得反悔;"定度"就是确定丈量土地的标准,取意是土地度量准确,不会有丝毫误差,也没有欺诈,交易公平而且合法④。石英则认为张、李二神是墓地边界守护神,使用"坚固"、"定度",旨在强调墓主拥有墓

---

① 鲁西奇先生业已注意到此点,但未加以解释。参见氏著《六朝买地券丛考》,第157—158页。
② 林忠干:《福建五代至宋代墓葬出土明器神煞考》,《福建文博》1990年第1期。
③ 韩森:《中国人是如何皈依佛教的?——吐鲁番墓葬揭示的信仰改变》,《敦煌吐鲁番研究》第四卷,北京大学出版社,1999年。
④ 黄景春:《地下神仙张坚固、李定度考述》。

地四周边界的合法、准确性①。以上说法都有一定道理。上文业已指出，买地券中开始使用"万万九千九百九十九"的买地价格，与张坚固、李定度的产生是同时的，而以"九"计额，韩森先生认为"九"和"久"是同音，表明"这笔钱是永久的"②。总之，地价用"九"计额，所表明之含义"永久"，与张坚固、李定度所蕴含的永恒、持久之基本含义是一致的。

二神何以取姓张、李？宋任广《书叙指南》卷二〇《杂备称用下》载③：

假名人，曰张甲、李乙。（原注：颜延之《庭诰》）

据此，"假名人，曰张甲、李乙"一语，出自颜延之《庭诰》。按颜延之乃南朝刘宋时人，《宋书》卷七三、《南史》卷三四俱有传。据本传，其撰《庭诰》的时间，约在元嘉十三四年左右。可见，当时对不确定的人，一般多用张甲、李乙来指称，而张坚固、李定度的出现，亦在这一时期。二神取姓张、李，显然即沿用当时的惯例。而且，自汉魏以来，这种习惯就一直存在。《艺文类聚》卷二三引汉张奂《诫兄子书》载④：

年少多失，改之为贵，蘧伯玉年五十，见四十九年非，但能改之，不可不思吾言，不自克责，反云张甲谤我，李乙愬我。我无是过。

又《三国志》卷一一《王修传》注引《魏略》记曹操写信给王修说⑤：

孤之精诚，足以达君；君之察孤，足以不疑。但恐傍人浅见，以蠡测海，为蛇画足，将言前后百选，辄不用之，而使此君沉滞冶官，张甲李乙，尚犹先之，此主人意待之不优之效也。

---

① 石英：《隋唐五代买地券的若干问题研究》，第31页。
② 韩森：《为什么将契约埋在坟墓里》，朱雷主编：《唐代的历史与社会》，武汉大学出版社，1997年。
③ 任广：《书叙指南》，丛书集成初编本，北京：中华书局，1985年，第260页。
④ 《艺文类聚》，上海古籍出版社，1999年新2版，第422页。
⑤ 《三国志》，北京：中华书局，1959年，第348页。

可见,自汉魏至南朝刘宋时期,这种用"张甲、李乙"来指称那些不确定的人,已是当时通用的惯例。张坚固、李定度为民间所创造且并无原型的专职神仙,之所以取张、李为姓,应是沿袭了当时通用的这一传统和习惯,并没有什么特别的含义。

刘宋元嘉中期以后的买地券中,既出现张坚固、李定度二神名,又同时出现了"万万九千九百九十九"的买地价格,都强调永恒、持久、固定的特性,为何会产生这样的观念？前揭元嘉十六年萧谦买地券与元嘉十九年姊女买地券中,"承玄都鬼律、地下女青诏书：从军乱以来,普天下死人,皆得听随生人所在郡县(乡里亭邑)买地葬埋"一段文字,颇值注意。按《玄都律》或《玄都鬼律》,乃道教戒律文献,据姜伯勤先生考证,当写于曹魏以后,其后虽有若干晚出内容窜入并流行入北朝,但玄都律即使在北朝也不属于寇谦之清整后的新道教系统①。"女青诏书"即《女青鬼律》,亦属于道教戒律,据学者研究,其成书年代应为东晋中期②。《玄都鬼律》与《女青鬼律》多并提,唐人朱法满《要修科仪戒律钞》卷一五所载"道士移文"中,就有"一如太玄都鬼法、女青诏书律令"语③。据萧谦与姊女买地券文义,"承玄都鬼律、地下女青诏书：从军乱以来,普天下死人,皆得听随生人所在郡县(乡里亭邑)买地葬埋"一语,似为《玄都鬼律》与《女青鬼律》中的内容。观其大义,似指因战乱而导致百姓流离,客死他乡,可于所在郡县乡里亭邑买地葬埋。所谓"军乱",刘昭瑞先生认为是指东晋末年的孙恩、卢循起兵之事,这一事件不仅导致大批江南人进入岭南地区,也给早期道教大规模传入岭南提供了机会,姊女地券也正是出现在这一背景之下④。这一说法是可信的。我们注意到,萧谦生时为武昌郡武昌县东乡新丰里人,而卒葬之地却为武昌郡武昌县都乡石龟里,明显属异地埋葬；姊女买地券因中有残缺,不知是否也是异地埋葬？但从券文中亦有"从军乱以来"

---

① 姜伯勤：《〈玄都律〉年代及所见道官制度》,《魏晋南北朝隋唐史资料》第十一期,武汉大学出版社,1991年,第50—52页。
② 白彬、代丽鹃：《试从考古材料看〈女青鬼律〉的成书年代和流行地域》,《宗教学研究》2007年第1期。
③ 《道藏》第六册,第997页。
④ 刘昭瑞：《考古发现与早期道教研究》,第328—330页。

一段文字,推测也属异地埋葬。鲁西奇先生即认为妳女属移民,"军乱"以后迁居始兴郡始兴县东乡新城里者,并推测其可能是东晋末年徐道覆挟裹的三吴民众移居始兴者①。萧谦生前曾做过罗江县令,按《宋书》卷三六《州郡志二》②江州晋安太守条,晋安郡有"罗江男相";又《南齐书》卷一四《州郡志》江州晋安郡条,晋安郡领县有晋安、侯官、罗江、原丰、温麻等五县③。而晋安亦属战乱之地,《资治通鉴》卷一一三晋安帝元兴二年(403)八月条④:

> 刘裕破卢循于永嘉,追至晋安,屡破之,循浮海南走。

因此,萧谦生前曾经历过孙恩、卢循之乱。又据《宋书·武帝纪》,卢循、徐道覆等占据广州、始兴达六七年之久。妳女为始兴郡人,生前也经历了此次战乱。

孙恩、卢循起兵开始于晋安帝隆安三年(399),结束于义熙七年(411)。长达十二年之久的战乱,使经济凋敝,民不聊生,人口迁转流亡,客死异乡者当不在少数。当然,东晋南朝时期民众的流亡,还有规避国家赋役等方面的原因,也因此出现了多次的"土断"之制。对于不能回葬故土的流民,就要在异地置田埋葬。所谓"皆听得随生人所在郡县(乡里亭邑)买地葬埋","所在郡县"当是指"土断"之后所确定的户籍所在地⑤。而异地埋葬,就存在诸如如何买地、向谁买、如何保证所买之地的合法性等问题。

萧谦买地券中,有"不得左右比居,妄志认此地,侵犯界□"之语;而妳女买地券中,亦有相类似的"不得使左右比居妄志此冢地分界"之语,似都

---

① 鲁西奇:《六朝买地券丛考》,第145、159—160页。
② 《宋书》,第1093页。
③ 《南齐书》,北京:中华书局,1972年,第262页。
④ 《资治通鉴》,北京:中华书局,1956年,第3552页。
⑤ 东晋安帝义熙八至九年(413—414),刘裕执政时,曾进行一次严格的"土断",史载:"于是依界土断,唯徐、兖、青三州居晋陵者,不在断例。诸流寓郡县,多被并省。"见《宋书》卷二《武帝纪中》,第30页。

强调墓地所在的边界问题。张坚固、李定度二神名出现于其中,二者当有一定关联。换言之,张、李二神很有可能即是负责死者墓地边界的守护神,有保护边界不受其他鬼神侵犯的职能。这一职能对于异地埋葬的移民而言,似乎尤为必要。他们从外地迁来,卒葬于所居之地,当然希望所葬之地以后不会出现纠纷,也不会受到侵犯,故创造出张坚固、李定度二神仙,来守护自己墓地的边界,以确保恒久、永固。

（本文系提交2010年5月东京召开的"第二回日中学者中国古代史论坛"国际学术研讨会论文,会后被全文翻译成日文,收载于《魏晋南北朝における贵族制の形成と三教・文学——历史学・思想史・文学の连携による——》,日本汲古书院,2011年。此系中文本,收入本书时,有一定修改。）

从泰山到东海

——中国中古时期民众冥世观念转变之一个侧面

在《"魂兮归来!"——论佛教传入以前中国灵魂与来世观念的转变》一文的结尾,余英时先生曾有过如下深刻的揭示①:

> 总之,将阴间和泰山联系起来的汉代大众信仰,为中国人适应更有影响力的佛教"地狱"观念奠定了基础。(中略)不用说,当佛教渐渐在中国发展起来时,中国的灵魂和来世观念完全改变了。结果,阴间二元论最终由阎王掌管的"十地狱"的信仰所替代。但是,由泰山府君掌管死者的汉代传统却在激烈的转化中保存下来。泰山府君没被彻底忘记,他成为佛教阴间的十王之一,得到了一个永久的位置——泰山阎王。值得强调的是,如果没有关于佛教传入以前中国本土来世信仰的知识,那么汉代以后受佛教影响而发展起来的民间来世信仰形式是不可能得到充分理解的。

诚然,魏晋以来,随着佛教在中国的广泛传播,佛教的天堂地狱观念逐渐深入广大民众心灵,并在很大程度上影响了中国传统固有的灵魂和来世观念。但能否因此就可以得出这样的认识:佛教在中国发展起来后,中国传

---

① 余英时:《"魂兮归来!"——论佛教传入以前中国灵魂与来世观念的转变》,收入同著《东汉的生死观》,侯旭东等译,上海古籍出版社,2005年,第152—153页。在中文本《中国古代死后世界观的转变》一文中,余先生并未表达以上类似的看法。文载《燕园论学集》,北京大学出版社,1984年,第177—196页。

统固有的灵魂和来世观念完全改变了呢？阴间二元论也最终由阎王掌管的"十地狱"信仰所替代了呢？如所周知，魏晋南北朝是中国历史上长期分裂割据的时代，特别是西晋灭亡以后，胡族大批入据中原，南北政权长期对峙，各自在政治、经济、军事、文化乃至宗教等方面都有着不同的发展走向①。在这样一种历史大背景下，南方和北方地区的民众冥世观念和信仰，在汉代以来传统信仰的基础上，由于地域的差异以及各自所受佛教、道教影响程度的不同，是否会朝着同一个方向转变？有无可能存在因地区的不同而导致的差异以及不同的发展走向呢？这些问题恐怕都还需要对已有的相关传世文献和地下出土文献资料进行认真检讨，方能得出较为合理而满意的答复。笔者曾在《吐鲁番所出衣物疏研究二题》②一文中，据吐鲁番出土"移文"及相关买地券内容，提出汉代以后中国古代民众的冥世观念有一个由泰山向东海的转变历程。然限于篇幅，一些问题未能展开，有些观点和说法尚需进一步论证并加以完善，在资料的搜集整理和阐释方面也有诸多的不足之处。今拟对此展开较为全面的探讨，不当之处，敬祈方家不吝赐教。

一、"移文"、"买地券"中的"东海"含义

20世纪以来，吐鲁番地区曾出土数十件随葬衣物疏③，这批衣物疏所涉年代从前秦到唐初，历时近三百年，是研究中国中古时期历史与社会的第一手宝贵资料，业已引起中外学者的广泛关注，发表了不少令人瞩目的研究成果④。笔者曾在中外学界已有研究成果基础上，根据衣物疏的内容

---

① 参见唐长孺先生：《魏晋南北朝隋唐史三论》第二篇《论南北朝的差异》，武汉大学出版社，1993年，第83—237页。
② 拙文《吐鲁番所出衣物疏研究二题》，载《魏晋南北朝隋唐史资料》第二十二辑，武汉大学文科学报编辑部，2005年，第151—160页。
③ 据侯灿、吴美琳：《吐鲁番出土砖志集注》附录二《吐鲁番晋——唐古墓出土随葬衣物疏》统计，约有六十余件，成都：巴蜀书社，2003年，第697—721页。
④ 池田温：《中国古代墓葬的一考察》，《国际东方学者会议纪要》第六号，1960年，第51—60页。马雍：《吐鲁番的白雀元年衣物券》，原载《文物》1973年第10期，又收入同著《西域史地文物丛考》，北京：文物出版社，1990年，第122—128页。小田义久：《吐鲁番出土の随葬衣物疏について》，《龙谷大学论集》第四〇八号，1976年，第78—104页。小田义久《吐（转下页）

及性质,指出这批衣物疏可分为前后两期:前期继承汉代以来的传统,可称之为"随身衣物疏";后期衣物疏则与前期有很大的不同,不仅渗透有佛教的内容,还出现了"张坚固"、"李定度"之类的地下神灵,取代了过去的青龙、白虎、朱雀、玄武四神灵,又有"海"或"东海"之类具有特殊含义的用语,而且在内容书写上模仿了当时官文书"移文"的格式,这一类衣物疏应依其本名定题为"移文"①。吐鲁番阿斯塔那一七〇号墓所出《高昌章和十三年(543)孝姿移文》,似为目前所见当地出土的第一件"移文",兹引录与本文相关的12—17行内容如下②:

12 章和十三年水亥岁正月任(壬)戌朔,十三日甲戌,比丘果愿
13 敬移五道大神:佛弟子孝姿持佛五戒,专修
14 十善,以此月六日物故。迳(经)涉五道,任意所适。右上
15 所件,悉是平生所用之物。时人张坚固,季(李)
16 定度。若欲求海东头,若欲觅海东辟(壁),

(接上页)鲁番出土葬送仪礼关系文书の一考察——随葬衣物疏から功德疏へ——》,《东洋史苑》第三〇、三一号,1988年,第41—82页。小田义久:《吐鲁番出土随葬衣物疏の一考察》,《龙谷史坛》第一〇八期,1997年,第1—22页。白须净真:《随葬衣物疏付加文言(死者移书)の书式とその源流》,《佛教史学研究》第二十五卷第二号,1983年,第72—99页。郑学檬:《吐鲁番出土文书〈随葬衣物疏〉初探》,韩国磐主编:《敦煌吐鲁番出土经济文书研究》,厦门大学出版社,1986年,第414—444页。Anna Seidel, "Traces of Han Religion in Funeral Texts Found in Tombs",秋月观暎编:《道教と宗教文化》,东京平河出版社,1987年,第21—57页。侯灿:《吐鲁番晋——唐古墓出土随葬衣物疏综考》,原载《新疆文物》1988年第4期,又收入同著《高昌楼兰研究论集》,乌鲁木齐:新疆人民出版社,1990年,第165—180页。陈国灿:《从葬俗看道教"天神"观在高昌国的流行》,《魏晋南北朝隋唐史资料》第九、十合期,1988年,第13—18页。孟宪实:《吐鲁番出隋葬衣物疏的性质及其相关问题》,《吐鲁番学研究专辑》,1990年,第192—208页;又见同著《汉唐文化与高昌历史》,济南:齐鲁书社,2004年,第235—253页。刘昭瑞:《关于吐鲁番出土随葬衣物疏的几个问题》,《敦煌研究》1993年第3期,第64—72页。钟国发:《也谈吐鲁番晋——唐古墓随葬衣物疏》,《新疆师范大学学报》1995年第3期,第1—10页。荒川正晴:《トウルファン汉人の冥界观と佛教信仰》,载森安孝夫责任编集:《中央アジア出土文物论丛》,京都:朋友书店,2004年,第111—125页。

① 参见拙文《吐鲁番所出衣物疏研究二题》,第148—151页;又拙文《跋吐鲁番新出〈唐显庆元年(656)西州宋武欢移文〉》,载《魏晋南北朝隋唐史资料》第二十三辑,武汉大学文科学报编辑部,2006年,第198—208页。前揭钟国发:《也谈吐鲁番晋——唐古墓随葬衣物疏》一文,也把吐鲁番所出衣物疏分为前后两个阶段,但他并没有从文书本身的性质和特点进行区分,第1—3页。
② 《吐鲁番出土文书》(图文本)第一册,北京:文物出版社,1992年,第143页。

17　不得奄遏停留，急急如律令。

所谓"五道大神"，当指掌管佛教天堂、地狱、人、畜生、饿鬼五道之神①。在佛经中，五道大神名叫"贲识"，孙吴支谦译《佛说太子瑞应本起经》卷上记："此所谓死者魂神，所过当见者也。"②张坚固、李定度二神灵，既不属佛教神祇，也不属道教神祇，似为民间所信仰的地下神灵。从目前所见资料看，其最先出现于南朝刘宋元嘉时期的买地券中③，吐鲁番所出"移文"中的张坚固、李定度，应是从南方引入传播而来④。"若欲求海东头，若欲觅海东辟（壁）"一语，同墓所出《高昌章和十八年（548）光妃移文》⑤作"若欲求海东豆（头），若欲觅海东壁"，然也有"移文"作"若欲求海东头，若欲觅海西壁"，其所表达的含义是什么？"海"又指何地？吐鲁番阿斯塔那三一三号墓所出《高昌缺名移文》中有"在东海中利（立）中亭（停）"之记载⑥，阿斯塔那三一〇号墓所出《高昌缺名移文》记有"（前缺）觅来，东海畔上住"一语⑦，又三〇二号墓所出《高昌某清信女移文》更明确记载："若□□海东头，若欲觅海西辟（壁），谁欲推觅者，东海畔上柱（住）。"⑧这些记载足以表明，"海"确指东海无疑⑨。那么，东海具有什么特别的含义呢？

"若欲求海东头，若欲觅海东（西）壁"，也有学者断作"若欲求，海东头；若欲觅，海东（西）壁"⑩。由于缺乏相关的文献佐证，此语比较费解。就文意而言，似存在两种可能性解释：一是指某人欲前往寻求的地方是

---

① 小田义久：《吐鲁番出土葬送用文书の一考察——特に「五道大神」について》，《龙谷史坛》第四十七期，1961 年，第 39—56 页。
② 《大正藏》第三册，第 475 页，下栏。
③ 2002 年，湖北鄂州郭家细湾八号墓中，出有刘宋元嘉十六年（439）萠谦买地券两方，上有张坚固、李定度之名，是目前所知最早出现者。参见黄义军、徐劲松、何建萍：《湖北鄂州郭家细湾六朝墓》，载《文物》2005 年第 10 期，第 42—43 页。买地券录文见鲁西奇：《六朝买地券丛考》，《文史》2006 年第 2 辑，第 141—142 页。
④ 参见拙文《跋吐鲁番新出〈唐显庆元年（656）西州宋武欢移文〉》，第 205 页。
⑤ 《吐鲁番出土文书》（图文本）第一册，第 144 页。
⑥ 《吐鲁番出土文书》（图文本）第一册，第 289 页。
⑦ 《吐鲁番出土文书》（图文本）第一册，第 460 页。
⑧ 《吐鲁番出土文书》（图文本）第二册，北京：文物出版社，1994 年，第 179 页。
⑨ 刘昭瑞：《关于吐鲁番出土随葬衣物疏的几个问题》，第 65 页。
⑩ 刘昭瑞：《关于吐鲁番出土随葬衣物疏的几个问题》，第 65 页。

"海东头"和"海东(西)壁",二是某人到"海东头"和"海东(西)壁"去寻求某人,这就存在"寻地"与"寻人"的两种可能。就"寻地"而言,"移文"中提及的神有五道大神、张坚固与李定度,人有死者、比丘"果愿"与其他僧人。五道大神、张坚固与李定度乃地下神灵,自有其归宿之地,并不存在另外"求"、"觅""海东头"和"海东(西)壁"之情况;比丘"果愿"与其他僧人仍是现实世界中的人,不管是否虚拟,同样也不存在"寻地"之情形。只有死者,在由生入死之后,需要去死后世界报到、定居、生活,才会有"求"、"觅""海东头"和"海东(西)壁"之状况。因此,第一种可能明显指的是死者"寻地"。如果是"寻人",此"人"是谁?谁去寻他?原因为何?也需要做出合理的解释。由于吐鲁番诸"移文"普遍提及地下神灵张坚固与李定度,而东海又有"海东头"与"海东(西)壁"两地之说法,这就很容易让人把二者联系起来,认为前往"海东头"与"海东(西)壁"寻求的是张坚固和李定度,东海是张、李二神的所在地。然而,吐鲁番所出"移文"中,"若欲求海东头,若欲觅海东(西)壁"一语之后,接书多为"不得奄遏停留。急急如律令",其意为不得在途中有所阻遏和停留,此语近乎指令,是针对谁而说?要求谁"不得奄遏停留"?前往东海寻求张坚固和李定度的,是人(死者?)抑或是神(谁?),不能确指。即便如此,"移文"为何又要求不确指的某人或某神"不得奄遏停留"?其目的和意义何在?总之,这种对不确指的地下神、人发出指令,并要求其"不得奄遏停留"的情况,着实让人费解。

我们知道,衣物疏和移文是死者通往彼岸世界的凭证,其功能主要有二:一是强调所记各种衣物为死者所有,他人不能随意"认名";二是强调死者归往冥界途中,地下神灵不得有所阻遏留难。青龙、白虎、朱雀、玄武及张坚固、李定度等神灵,仅是衣物疏和移文的书写人和见证人而已,真正的主角是死者,而不是这些地下神灵。如哈拉和卓九六号墓所出《北凉真兴七年(425)宋泮妻隗仪容随葬衣物疏》10—11行记:"谨条随身衣物数。人不得仞(认)名□□辛(幸)关津河梁不得留难。如律令。"① 又阿斯塔那三八三号墓所出《大凉承平十六年(458)武宣王且渠蒙逊夫人彭氏随葬

---

① 《吐鲁番出土文书》(图文本)第一册,第28页。

衣物疏》载:"大凉承平十六年岁在戊戌,十二月庚子朔,十八日丁巳。大且渠武宣王夫人彭。谨条随身衣被、杂物疏。所止经过,不得留难。急急如律令。"①又吐鲁番所出《白雀元年(461?)随葬衣物疏》:"白雀元年九月八日☐☐归蒿里,条衣裳☐☐行不得留难。时见左青龙,右白虎,前朱雀,后玄武。"②这些吐鲁番前期衣物疏的记载足以表明,死者有归宿之地,尤其是"归蒿里"一语,更能说明此点。这与吐鲁番后期"移文"中所记"迳(经)涉五道,任意所适"、"迳(经)涉五道,任意听(过),幸勿呵留"③,以及"若欲求海东头,若欲觅海东辟(壁),不得奄遏停留,急急如律令",是完全相通的,都是死者归往彼岸世界的真实反映,同样要求地下神灵不得对死者在途中有所留难。

不仅如此,我们还注意到,吐鲁番所出诸"移文"中,有的先写"若欲求海东头,若欲觅海西壁",然后再写知见人与倩书人张坚固、李定度的名字,如前揭阿斯塔那三〇二号墓所出《高昌某清信女移文》,其最后5行有如下记载④:

> 7 廿五日,倩(清)信女☐☐☐☐☐持佛
> 8 五戒,专修十善,宜向(享)☐☐☐得道果。攀
> 9 天思(丝)万万九千丈。若☐☐海东头,若欲觅海西
> 10 辟(壁),谁欲推觅者,东海畔上柱(住)。倩书里(李)坚故,
> 11 时见张定杜。

据上,作为"倩书"与"时见"的里(李)坚故、张定杜,书写于"移文"末,此

---

① 柳洪亮:《新出吐鲁番文书及其研究》,乌鲁木齐:新疆人民出版社,1997年,第22页。
② 黄文弼:《吐鲁番考古记》,中国科学院,1954年,图版第19页,录文第33页。相关考证,见马雍:《吐鲁番的"白雀元年衣物券"》,原载《文物》1973年第10期,后收入同著《西域史地文物丛考》,第122—128页。
③ 参见阿斯塔那一一六号墓所出《高昌重光二年(621)张头子移文》,《吐鲁番出土文书》(图文本)第一册,第370页。
④ 《吐鲁番出土文书》(图文本)第二册,第179页。

前则记"若□□海东头,若欲觅海西辟(壁),谁欲推觅者,东海畔上柱(住)"。若从前后文意理解,所谓"东海畔上柱(住)",除死者外,还有可能是谁呢?"海东头"与"海西辟(壁)"无论如何也无法与里(李)坚故、张定杜联系起来。这种情况并不少见,如阿斯塔那三八六号所出《高昌延和十八年(619)张师儿移文》①:"若欲求海东头,觅海西璧(壁)。时人张坚固,倩书李定度。攀天系万万九千丈,急去千里,如律令。"又阿斯塔那五一五号墓所出《高昌重光元年(620)氾法济移文》②:"若欲求海东头,若欲觅海西辟(壁)。时见张坚固,倩书李定杜。"又阿斯塔那一五号墓所出《唐唐幢海移文》③:"若欲求海东头,若欲觅海西辟(壁)。时见张坚固,倩书李定杜,不得留亭(停),急急如律令。"又阿斯塔那四二号墓所出《唐某人移文》④文云:"若欲觅海西辟(壁),若欲求海东头。张坚固、李定杜。"不仅如此,2004年吐鲁番木纳尔一〇二号墓所出《唐显庆元年(656)西州宋武欢移文》亦有类似记载:"正信佛弟子竟(敬)移□□□若欲觅海西辟＝时(见)□□□(李定)度 不得奄葛(遏)留亭(停) 急急汝(如)律令□□□"⑤上述六条记载足以表明,这种先记"若欲求海东头,若欲觅海西壁"、然后再记地下神灵张坚固、李定度的情形,并非罕见的个别现象。而且,从这六件文书图版看,有的书法并不差,恐怕也都不是出自文化水平不高的术士之手。对这些记载无论作何解释,都很难从中推出"东海"是张坚固、李定度所在地这样的说法⑥。当然,作为地下神灵的张坚固、李定度,其所居之地亦有可能是在东海,那里毕竟是众多地下神灵及亡人的所居之地。关于

---

① 柳洪亮:《新出吐鲁番文书及其研究》,录文第46页,图版第415页。按"觅海西壁"前当漏抄了"若欲"二字。
② 《吐鲁番出土文书》(图文本)第二册,第85页。
③ 《吐鲁番出土文书》(图文本)第二册,第20页。
④ 《吐鲁番出土文书》(图文本)第三册,北京:文物出版社,1996年,第110页。
⑤ 荣新江等主编:《新获吐鲁番出土文献》上册,北京:中华书局,2008年,图版第104页,录文第105页。
⑥ 费和平:《从泰山到东海抑或是从东海到地下——关于北宋中期以前买地券中一类常见用语的讨论》,《东南文化》2012年第3期。费文认为《高昌某清信女移文》所记,是一种罕见而有可能属次序颠倒的个别事例,不具有普遍意义。上揭诸例足以表明,这并非个别现象,故其说恐难成立。但该文提出的一些问题,仍值得进一步探讨。

此点,详见下文分析。

综上所述,可以初步判定,所谓"若欲求海东头,若欲觅海东(西)壁",系指死者前往求觅之地为"海东头"或"海东(西)壁"。其实,前揭孝姿"移文"所载内容,前后连贯,文意完整。"迳(经)涉五道,任意所适"一语,是要求五道大神不得对孝姿沿途有所阻留;孝姿"迳(经)涉五道,任意所适",其最终归往何处?"若欲求海东头,若欲觅海东辟(壁),不得奄遏停留,急急如律令"一语,正是接上文"迳(经)涉五道,任意所适"一语而来,要求死者在寻求归往"海东头"或"海东(西)壁"途中,不得有所停留。为何要求死者"不得奄遏停留"?或许与汉代以来人们相信生死异路、各不相妨、死者无与生人复会等观念有关。上揭张师儿"移文"中"急去千里,如律令"一语,似也是针对亡者张师儿而言的,与"不得奄遏停留"一样,应该反映的都是生死异路、各不相妨之观念。既然死者所归之地是东海,则所谓"东海畔上住",当然是指死者住于东海畔上了。

最能说明死者归于东海、住于东海的直接有力证据,是阿斯塔那二一〇号墓所出《唐启太夫人移文》[①],兹摘录最后4行文字如下:

11　车牛五十乘　　羊、马、驴、驼、骡等总
12　三百五十头疋　　悉是平生用具,随意
13　取用,不得迴回。付东海启太夫人神领,付与
14　黄泉,急如律令。

论及吐鲁番"移文"中的"东海"问题,此条材料至为关键。该"移文"中,"太夫人"一语,表明亡人出自官宦之家;所记"平生用具"品名之多、数量之大、价值之高,远远超过其他"移文",尽管其中会存在若干虚拟、夸大之处,但仍不难看出其家之殷厚与富足。又"移文"中"神领"、"黄泉"等词表明,启太夫人已为亡人,而其名前冠以"东海"二字,殊堪注意。联系其他吐鲁番所出"移文"中有关东海的记载,此处"东海",明显即是指启太夫

---

① 《吐鲁番出土文书》(图文本)第三册,第35页。

人死后所居之地，故所列各种物品由其"神领"。

人死后为何要归聚、住于东海？东海究竟具有什么样的特殊含义呢？刘昭瑞先生曾对此有过探讨，他认为，衣物疏中"东海"一语，反映了高昌人对死后去"东海"的渴求，之所以如此，除了受道教因素的影响外，更深层次的原因，大概和死者本人或祖辈是内地人有关，其反映的应是汉民族传统的"狐死首丘"、"魂归故里"这样一种心理①。刘先生此论极具启发性。我们注意到，上揭《唐居太夫人移文》中，"付东海居太夫人神领，付与黄泉"一语至为关键，除表明死者居太夫人住于东海外，还表明"东海"与"黄泉"存在着密切的关联。所谓"付与黄泉"，指的是"移文"中所记各种衣物及牲口、奴婢等，都统一交付到"黄泉"之地，由居于"东海"的居太夫人"神领"。众所周知，在古人心目中，"黄泉"即指阴间、冥世、死后世界，在"移文"中出现"黄泉"一词，无疑就是指冥界或死后世界。因此，"移文"中"东海"与"黄泉"并提，表明"东海"就是"黄泉"的所在地，"黄泉"位于"东海"之中，死者居太夫人住于"东海"，其实就是住于"黄泉"。从这一意义上讲，吐鲁番所出诸"移文"中，有关"若欲求海东头，若欲觅海东（西）壁"以及"东海畔上住"之记载，反映的就是死者归聚东海、住于东海之情形，因为人死归于东海，其实就是归于黄泉、冥界，前往他们心目中的彼岸世界。这无疑反映了当时人们对死后世界的理解与认识。

按照佛教轮回观念，人死后是上天堂还是入地狱，是进人道还是坠畜生、饿鬼道，主要是由其在生时的善恶诸行所决定的。死者孝姿生前"持佛五戒，专修十善"，按理会进入天道或人道，而不会进入三恶道，但该"移文"却没有这方面的内容，只是说"迳（经）涉五道，任意所适"。有的"移文"还强调说："迳（经）涉五道，任意听（过），幸勿呵留。"可见，五道仅是死者途经之地，"东海"是其最终的归宿之地。由此看来，"东海"并不是佛教观念中的内容。显然，这种人死归于东海、住于东海之观念，无疑是那一时期当地民众盛行的一种冥世观念或信仰。

值得注意的是，吐鲁番"移文"中有关"东海"的记载，又见于湖北、江

---

① 刘昭瑞：《关于吐鲁番出土随葬衣物疏的几个问题》，第65页。

西等地所出宋元买地券中。

1986年,文物考古工作者在湖北英山县茅竹湾发掘了一座宋墓,出土一块《宋故胡氏墓记》,其中记有用钱买地的内容,并有张坚固、李定度之类的地下神灵担任"路地界人"和"书契人",实际上是一方买地券。券文末有这样一段记载颇值注意:"如要相寻讨,来东海东岸。急急如律。敕、敕、敕。政和四年十二月二十日辛酉壬戌朔。胡氏夫人　碑记。"①按"政和"乃北宋徽宗年号,政和四年为公元1114年,这一记载时代虽晚,但有关"东海"之记载,却与吐鲁番所出诸"移文"中的"东海"存在某种关联。

1974年,江西彭泽县出土《宋元符二年(1099)张愈地券》载②:

> 维皇宋元符元年岁次戊寅二月二十五日甲戌,江州彭泽县五柳西城里。张君讳愈,享年七十□岁。因往南山采药,遇见仙人饮酒,蒙赐一杯,至今酩酊不回。遂用金银钱九万九千九百九十九贯九文九分九毫九厘九忽,于武夷王处买得家北滥城山葬地一穴。东止甲乙,南止丙丁,西止庚辛,北止壬癸,上止青天,下止黄泉,永为亡人之宅。□□□□善神,不得侵掳占。成□□□□□己卯年十月十一日,归葬此地。书人:张坚固。见人:李定度。若要相寻,但来东海。急急如律令。

张愈乃江州彭城县人,卒于宋哲宗元符元年(1098),次年下葬。券文"若要相寻,但来东海",与前揭胡氏夫人碑记中的"如要相寻讨,来东海东岸",其义相同,如出一辙。

1982年,在江西瑞昌县发现的一座北宋纪年墓中,亦出有一件反映东海观念的买地券,现转录券文内容并试加标点如下③:

---

① 《英山县茅竹湾宋墓发掘》,《江汉考古》1988年第1期,第31页。
② 陈柏泉:《江西出土墓志选编》,南昌:江西教育出版社,1991年,第554页。
③ 瑞昌县博物馆:《江西瑞昌发现两座北宋纪年墓》,《文物》1986年第1期,第71页。遗憾的是,报告未附券文图版,故无法比对,但从文义看,原录文当有一定脱误。

维宋江州德化县甘露乡双泉院迁化僧义女于天圣三年岁次乙丑九月庚辰。亡人陈僧义女寡命,奄今是冢,姓长岁利,月吉日□。买冢地付钱五千贯文,□相次付,更无欠少。时知日知见,与日交刀。土下二千石,四方营□,都具长丘□暮夜,功曹社稷,见君启知。东西南北各有廿步属亡人。其地岁神北,近冢之者,不得横相侵夺,当诣土伯,□法科罪,山积不得。其子孙当合亡人者安乐。生人富贵,事宦千千秋万岁,无有姆伤。何人书?□书;何人读?□读。□非上天。有人来相□,□来东海边。急急如律令。

据券文,亡人乃双泉院迁化僧陈某的义女,当卒于宋仁宗天圣三年(1025),券文并未记其姓名和年岁。券末"有人来相□,□来东海边"所缺二字,似可补为"寻"和"但",其义与前揭二券文所记相同。

承蒙同事鲁西奇教授教示,在湖北省境内出土的若干未刊宋元买地券中,亦存不少有关"东海"的资料,从而为本论题的研究提供了不可多得的珍贵资料。浠水县博物馆藏《宋治平二年(1065)郭五娘地券》载①:

地券文

维大唐国蕲州蕲水县开元乡义丰里中保,今有殁故亡人郭氏五娘,年登六十二岁,于治平二年正月初四日殁幸身亡。皇帝约敕此地,今在此山罡里嫄安厝宅地,龟筮卜从,其地吉,用银钱九千九万九百九十九贯九文,五色香饭,买地若干,东止甲乙,南止丙丁,西止辛庚,北止壬癸,内方勾陈,分掌四辰。丘承墓伯,千秋万岁,永无殃差。有轲叱诃禁者,□□停长收付何伯。今以酒饭□味香辛共为契,□□□付功匠修管。已后永保安吉。见人岁月主,保□□今日直符。故气精不得扰。光章有居,墓各有分界。若违此约,地符主使自当其祸,不干主人之事。

---

① 鲁西奇教授不仅告诉我有关"东海"的地券资料,还把他从湖北省各地辛苦搜集来的地券资料照片惠示于我,并慷慨提供其未刊大作《跋鄂东五县所见宋元地券文》供我参考。西奇教授的浓情厚谊,令我感佩莫名,谨此鸣谢! 以下所录地券文字,均参考和利用了西奇教授未刊大作中的录文,并据照片有所订正,标点也不尽相同,特此说明。

内外安吉。急急如律令敕。治平二年正月初七日戊寅朔日,郭氏五娘状记。书人张坚故,见人李定度。要相见,东海左道边。急急令。

同馆还藏有《宋宣和二年(1120)徐延袭地券》一方,最后1行存有"□来东海边"数字。

又罗田县博物馆所藏《宋元丰五年(1082)王二十三郎地券》:

> 维皇帝元丰五年十二月丁未二十四日庚午朔,蕲州蕲水县开元乡昭义里路口保殁故亡人王二十三郎,丁巳生,年六十六岁。年月日。暂向后菌采花,遇见仙人,吃酒弄杯,醉荒来路,被太山所召。上无强兄,下无弱弟。今舍头随身衣物,将身自往应文,迷而不返。今用银钱九万九千九贯九百九十九文九篱(厘),于虎牙将军处买得闲土地五百□,殡葬亡人,将充山陵宅地,各土名坎山作丁向,前面辰巳水。东至甲乙青龙之下,南至丙丁朱雀之下,西至庚辛白虎之下,北至壬癸玄武之下。上至青云,下至黄泉。四畔□之所□,尽熟(属)亡人所管。丘承墓伯、土下二千石、安都玄武使王,不得横来侵夺。辄故违者,收付太玄老君斩头夺截。耳(尔)后依此契为定。何人书?海边鱼;何人读?□山鹿。要来寻相情(请),但来东海边。急急如律敕。

又同馆所藏《宋潘五娘地券》:

> 南膳部洲大宋国淮南道蕲州蕲水县龙门乡石里白阳保殁故亡人潘五娘,年登四十八岁,因往后园采花,仙人赐酒,命终,迷而不返。今备银钱九万九千九百九十九贯,买得此地一坟,安殡亡人。东止甲乙青龙,南止丙丁朱雀,西止庚辛白虎,北止壬癸玄武,上止青天,下止黄泉。此是亡人塚宅。谨录随身衣複,直路过所。身归,三魂归黄泉蒿里,所在鬼神不得横来侵占。男为奴,女为婢。何人书?水中鱼;何人读?山头鹿。(鹿)读了,上高山;鱼书了,入深泉。如有人相寻觅,但来黄河、东海边。急急如律令敕。

此券东海、黄河并提，与前揭诸券所记稍有差异，颇值注意。

英山县博物馆藏《宋元丰四年(1081)胡六娘地券》：

> 维淮南道大宋国蕲州蕲水县直河乡安仁里北场保中住殁故女弟子胡氏六娘，辛丑生人，年登六十一岁，于元丰四年四月一日朔日，忽随仙人，悮往南山采于花药，忽被仙人赐酒，玉女传杯，致醉失路，迷而不返。(中略)卖地人张坚故、知见人李定度、保人今月日直符，虾蟆数钱，燕子度过，与栢人公分付，交纳入东王公军中，并无错悮。何人书？水中鱼；何人读？天上鹤；鹤何在？飞上天；鱼何在？入深泉。若要相寻觅，但来东海海东边。急急如律令。官班三券墓记。

同馆藏《宋绍圣三年(1096)胡十一娘地券》：

> 维唐大宋国绍圣三年二月十二日蕲州罗田县直河乡马安社北保殁亡人胡十一娘，昔于东王公西王母边买得此地，今交用钱九万九千九十九贯九百九文，分付当处地主领讫。(中略)□为书？水中鱼；谁为读？天上鹤。鹤何在？飞上天；□□□？□入泉。若要相寻觅，但来东海边。□□□□律令。

又同馆藏《宋崇宁二年(1103)延翰地券》①：

> (前略)此是何人书？东海鲤鱼书。李定度，张坚故踏地界。人但来东海东头相寻讨。奉天师敕令。崇宁二年癸未岁十二月一日安茔墓记。

又同馆藏《宋崇宁四年(1105)何延祚地券》：

---

① 按本券右侧残缺，缺券主名，但据碑上首横书"延翰墓牌"四字，知为延翰地券。

南膳部州大宋国淮南道蕲州罗田县直河乡安仁里合安保殁故亡者何延祚七郎，庚辰生，六十六岁，于崇宁四年正月二十三日，今因所患梦中魂魄消散，仙人赐酒，大醉而去不回，前程无处安身，已卜筮（中空数字）安厝归山。今立契于东皇公、西王母，买得此地一所，土名　　。今备价钱九万九千九百九十九贯九分九厘，当时分付与当□人张坚固土主领讫，将充千载价贯。（中略）若要来相见，但来东海伴，开天门闲地。户亡人执此照据者。崇宁四年　月　日。亡者何延祚地契。同保引人蒿里父老。

此券书写较特别，在券主何延祚殁亡的具体时间"崇宁四年正月二十三日"中，"四"、"正"、"二十三"等字字体迥异，刻划较浅，显系后加；而且"土名"及下葬时间均未填写。个中原因并不清楚。同馆还藏有一方宋代佚名地券，中有"若要相寻，来东海边。急急如律令"之记载。

黄梅县博物馆藏《元至元四年（1338）李贵有地券》：

大元国淮西道蕲州路黄梅县翔鸾坊□□□□□□□□□道信士李公贵有，□元命甲寅年正月十三夜亥时受生，□□□□八十四岁，于至元三年丁丑岁十月二十五夜亥时□亡，□□□□□□□□人赐□□杯，酩酊大醉，便则身故。（中略）白鹤书了上青天，鲤鱼读了归东海。□□相见，但来东海处天边。吾奉太上玄□急急如□令敕到，故契。□□戊寅至元四年十一月□日讫。

本券书写于元代，但仍然有"东海"的记载，所谓"□□相见，但来东海处天边"是也，说明元代时有关"东海"之信仰与观念依然存在。又同馆所藏《吴大娘地券》：

孙五人孙息男女廿六人，卜其年十二月二十日壬寅，举夫人之丧，□于蒿里，特用银钱九万九千九百九十九贯九文，于彼处买得山壝地一所，与亡人吴氏大娘夫人充为千年之宅。各有四止：东止甲乙青龙,南止丙丁朱雀,西止白虎庚辛,北止壬癸玄武。上至丘墓,下至黄泉,内至勾陈。土伯二千石,蒿里父老,其地相得安居,其凶神恶鬼不得相侵临夺,自有五道神官捉见阎罗天子,重罪科决。保人张坚故,见人李定度。燕子数钱,虾蟆分付。何人书?水中鱼;何人读?高山鹿;鱼何在?入深泉;鹿何在?上高山。若要相见,黄河、江水边。急急律令。呜呼!夫亡者三端之行,一世善慈,内传立理之风,外播温节之德。无向寿阻,雅□□□;逝水东□,星轮西驻。故斯安殡,永作万年之记矣。居此坟碑之记。

本券缺纪年,鲁西奇教授据其相关内容及书法与同馆所藏《天完天定元年(1359)汪夫人地券》相近,怀疑其书写于元明之际,很可能如汪夫人地券一样,也是天完政权下所制①。券中出现"阎罗天子",实乃佛教地狱之观念,说明佛教业已渗入地券之中,反映了民间信仰的多元化。"若要相见,黄河、江水边"一语,与前揭罗田县博物馆所藏《宋潘五娘地券》中"如有人相寻觅,但来黄河、东海边"语,极有关联。所谓"江水",当指长江之水。黄河、长江为何出现于地券之中?其与东海是一种什么样的关系?值得探讨。

  上揭十四方记有"东海"等词的买地券,年代横跨宋、元两个朝代,地域兼及湖北、江西两个省区,而湖北、江西俱属南方地区,说明这一类买地券在南方还是有一定影响力的。这些地券中有关"东海"的记载,无论是"要相见,东海左道边"、"要来寻相情(请),但来东海边"、"若要相寻觅,但来东海边",还是"如有人相寻觅,但来黄河、东海边",其大意类同,皆指某人或神住于东海边上,若要寻找或与之相见,可到东海边。被寻之人或神究竟姓甚名谁,券文没有明言。然买地券中有关"东海"的相关表述,却与前揭吐鲁番"移文"中所记"(前缺)觅来,东海畔上住"、"谁欲推觅者,东海畔上柱(住)",有相似之处,说明二者存在一定关联。不过,买地券毕竟与衣物疏、"移文"性质不同,它强调的是土地买卖的合法性与不可更改性,其中有关"东海"的相关记载,是否也同样反映了人死归于东海、聚于

---

① 鲁西奇:《跋鄂东五县所见宋元地券文》。

东海之死后世界观念呢？尚须认真加以辨析①。

1987年，江西吉安出土《宋开宝七年(974)王氏夫人买地券》略载②：

> （前略）谁为书？水中鱼；谁为读？山中鹿。鹿何在？上高山；鱼何在？入深泉。急求之不得，还（？）觅之不见。欲觅相见，直待桑田海变相见。急急如律令。（后略）

"直待桑田海变"，有的买地券又作"直待海变桑田"，如1953年江苏泰州出土《宋元丰八年(1085)马氏四娘子买地记》略载③："知见人：天上丐；保人：海底鱼。鱼归沧海，丐卫长空。若要相见，直待海变桑田。□亡□葬后，子孙宝贵吉昌。急急如律令。"同墓还出有半块木质地券，券末有"若要相见，直至海变桑里（田）。急急如律令敕"④。券文"若要相见，直待海变桑田"，或"欲觅相见，直待桑田海变相见"，都是表示一种不可能发生的事情。从这一意义上讲，前揭买地券中"要相见，东海左道边"、"要来寻相情（请），但来东海边"、"若要相寻觅，但来东海边"、"如有人相寻觅，但来黄河、东海边"等语，恐怕表达的也是这种观念。问题是，要相见的为谁？不同的券文有不同的书写：有的可能是鹿、鹤、鱼；有的可能是张坚固、李定度，如前揭张愈地券所记："书人：张坚固。见人：李定度。若要相寻，但来东海。"因此，宋元买地券中的"东海"，或许指的是各种神灵的所居地，这与吐鲁番所出中古"移文"中的"东海"是指亡人所在之地，有些差

---

① 笔者此前曾认为这些宋元买地券中有关"东海"的记载，反映了人死归于东海、住于东海的冥世观念。经重新审视并研读相关买地券内容后，发现这一说法存有疑问，特此更正。参见费和平：《从泰山到东海抑或是从东海到地下——关于北宋中期以前买地券中一类常见用语的讨论》，《东南文化》2012年第3期。

② 王吉允：《吉安发现一座北宋纪年墓》，《考古》1989年第10期，第921页。原报告仅附图版，未有释文。高朋《人神之契：宋代买地券研究》（北京：中国社会科学出版社，2011年，第201页）、费和平《从泰山到东海抑或是从东海到地下——关于北宋中期以前买地券中一类常见用语的讨论》（第100、103页）有释文，然有若干漏释、误释之处，如"桑"、"海"未释读出，"变"释为"处"等。

③ 黄炳煜：《江苏泰州北宋墓出土器物》，《东南文化》1987年第3期，第64—65页。录文又见高朋：《人神之契：宋代买地券研究》，第270页。

④ 黄炳煜：《江苏泰州北宋墓出土器物》，第65页。

异,但都同属现实世界之外的另外一个世界,也就是各种亡人及其神灵所居之地,二者并不相悖。

笔者曾考证指出,公元 6 世纪以后高昌地区使用的"移文",系由南朝传播而来,"移文"中的张坚固、李定度二神灵,亦最先出现于南朝买地券中,后则传入高昌,被当地民众引入"移文"之中,反映了高昌文化的某些特点①。那么,高昌"移文"中有关"东海"之记载及相关信仰,是否也有可能是从南方传播而来呢? 虽然目前所见资料尚无法提供这方面的直接证据,然上揭湖北、江西等地出土的宋元买地券中有关"东海"的记载,绝非偶然的现象,可以使我们有理由做出大胆推测:吐鲁番所出中古时期"移文"中有关"东海"之记载及相关信仰,极有可能就是从南方传播而来。从这一意义上讲,人死归于东海、住于东海之冥世观念,就不是高昌地区民众特有的个别现象,南方民众也有类似信仰,东晋名臣庾亮死后的相关文献记载似可佐证此点。据《太平广记》卷三二一"郭翻"条载,庾亮死后,"为天所用,作抚军大将军,现居东海之东,统领神兵"。不仅如此,庾亮还取武昌郭翻为司马,似郭翻死后亦居东海②。这一故事的背后,不难看出南方亦存在着这种人死归于东海、住于东海之冥世观念与信仰。

从吐鲁番所出数十件"移文"内容看,死者有男有女,不少男性生前还曾做过官,如《高昌延昌二年(562)长史孝寅移文》③就明确记载死者孝寅身份为"长史";又如卒葬于唐显庆元年(656)的宋武欢,其生前就曾担任过高昌王国的"从行参军事"④。有的女性还属于官宦之家,如前揭"居太夫人"即是如此。由此不难看出,人死归于东海这一观念,在当地的中上层社会亦颇为盛行。

有迹象表明,隋唐时期,北方某些地区也存在着人死归于东海之信仰与观念。据唐临《冥报记》卷下载,唐太宗贞观六年(632),魏郡马嘉运曾被东海公请去作他的记室官,见到其所认识的同郡张公瑾妾元氏,方知自

---

① 参见拙文《跋吐鲁番新出〈唐显庆元年(656)西州宋武欢移文〉》,第 205 页。
② 《太平广记》,北京:中华书局,1961 年,第 2542 页。
③ 《吐鲁番出土文书》(图文本)第一册,第 145 页。
④ 参见拙文《跋吐鲁番新出〈唐显庆元年(656)西州宋武欢移文〉》,第 199 页。

己已死。后得"司刑"霍璋指点,向东海公推荐陈子良,乃得由死而生,重返阳间。是书记其"俄至一官曹,将入大门,有男女数十人,在门外如讼者(后略)"①。东海公乃东海之最高神灵,有自己的府衙,并有记室、司刑等属僚,与现实生活中的官僚机构并无二致。马嘉运所见到的元氏、霍璋以及"男女数十人",都是阳间已死之人,他所来到的地方,明显即是阴间冥府、死人归聚之地。按唐临乃京兆长安人,历仕高祖、太宗、高宗三朝,"所撰《冥报记》二卷,大行于世"②。魏郡乃魏州,位于今天河北省,唐临《冥报记》所述魏郡马嘉运由死而生的经历,有可能是据当时流传的故事编写而成。在这一故事中,东海公所辖之地明显被描绘成阴间冥府的所在地,东海公及其记室、司刑等即是管理冥界死人的长官和属僚。这无疑告诉我们,在隋唐时期北方的某些地区,人们同样也视东海为阴间冥府的所在地。而且这种观念应有一定的社会基础,否则不会写入"大行于世"的《冥报记》之类的笔记小说之中。在《唐赵隆墓志》中,我们还看到这样的铭文:"逝川东注,落日西倾,魂随暮景,身逐流萍。"③魂随天而去,身则逐流水东注,体现了唐人典型的魂魄二元观念。而"逝川东注",终归东海④,死者赵隆的形魄也会"逐流萍"而归聚东海。据志文,赵隆乃"魏郡零昌人",其与前揭马嘉运为同乡,大致在贞观十二年(638)卒于京师长安。墓志铭文的这一记载,也可从侧面证明北方某些地区存在着人死归于东海这一冥世信仰与观念。

总之,根据以上论述,我们大致可以肯定,在中国中古时期,人死归于东海的信仰和观念是客观存在的,只不过相对于佛教天堂地狱观念而言,其作用和影响并不特别明显,故传世文献记载不多。不管怎样,这毕竟是一种全新的冥世观念,值得重视。我们知道,汉代时,人死归于泰山之观念非常盛行,而人死归于东海之信仰与观念,则是继此之后出现的新信仰与

---

① 《冥报记》,方诗铭辑校,北京:中华书局,1992 年,第 64 页。又参《法苑珠林》卷六五《放生篇·感应缘》,周叔迦、苏晋仁校注本,北京:中华书局,2003 年,第 1949—1951 页。
② 《旧唐书》卷八五《唐临传》,北京:中华书局,1975 年,第 2811—2813 页。
③ 《唐赵隆墓志》,周绍良、赵超:《唐代墓志汇编续集》贞观〇一九,上海古籍出版社,2001 年,第 21 页。
④ 如《太平经》卷六七载:"比若东海爱水,最居其下,天下之水悉往聚,因得为海。"王明《太平经合校》,北京:中华书局,1960 年,第 251 页。

新观念,这在一定程度上反映了中国中古时期民众冥世观念的某些变化,值得做深入研究。

二、从泰山到东海

汉代时,泰山治鬼说非常盛行。人们一般相信,人死后归于泰山,泰山是当时人们心目中的死后世界。但这种观念产生于何时?自明末清初顾炎武以来就存在种种不同说法,有战国末、西汉初、汉武帝以后、两汉之交诸说①。《东汉熹平四年(175)胥文台镇墓文》载②:

> (前略)上天仓(苍)仓(苍),地下芒(茫)芒(茫)。死人归阴,生人归阳,□□□里,死人有乡,生人属西长安,死人属东大(太)山。乐无相□,□无相思。大(太)山将阅,人参应□(之);地下有适(谪),蜜人代行。(后略)

又《东汉刘伯平镇墓铅券文》载③:

> (前略)生属长安,死属大(太)山,死生异处,不得相防(妨),须河水清,大(泰)山(中略)有天帝教,如律令。

这些都说明泰(太)山是当时人们心目中的地下世界,是鬼魂归依的地方④。

---

① 刘屹:《敬天与崇道——中古经教道教形成的思想史背景》一书对诸家观点有过介绍,北京:中华书局,2005年,第86—87页。
② 罗振玉:《古器物识小录》,《罗雪堂先生全集》初编第七册,台北文华出版公司、台北大通书局,1968年,第2886—2887页。又参中村不折:《禹域出土墨宝书法源流考》,李德范译,北京:中华书局,2003年,第8页。
③ 罗振玉:《贞松堂集古遗文》卷十五,《罗雪堂先生全集》初编第十三册,第5230—5232页;又《古器物识小录》,《罗雪堂先生全集》初编第七册,第2885页。
④ 参见吴荣曾:《镇墓文中所见到的东汉道巫关系》,原载《文物》1981年第3期,此据氏著《先秦两汉史研究》,北京:中华书局,1995年,第365—369页。又参见前揭余英时先生《中国古代死后世界观的演变》一文。

魏晋时期，泰山治鬼说依然十分盛行，传世文献对此多有记载，前贤论著也多有引录，在此不拟多说。需要特别指出的是，即使远在西北的敦煌，也深受这一观念的影响。1944 年，敦煌佛爷庙东区一〇〇一号墓所出《西晋翟宗盈罐文》载①：

> 翟宗盈，汝自薄命蚕终，寿穷算尽，死见八鬼九坎。太山长阅（？），汝自往应之。苦莫相念，乐莫相思。从别以后，无令死者注于生人。祠腊社伏，徼于郊外。千年万岁，乃复得会。如律令。

同墓所出《西晋翟宗□罐文》内容与此基本相同，仅人名第三字有异②。与前揭《东汉胥文台镇墓文》相比，《西晋翟宗盈罐文》有若干相近之处，如镇墓文中的"乐无相□（念），□（苦）无相思"，罐文作"苦莫相念，乐莫相思"；又镇墓文中的"大（太）山将阅，人 参应 □（之）"，罐文作"太山长阅（？），汝自往应之"，这些都显示了二者在书写格式上存在着一定的渊源关系。罐文中"太山长阅（？）"一语，亦表明泰山是掌管死人的地下世界。

十六国时期敦煌所出镇墓文也体现了这一观念。1982 年敦煌所出《前凉建兴卅六年（358）傅女芝斗瓶镇墓文》③，也有与《西晋翟宗盈罐文》基本相似的内容，其中"太山长阅，死者傅女芝自往应之"，同样反映的也是泰山治鬼之观念。又《前凉阿平斗瓶镇墓文》④亦有类似之记载。

1980 年，敦煌所出《前凉咸安五年（375）姬令熊罐文一》⑤则记："太山长问，见死者姬令熊，自注（往）应之□。苦莫相念，乐莫相思。"同氏罐文

---

① 夏鼐：《敦煌考古漫记（一）》，《考古通讯》1955 年创刊号，第 5 页；又王素、李方：《魏晋南北朝敦煌文献编年》，台北：新文丰出版公司，1997 年，第 69 页。
② 夏鼐：《敦煌考古漫记（一）》，第 6 页；王素、李方：《魏晋南北朝敦煌文献编年》，第 70 页。
③ 敦煌县博物馆考古组、北京大学考古实习队：《记敦煌发现的西晋、十六国墓葬》，《敦煌吐鲁番文献研究论集》第四辑，北京大学出版社，1987 年，第 630 页；王素、李方《魏晋南北朝敦煌文献编年》，第 92 页。
④ 《记敦煌发现的西晋、十六国墓葬》，第 631 页；王素、李方《魏晋南北朝敦煌文献编年》，第 82 页。
⑤ 甘肃省敦煌县博物馆：《敦煌佛爷庙湾五凉时期墓葬发掘简报》，《文物》1983 年第 10 期，第 58 页；王素、李方《魏晋南北朝敦煌文献编年》，第 98 页。

二又有"太山问"之语①。"太山长问"或"太山问",都与前揭"太山长阅"有所不同,但其所表达的意思都是一样的,即死者归属泰山,由泰山所掌管。

从目前所见资料看,敦煌所出众多镇墓文中,时代较晚者为《北凉玄始十年(421)张德政妻法静斗瓶镇墓文》②,此后则少见出土。这是一个十分有趣的现象。从内容看,更多地是继承了汉代以来的传统,体现的也是人死归于泰山的信仰和观念。而吐鲁番与敦煌是近邻,当地的汉人有不少即是由敦煌迁移过去的,因此,人死归于泰山的观念可能也会传播到吐鲁番盆地③。综合敦煌所出镇墓文与吐鲁番所出衣物疏、移文的情况,我们不难看出,尽管佛教早已在中国得到传播,但真正全面渗透并进入民众的丧葬礼仪活动之中的时间并不太早,很有可能是在5世纪中叶以后。这关涉到佛教真正中国化的大问题,值得做深入的研究。

从吐鲁番所出诸"移文"反映的情况看,至迟公元6世纪初,人死归于东海的观念业已产生。由汉代以来的人死归于泰山发展演变为人死归于东海,这无疑是中国中古时期民众冥世观念的一大转变。不管这种转变所带来的影响究竟有多大,它毕竟说明中国古代民众的灵魂和来世观念并没有因为佛教的发展而完全改变,而是存在着自己的发展演变轨迹,其与佛教天堂地狱观念的发展是同时存在的。

作为冥府所在地的东海,如同泰山一样,也有一套自己的神灵和官僚管理机构。《后汉书》卷八二《方术·费长房传》记东海有神名"东海君",因奸淫"葛陂君"夫人,曾被费长房劾系葛陂三年。又《搜神记》卷二《东海君》记陈节访诸神,东海君以"青襦一领"赠之④。此"东海君"当属东海之

---

① 《敦煌佛爷庙湾五凉时期墓葬发掘简报》,第58页;王素、李方《魏晋南北朝敦煌文献编年》,第99页。
② 《敦煌佛爷庙湾五凉时期墓葬发掘简报》,第57—58页;王素、李方《魏晋南北朝敦煌文献编年》,第122—123页。
③ 吐鲁番所出早期衣物疏基本上继承了汉代以来的传统,公元6世纪以后的"移文"才开始受到了佛教的影响,并有了东海作为地下世界的新观念。因此,在此之前,当地的汉人可能承袭的是汉代以来人死归于泰山的观念。
④ 干宝:《搜神记》,北京:中华书局,1979年,第22页。

最高神灵,据《太平御览》引《龙鱼河图》,其名叫冯脩①。由"东海君"一称,可知其地位最初并不高,大致与泰山的最高神灵"泰山君"或"泰山府君"相当,但后来则有了较大的提高,由"东海君"升格为"东海公"了。据梁任昉《述异记》卷下"河间郡有圣姑"条,曹魏青龙二年(234),该郡民女郝女君曾被"东海公"娶为妇②。由此知汉末三国时期,东海之最高神灵已由"君"荣升为"公"了。"东海公"还有自己的府衙和属僚。据前揭唐临《冥报记》载,东海公有"官曹",并有记室、司刑等属僚,与现实生活中的官僚机构并无二致,其所辖之地即阴间冥府之所在地。又湖南长沙所出石质《东晋升平五年(361)六月周芳命妻潘氏随身衣物疏》载:"升平五年六月丙寅朔廿九日甲午,不禄。公国典卫令荆州长沙郡临湘县都乡吉阳里周芳命妻潘氏,年五十八,以即日醉酒不禄,其随身衣物,皆潘生存所服饬(饰),他人不得妄认诋债,东海僮子书,书讫还海去,如律令。"③此处东海僮(童)子即是东海神灵,有可能也是东海公属下之神。

上文业已指出,东晋名臣庾亮死后,"为天所用,作抚军大将军,现居东海之东,统领神兵"④。庾亮在冥界作抚军大将军,统领神兵,居于东海之东,表明东海乃地下亡灵所居之地。前揭移文及买地券所记"海东头"、"海东壁"、"东海东头""东海左道边",与庾亮统领神兵"居东海之东"正相吻合,二者显然存在一定关联。

有迹象表明,东海之地似还掌管人的寿夭。《搜神记》卷五《周式》载⑤:

> 汉下邳周式,尝至东海,道逢一吏,持一卷书,求寄载。行十余里,谓式曰:"吾暂有所过,留书寄君船中,慎勿发之。"去后,式盗发视书,

---

① 《太平御览》卷八八一《神鬼部·神上》引《龙鱼河图》,北京:中华书局,1960年,第3914页。
② 此据明程荣编:《汉魏丛书》,长春:吉林大学出版社,1992年,第705页。《太平广记》卷六〇《郝姑》引《莫州图经》亦有类似记载,第374—375页。
③ 李正光:《长沙北门桂花园发现晋墓》,《文物参考资料》1955年第11期,第135—136页。史树青:《晋周芳命妻潘氏衣物券考释》,《考古通讯》1956年第2期,第96—97页。
④ 《太平广记》,第2542页。
⑤ 《搜神记》,第65页。

皆诸死人录,下条有式名。须臾,吏还,式犹视书。吏怒曰:"故以相告,而忽视之。"式叩头流血,良久,吏曰:"感卿远相载,此书不可除卿名。今日已去,还家,三年勿出门,可得度也。勿道见吾书。"式还不出,已二年余,家皆怪之。邻人卒亡,父怒,使往吊之。式不得已,适出门,便见此吏。吏曰:"吾令汝三年勿出,而今出门,知复奈何。吾求不见,连累为鞭杖,今已见汝,无可奈何。后三日日中,当相取也。"式还,涕泣具道如此。父故不信。母昼夜与相守。至三日日中时,果见来取,便死。

据《汉书·地理志》,汉代东海郡治郯,下邳乃东海郡属县①。东海郡辖下,除了东面茫茫大海外,并无"东海"之类的具体地名。又据《宋书·州郡志》,"东海县"一名,始置于宋明帝泰始七年(471)②。因此,作为东海郡人的周式,其所至之"东海",实指东边的大海,而非某个具体的地名③。所谓"道逢一吏,持一卷书,求寄载",应发生于周式东海行船途中。此"吏"在茫茫大海之中,来去自如,行动极快,"须臾,吏还"一语,表明其绝非常人。而且,此"吏"手中还握有登录死人姓名的簿籍,并据簿籍四处索命,显然属冥界神灵一类。周式在东海行船途中得遇此"吏",并让其乘船,原本可"得度"不死,但归家后因顺从父母之命而不得不违背"吏"此前的告诫之言,最终难逃一死。此事虽有些荒诞不经,但周式于东海行船途中所遇之小吏,不仅手中握有登录死人姓名的簿籍,而且还能够让周式"得度"不死,一定程度说明东海之地确与人的寿夭有关。

那么,东海何以会成为继汉代泰山之后人死归依的地下世界呢?在古人心目中,作为地下世界的"黄泉",显然是与水有关联的。在《太平经》一书中,可以见到"泉者,地之血"、"水乃地之血脉"诸如此类的描述④,足见

---

① 《汉书》卷二八上《地理志》,北京:中华书局,1962年,第1588页。
② 《宋书》卷三五《州郡志》东海太守条,北京:中华书局,1974年,第1049页。
③ 如果周式是外郡人,其所至之"东海",或可理解为东海郡某个地方,但其本属东海郡人,此处"东海"只能指东面之大海。从上揭所记内容看,既提及"寄载",又提及"船",说明周式与"吏"相遇,皆发生在东海行船途中。
④ 王明:《太平经合校》卷四五,第119、120页。

古人对地下的"泉"与"水"极为看重。东海与水之关系自不待言,不仅如此,其还是"天下之水"东流汇聚之地。《庄子·秋水》曰:"天下之水,莫大于海,万川归之,不知何时止而不盈。"《淮南子·氾论训》云:"百川异源而皆归于海。"①又《太平经》载:"比若东海爱水,最居其下,天下之水悉往聚,因得为海。"②百川归海,万流归宗,东海之所以成为地下世界黄泉之所在地,恐怕与此不无关联。唐人墓志中,就有诸如"魂归逝水,形影无光"③、"悦悦魂游逝水,森森坟茔荒川"④、"魂魄上升,体掩泉门,归于逝水"⑤之类的说法,可见死人所归的黄泉与水存在着密切的关系。而前揭《唐赵隆墓志》中"逝川东注,落日西倾,魂随暮景,身逐流萍"的记载,可更进一步说明此点。人死"归于逝水",其实最终还是归于东海,换言之,东海才是死人真正意义上的最后归宿之地。因此,在前揭宋元买地券中,有关"若要相见,黄河、江水边"、"如有人相寻觅,但来黄河、东海边"之类的记载,恐怕也可由此得到合理解释,因为黄河、长江之水最终也要汇入东海,在某种程度上,它们只是东海的两条支流和两个组成部分,东海才是真正的黄泉之地和神灵所居世界。

另外,人死归于东海观念的产生,与当时的道教当有一定的关系。如所周知,东海地区乃中国古代神仙观念产生的发源地,海中蓬莱、方丈、瀛洲等仙山是人们梦寐以求、趋之如鹜的仙境。吐鲁番所出诸"移文"多强调死者生前"持佛五戒,专修十善",目的是希望"宜向(享)遐龄,永赐难老"、"宜向(享)□□,□得道果",其实仍然是在追求长生不老。买地券中也多有死者生前往"南山采药"遇仙不返之说,恐怕与追求长寿也不无关联。《诗经·小雅·天保》有"如南山之寿",唐代墓志亦有"方期齐寿南山,乞言东序"之说⑥,都说明南山与追求长寿紧密关联。既然生前不能长

---

① 刘文典:《淮南鸿烈集解》卷十三,北京:中华书局,1989 年,第 427 页。
② 王明:《太平经合校》卷六七,第 251 页。
③ 《唐邵才志墓志》,周绍良、赵超:《唐代墓志汇编》元和一三五,上海古籍出版社,1992 年,第 2045 页。
④ 《唐蒋氏墓志》,周绍良、赵超:《唐代墓志汇编》会昌〇〇一,第 2210 页。
⑤ 《唐张夫人墓志》,周绍良、赵超:《唐代墓志汇编》元和〇〇七,第 1953 页。
⑥ 《唐胡永墓志》,周绍良、赵超:《唐代墓志汇编》贞观〇〇八,第 15 页。

生不老,死后前往东海,还是可以希望成仙的,那里毕竟是神仙出没所在之地。白居易《长恨歌》记杨贵妃死后即成仙于东海之上①,说明人死之后成仙的观念是客观存在的。《晋书》卷一〇〇《孙恩传》记东晋末年孙恩、卢循起兵事:

> 诸贼皆烧仓廪,焚邑屋,刊木堙井,虏掠财货,相率聚于会稽。其妇女有婴累不能去者,囊簏盛婴儿投于水,而告之曰:"贺汝先登仙堂,我寻后就汝。"(中略)恩穷蹙,乃赴海自沉,妖党及妓妾谓之"水仙",投水从死者百数。

陈寅恪先生在《天师道与滨海地域之关系》一文中指出:"孙恩、卢循武力以水师为主,所率徒党必习于舟楫之海畔居民。其以投水为登'仙堂',自沉为成'水仙',皆海滨宗教之特征。"②无论是"投水"还是"赴海自沉",其结果都是踏上不归路,走向死亡,但在天师道信徒看来,这却是登"仙堂"和成"水仙",进入另一个极乐世界。由此看来,"海"或"水"对天师道而言,具有非同寻常的意义,那里可能就是信徒心目中的另外一个世界。从这一意义上讲,人死归于东海之观念,有可能与天师道有关。2002年湖北鄂州郭家细湾八号墓出土的刘宋元嘉十六年(439)蕳谦买地券中,首次出现了张坚固、李定度二神灵名,券文中有这样一段记载③:

> 承玄都鬼律、地下女□(青)诏书:从军乱以来,普天下之死人,听得随□□□在郡县乡里亭邑买地葬埋。

类似的记载又见于广东始兴县都圹村所出元嘉十九年(442)妳女买

---

① 《白居易集》卷一二《感伤四》,北京:中华书局,1979年,第238—239页。此条承楼劲先生教示,谨此鸣谢!
② 《陈寅恪集·金明馆丛稿初编》,北京:生活·读书·新知三联书店,2001年,第7页。
③ 黄义军、徐劲松、何建萍:《湖北鄂州郭家细湾六朝墓》,《文物》2005年第10期,第43页。买地券录文见鲁西奇《六朝买地券丛考》,《文史》2006年第1辑,第141—142页。墓主蕳谦,鲁文释作"简谦"。

地券①。据妳女地券,上缺三字可补为"生人所"。在此以前的买地券中,既没有张坚固、李定度之类的神灵,也无如上与道教极有关联的文字。这无疑是南方买地券发展过程中出现的一个新变化,值得研究。张坚固、李定度的出现,或许即与"玄都鬼律、地下女青诏书"中的内容有关②。显然,这一时期的买地券,深深受到了道教的影响。

汉代以后出现的人死归于东海观念的产生,恐怕与佛教也有一定的关联。拙文《吐鲁番所出衣物疏研究二题》曾对此有过简单的分析③。大致说来,佛教在传播过程中,有意识地吸收了中土固有的"泰山治鬼"信仰,故在汉魏及以后的佛经翻译中,把"泰山"或"太山"与"地狱"紧密联系起来,"泰(太)山"也因此成了"地狱"的代名词。对接受佛教信仰的民众而言,泰山既然成了地狱的所在地,过去那种"死属泰山"之观念势必要发生相应的改变,东海成为继泰山之后的新的地下世界,或与此不无关联。

另外,西晋灭亡后,中原汉人大量南迁,北方沦入胡族政权之手,泰山也不例外。既然如此,对南方广大汉人而言,泰山既已为异族所占,不复汉人所有,死后就不可能继续归往泰山,泰山已不适合继续担当死后世界的角色。这或许可以解释为什么"东海"冥世观念与信仰最先产生于南方的原因。当然,这纯属推测。

其实,汉代以来的阴间二元论在此后仍然继续存在,并没有最终由阎王掌管的"十地狱"信仰所替代。吐鲁番阿斯塔那二号墓所出《北凉缘禾六年(437)翟万随身衣物疏》有如下记载:"缘禾六年正月十四日,延寿里民翟万去天入地,谨条随身衣裳物数如右。"④所谓"去天入地",实即死亡之意,但却反映了当时人们对死亡的一些认识和看法,即人死后灵魂上升天庭,形魄则归于地下,这其实是汉代以来魂魄二元传统观念的延续⑤。

---

① 廖晋雄:《广东始兴发现南朝买地券》,《考古》1989年第6期,第566—567页。
② 关于张坚固、李定度,黄景春:《地下神仙张坚固、李定度考述》一文有专门探讨,载《世界宗教研究》2003年第1期,第46—54页。然仍有若干问题值得做进一步探讨。
③ 参见拙文《吐鲁番所出衣物疏研究二题》,第152—154页。
④ 《吐鲁番出土文书》(图文本)第一册,第85页。
⑤ 《礼记·郊特牲》云:"魂气归于天,形魄归于地。"即是汉代典型的魂魄二元观念。《十三经注疏·礼记正义》(标点本),北京大学出版社,1999年,第817页。参见钟国发:《也谈吐鲁番晋——唐古墓随葬衣物疏》,第5页。

在阿斯塔那一号墓所出前凉韩渠妻死后所穿的纸鞋鞋底上,书有一"鹥"字①,目的也是希望死者灵魂能够飞升进入天庭②。在吐鲁番所出衣物疏、移文中,还见有"证(登)天依(衣)万丈"③或"攀天丝万万九千丈"、"扳天丝万万九千丈"等诸多记载。无论是"登天衣",还是"攀天丝",无非是一种能够据之攀登进入天庭的丝织物品。可见,这种希望死后进入天庭的思想观念,在当地民众中十分盛行。此种天庭,决非佛教之天堂,而是沿自先秦以来中国固有之"天庭"观念。人死归于东海,灵魂由此借助"登天衣"或"攀天丝"上达天门,最后升入天庭,魄则继续留在东海,这都是典型的魂魄二元观念。在南方出土的南朝"移文"中,我们还看到这样的记载:"醉酒寿终,神归三天,身归三泉,长安蒿里。"④所谓"三天"、"三泉"或与道教有关,但依然反映的是人死魂魄各有所依的二元观念。可见,这一观念亦存于南方民众之中。前揭《唐赵隆墓志》铭文"逝川东注,落日西倾,魂随暮景,身逐流萍",亦反映了唐代魂魄二元观念之真实存在。总之,南北朝以来,无论在南方还是北方,汉代以来的魂魄二元观念依然存在,并没有完全消失。

三、结　　语

　　以上我们参据吐鲁番所出"移文"及湖北、江西等地所出买地券,对中国中古时期民众冥世观念之转变进行了若干粗浅的探讨,初步结论如下:两汉及魏晋时期,人们相信,泰山是人死之后的归聚之地,是地下世界、阴间、冥世,故泰山治鬼说非常盛行。但到了南北朝时期,则开始出现一种新

---

① 《吐鲁番出土文书》(图文本)第一册,第10页。
② 参见陈国灿:《从葬仪看道教"天神"观在高昌国的流行》,《魏晋南北朝隋唐史资料》第九、十合期,武汉大学学报编辑部,1988年,第15页。
③ 见阿斯塔那五二四号墓所出《高昌章和五年(535)令狐孝忠随葬衣物疏》,《吐鲁番出土文书》(图文本)第一册,第130页。
④ 如1977年长沙出土的刘宋元嘉十年(433)徐副"移文",参见长沙市文物工作队:《长沙出土南朝徐副买地券》,《湖南考古辑刊》第一辑,长沙:岳麓书社,1982年。又王育成:《徐副地券中天师道史料考释》,《考古》1993年第6期,第571—572页。关于其性质,学界多认为是买地券或地券,笔者则考证认为是"移文",参见拙文《跋吐鲁番新出〈唐显庆元年(656)西州宋武欢移文〉》,第201—202页。

的冥世观念,即人死之后不再归于泰山,而是归于东海,东海成为继泰山之后的新的地下世界。这一新的冥世观念至迟公元 6 世纪即已产生,有可能最先出现于南方,后则由南方传至高昌(吐鲁番盆地)。人死归于东海观念的产生,极有可能受到了南方道教的影响,同时也与佛教把泰山纳入自己的"地狱"观念有一定的关联。这一新的冥世观念从南北朝到隋唐一直存在,也有可能延续到宋元时期,影响不能说不深远,说明中国古代民众固有的冥世观念并没有因为佛教的盛行和影响而销声匿迹,而是自有其独特的历史发展轨迹。汉代以来的魂魄二元观念在后世依然存在,也没有被佛教的"十地狱"信仰所取代。不管是人死归于泰山,还是人死归于东海,都既不是佛教信仰中的观念,也不是道教信仰中的观念,而是中国古代民众特有的冥世观念。

当然,魏晋南北朝时期由于长期的分裂割据,各地的经济社会发展状况不尽相同。虽然人死归于东海之观念由南朝传到高昌,并为当地民众所信奉,但北方其他地区是否也受到这一观念的影响呢?此点还需认真分析。唐临《冥报记》所记魏郡马嘉运由死而生的故事,似乎表明河北的某些地区存在着这一观念。在山东临朐县所出《北齐武平四年(580)七月高侨妻王江妃移文》[①]中,有"江妃命终之时,天帝抱花,候迎精神,大权□往,接侍灵魂"一段记载,虽然也是王江妃灵魂升入天庭的反映,但并没有死者归聚东海之类的说法。而且,"书者观世音,读者维摩大士",也没有出现张坚固、李定度之类的地下神灵。这与吐鲁番所出"移文"有较大区别。又敦煌莫高窟北区 B228 窟出土的《河西大凉国安乐三年(619)郭方移文》[②],其中记有"生处高堂,死归蒿里",又记郭方"今以安乐三年二月十七日迁神过世,所□之处不(得)留执羁连,必须面奉圣尊,游神静立",所

---

① 端方:《陶斋藏石记》卷十三,叶六至叶八。《文物》1965 年第 10 期刊有其图版(图八)。池田温《中国古代墓葬の一考察》(载《国际东方学者会议纪要》第六号,1960 年,第 55—56 页)、韩森《中国人是如何皈依佛教的?——吐鲁番墓葬揭示的信仰改变》(载《敦煌吐鲁番研究》第四卷,北京大学出版社,1999 年,第 27 页)、余欣《唐宋敦煌墓葬神煞研究》(载《敦煌学辑刊》2003 年第 1 期,第 64 页)三文俱有录文。对其内容和性质的分析与判断,参见拙文《吐鲁番所出衣物疏研究二题》,第 149 页。
② 参见樊锦诗、彭金章:《敦煌莫高窟北区 B228 窟出土河西大凉国安乐三年(619)郭方随葬衣物疏初探》,《敦煌学》第二十五辑,2004 年,第 516 页。据其内容和性质,可定名为"移文"。

谓"面奉圣尊",当反映的是郭方进入佛教五道之"天道"。据该移文内容,亦无人死归于东海之观念,且"泰山府君"已被纳入佛教神祇系统,这深刻反映了佛教在敦煌当地民众中所具有的巨大影响,其与吐鲁番所出"移文"同样存在着很大的区别。以上二例,确实体现了佛教天堂地狱观念对北方民众的深刻影响。由此看来,在北方,不同的地区亦存在着不同的情况,需要认真区别看待,不能笼统地说北方地区的民众普遍都接受了天堂地狱观念,完全不存在人死归于东海的观念,至少吐鲁番地区的民众冥世信仰,就是一个明显的例外。

此外,到了唐代,还出现了华山治鬼的信仰和观念①。不管这一观念在当时的影响多大,它至少可以表明,佛教天堂地狱观念并非一枝独秀,完全占据民众的心灵。可见,在中国中古时期,天堂地狱、死归东海、华山治鬼这几种来世观念,都是客观存在的,并为不同地区的民众所信奉,这其实反映了中国古代民众冥世信仰的多元化特点。从目前所见资料看,大致说来,在北方的广大地区,除吐鲁番盆地等个别区域外,民众可能更多地接受了佛教的天堂地狱观念;而在南方地区的民众,则可能更多地信奉人死归于东海的观念。当然,这种不同地区之间存在的冥世观念差异,也并非一成不变。如吐鲁番地区在进入公元7世纪下半叶后,埋入墓葬中的"功德疏"逐渐取代了过去的"移文",人死归于东海的观念渐趋消失,很有可能即被佛教的天堂地狱观念所取代②。这一演变历程反映了佛教在北方地区的巨大影响。在前揭江西、湖北所出宋元买地券中,佛教观念也已渗透其中,如《宋潘五娘地券》、《宋崇宁四年(1105)何延祚地券》中所记"南赡部洲",元末《吴大娘地券》中的"自有五道神官捉见阎罗天子",都属佛教观念中的内容,一定程度反映了佛教对南方丧葬礼

---

① 参见贾二强:《论唐代的华山信仰》,《中国史研究》2000年第2期。此据氏著《唐宋民间信仰》,福州:福建人民出版社,2002年,第39—52页。
② 参见小田义久:《吐鲁番出土葬送仪礼关系文书の一考察——随葬衣物疏から功德疏へ——》,第41—82页;王素:《吐鲁番出土〈功德疏〉所见西州庶民的净土信仰》,荣新江主编《唐研究》第一卷,北京大学出版社,1995年,第11—34页;荒川正晴:《トウルファン汉人の冥界观と佛教信仰》,第111—125页。有关吐鲁番所出衣物疏到功德疏的转变所体现出来的信仰变迁,仍是一个十分有趣的课题,笔者拟另撰专文加以探讨。

仪的渗透和影响①。从这些南方所出买地券可以看出,佛教、道教、民间信仰几种观念混杂其间。不过,佛教观念虽然渗入其中,但并没有取代当地固有的冥世信仰,这与吐鲁番地区的情况大不相同。这一不同的发展走向,很大程度上反映了佛教在南北地区所具有的不同影响力和渗透力。至于南方佛教、道教、民间信仰几种观念最终如何整合并对宋元以后的民众冥世观念产生什么样的影响? 只有留诸异日或有待高明了。

另外,泰山被佛教纳入其中成为地狱的代名词以后,泰山府君也逐渐演变成为佛教冥间十王之一②。在唐宋志怪、笔记小说中,有关泰山府君的记载不少,但多与佛教相关。此时的泰山府君,其原貌大多已非汉晋时期中国民众所信仰的泰山君或泰山府君了③。不过,泰山治鬼说仍对后世有一定的影响。如前揭湖北省罗田县博物馆所藏《宋元丰五年(1082)王二十三郎地券》记其"暂向后薗采花,遇见仙人,吃酒弄杯,醉荒来路,被太山所召。上无强兄,下无弱弟。今舍头随身衣物,将身自往□文,迷而不返",所谓"被太山所召",反映的仍是泰山治鬼之观念。又江西南城县出土《宋嘉祐二年(1057)陈氏六娘地券》载④:

> 维嘉祐二年岁次丁酉九月一日甲戌朔二十二日丙申,建昌军南城县雅俗乡训俗里后潭新津保,殁故亡人陈氏六娘,行年七十八岁,命归泉路,忽被太山敕召灵魂,(后略)

所谓"忽被太山敕召灵魂",同样也是泰山治鬼观念之反映。这说明泰山治鬼说在后世仍有一定的影响。然而,类似的记载在南北朝到宋元的移文、买地券中并不多见,表明人死归于泰山之观念,可能仅是历史的回响而

---

① 佛教观念进入南方买地券中,较早的有1993年出土于福建漳浦县的《唐陈氏买地券》,中有"□词(诃)世界南瞻(赡)部洲大唐国福建道"、"南赡部洲,北礣越单为界"等记载。参见漳浦县博物馆:《漳浦唐五代墓》,《福建文博》2001年第1期。
② 参见太史文:《幽灵的节日:中国中世纪的信仰与生活》,侯旭东译,杭州:浙江人民出版社,1999年,第159—164页。此点承侯旭东先生赐教,深表感谢!
③ 参见贾二强:《唐宋民间信仰》,第21—39页。
④ 陈柏泉:《江西出土墓志选编》,第551页。

已,其作用和影响并不大。

总之,在中国中古时期民众的冥世观念中,除了佛教的天堂地狱观念外,还存在着人死归于东海的观念,这一新的冥世观念最初产生于南方,后则传播至吐鲁番盆地,并为当地民众所奉行。从汉代以来人死归于泰山到南北朝时期人死归于东海观念的转变,充分表明中国古代民众冥世观念自有其独特的历史发展轨迹,并没有因为佛教的传播和影响而销声匿迹。

> 后记:承蒙侯旭东先生的厚爱,得以为《唐研究》第十三卷"南北朝隋唐史专号"撰稿,并于今年初荣幸地参与了在北京召开的文稿讨论会。会上,论文评议人雷闻先生、叶炜先生对拙文提出了很好的批评和改进意见,与会专家学者也从不同侧面予以多方教示,使我受益匪浅,真正学到了不少东西,在此谨表示我衷心的感谢!会后,根据与会专家学者的意见,我对论文进行了较大幅度的修改。在修改过程中,又得到侯旭东先生的指点和帮助,令我感佩莫名。需要特别指出的是,这篇小文的最终写成,实得力于同事鲁西奇教授的无私帮助。西奇教授把他从湖北各地辛苦搜集来的宋元买地券资料慷慨提供给我,使我得以认真思考这一学术问题。可以这样说,没有西奇教授无私提供的十余件有关"东海"记载的买地券资料,这篇小文是无论如何也写不出来的。所以我要在这里特别感谢鲁西奇教授!另外,我还要特别感谢侯旭东先生,没有他的多方鼓励和支持,没有他多次不厌其烦的指点和帮助,这篇小文恐怕还要放置一些时日,方能与读者见面。
>
> 真诚希望能得到海内外学人的不吝赐教!
>
> 刘安志　谨识
2007 年 7 月 10 日

(本文原载《唐研究》第十三卷,北京大学出版社,2007 年。收入本书时,有较大修改。)

吐鲁番出土的几件佛典注疏残片

我们在编撰《吐鲁番文书总目》(日本收藏卷)的过程中[1],在学界已有研究成果基础上,对日本所藏吐鲁番文书中的佛典残片(未经比定部分)进行了较为翔实的核查和比对,从中发现了数件价值较为珍贵的佛典注疏残片,今把我们的比对结果公布出来,并对相关问题略作疏释,以飨读者诸君。需要说明的是,笔者于佛学完全外行,写作本文的目的,仅在于为学界提供一点可供研究的新资料而已。

一、孙吴支谦译《维摩诘经》注疏残片

日本香川默识编《西域考古图谱》下卷佛典三—三刊有一件吐鲁番哈拉和卓出土的佛典残片,定名为"六朝写佛典断片"[2]。该文书书法古朴,前、后、上三部残缺,有界栏,存6行,有双行小字夹注,兹录文如下(正文用粗体,下同):

(前缺)

1 ▢▢▢**求者兼与法** 周穷以财
兼示以法

2 ▢▢▢**道** 脩道福报其利最 **守**
多随分布以施化

---

[1] 陈国灿、刘安志主编:《吐鲁番文书总目》(日本收藏卷),武汉大学出版社,2005年。
[2] 香川默识:《西域考古图谱》,日本国华社,1915年。此据北京学苑出版社1999年版影印本,第114页。

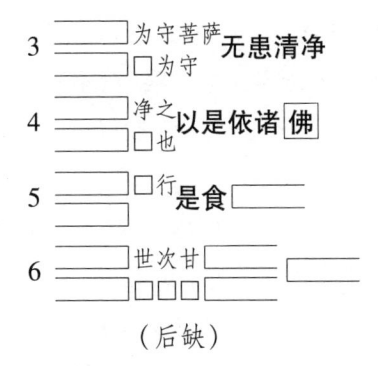

```
3 ──────┬─为守菩萨─无患清净
        └─□为守
4 ──────┬─净之─以是依诸 佛
        └─□也
5 ──────┬─□行─是食─────
6 ──────┬─世次甘──
        └─□□□
（后缺）
```

井ノ口泰淳主编《西域出土仏典の研究》收有本件的图版和录文①，然未比对出经文名。经我们再次比对，文书大字所抄实为孙吴支谦所译《维摩诘经》卷下《如来种品第八》中的一段颂文："（前略）七宝货之大　求者兼与法　得报利弘多　随布分斯道　守如禅解教　无患清静道　以是依诸佛　常勇志不摇　是食甘露者　以解味为浆（后略）"②。双行小字夹注则为颂文之注疏。

令人遗憾的是，上件文书今已不知藏于何处。在日本书道博物馆，亦藏有一件与此件相关联的佛典。据中村不折《禹域出土墨宝书法源流考》一书介绍，该文书长二尺七寸，存字46行，八分书，正文之下有2行小注，吐鲁番出土③。是书所刊图版仅有2行文字，并定名为"维摩经注"。兹据图版录文如下④：

1　人说法当建是意以为说法　幻士为幻人所说法者当来本无以

2　随人本德所应当善见为现智　当善德本

本件亦有界栏，正文所抄同为吴支谦译《维摩诘经》卷上《弟子品第三》：

---

① 井ノ口泰淳责任编集：《西域出土仏典の研究》，京都：法藏馆，1980年，第10页，图版 PL. IV。
② 《大正藏》第十四册，第530页，上栏。
③ 中村不折：《禹域出土墨宝书法源流考》，李德范译，北京：中华书局，2003年，第48页。
④ 中村不折：《禹域出土墨宝书法源流考》，第49页，图版三二。

"(前略)彼为非说为非闻为未,譬若幻士为幻人说法,当建是意以为说法。随人本德所应,当善见为现智,以大悲不痴妄为成大乘(后略)。"①此件书法古朴,与上件相近,又同出吐鲁番,且经名相同,并有双行小字夹注,二者似属同一抄本。

《维摩诘经》在中国古代是广受民众欢迎的大乘佛典之一,汉唐时期该经曾有七次传译(一说有六译),译者先后有东汉严佛调、孙吴支谦、西晋竺叔兰、竺法护、东晋祇多蜜、后秦鸠摩罗什、唐玄奘等,今存仅支谦、罗什、玄奘三本,其中罗什本影响最大,罗什弟子及后人对《维摩诘经》作注者,多据罗什本,观敦煌所出《维摩诘经》诸注疏本即可知此点②。在罗什本译出之前,其他诸本的注疏情况,传世文献记载极少,而上揭吐鲁番出土的两件支谦译《维摩诘经》注疏残片的发现,使我们对这一情况有了一些新的认识。敦煌所出 P.3006 号写本,亦为支谦译《维摩诘经》注疏残卷,此点最早似为日本学者臼田淳三氏所揭出③,其后,台湾释果朴氏对该写经残卷进行了系统深入的研究,出版《敦煌写卷 P3006"支谦"本〈维摩诘经〉注解考》一书④。释果朴氏认为,P.3006 号卷子造注者乃释道安,其著作时间可能是公元 376 至 379 年间,地点或为湖北襄阳,所注之经文为竺法护翻译的《维摩诘经》⑤,并推测前揭书道博物馆所藏文书可能为北人所造之注,其年代为鸠摩罗什前之般若学兴盛之时⑥。吐鲁番所出的《维摩诘经》注疏本与敦煌所出 P.3006 号之间有无联系?二者是否出自同一底本?是否也都同为道安所撰呢?都是值得进一步深入研究的问题。不管如何,吐鲁番出土的支谦译《维摩诘经》注疏残片,毕竟为考察该经在北方地区的流行与传播提供了不可多得的新资料。

---

① 《大正藏》第十四册,第 522 页,上栏。
② 参见《敦煌学大辞典》,上海辞书出版社,1998 年,第 675—677 页。
③ 臼田淳三:《ペリォ三〇〇六番汉文佛典注释书断片めぐつて——鸠摩罗什译以前的维摩经注释书》,《佛教史学研究》二三一二,1938 年。
④ 释果朴:《敦煌写卷 P3006「支谦」本〈维摩诘经〉注解考》,台北:法鼓文化出版公司,1998 年。纸本未获读,此据网上下载之电子本:http://www.chibs.edu.tw/publication/LunCong/016/016.htm。
⑤ 参见释果朴:《敦煌写卷 P3006「支谦」本〈维摩诘经〉注解考》第八章"结论"部分。
⑥ 参见释果朴:《敦煌写卷 P3006「支谦」本〈维摩诘经〉注解考》第二章第三节。

二、前秦僧伽跋澄译《鞞婆沙论》注疏残片

《西域考古图谱》下卷佛典三—二还刊有一件同样出自吐鲁番哈拉和卓的佛典残片,定名为"六朝写佛典断片"①。本件书法古朴,四面残缺,有界栏,存5行左右文字,并有双行小字夹注,兹录文如下:

（前缺）

1 □□□□亦尔也上来虽□□ □
　　　　□以五情对五□
2 □□□种碍者唯界碍 大□
　　　　作论得中非余二种也
3 □□□□□□障碍何入 问十二入中 □
　　　　　　　　　 共相障碍□
4 □□□□□色香味细 余入不可触□
　　　　　　　　　□

（后缺）

《西域出土仏典の研究》亦收有本件的图版和录文②,同样未比对出经名。经认真核查,本件正文所抄为前秦僧伽跋澄译《鞞婆沙论》卷七《有对无对处第二十四》:"(前略)重说曰,谓大障碍者即是能舍,谓能舍者即是有对,余者无对。重说曰,微合是有对。重说曰,阴是有对。重说曰,覆虚空是有对。重说曰,微合者即是阴,阴者覆虚空;覆虚空者即是有对,余者是无对。问曰,何入障碍何入? 有一说者,五入障碍内中身入,外色香味细滑,余入不可触。更有说者(后略)。"③双行小字为该经注疏。文书2行经文有一"大"字,今本《鞞婆沙论》未见此字,不知是否有脱漏? 4行夹注"色香味细",显然是对经文"外色香味细滑"的注疏。

---

① 《西域考古图谱》,第114页。
② 井ノ口泰淳:《西域出土仏典の研究》,第9页,图版PL.IV。
③ 《大正藏》第二十八册,第463页,上栏。

十四卷的《鞞婆沙论》,为佛教毗昙部小乘经典,印度阿罗汉尸陀槃尼撰,罽宾三藏僧伽跋澄于前秦建元十九年(383)于长安译出。释道安撰有《鞞婆沙序》,叙及此经撰作、翻译之缘由①。有关该经在南北朝时期的流传和注疏情况,文献记载极少。吐鲁番出土的这件《鞞婆沙论》注疏残片,大概是目前所知敦煌吐鲁番所出佛典中并不多见的一件珍贵文献,对研究高昌时期的小乘佛教信仰极有帮助。从书法看,其抄写年代与上揭两件《维摩诘经》注疏残片相差不远,很有可能在公元5、6世纪之间。至于为此经作注者为谁,笔者未能考出,存此以待方家。

三、后秦鸠摩罗什译《金刚般若波罗蜜经》注疏残片

小田义久教授主编《大谷文书集成》第三卷所收大谷8121号文书,是一件两面书写的唐代写本,吐峪沟出土,四面缺,书法为楷体,正面存7行文字,最早刊布在《西域考古图谱》下卷经籍一〇,定名为"唐钞古书断片";背面存7行文字,有大小两种字体,兹录文如下②:

正面:

(前缺)

1 ＿＿＿＿＿＿＿]副车□
2 ＿＿＿＿＿＿＿]问博陆配
3 ＿＿＿＿＿＿]□大逆为罪未得
4 ＿＿＿＿＿＿]□吴蜀曰君臣并载
5 ＿＿＿＿＿＿]□避地东南达
6 ＿＿＿＿＿＿]曰自古京师
7 ＿＿＿＿＿＿＿＿]□□

---

① 〔梁〕僧佑:《出三藏记集》,北京:中华书局,1995年,第381—382页。
② 《西域考古图谱》,第226页。小田义久:《大谷文书集成》第三卷,京都:法藏馆,2003年,第243—244页,图版四六。

（后缺）

背面：

（前缺）

1 ☐☐☐☐☐☐☐如来有佛☐
2 ☐☐☐☐☐☐世俗名为肉眼见☐
3 ☐☐☐☐☐☐为惠眼了见真性
4 ☐☐☐☐☐觉名为佛眼且存其五
5 ☐☐☐☐☐☐脱唯证能知故偈云虽
6 ☐☐☐☐☐☐☐意云何恒☐
7 ☐☐☐☐☐☐☐☐☐☐☐

（后缺）

本件正面所抄内容似为某种典籍，但究竟是何书，未能查出。而背面所抄大字，经比对，实为后秦鸠摩罗什译《金刚般若波罗蜜经》："须菩提，于意云何，如来有肉眼不。如是，世尊，如来有肉眼。须菩提，于意云何，如来有天眼不。如是，世尊，如来有天眼。须菩提，于意云何，如来有慧眼不。如是，世尊，如来有慧眼。须菩提，于意云何，如来有法眼不。如是，世尊，如来有法眼。须菩提，于意云何，如来有佛眼不。如是，世尊，如来有佛眼。须菩提，于意云何，恒河中所有沙，佛说是沙不。如是，世尊，如来说是沙。"①小字是对"肉眼"、"惠（慧）眼"、"天眼"等词的解释，显然是对该段经文的注疏。可以肯定，本件所抄为罗什译《金刚般若波罗蜜经》的注疏。从所抄格式看，疏文似为单行夹注。

《金刚般若波罗蜜经》又名《金刚经》、《金刚般若经》，乃印度大乘佛教经典。除罗什译本外，尚有北魏菩提流支、南朝陈真谛、隋达摩笈多、唐

---

① 《大正藏》第八册，第751页，中栏。

玄奘及义净等多种译本，而罗什译本流传最广，影响最大，后人依据罗什本进行注疏的也最多。经初步核查，吐鲁番所出的这件《金刚般若波罗蜜经》注疏内容，并不见于传世或敦煌所出的其他注疏本，因此，它无疑应是另一种已佚的《金刚般若波罗蜜经》注疏。尽管内容不多，但仍极珍贵，是我们研究《金刚般若波罗蜜经》诸注疏本及古人对该经认识、信仰状况的又一新资料。

四、唐圆晖撰《俱舍论颂疏论本》注疏残片

经认真比对，吐鲁番所出大谷 1045 号、3945 号、8117 号、8119 号四件文书，俱属唐圆晖所撰《俱舍论颂疏论本》的注疏残片。为便于说明问题，兹先参据图版录文如下：

大谷 1045 号①：

（前缺）
1 已闲省也安也器量宽远犹如虚空□□□
2 **绅龟镜之士也**盖者覆也过□□□
3 牵各了驾遂置四相前丞后疑左辅右 粥 □□□
4 常 立 其前庄束衣服令用大带 若 无大典□□□
5 □此曰盖缙绅龟镜之士也公前任□□□
6 曰公也礼部 侍 郎者礼□□□□奉于□□□
7 曾者前职任是礼部侍郎也**省司多**□□□
8 也司者曹司也多暇者多闲□而□□□
9 台司之□□务司司事分□□□
10 谈义□请造略□□□
11 遂者辞□者求也造者□□□

---

① 小田义久：《大谷文书集成》第一卷，法藏馆，1984 年，第 10 页，图版一一五。按原释文错误较多，此据图版重新释文。下同，不另注。

12 越五典遂求□而制造颂□□□□□
13 大□□□□□□□□□怀远□□□□
14 □□□□□□□□□□□□□

　　　　（后缺）

大谷 3945 号①：

　　　　（前缺）

1 □□□□□□□贾曾尔
2 □□□□惟公者称君尊也特谓殊
3 □□□□□马精□□神灵精明也
4 □□□□□□□□达

　　　　（后缺）

大谷 8117 号②：

　　　　（前缺）

1 □为人也**披之**□□□
2 不惑者不疑也寻□□□
3 **其犹执鸾**镜□□□
4 其犹者相似也执者把也□□□
5 者权也龙泉者剑之名也□□□□
6 □□□□无事不见无理□□□
7 □□□□□□□□□□

　　　　（后缺）

---

① 小田义久：《大谷文书集成》第二卷，京都：法藏馆，1990 年，第 176—177 页，图版九二。
② 《西域考古图谱》下卷经籍九，第 225 页；《大谷文书集成》第三卷，第 242 页，图版四六。

大谷 8119 号①：

（前缺）
1 恻其圣□
2 士详□
3 察也识也 详者 看也见也正者改也焉 □
4 误者后求明识之士请寻看而改 而 □
5　　　　　　　　岁丁大荒洛月□□

以上四件文书书法相近，除大谷 3945 号外，余皆存大小两种书体。其中 8117、8119 两件图版最早刊布在《西域考古图谱》下卷经籍九，定名为"唐钞古书断片"，并标明出自"吐峪沟"。需要说明的是，日本张娜丽女士在《西域发见の的文字资料——「大谷文书」中の的诸断片について（二）》一文中②，业已比定出上揭 1045、8117、8119 三件同属圆晖《俱舍论颂疏论本》序记的注疏残片，而 3945 号则未能比对出。按 3945 号虽只有一种书体，但书法与其余三件小字完全一样，细审其内容，所抄亦为圆晖《俱舍论颂疏论本》序记的注疏。据圆晖《序》记载③：

至如七支无表之说，作传律之丹青；三科蕴界之谈，与弘经为润色。光光佛日，寒在兹焉。有正议大夫、晋洲刺史贾曾，惟公特禀异气，别授精灵；文盖云间，声雄日下；器宇冲邈，容止清闲，盖缙绅龟镜之士也。公前任礼部侍郎，省司多暇，归心正法，乃相命谈义，遂请造略释。有大圣善寺怀远律师者，清以戒珠，凉以风仪。既勤勤于法门，亦孜孜以劝诱。志存兼济，故有请焉。在圆晖多幸，遭兹像化，咀以真

---

① 《西域考古图谱》下卷经籍九，第 242 页；《大谷文书集成》第三卷，第 243 页，图版四六。
② 张娜丽：《西域发见の的文字资料——「大谷文书」中の的诸断片について（二）》，《学苑》第七五三号，2003 年 5 月，第 22—23 页。收入氏著《西域出土文书の基础的研究——中国古代における小学书・童蒙书の诸相——》，东京：汲古书院，2006 年，第 369—376 页。
③ 《大正藏》第四十一册，第 813 页，中、下栏。

诠。狎以兰室。喜朝闻于夕殒,荷严命以斯临。课以庸虚,聊为颂释。删其枝叶,采以精华。文于广本有繁,略叙关节;义于经律有要,必尽根源。颂则再牒而方释,论乃有引而具注。木石以销,质而不文也。冀味道君子,义学精人,披之而不惑,寻之而易悟。其犹执鸾镜而鉴像,持龙泉以断物。盖述之志矣。愚见不敏,何必当乎。庶通鉴之士详而正焉。将启论端,六门分别。

大谷3945号第1行残存有"贾曾也"三字,此贾曾,即序记中的"正议大夫、晋洲刺史贾曾";第2行"惟公者,称君尊也;特,谓殊……"数字,与3行"……□马精□□神灵精明也"之记载,正是对序记中"惟公特禀异气,别授精灵"一句的注疏,因此,可以断言,3945号与其余三件俱属圆晖序记的注疏残片,四件的前后顺序爲3945+1045+8117+8119,同出自吐鲁番吐峪沟。

按圆晖乃唐代前期著名高僧,《宋高僧传》卷五列有其专传,称其"精研性相,善达诸宗。幼于《俱舍》一门,最为锐意"①。所著《俱舍论颂疏论本》一书,在当时十分盛行,史称:"两河间、二京道、江表、燕、齐、楚、蜀盛行晖《疏》焉。"②吐鲁番亦出有十余件《俱舍论颂疏论本》残片,说明是书在唐代西州也十分盛行③。关于圆晖《俱舍论颂疏论本》的撰写和成书时间,日本学者上山大峻先生认为在718—727年间,也就是唐玄宗开元六年至十五年之间④。此论稍嫌宽泛。据上揭圆晖序记及《宋高僧传》卷五圆晖本传,圆晖撰写此书,是在唐代著名文人贾曾的请求之下进行的,贾曾时任礼部侍郎。据严耕望先生考证,贺知章于开元十三年(725)由少太常选任为礼部侍郎,次年四月十九日丁卯盖五月换工部侍郎,贾曾盖是年由少光禄迁任礼部侍郎,开元十五年(727)卒⑤。因此,圆晖开始撰写此书,最

---

① 〔宋〕赞宁:《宋高僧传》,北京:中华书局,1987年,第95页。
② 《宋高僧传》,第96页。
③ 参见刘安志、石墨林:《〈大谷文书集成〉佛教资料考辨》,《魏晋南北朝隋唐史资料》第二十辑,武汉大学文科学报编辑部,2003年,第281页。
④ 上山大峻:《敦煌佛教の研究》,京都:法藏馆,1990年,第392页。
⑤ 严耕望:《唐仆尚丞郎表》,北京:中华书局,1986年,第117—118页。

早也应在开元十四年下半年。书成后,贾曾为之作《阿毗达磨俱舍论略释记》①,叙其原委。此时贾曾的官衔为"正议大夫、持节诸军使、晋洲(州)刺史",说明其已由礼部侍郎改官晋州刺史。前揭圆晖序记所说"有正议大夫、晋洲刺史贾曾,惟公特禀异气,别授精灵;文盖云间,声雄日下;器宇冲邈,容止清闲,盖缙绅龟镜之士也。公前任礼部侍郎,省司多暇,归心正法,乃相命谈义,遂请造略释",亦表明贾曾任礼部侍郎在先,任晋州刺史在后,其由礼部侍郎改官晋州刺史当在开元十四年下半年。按贾曾开元十五年卒,则《俱舍论颂疏论本》成书时间,当在开元十四年末至十五年之间(726—727)。《俱舍论颂疏论本》总有数十万言,圆晖能在如此短的时间内完成是书撰写,与其长期精研《俱舍论》有着深厚的学术积累是分不开的;同时,是书的撰写,还得到了圣善寺怀远律师的大力协助,这在圆晖序记及圆晖本传中都有明确的记载。

如张娜丽氏前揭文所指出,圆晖书成后,为之注解者,有崇廙《金华钞》十卷、《俱舍论颂疏义府钞》二十卷(一说干广述),慧晖《俱舍论颂疏义钞》六卷,遁麟《俱舍论颂疏记》二十九卷,后唐法盈《俱舍论颂疏序记》一卷等②。其中崇廙所著今已不存。上揭四件文书所抄内容不见于慧晖、遁麟、法盈著作,因此,其有可能为崇廙已佚之《金华钞》或《俱舍论颂疏义府钞》。

关于上揭四件写本的抄写年代,大谷8119号文书末行"岁丁大荒洛月□□□□"数字,颇值注意。张娜丽氏业已正确指出,此指丁巳年,但推测此丁巳年可能为唐文宗的开成二年(837)或唐昭宗的乾宁四年(897)③,则有些疑问。据荣新江教授研究,公元803年以后,回鹘最终取代唐朝势力,成为吐鲁番盆地的主宰④。而回鹘的历法,据杨富学先生研究,有十二

---

① 《大正藏》第四十一册,第813页,上栏。
② 张娜丽:《西域发见の文字资料——「大谷文书」中の诸断片について(二)》,第23页。同著《西域出土文书の基础的研究——中国古代における小学书・童蒙书の诸相——》,第371页。
③ 张娜丽:《西域发见の文字资料——「大谷文书」中の诸断片について(二)》,第24页。同著《西域出土文书の基础的研究——中国古代における小学书・童蒙书の诸相——》,第372页。
④ 荣新江:《摩尼教在高昌的初传》,载柳洪亮主编:《吐鲁番新出摩尼教文献研究》,北京:文物出版社,2000年,第227页;收入氏著《中古中国与外来文明》,北京:生活・读书・新知三联书店,2001年,第383页。

生肖纪年法、干支纪年法、七曜历、五行与十二生肖相配的纪年法等①。"岁丁大荒洛（落）"乃汉民族所使用的太岁纪年法，《尔雅》卷中《释天第八》"岁阳"条载："太岁在寅曰摄提格，在卯曰单阏，在辰曰执徐，在巳曰大荒落，在午曰敦牂，在未曰协洽，在申曰涒滩，在酉曰作噩，在戌曰阉茂，在亥曰大渊献，在子曰困敦，在丑曰赤奋若。"②此为典型的汉民族文化传统。回鹘统治西州时期，当地不可能使用这样一种太岁纪年法。又据敦煌所出P.2132号《御注金刚般若波罗蜜经宣演》卷下题记载③：

1 金刚般若宣演卷下　建中四年（783）正月廿日，僧义琳写勘记。
2 　　　　贞元十九年（803），听得一遍。
3 　　　　又至癸未年（803）十二月一日，听得第二遍讫。
4 　　　　庚寅年（810）十一月廿八日，听第三遍了。
5 　　　　　　　　　　　　　　　义琳听
6 　　　　常大德法师说。

荣新江教授据 P.2041 号《四分律删繁补阙行事钞》卷下题记"广德二年七月四日僧义琳于西州南平城城西裴家塔写讫故记"④，判定义琳乃西州和尚，并据题记中"贞元十九年"之记载，指出该经应是在西州写成，后则携至沙州⑤。这一揭示表明，P.2132 号文书虽发现于敦煌藏经洞，却可视为西州写经。该题记表明，在纪年问题上，同在 803 年，一个使用唐朝的贞元十九年年号，另一个则使用癸未年，说明回鹘入主西州后，当地的汉文纪年已改用干支纪年了。再结合四件文书的书法看，也恐非回鹘统治西州时期之物，池田温先生即据大谷 8119 号的书法，断其年代约在公元 8 世纪⑥。

---

① 杨富学：《回鹘文献与回鹘文化》，北京：民族出版社，2003 年，第 323—335 页。
② 周祖谟：《尔雅校笺》，昆明：云南人民出版社，2004 年，第 78 页。
③ 池田温：《中国古代写本识语集录》，东京大学东洋文化研究所，1990 年，第 311 页。
④ 池田温：《中国古代写本识语集录》，第 308 页。
⑤ 柳洪亮：《吐鲁番新出摩尼教文献研究》，第 227 页；荣新江：《中古中国与外来文明》，第 383 页。
⑥ 池田温：《中国古代写本识语集录》，第 327 页。

总之,综合各方面的情况分析,笔者认为,上揭四件文书的抄写年代,断在唐德宗大历十二年(777)的丁巳年,方较合理。

(本文原载《敦煌吐鲁番研究》第九卷,中华书局,2006年。收入本书时,略有修订。)

唐代府兵简点及相关问题研究

——以敦煌吐鲁番文书为中心

府兵制是中国中古史上一项重要的军事制度，曾对当时的历史产生过极为重大的影响。长期以来，由于中日学者的不懈努力与探索，相关研究已积累了十分丰硕的成果。然而，仍有一些问题并未得到很好的解决，如唐代府兵简点的时间、简点的程序及经过等，即是如此。有鉴于此，本文拟在学界已有研究成果的基础上，参据敦煌吐鲁番文书及相关传世文献，对唐代府兵简点制度的若干问题进行粗浅探讨，不当之处，请方家予以批评指正。

据《唐六典》卷五《尚书兵部》兵部郎中、员外郎条载，府兵"凡三年一简点，成丁而入，六十而免"①，《旧唐书》卷四三《职官志二》所记与此同②。有关府兵简点时间的这一规定，究属常制还是某一时期之制？并不十分清楚。《唐会要》卷七二《府兵》记："开元六年五月二十七日敕：'诸折冲府兵，每年一简点，至时，所司条奏。'"③这里，府兵"每年一简点"是新制还是重申旧制，也未有说明。更何况，《新唐书》卷五〇《兵志》所记与此大相径庭："玄宗开元六年，始诏折冲府兵每六岁一简。"④同在开元六年（718），有关府兵简点时间的诏敕却有"一年"与"六年"之别，孰是孰非，还不好轻易作出判断。日本学者仁井田陞先生《唐令拾遗》军防令第十六

---

① 《唐六典》，北京：中华书局，1992年，第156页。
② 《旧唐书》，北京：中华书局，1975年，第1834页。
③ 《唐会要》，北京：中华书局，1955年，第1298页。
④ 《新唐书》，北京：中华书局，1975年，第1326页。

复原了有关府兵简点的这一令文:"诸三年一简点,成丁而入,六十而免。"并指出,本条是依相当于日本《军防令》第三十六条的唐令为文的,但"三年一简点,成丁而入"也许是基于别条而成①。至于颁发此令的时间,仁井先生系于开元七年(719)。唐长孺先生则认为《玉海》卷一三八引《兵志》及《会要》并同今本,不存在刊本之误,《唐六典》所记"三年一简点",实乃开元二十五年(737)之制②。早在20世纪30年代,日本滨口重国先生就在其名篇《府兵制度より新兵制へ》中指出,据《新唐书·兵志》所载,《会要》开元六年"每年一简点"敕文中,当脱误一"六"字,而此敕之颁布,正值府兵制濒临瓦解之时③。换言之,"三年一简点"是开元六年以前之制,此后则实行"六岁一简"之制。菊池英夫先生则对此作了较深入的探讨,他在1960年发表的《唐代府兵制度拾遗》一文中④,分析了仁井田陞、滨口重国、唐长孺诸家的观点,根据贞观十年(627)改骠骑府、车骑府为折冲府,咸亨三年(672)十二月朝廷颁下简点格,开元六年改革府兵简点时间等记载,制成《府兵简点年次推定表》,指出,从贞观十年开始实行"三年一简点"之制,到咸亨三年十二月朝廷颁下简点格,该年可能并未进行简点,而从咸亨四年(673)开始实行简点,直到开元六年才改为"六岁一简"。但敦煌所出《唐开元十年(722)沙州敦煌县悬泉乡籍》记沙州在开元九年(721)曾据朝廷九月九日所发格文简点府兵(详后),这对"六岁一简"说是一个有力的挑战。因此,菊池先生认为,《会要》所记"每年一简点"说值得重视,《兵志》所记则值得怀疑,但定"三年一简点"为开元七年令,缺乏确证,定为开元二十五年也同样难以成立,只有定为上承贞观、永徽令的开元三年(715)令,则没有什么障碍。谷霁光先生在其名著《府兵制度考释》中持与滨口重国先生同样的观点,并指出"三年一简点"之制的实行与唐初三

---

① 仁井田陞:《唐令拾遗》军防令第十六,东京大学出版会,1983年,第377页;池田温:《唐令拾遗补》则列举了滨口重国、唐长孺、菊池英夫等先生对此条令文的不同认识,东京大学出版会,1997年,第614—615页。
② 唐长孺:《唐书兵志笺正》,北京:科学出版社,1957年,第24页。
③ 滨口重国:《府兵制度より新兵制へ》,《史学杂志》第四十一卷第十号,1930年;又收入同著《秦汉隋唐史の研究》上卷,东京大学出版会,1980年,第18页。
④ 菊池英夫:《唐代府兵制度拾遗》,《史林》第四十三卷第六号,1960年。

年一定户等及造籍有关①。但谷先生并未对《会要》所记做出解释。唐长孺先生主编的《中国大百科全书·中国历史》（隋唐五代史卷）"府兵制"条亦认为府兵制创立以后，规定三年一简点以补充缺额，玄宗时改为六年②。由此可见，滨口重国先生的观点得到了多数学者的首肯。

然而，就"三年一简点"之制而言，也并非毫无疑问，如张国刚先生所指出："所谓'三年一简点'就是每隔三年要清理一次队伍，老兵退伍、新兵入伍。这里的疑问很多。比如，60岁退伍，三年一简点，如果简点之时不足60岁，而是58、59岁，但是在下次简点时已经超过60岁的兵士怎么办？是随时退伍，还是相应提前或推后？并不清楚。"③而且，如果说"三年一简点"是开元六年以前之制，"六岁一简"乃其后之制，那么，如何理解《唐六典》只记前制而不记后制呢？我们知道，《唐六典》始撰于开元十年，二十六年（738）成书，其写法是"以令式分入六司"④，即将已经颁布施行的法令写入书中。唐玄宗开元年间，朝廷曾两次全面修订律令格式，第一次在开元六年，敕侍中宋璟、中书侍郎苏颋等九人删定律令格式，至七年三月奏上，律令式仍旧名，格曰《开元后格》，以别于开元三年（715）所修之《开元格》；第二次在开元二十二年（734），诏中书令李林甫、侍中牛仙客等删缉律令格式，至开元二十五年九月修毕，奏上颁行⑤。值得注意的是，仁井田陞先生所复原的唐令，多属开元七年和二十五年所颁之令。既然府兵简点时间的规定在开元六年以后已经发生变化，《唐六典》所记应是已经变化了的制度，而不是此前之制度，除非"六年一简点"之制根本就未实行，仍继续推行旧制。果真如此，开元六年所发府兵简点时间的诏敕岂非成一纸空文了吗？从这一意义上讲，仁井田陞和唐长孺先生系府兵"三年一简

---

① 谷霁光：《府兵制度考释》，上海人民出版社，1962年，第190页。
② 《中国大百科全书·中国历史》（隋唐五代史卷），北京：中国大百科全书出版社，1988年，第161页。
③ 张国刚：《唐代府兵制若干问题的探讨》，《文史》2002年第3辑，第119页。
④ 刘肃：《大唐新语》卷九《著述第十九》，北京：中华书局，1984年，第136页。书中"令"作"今"，当是误刻，参陈振孙：《直斋书录解题》卷六《职官类》"《唐六典》三十卷"条，上海古籍出版社，1987年，第172页。
⑤ 《旧唐书》卷五〇《刑法志》，第2150页；《册府元龟》卷六一二《刑法部·定律令四》，北京：中华书局，1960年，第7347—7348页。

点"之制于开元七年和二十五年,是值得充分重视的。

按简点又作拣点①,简、拣有挑选、简择之意,《资治通鉴》卷二四四文宗大和五年(831)秋八月条记西川节度使李德裕奏:"蜀兵羸疾老弱者,从来终身不简,臣命立五尺五寸之度,简去四千四百余人,复简募少壮者千人以慰其心。(后略)"②此三处"简"字,即具简选、简择之意;点有检查、核对之意③。简点或拣点在唐代已成为有关兵员征点、简退的专有固定名词。唐朝前期全面推行募兵制以前,兵员主要有府兵、募兵、团结兵等。关于这些兵员的征点过程,史籍未有明确记载。吐鲁番鄯善县所出《唐开元五年(717)后西州献之牒稿为被悬点入军事》载④:

（前　缺）

1　牒：献之去开元五年十一月奉定远道
2　行军大总管、可汗牒：西州追献之拟
3　表疏参军。其月廿三日,州司判：牒下县
4　发遣。至十二月到定远军,即蒙可汗试,
5　可判补盐泊都督府表疏　参军,并录此
6　奏讫。献之比在部落检校,今承西州牒□
7　点,遂被悬点入军。□准简格文,不许悬
8　名取人。献之□□检校部落,身不在州,
9　即不在取限。今见此□□府史令狐慎行,贯隶西
10　州,其人悬点入军,即经采访使陈牒,准简格文,
11　不合悬名取人。其时,使牒西州：准格放□军讫。又

―――――――――

① 《唐律疏议》卷一六《擅兴》"诸拣点卫士"条即作"拣点",北京：中华书局,1983年,第302页。
② 《资治通鉴》,北京：中华书局,1956年,第7878页。
③ 参见朱雷先生：《唐代"点籍样"制度初探——吐鲁番、敦煌两地出土"点籍样"文书的考察》,载《敦煌吐鲁番文书初探二编》,武汉大学出版社,1990年,第346页；按该文第342页还引用了池田温先生对"点"字的解释,请参看。又同著《敦煌吐鲁番文书论丛》,兰州：甘肃人民出版社,2000年,第120、123页。
④ 杨文和主编：《中国历史博物馆藏法书大观》第十一卷《晋唐写经·晋唐文书》,东京柳原书店、上海教育出版社,1999年,图版第176—177页,日本学者町田隆吉先生的录文见第235页,此处录文据图版有所订正。

12 杨奉璿,亦贯西州,□□□□已西,简点之时不在,既
13 □公使,准格免军。今蒙□落参军,准　　敕令军□
14 □□奏,(尤须待　　敕至)。忽被悬点入军,于理不
15 (合悬)点。(既判府衔)□□□□诸□□□□得
16 □□□□□□□□□□□□□□□□□□□准格
　　　　（后　缺）

据文书内容分析,西州献之在开元五年末后被定远道行军大总管阿史那献判补为盐泊都督府的表疏参军,本人并不在西州,但在其后的某年却被西州官府悬名点入军府。献之返回西州后,对此并不理解,乃上牒请求放免出军,认为按照格文,自己不应被"悬点入军",并举出令狐慎行等人的例子作为参证。献之人不在西州,西州官府却把其点入军府,说明官府"简点"并不与本人发生直接联系,其所依据的显然只有籍帐之类的资料。据考,本件年代在开元九年(721)①。又著名的《木兰诗》记②：

　　昨夜见军帖,可汗大点兵。军书十二卷,卷卷有爷名。阿爷无大儿,木兰无长兄。愿为市鞍马,从此替爷征。

据此可知,木兰是在看到军帖和军书之后,才知道其父被点入军的。换言之,在此之前,先由官府圈点,本人并不知晓,然后造"军书",予以公布并通知到本人。

吐鲁番阿斯塔那一九三号墓出有《武周智通拟判为康随风诈病避军役等事》,兹节录其中1—6行如下(文中武周新字俱改为通行字)③：

---

① 参见拙文《跋吐鲁番鄯善县所出〈唐开元五年(717)后西州献之牒稿为被悬点入军事〉》,载《魏晋南北朝隋唐史资料》第十九辑,武汉大学文科学报编辑部,2002年。修订稿收入拙著《敦煌吐鲁番文书与唐代西域史研究》,北京：商务印书馆,2011年。
② 郭茂倩：《乐府诗集》卷二五"横吹曲辞五",北京：中华书局,1979年,第374页。
③ 《吐鲁番出土文书》(录文本)第八册,北京：文物出版社,1987年,第492页；图文本第四册,文物出版社,1996年,第236页。

1 康随风一介庸人,名霑简点之色,而乃避其军役。
2 于是妄作患由,臂肘蹉跌,遂非真病,挛拳手腕,
3 乃是诈为。使人将谓非虚,遂乃放从丁例。此□
4 □知,匪独一人□事。推穷状情□露,将为□□
5 推索氏之能为。诘问其人,□答知无谬,两家皆成
6 矫妄,彼此并合入军。宜牒府知收领讫上。

据题解,本件写于圣历元年(698)至神龙元年(705)间。文中康随风与凭虚并非真实姓名,不过,人名的虚拟并不等于内容之虚构,文书的内容应是当时现实生活的反映①。康随风"一介庸人","名霑简点之色",却试图通过诈病以逃避军役。据文书分析,康随风是在知悉自己被"简点"之后才诈称有病的,与他相似的还有另外一人,即文书所说的"两家皆成矫妄,彼此并合入军"。由"入军"一称看,康随风与另外一人是作为卫士被"简点"入军府的,所谓"宜牒府知收领讫上",即指下牒文通知折冲军府,要其收领康随风等二人,然后向上汇报。文书同样表明,唐代府兵的简点,首先是由官府予以圈定,被点者本人事先并不知晓。《白居易集》卷三《新乐府·新丰折臂翁》②记新丰老翁在天宝十载(751)时年二十四岁,被兵部征发为兵前讨云南,诗称:"是时翁年二十四,兵部牒中有名字。夜深不敢使人知,偷将大石锤折臂。张弓簸旗俱不堪,从兹始免征云南。"据此,新丰老翁也是在知晓自己被征发为兵之后才自残肢体的,他"偷将大石锤折臂",以至"张弓簸旗俱不堪",才得以"免征云南"。这都说明唐朝前期对兵员的征点,首先由官府确定被点人员名单,而当事人并不知晓。

据唐律,官府确定新点入的兵员(卫士、征人等)名单,要考虑"财均者

---

① 参见孙继民:《敦煌吐鲁番所出唐代军事文书初探》,北京:中国社会科学出版社,2000年,第53页。
② 《白居易集》卷三,顾学颉校点本,北京:中华书局,1979年,第62页。

取强,力均者取富,财力又均先取多丁"的征发原则①。这其实就是一个拣选的过程。此后,被点人员名单公布,还要经过检查、核对这一环节。康随风在"名霑简点之色"后诈称有病,"使人"并未认真核查,认为情况属实,"遂乃放从丁例"。其后又经审察,证实康随风使诈,故要军府收其入军。官府在拣选名单时,主要依据籍帐的记载,但籍帐所记与实际情况还是存在着一定的差异,故要再次检查、核对。这就为那些力图逃避军役的人提供了机会,康随风的例子就是如此。又《新丰折臂翁》还记:"骨碎筋伤非不苦,且图拣退归乡土。"他在自残肢体后,显然还要经官府查证,方才被拣退返归乡土。

又据吐鲁番阿斯塔那一九一号墓所出《唐史卫智牒为军团点兵事》载②:

```
1  牒检案连如前,谨牒。
2           十月廿五日史卫智牒
3                 史辛君昉
4                 府张文贞
5        问五团:所通应
6        简点兵尫弱、疾
7        病等诸色,不有
8        加减、隐没、遗漏,
9        具尽已不? 传
10       宝示
```

本件缺纪年,据唐长孺先生考证,应在永隆元年(680),并指出"五团"当即前庭府的五团③。文书中"传宝",又见于同墓所出《唐永隆元年(680)军团牒为记注所属卫士征镇样人及勋官签符诸色事》④,当即西州都

---
① 《唐律疏议》卷一六《擅兴》"诸拣点卫士"条疏议,第302页。
② 《吐鲁番出土文书》(录文本)第六册,北京:文物出版社,1985年,第562—563页;图文本第三册,文物出版社,1996年,第286页。
③ 唐长孺:《吐鲁番文书中所见的西州府兵》,《敦煌吐鲁番文书初探二编》,第32—33页。
④ 《吐鲁番出土文书》(录文本)第六册,第558页;图文本第三册,第284页。

督府兵曹参军①，上列文书当为西州兵曹有关前庭府五团简点府兵的处理意见。尫弱又作"尪弱"，意指身体瘦弱、虚弱，与强壮相对②。东晋葛洪在《抱朴子》（内篇）卷六《微旨》中曾列举诸多恶事，其中即有"迫胁尫弱，以恶易好，强取强求，掳掠致富"等③。此处"迫胁尫弱"即是以强凌弱之意。

《旧唐书》卷一〇四《高仙芝传》记天宝六载（747）时，安西副都护高仙芝率大军讨小勃律，攻下吐蕃连云堡后，留中使边令诚等"以羸病尫弱三千余人守其城"，自己率军继续向前挺进④。又《新唐书》卷一九七《裴怀古传》载武周时裴怀古随阎知微出使突厥，被默啜可汗囚于军中，"因得亡，而素尫弱，不能骑，宛转山谷间，仅达并州"⑤。裴怀古一介书生，因身体虚弱不能骑马，故逃跑时只能步行。文书中"尫弱"与"疾病"并举，说明二者各有别。又"加减"一语，唐代手实文书中多有所见，唐律则写为"增减"，即"增减年状（谓疾、老、中、小之类）"，其义为："增年入老，减年入中、小及增状入疾，其从残疾入废疾，从废疾入笃疾，废疾虽免课役，若入笃疾即得侍人。"⑥律文主要是针对百姓申报户口而言的，但"增减"之义亦可适用于府兵的简点。参照律文，有关府兵之"增减"问题，涉及三个方面：一是府兵"增年入老"，入老即可退役；二是成丁之人"减年入中"，中男可免兵役；三是"增状入疾"，入废疾者可免课役，入笃疾者还可得到侍丁之照顾，上揭康随风诈病即属此类。这其实关涉到府兵的点入与简退问题（详后）。所谓"隐没"，据日本《令义解》卷二《户令》百姓户籍"若有增减隐没不同"条注称："增减者，年纪不依实也；隐者，脱籍不上也；没者，诈

---

① 《唐永隆元年（680）军团牒为记注所属卫士征镇样人及勋官签符诸色事》第15—18行记"十月廿六日录事张文表受"后，西州都督府司马"仲"作了"付兵"（交付兵曹）的判示，随后"传宝"也在同日作了"检案"的批示，联系《唐史卫智牒为军团点兵事》中"传宝"之判语，其人当为西州都督府的兵曹参军。
② 吴丽娱：《唐高宗永隆元年（公元六八〇年）府兵卫士简点文书的研究》一文，对"尫弱"一词有过简释，载《敦煌吐鲁番学研究论文集》，上海：汉语大词典出版社，1990年，第678页。
③ 王明：《抱朴子内篇校释》（增订本），北京：中华书局，1985年，第126页。
④ 《旧唐书》，第3204页。
⑤ 《新唐书》，第5625页。
⑥ 《唐律疏议》卷一二《户婚》"诸脱口及增减年状"条及疏议，第232页。朱雷先生《唐代"手实"制度杂识——唐代籍帐制度考察》一文对此有过精湛的分析，载《魏晋南北朝隋唐史资料》第五期，1983年；又同著《敦煌吐鲁番文书论丛》，第105—106页。

生注死也。"①《新唐书》卷四八《百官志三》记监察御史巡按州县,其按察内容之二即"察户口流散,籍帐隐没,赋役不均"②。而与府兵简点有关的"隐没",当指简点过程中,那些应该被点入或简退之人,却因脱漏、造假而未被点入或简退。至于"遗漏",或是府兵简点过程中由于某些疏忽而造成的人员的遗漏。很显然,西州官府在永隆元年进行了府兵的简点,但工作还未完全结束,故西州兵曹要下牒询问前庭府五团有关"应简点兵"的身体瘦弱、疾病情况,是否存在"加减、隐没、遗漏"等问题。这些其实都是府兵简点过程中的具体核查、征点工作,从而表明西州兵曹对"所通应简点兵"的实际状况并不知晓。我们知道,点兵以户籍中的丁口多寡、贫富强弱、材力高下为依据,由地方刺史、县令负责③。州、县地方政府依据籍帐确定卫士人员名单,折冲军府是否参与这一过程,并不清楚,但具体的核查、征点工作则由军府负责,这就是我们分析上列文书所得出的一点粗浅认识。府兵由拣选到核查的这一过程,正体现了"简(拣)点"一词的真正涵义。

不过,唐代府兵的简点,除点入成丁之人外,还包含对入老及不合留军之府兵的简退、简出。据日本《养老军防令》第三十六条载④:

> 凡非因简点次者,不得辄取人入军及放人出军。其诈冒入军、被认入贱及有荫合出军者,勘当有实,皆申兵部,听出军。在军者,年满六十,免军役;虽未满六十,身弱长病,不堪军役者,亦听简出。

按日本养老令本之唐令,此条记载同样可以反映唐朝的情况。《令义解》卷五《军防令》"凡非因简点次者"条注称:"谓计帐之时也。"⑤这无疑揭示了简点与计帐之间的密切关系。关于此点,下文还要讨论。根据上述记载,正常的简点包含两个方面的内容:一是"取人入军",一是"放人出

---

① 《令义解》(新订增补国史大系本),东京:吉川弘文馆,1988年,第97页。
② 《新唐书》,第1240页。
③ 谷霁光:《府兵制度考释》,第164页。
④ 《令义解》卷五《军防令》,第192页;又仁井田陞:《唐令拾遗》军防令第十六,第377页。
⑤ 《令义解》,第192页。

军"。而"放人出军"则存在三种情形:一是"诈冒入军、被认入贱及有荫合出军者";二是在军"年满六十"者;三是虽未年满六十,但"身弱长病,不堪军役者"。此外,府兵因战伤入笃疾、废疾者,也应放免出军。唐《田令》规定:"诸因王事没落外藩不还,有亲属同居者,其身分之地六年乃追。身还之日随便先给。即身死王事者,其子孙虽未成丁,身分之地未追。其因战伤入笃疾、废疾者,亦不追减,听(终)其身。"①此处"因战伤入笃疾、废疾者",明显包含白丁、卫士等类人。既然笃疾、废疾之人可免课役,那么卫士"因战伤入笃疾、废疾者",肯定也会被放免出军。

据敦煌吐鲁番文书资料分析,唐代府兵的点入与简出是同步进行的。敦煌所出《周大足元年(701)沙州敦煌县效谷乡籍》记户主赵端严的丈夫邯屯屯,年五十一,原为卫士,"圣历二年帐后军内简出,三年帐后死"②。邯屯屯大足元年时才五十一岁,还不到退役的年龄,其在圣历二年(699)从军内被简出,可能是因为受伤或患病,故在次年即死去。又吐鲁番所出《武周大足元年(701)西州籍》存六片,其中第六片残存3行小字③:

1 _____]年帐后括附
2 _____]圣历二年帐后点入
3 _____]年帐后点入

此处"点入",当指西州某人被点为卫士。由此可见,在圣历二年,卫士的点入与简出是同时进行的。最能说明这一问题的,是敦煌所出《唐开元十年(722)沙州敦煌县悬泉乡籍》与《唐开元十年(722)沙州敦煌县莫高乡籍》④。前籍记户主郭玄昉男郭思宗年二十二岁,身份为卫士,注脚称:"(开)元七年十二月十三日符从尊合贯附,开元九年帐后奉其年九月九日格点入";又户主杨义本男杨守忠年二十五岁,卫士,也是"开元九年帐后

---

① 《唐令拾遗》田令第二十二,第633页;又戴建国:《唐〈开元二十五年令·田令〉研究》,载《历史研究》2000年第2期,第38页。
② 池田温:《中国古代籍帐研究》,东京大学东洋文化研究所,1979年,第168页。
③ 池田温:《中国古代籍帐研究》,第238—239页。
④ 池田温:《中国古代籍帐研究》,第179—186、187页。

奉其年九月九日格点入";另一户主赵玄表年五十八岁,身份为白丁,注脚记:"开元九年帐后奉其年九月九日格卫士十周已上间放出";后籍记户主王万寿年五十一岁,身份为白丁,注脚称:"神龙元年全家没落,开元九年帐后奉其年九月九日格卫士没落放出"。由此知开元九年沙州府兵的简点,既有郭思宗、杨守忠等的"点入",又有赵玄表、王万寿等卫士的"放出"。因此,在讨论府兵简点时间问题时,不仅要考虑到府兵的"点入",更要考虑到府兵的"简出"。

关于府兵的"点入",一般为"成丁而入";而府兵的"简出",则存在着上述入老、患病、身体虚弱、受伤、政策放免等诸种复杂情况。我们知道,全国每年都会有不少百姓成丁、入老,而这一丁口年龄变动,又关涉国家的赋役征发,故唐朝政府特别重视一年一次的"团貌"。据朱雷先生研究,唐朝至少在开元二十九年(741)以前、天宝九载(750)之后,每年皆有一次由县令亲自主持的"团貌",其内容是登记"诸户计年将入丁、老、疾应免课役及给侍者",并据以制定"貌定簿",然后以之作为制定"手实"的重要根据①。而县令在籍帐上必须亲自注定"五九(谓十九、四十九、五十九、七十九、八十九)"、"三疾"等项内容,"五九"之中的十九、五十九即与成丁、入老密切相关②。正因如此,府兵的点入、简退与籍帐关系至为密切。据日本宁乐美术馆藏吐鲁番出土《唐蒲昌县牒为刘文伯入老、曹回住等未没贼上报事》载③:

1 蒲昌县
2 　逃卫士刘文伯
3 　　右得牒:称上件人元无县牒报入六十处者,
4 　　去年貌入六十。正月州使覆白至,已牒府讫。
5 曹回住　　氾惠住　　吴师子
6 　　右同前得团状注没贼,依检案内今年四

---

① 朱雷:《唐代"手实"制度杂识——唐代籍帐制度考察》,《敦煌吐鲁番文书论丛》,第97—112页。
② 《唐六典》卷三〇《三府督护州县官吏》,第753页。关于"五九"、"三疾"问题,请参朱雷先生《唐代"手实"制度杂识——唐代籍帐制度考察》一文。
③ 陈国灿、刘永增编:《日本宁乐美术馆藏吐鲁番文书》,北京:文物出版社,1997年,第86页。

7　　　　日得县牒,报前件人见在,不言没贼。
8　　　　□团状□□□县牒乡至今不报者

本件后缺,无年月,上钤"蒲昌县之印"。按宁乐美术馆所藏蒲昌府文书多在开元二年,本件亦与此相当。菊池英夫先生前揭文曾对该文书有过解释。据文书,蒲昌府卫士刘文伯经去年(当即开元元年)蒲昌县团貌入"六十",按规定应该退役,但蒲昌府并未接到蒲昌县的牒文,故未予处理,于是刘文伯逃走。蒲昌府遂牒蒲昌县查询,蒲昌县证实此事,并在今年正月接到州使的"覆白"后,正式下牒文给蒲昌府。由此可见,卫士入老,须经所在县司的团貌予以确认,再经州府核准,县乃牒军府,军府才准其退役。吐鲁番阿斯塔那八三号墓所出《唐独孤酉丰等官兵破除残文书》第 5 行某人旁记"年六十老"①,据文书上下文,此人身份当属卫士,其年六十入老,理应退役,故属破除之列。该文书缺纪年,同墓所出有唐先天二年(713)的文书,其年代应大致相当。可见,入老卫士一般不再服役。

日本宁乐美术馆藏吐鲁番出土《唐蒲昌府承帐、随番、不役、停番等名簿》存 18 行文字,兹摘录其中数行如下②:

　　　4 人 承 帐 及 随 番
　　　11 人 入 六 十
　　　14 人 侍 丁
　　　15 人 五 十 停 番

本件缺纪年,但首尾押缝均有"玉"字,此"玉"实即开元二年任蒲昌府折冲都尉的王温玉,文书年代当在此年③。其中"承帐及随番"人数存 6 行,估计有三十多人,"入六十"人数存 2 行,"侍丁"人数存 1 行,"五十停番"人数存 2 行。此处"承帐"与"随番"并举,说明二者乃并列关系,不过,"承

---

① 《吐鲁番出土文书》(录文本)第八册,第 29 页;图文本第四册,第 13 页。
② 陈国灿、刘永增编:《日本宁乐美术馆藏吐鲁番文书》,第 94—95 页。
③ 陈国灿、刘永增编:《日本宁乐美术馆藏吐鲁番文书》,第 11 页。

帐"之意究竟为何？暂存疑待考。所可注意者，文书除记"入六十"之人数外，还记有"五十停番"的人数。所谓"五十停番"，其意当指卫士年满五十，即不再番上。按县令每年亲自貌定的"五九"之中就有"四十九"一项，朱雷先生曾指出，唐朝前期虽然几次下诏要免除五十岁百姓的课役、兵役，其实并未真正实行，但在许多临时性的蠲免上，往往以年"五十"为界限，故重"四十九"，以防人"增年入五十"①。卫士年五十即停番，或许与此有关，同时也与他们进入老年阶段、身体状况走向衰弱不无关系。与此相似的另一件文书《唐蒲昌府番上、不番上等名簿》②，其第6行存"四人入"三字，后缺当为一"老"字，第9行存"六人五十"四字，后缺当为"停番"二字。据此可知，折冲军府在登记所属卫士番上与不番上的名簿上，对"入六十"与年"五十"之卫士都要特别注明，其根据显然即是来自县司每年一次的团貌，这充分反映了军府与地方行政机构之间的密切关系。

既然每年都有不少卫士入老，那么对他们的简退也应每年都在进行。蒲昌府卫士刘文伯年已入"六十"，但军府并未接到蒲昌县的牒文通知，故未对他的简退做出处理，于是刘文伯采取了逃走的方式。如果对"入老"卫士不是每年都在简退的话，刘文伯实没有逃走之必要，蒲昌府也不会询问蒲昌县其"入老"之情况。上文已经指出，唐代府兵的点入与简出是同步进行的，对成丁之人的点入，实际就是为了弥补"简退"、"简出"之后的缺额。当然，府兵缺额之产生，除此之外，还有卫士战死、逃亡、没落及因功得到提拔等多方面的原因。吐鲁番阿斯塔那五〇九号墓所出《武周天山府下张父团帖为新兵造幕事一》③，记张父团一次补充新兵就达一一九人之多，说明因各种原因而造成的府兵缺额之数是比较大的。至于史载府兵"年月渐久，逃死者不补"④，那已是府兵制日趋瓦解之事了。既然对府兵

---

① 参见朱雷：《唐代"手实"制度杂识——唐代籍帐制度考察》，《敦煌吐鲁番文书论丛》，第109—110页。
② 陈国灿、刘永增编：《日本宁乐美术馆藏吐鲁番文书》，第100—101页。
③ 《吐鲁番出土文书》（录文本）第九册，北京：文物出版社，1990年，第5页；图文本第四册，第252页。
④ 《通典》卷二九《职官十一》"折冲府"条下杜佑注，北京：中华书局，1988年，第810页；《唐会要》卷七二《府兵》，第1298页。

的简退每年都在进行,与之相应,对成丁之人的点入,也应如此。换言之,唐代府兵的简点是每年一次。当然,这属开元六年以前的制度。

据《通典》卷二九《职官十一》"折冲府"条载:"每岁十一月,以卫士帐上于兵部,以候征发。"①又《旧唐书》卷四四《职官志三》记:"每岁十一月,以卫士帐上尚书省天下兵马之数以闻。"②折冲府每年都要把卫士帐上交兵部,兵部据之掌握天下兵马情况,这说明卫士帐每年可能都有一定的变化,而府兵之每年一简点,正是这一变化的重要体现。又《唐令拾遗》军防令第十六条载:"诸卫士各立名簿,具三年已来征防若差遣,仍定优劣为三等。每年正月十日送本府印讫,仍录一通送本卫,若有差行上番,折冲府据簿而发之。"③有关卫士三年以来征防、差遣之名簿,也是每年都要制作,并分送本府、本卫,这些都与府兵"每年一简点"之制是吻合的。

诚然,府兵的简点与民户的户籍、户等有关,所谓"拣点之法,财均者取强,力均者取富,财力又均,先取多丁"④,即是有关府兵简点的法律规定。但三年一造户籍与定户等,并不表明府兵也是"三年一简点"。吐鲁番阿斯塔那四二号墓所出《唐永徽元年(650)后西州某乡户口帐(草)》存十六片,其中第十三片存5行,3行残"入卫士"三字,联系第十片1、2行所记"口四卫士入职资"、"口一终制入职资",第十二片3行所记"白丁入残疾",可知"入卫士"前所缺当为白丁口数⑤。唐长孺先生曾对本文书有过精湛的分析,认为该帐属"繁式"户口帐,应造于唐高宗永徽二年(651),并指出文书中"入卫士"与"入残疾"、"任里正"、"后加白直"等一样,都是"从输入不输"⑥。由此可知,西州某乡在永徽二年有若干白丁被点为卫士,这对同年有四名卫士"入职资"后所造成的府兵缺额,正好是一

---

① 《通典》,第810页。
② 《旧唐书》,第1906页。
③ 仁井田陞:《唐令拾遗》,第369页。
④ 《唐律疏议》卷一六《擅兴》"诸拣点卫士"条,第302页。
⑤ 《吐鲁番出土文书》(录文本)第六册,第224—239页;图文本第三册,第123—124页。
⑥ 唐长孺:《唐西州诸乡户口帐试释》,《敦煌吐鲁番文书初探》,武汉大学出版社,1983年,第132、156页。

个补充。按唐制,"每定户以仲年(子、卯、午、酉),造籍以季年(丑、辰、未、戌)"①。敦煌、吐鲁番等地所出籍帐业已表明,唐朝在开元二十三年以前是严格按照此制造籍的②。据吐鲁番所出《唐开元二十一年(733)西州蒲昌县定户等案卷》,蒲昌县定户等在开元二十一年末,而造籍时间则"起正月,毕三月"③,如果卫士简点也是三年一次的话,其时间放在造籍之后的下半年当最为理想。然而,永徽二年为辛亥年,既非造籍年,也非定户等年,西州却在该年简点府兵,说明它们之间并不存在时间的一致性。

据菊池英夫先生所制作的《府兵简点年次推定表》,仪凤三年(678)或调露元年(679)为府兵简点年,其后是开耀元年(681)或永淳元年(682),永隆元年(680)为庚辰年,并不属府兵简点年,但前揭吐鲁番所出唐永隆元年(680)西州军团文书表明,该年西州进行了府兵简点;再以永隆元年为简点年,按"三年一简点"之制往后推,府兵简点之年应为683、686、689、692、695、698、701等诸年,而圣历二年(699)为己亥年,按理不属简点年,菊池先生的《府兵简点年次推定表》也未列入其中,但上揭敦煌吐鲁番文书同样证明,圣历二年沙、西二州府兵简点活动照常进行。菊池先生还认为,咸亨三年十二月朝廷颁下简点格,该年可能并未进行简点,而从次年开始实行新的三年一简点。吐鲁番哈拉和卓一〇三号墓所出《唐自书历官状》1—2行载④:

1 从咸亨三年简点蒙补旅帅已来,至四年中
2 从果毅薛邈入疏勒,经余三年以上。

状文记某人于咸亨三年(672)被补为旅帅,按旅帅乃折冲府中下级军官,

---

① 《唐六典》卷三《尚书户部》,第74页。
② 韩国磐:《唐籍帐残卷证明唐代造籍均田之勤》,《敦煌吐鲁番学研究论文集》,第97—132页。从开元二十三年(735)始,唐朝又实行三年一造籍,关于此点,请参荣新江:《〈唐开元二十三年西州高昌县顺义乡籍〉残卷跋》,《中国古代社会研究——庆祝韩国磐先生八十华诞纪念论文集》,厦门大学出版社,1998年,第140—146页。
③ 《吐鲁番出土文书》(录文本)第九册,第97—99页;图文本第四册,第311—312页。
④ 《吐鲁番出土文书》(录文本)第六册,第596页;图文本第三册,第302页。

因此，文书中所提及的"简点"，即指有关府兵之简点。易言之，咸亨三年府兵简点活动照常进行。按府兵之简点时间在每年的九、十月份（详见下文），而朝廷在咸亨三年十二月颁发简点格，二者时间前后并不冲突。因此，该简点格之颁布，应是用于次年及以后诸年的府兵简点。

其实，前揭《令义解》卷五《军防令》"凡非因简点次者"条下"谓计帐之时也"的注释，业已明示了府兵简点与计帐之间的关系。据同书卷二《户令》，日本国计帐每年一造，具体时间在每年的六月三十日以前①。唐代计帐亦为每年一次②。按常例，计帐使要在每年六月之前把计帐送交尚书都省③，则全国各地计帐时间必在此前。而府兵的简点时间在九、十月间，二者之间的前后关系是显而易见的。进言之，地方官府对府兵的简点，主要依据的应当就是在此之前业已完成的计帐。

既然开元六年以前府兵简点是每年一次，那么此后的调整又是怎样的呢？持开元六年以前"三年一简点"说的学者认为，此后实行的是"六年一简点"。这一观点所依据的就是上揭《新唐书·兵志》的记载。不过，此说存在两点疑问：首先，如果开元六年以后实行府兵"六年一简点"，那么，为什么在开元十年始撰的《大唐六典》中只有"三年一简点"之记载，却无"六年一简点"的记载呢？其次，若此说成立，则开元十二年（724）方为府兵的简点之年，但前揭敦煌吐鲁番文书业已证明，早在开元九年时，沙、西二州俱在进行府兵的简点，而且是据格简点卫士，这恐怕并非仅仅是沙、西二州的个别行动，全国其他地区亦当如此。因此，《新唐书·兵志》"每六岁一简"之记载可能有误，不可凭信。而据《唐六典》及《唐令拾遗》"军防令"之记载，开元六年以后府兵已改为"三年一简点"。这一认识既不存在上述疑问，又可因此对有关府兵简点问题得到贯通的理解。

据前揭敦煌所出《唐开元十年（722）沙州敦煌县悬泉乡籍》与《唐开元十年（722）沙州敦煌县莫高乡籍》，沙州是在开元九年"奉其年九月九日格"进行府兵简点的，其简点时间当在九、十月之间。又上揭吐鲁番阿斯

---

① 《令义解》，第96页。
② 《唐六典》卷三《尚书户部》，第74页。
③ 《唐六典》卷一《三师三公尚书都省》，第12页。

塔那一九一号墓所出《唐史卫智牒为军团点兵事》记西州兵曹牒问前庭府五团有关所点府兵情况,时在永隆元年(680)十月廿五日,则当年西州府兵简点必在此前不久。据此判断,每年的九、十月份当即府兵简点的具体时间。这一时间,正是秋收结束的农闲之日,与各地上交兵部卫士帐的时间(每年十一月),也前后彼此衔接。又据敦煌所出籍帐,赵玄表是"开元九年帐后奉其年九月九日格卫士十周已上间放出",王万寿则是"神龙元年全家没落,开元九年帐后奉其年九月九日格卫士没落放出",显然,"卫士十周已上间放出"与"卫士没落放出",俱属此次所颁格文的内容。唐朝前期曾多次下达放免卫士的诏令,《唐大诏令集》卷一一载高宗弘道元年(683)《大帝遗诏》称①:

> 永徽以来入军年五十者,并放出军;天下百姓年五十者,皆免课役。

中宗神龙元年(705),韦后为收买人心,曾上表请百姓年二十二岁成丁,五十八岁免役,中宗从之,韦后被诛后,又复旧②。玄宗先天二年(713)正月,睿宗下诰称③:

> 应令天下卫士,取年二十五已上者充,十五年即放出;频经征镇者,十年放出。

不过,诏、诰毕竟是临时性的措施,并非常制,故开元八年(720)二月所发敕文仍称:"役莫重于军府,一为卫士,六十乃免,宜促其岁限,使百姓更迭为之。"④尽管如此,格文"卫士十周已上间放出"的规定,还是能在先天二年正月睿宗诰中寻到些许影子,即诰中所记"十五年即放出,频经征镇者,

---

① 《唐大诏令集》,北京:商务印书馆,1959 年,第 68 页。
② 《通典》卷七《食货七》"丁中"条,第 155 页;《唐会要》卷八五《团貌》记"五十九免役",第 1555 页。
③ 《唐会要》卷七二《京城诸军》、卷七八《诸使杂录上》,第 1292、1438 页。
④ 《资治通鉴》卷二一二开元八年二月壬子条,第 6740 页。

十年放出",格文可能就是来自对此诰文内容的修订。

按开元六年宋璟等奉敕修律令格式,次年三月奏上,律令式仍旧名,格曰《开元后格》。开元九年所发简点府兵的格文,与开元七年所修之《开元后格》当存在一定的关联。仁井田陞先生系"三年一简点"之制于开元七年,恐怕也是考虑到了该年唐朝对律令的修订。据上揭敦煌所出籍帐,郭思忠在开元九年被点为卫士时正好二十一岁,符合唐朝"成丁而入"之规定,而杨守忠被点时年二十四岁,其成丁年在开元六年,他在成丁年及以后的两年都未被点为卫士,似乎暗示这几年并未进行府兵的简点。前揭吐鲁番所出《唐开元五年(717)后西州献之牒稿为被悬点入军事》,记献之于开元五年末被定远道行军大总管阿史那献判补为盐泊都督府的表疏参军,开元九年时,被西州官府悬名点入军府。此事也说明开元六、七、八年并未进行府兵的简点。由此联想到《唐会要》卷七二《府兵》所记玄宗开元六年五月廿七日的敕文:"诸折冲府兵,每年一简点,至时,所司条奏。"试问玄宗颁发此敕的用意何在呢? 如所周知,武周以来,由于战争频繁,大量百姓为避役纷纷逃亡,卫士或战死、或逃亡、或没落,以至"年月渐久,逃死者不补";与此同时,与府兵简点关系密切的籍帐也出现了混乱、松弛的现象①。这些都必然导致府兵"每年一简点"之制走向崩坏。府兵简点之制不能照常进行,势必影响府兵之员额及战斗力。在此情况下,玄宗于开元六年颁发此敕,实际上是对已往旧制之重申,试图通过重申旧制来挽救已趋崩坏的府兵制度。只是在旧制无法继续推行的情况上,才被迫做出调整,故在该年下敕要宋璟等修订律令格式。开元七年三月修成之法律条文,可能就涉及对府兵简点时间的调整,即改"每年一简点"为"三年一简点"。应该说,仁井田陞先生系"三年一简点"之军防令文于开元七年,还是很有道理的。开元九年沙、西二州据格简点卫士,这已是不争之事实,而开元七年初距开元九年正当三年,与"三年一简点"之新规定完全吻合。易言之,开元九年是唐朝对府兵简点时间做出调整后的第一个简点年,体现了唐政府为

---

① 池田温:《中国古代籍帐研究》(概观),龚泽铣汉译本,北京:中华书局,1984年,第227—232页。

挽救府兵制所作出的努力。沙州杨守忠、西州献之在开元六、七、八年未被点为卫士,到九年却被点入军府的事实,一定程度也证实了这一变化和调整。

为进一步说明府兵简点时间问题,笔者据敦煌吐鲁番文书中有关府兵情况的记载,作一《唐代卫士情况一览表》如下①:

唐代卫士情况一览表

文书年代	姓名	籍贯	年龄	成丁年	干支	资料来源	备注
总章元年(668)	康海达	西州	30	659 年	己未	《文书七》118 页	
永隆元年(680)	□□□	西州	35	666 年	丙寅	《文书六》546 页	
永隆元年(680)	王胜藏	西州	31	670 年	庚午	《文书六》547 页	
永隆元年(680)	刘尸举	西州	26	675 年	乙亥	《文书六》547 页	
永隆元年(680)	白欢进	西州	41	660 年	庚申	《文书六》547 页	
永隆元年(680)	赵力相	西州	35	666 年	丙寅	《文书六》547 页	
永隆元年(680)	解养生	西州	35	666 年	丙寅	《文书六》547 页	
永隆元年(680)	康患隆	西州	48	653 年	癸丑	《文书六》547 页	
永隆元年(680)	竹海相	西州	31	670 年	庚午	《文书六》547 页	
永隆元年(680)	白祐海	西州	43	658 年	戊午	《文书六》548 页	
永隆元年(680)	康妙达	西州	34	667 年	丁卯	《文书六》548 页	
永隆元年(680)	张尾苟	西州	41	660 年	庚申	《文书六》548 页	
永隆元年(680)	向住海	西州	31	670 年	庚午	《文书六》548 页	
永隆元年(680)	冯石师	西州	34	667 年	丁卯	《文书六》548 页	
永隆元年(680)	翟姚子	西州	33	668 年	戊辰	《文书六》548 页	

① 《文书六》指《吐鲁番出土文书》(录文本)第六册(北京:文物出版社,1986 年),其余类同;《籍帐》指《中国古代籍帐研究》(录文)。需要特别说明的是,本表的制作,仅限于有明确纪年、卫士身份肯定并记有其人年龄的文书(不包含三卫及折冲府下级军官),且卫士所在地区也局限于沙、西二州,因而难免挂一漏万,以偏概全。不过,窥一斑而见诸貌,由沙、西二州卫士的简点,一定程度还是可以反映出当时全国的情况。另外,唐朝前期府兵点入的年龄虽曾有过变化,但大多数时间还是以二十一岁作为府兵点入的法定年龄,故本表所推定的成丁年龄以二十一岁为准。

续表

文书年代	姓名	籍贯	年龄	成丁年	干支	资料来源	备注
永隆元年（680）	康祐住	西州	33	668年	戊辰	《文书六》548页	
永隆元年（680）	翟阿达	西州	38	663年	癸亥	《文书六》549页	
永隆元年（680）	左隆贞	西州	40	661年	辛酉	《文书六》549页	
永隆元年（680）	□□子	西州	42	659年	己未	《文书六》549页	
永隆元年（680）	□士洛	西州	43	658年	戊午	《文书六》550页	
永隆元年（680）	□憧仁	西州	35	666年	丙寅	《文书六》550页	
永隆元年（680）	张欢海	西州	34	667年	丁卯	《文书六》550页	
永隆元年（680）	□□子	西州	32	669年	己巳	《文书六》550页	
永隆元年（680）	左苟仁	西州	35	666年	丙寅	《文书六》550页	
永隆元年（680）	令狐亥达	西州	31	670年	庚午	《文书六》550页	
永隆元年（680）	高海仁	西州	49	652年	壬子	《文书六》551页	
永隆元年（680）	杜隆僬	西州	32	669年	己巳	《文书六》551页	
永隆元年（680）	张白奴	西州	37	664年	甲子	《文书六》551页	
永隆元年（680）	田海亥	西州	40	661年	辛酉	《文书六》551页	
永隆元年（680）	康守绪	西州	29	672年	壬申	《文书六》551页	
永隆元年（680）	左相海	西州	39	662年	壬戌	《文书六》552页	
永隆元年（680）	□□□	西州	31	670年	庚午	《文书六》552页	
永隆元年（680）	□俾头	西州	29	672年	壬申	《文书六》553页	
永隆元年（680）	张申军	西州	32	669年	己巳	《文书六》554页	
永隆元年（680）	□□□	西州	32	669年	己巳	《文书六》555页	
永隆元年（680）	□□□	西州	31	670年	庚午	《文书六》555页	
永隆元年（680）	□□□	西州	30	671年	辛未	《文书六》555页	
永隆元年（680）	□□□	西州	33	668年	戊辰	《文书六》555页	
载初元年（690）	王隆住	西州	41	670年	庚午	《文书七》417页	
载初元年（690）	康鹿独	西州	40	669年	己巳	《文书七》431页	

续 表

文书年代	姓名	籍贯	年龄	成丁年	干支	资料来源	备注
大足元年(701)	邯屯屯	沙州	51	671年	辛未	《籍帐》168页	圣历二年帐后军内简出，三年死
大足元年(701)	索才	沙州	50	672年	壬申	《籍帐》168页	
大足元年(701)	□智力	西州	29	693年	癸巳	《籍帐》238页	
神龙三年(707)	何秃子	西州	36	692年	壬辰	《文书七》471页	户主何莫潘男
神龙三年(707)	康射毗	西州	37	691年	辛卯	《文书七》471页	户主康阿子男
神龙三年(707)	康婆解盆	西州	50	678年	戊寅	《文书七》471页	户主康阿子侄男
神龙三年(707)	康迦卫	西州	57	671年	辛未	《文书七》472页	逃满十年
神龙三年(707)	竹畔德	西州	50	678年	戊寅	《文书七》473页	
神龙三年(707)	竹僧奴	西州	42	686年	丙戌	《文书七》473页	竹畔德弟
神龙三年(707)	石浮知满	西州	40	688年	戊子	《文书七》474页	
神龙三年(707)	曹莫盆	西州	40	688年	戊子	《文书七》475页	
神龙三年(707)	康演潘	西州	51	677年	丁丑	《文书七》475页	
神龙三年(707)	安义师	西州	40	688年	戊子	《文书七》475页	
神龙三年(707)	安难及	西州	40	688年	戊子	《文书七》476页	户主安善才男
神龙三年(707)	白胡仁	西州	45	683年	癸未	《文书七》479页	
神龙三年(707)	焦僧住	西州	43	685年	乙酉	《文书七》480页	
神龙三年(707)	郭君行	西州	47	681年	辛巳	《文书七》482页	
神龙三年(707)	郑隆护	西州	52	676年	丙子	《文书七》482页	
神龙三年(707)	郑欢进	西州	49	679年	己卯	《文书七》482页	
开元二年(714)	□洛子	西州	36	699年	己亥	《文书八》282页	开元二年帐后疏勒道行还
开元四年(716)	杨法子	沙州	39	698年	戊戌	《籍帐》173页	又见《籍帐》175页

续　表

文书年代	姓名	籍贯	年龄	成丁年	干支	资料来源	备注
开元四年(716)	杜客生	沙州	48	689年	己丑	《籍帐》177页	圣历二年没落
开元四年(716)	王盲秃	西州	36	701年	辛丑	《籍帐》177页	开元二年帐后死
开元十年(722)	曹仁备	沙州	48	695年	乙未	《籍帐》185页	上柱国
开元十年(722)	郭思宗	沙州	22	721年	辛酉	《籍帐》180页	郭玄昉男
开元十年(722)	杨守忠	沙州	25	718年	戊午	《籍帐》182页	杨义本男
开元十年(722)	赵玄表	沙州	58	685年	乙酉	《籍帐》184页	开元九年奉格放出军
开元十年(722)	王万寿	沙州	51	692年	壬辰	《籍帐》187页	开元九年奉格放出军
开元十九(731)	□者德	西州	35	717年	丁巳	《文书八》407页	
开元廿一(733)	张君政	西州	47	707年	丁未	《文书九》99页	
天宝六载(747)	程思楚	沙州	47	721年	辛酉	《籍帐》200页	武骑尉
天宝六载(747)	程思忠	沙州	39	729年	己巳	《籍帐》201页	
天宝六载(747)	程智意	沙州	49	719年	己未	《籍帐》208页	武骑尉
天宝六载(747)	杜崇真	沙州	37	731年	辛未	《籍帐》210页	杜怀奉亡兄男、武骑尉
天宝六载(747)	卑思亮	沙州	58	710年	庚戌	《籍帐》212页	天宝三载籍后死
天宝十载(750)	曹英俊	沙州	49	722年	壬戌	《籍帐》263页	曹敬侄
天宝十载(750)	屈思楚	沙州	46	725年	乙丑	《籍帐》264页	屈元亮男
天宝十载(750)	张承恩	沙州	49	722年	壬戌	《籍帐》264页	
天宝十载(750)	张神山	沙州	43	728年	戊辰	《籍帐》265页	张神定弟
天宝十载(750)	郑绍龙	沙州	46	725年	乙丑	《籍帐》266页	郑月子男
天宝十载(750)	翟迁零	沙州	44	727年	丁卯	《籍帐》267页	
天宝十载(750)	宋思明	沙州	55	716年	丙辰	《籍帐》268页	
天宝十载(750)	翟阿昌	沙州	59	712年	壬子	《籍帐》268页	

续 表

文书年代	姓名	籍贯	年龄	成丁年	干支	资料来源	备注
天宝十载(750)	王神通	沙州	52	719年	己未	《籍帐》268页	
天宝十载(750)	索有才	沙州	52	719年	己未	《籍帐》268页	武骑尉
天宝十载(750)	氾头子	沙州	54	717年	丁巳	《籍帐》268页	
天宝十载(750)	王崇嗣	沙州	56	715年	乙卯	《籍帐》268页	
天宝十载(750)	王嗣庆	沙州	51	720年	庚申	《籍帐》269页	
天宝十载(750)	董思忠	沙州	57	714年	甲寅	《籍帐》269页	
天宝十载(750)	安慈力	沙州	49	722年	壬戌	《籍帐》269页	安大方亡兄男
天宝十载(750)	尹玄楚	沙州	56	715年	乙卯	《籍帐》269页	
天宝十载(750)	曹引吐迦宁	沙州	47	724年	甲子	《籍帐》272页	曹大庆弟
天宝十载(750)	贺嗣珪	沙州	51	720年	庚寅	《籍帐》273页	贺吐屯男
天宝十载(750)	石神功	沙州	52	719年	己未	《籍帐》273页	
天宝十载(750)	康伏吐忿	沙州	59	712年	壬子	《籍帐》273页	
天宝十载(750)	唐嗣宗	沙州	41	730年	庚午	《籍帐》274页	
天宝十载(750)	马寄裕	沙州	52	719年	己未	《籍帐》274页	
天宝十载(750)	唐崇晖	沙州	42	729年	己巳	《籍帐》274页	唐大宾弟
天宝十载(750)	索怀珎	沙州	42	729年	己巳	《籍帐》275页	
天宝十载(750)	索思久	沙州	51	720年	庚申	《籍帐》276页	
天宝十载(750)	氾琼悲	沙州	44	727年	丁卯	《籍帐》276页	
天宝十载(750)	令狐崇珎	沙州	47	724年	甲子	《籍帐》276页	废疾
天宝十载(750)	氾大楚	沙州	52	719年	己未	《籍帐》276页	
天宝十载(750)	贺守谅	沙州	47	724年	甲子	《籍帐》276页	贺胡鼻弟
天宝十载(750)	贺怀真	沙州	47	724年	甲子	《籍帐》276页	
天宝十载(750)	氾犊子	沙州	50	721年	辛酉	《籍帐》276页	

续 表

文书年代	姓名	籍贯	年龄	成丁年	干支	资料来源	备 注
天宝十载(750)	袁承业	沙州	47	724年	甲子	《籍帐》278页	袁仁立男
天宝十载(750)	张仁宗	沙州	56	715年	乙卯	《籍帐》278页	张思臻弟
天宝十载(750)	张义深	沙州	51	720年	庚申	《籍帐》278页	
天宝十载(750)	阎庭琨	沙州	44	727年	丁卯	《籍帐》279页	
天宝十载(750)	平思敬	沙州	45	726年	丙寅	《籍帐》279页	
天宝十载(750)	王义游	沙州	47	724年	甲子	《籍帐》280页	王义立弟
天宝十载(750)	平楚琼	沙州	50	721年	辛酉	《籍帐》280页	
天宝十载(750)	王大寿	沙州	59	712年	壬子	《籍帐》280页	
天宝十载(750)	吕承礼	沙州	47	724年	甲子	《籍帐》280页	
天宝十载(750)	平元宪	沙州	57	714年	甲寅	《籍帐》280页	
天宝十载(750)	田楚珪	沙州	50	721年	辛酉	《籍帐》280页	田开强男
天宝十载(750)	索元揽	沙州	54	717年	丁巳	《籍帐》280页	
天宝十载(750)	平楚遂	沙州	44	727年	丁卯	《籍帐》280页	
天宝十载(750)	阎什德	沙州	59	712年	壬子	《籍帐》280页	
天宝十载(750)	杨思齐	沙州	50	721年	辛酉	《籍帐》280页	
天宝十载(750)	张昌谏	沙州	56	715年	乙卯	《籍帐》281页	
天宝十载(750)	张义谌	沙州	49	722年	壬戌	《籍帐》281页	
天宝十载(750)	梁居住	沙州	47	724年	甲子	《籍帐》281页	

据上表,沙、西二州卫士共一百二十四人,其成丁年子、丑、寅、卯、辰、巳、午、未、申、酉、戌、亥诸年皆有,其中子年(十九人)、未年(十五人)、卯年(十三人)、巳年(十三人)成丁者居多,午年(十一人)成丁者其次,即使在开元六年以前,也是此四年成丁人数居多。在菊池英夫先生所列《府兵简点年次推定表》中,子、卯、午、酉诸年为简点年,未、巳二年则不属简点年。这与上列统计数字显然并不吻合。假如开元六年以前府兵简点每年都在进行的话,则不存在这一问题。易言之,开元六年以前的卫士,在其成丁后,即被点入军府,故不少卫士的成丁年是前后相连的,如658—664年,

668—672年,691—693年,676—679年,等等。我们还注意到,开元九年以后成丁的卫士共有三十一人,其中在开元九年、十二年、十五年、十八年成丁者就有二十人,占总数的64.5%,而这几年正好是实行"三年一简点"之制的简点年。这恐怕不是偶然的巧合,而应是开元六年以后府兵简点由"每年一简"改为"三年一简"的真实反映。

  开元六年以前,府兵实行"每年一简点"之制,在文献记载中也可找到一些线索。据《唐会要》卷八五《杂录》条载,武德九年(626)十一月,左仆射封德彝任简点使,欲征及中男,遭魏徵反对而止①。由此看出,唐朝曾在武德九年简点府兵。又据《唐会要》卷七八《诸使杂录上》载:"贞观元年四月,发诸道简点使。"②此处"诸道",当指该年三月唐朝因山川形便而设置之"十道"③。因而朝廷派往诸道的简点使可能有十名,这与上年仅封德彝一人任简点使的情形颇有些差异,而且此次简点时间在四月之后,与去年的简点时间也有所不同,说明这一期间的府兵简点可能还未形成制度。不过,连续两年都在简点府兵的这一事实,与其后"每年一简点"之制的推行,应该是一脉相承的。

  综上所述,可归纳总结如下:唐代府兵的简点,既包含对成丁之人的点入,又包含对入老及不合留军之府兵的简退。对成丁之人的点入,由各地州府据籍帐予以圈定,被点之人事先并不知晓;其后公布名单并由折冲府核查,据以征点入军。在此过程中,一些成丁百姓为逃避兵役而自残肢体。折冲军府对入老卫士的简退,主要依据州县每年一次的团貌,军府与

---

① 《唐会要》,第1556—1557页。《资治通鉴》卷一九二系此事于武德九年十二月末,第6026—6027页;《贞观政要集校》卷二《纳谏第五(直言谏争附)》系于贞观三年,北京:中华书局,2003年,第116—118页。朱雷先生《唐代"点籍样"制度初探——吐鲁番、敦煌两地出土"点籍样"文书的考察》一文推测,此事当在太宗即位尚未改元之时。《敦煌吐鲁番文书初探二编》第365页注(29),《敦煌吐鲁番文书论丛》123页注(2)。据新、旧《唐书·太宗纪》及《资治通鉴》卷一九二贞观元年六月条,封德彝卒于贞观元年六月,而且魏徵所言之"关中免二年租调,关外给复一年",实是太宗在武德九年八月即位时大赦天下诏文的内容(参见《册府元龟》卷八四《帝王部·赦宥三》、《全唐文》卷四太宗《即位大赦诏》),故应以《会要》、《资治通鉴》所记时间为是。
② 《唐会要》,第1437页。
③ 《唐会要》卷七〇《州县分望道》记:"贞观元年三月十日,并省州县,始因关河近便,分为十道。"第1231页;《资治通鉴》卷一九二系于贞观元年二月,第6033页。

州县之间的密切关系于此可见。开元六年以前,府兵的简点是每年一次,具体时间在每年秋收后的九、十月间。武周以后,府兵制渐趋瓦解,"每年一简点"之制不能照常进行,但唐朝政府仍在尽力维持并试图挽救这一制度,开元六年五月玄宗敕"诸折冲府兵,每年一简点",实是对已往旧制之重申。可能由于成效不大,故被迫做出调整,最终于开元七年三月以法令的形式放宽府兵简点时间的年限,由一年一次改为三年一次。这一调整,得到了敦煌吐鲁番文书的证实。府兵简点由一年一次改为三年一次,是府兵制走向崩坏的重要体现,也反映了唐中央朝廷对此所做出的努力。沙、西二州在开元九年据朝廷九月九日所发格文简点当地府兵,说明府兵简点之制仍在顽强地推行。然而,兵源枯竭已是无可回避之事实,西州"悬名"点及因公外出当差之人,正是这一情形的真实写照。因此,府兵制的最终放弃,已是不得不然了。

(本文原载《魏晋南北朝隋唐史资料》第二十二辑,2005年。收入本书时,略有修订。)

伊西与北庭

——唐先天、开元年间西域边防体制考论

唐玄宗统治的先天、开元年间(712—741),西域形势错综复杂,东有东突厥西征,西有大食东进,南有吐蕃北侵,北有突骑施苏禄崛起。面对这一严峻形势,唐王朝曾做出过多方面的边防调整,先后于西域设置伊西节度使、安西四镇节度使、北庭节度使、碛西节度使、伊西庭节度使等,又于西州设置天山军,全力加强西域地区的边防力量,藉以稳定西域局势,从而确保唐王朝对该地区的有效统治。其中伊西节度与北庭节度曾几度分合,并直接关涉到碛西节度使之兴废,体现了唐王朝西域边防体制的种种变化及其特点。清人吴廷燮较早关注这一问题,所撰《唐方镇年表》及《唐方镇年表考证》对此有所梳理和揭示①。其后,日本学者松田寿男、佐藤长、伊濑仙太郎,中国学者薛宗正、王永兴、苏北海等先生,都曾对之进行过研究,取得不少业绩②。今拟在中日学者已有成果基础上,对伊西与北庭之几度分合及其碛西节度使的置废等问题再作探讨,不

---

① 吴廷燮:《唐方镇年表》,北京:中华书局,1980年,第1228—1233、1373—1376页。
② 松田寿男:《碛西节度使考》,《史潮》三—二、三—三,1933年;同著《古代天山历史地理学研究》,陈俊谋译,北京:中央民族学院出版社,1987年,第446—463页。佐藤长:《初代碛西节度使の起源と其の终末——碎叶焉耆更换事情の一考察——》(上、下),《东洋史研究》七—六、八—二,1942年、1943年。伊濑仙太郎:《西域经营史の研究》第六章第三节《突骑施对策と碛西节度使》,东京:日本学术振兴会,1955年,第283—314页。薛宗正:《唐碛西节度使的置废——兼论唐开元时期对突骑施、大食政策的变化》,《历史研究》1993年第6期,又见同著《中亚内陆——大唐帝国》,乌鲁木齐:新疆人民出版社,2005年,第400—433页。王永兴:《论唐代前期北庭节度》、《唐代前期安西都护府与四镇研究》,收入同著《唐代前期西北军事研究》,北京:中国社会科学出版社,1994年,第74—105、第120—244页。苏北海:《唐代四镇、伊西节度使考》,《西北史地》1996年第2期。

妥之处，敬请批评指正。

唐朝在西域设置的第一个节度使，当为先天元年（712）始设之伊西节度使。《唐会要》卷七八《节度使》载①：

> 又先天元年十一月，史献除伊西节度兼瀚海军使，自后不改。至开元十五年三月，又分伊西、北庭为两节度。

又《新唐书》卷六七《方镇表四》先天元年条云②：

> 北庭都护领伊西节度等使。

二者所记为同一事。史献即阿史那献，他于先天元年十一月以北庭都护领伊西节度使兼瀚海军使，表明唐朝继景云二年（711）于凉州始置河西节度使之后，又于次年在西域设置伊西节度使，二节度最先设于西北，反映了唐朝对西北地区边防的高度重视。问题是，伊西节度使之"伊西"二字究为何意？日本学者松田寿男、佐藤长、伊濑仙太郎、荒川正晴等都认为是指伊州和西州③，而唐长孺先生则认为："考设置节度最早者曰伊西。《会要》称：'先天元年十一月史献除伊西节度兼瀚海军使'，此时碛西未置节度，云伊西者伊吾以西也。"④苏北海先生也认为"伊西"是指伊吾以西，伊西节度使的管区包括天山以南的伊州、西州和天山以北的庭州及其以西直至里海为止的广大草原区域⑤。

笔者认为，"伊西"是指伊、西二州的观点值得商讨。作为在西域设置

---

① 《唐会要》，第1429页。
② 《新唐书》，第1862页。
③ 松田寿男：《古代天山历史地理学研究》，第451、452页；佐藤长：《初代碛西节度使の起源と其の终末——碎叶焉耆更换事情の一考察——》（上），第18、19页；伊濑仙太郎：《西域经营史の研究》，第291页；荒川正晴：《北庭都护府の轮台县と长行坊——アスターナ五〇六号墓出土、长行坊关系文书の检讨を中心として——》，《小田义久博士还历纪念东洋史论集》，京都：龙谷大学东洋史学研究会，1995年，第112页。
④ 唐长孺：《唐书兵志笺正》，北京：科学出版社，1957年，第61页。
⑤ 苏北海：《唐代四镇、伊西节度使考》，《西北史地》1996年第2期。

的第一个节度使,伊西节度使仅统有伊、西二州,殊难理解。更何况,此时伊州有伊吾军,而西州天山军并未成立,试问设置伊西节度使的目的和意义何在?唐开元年间设置的八节度,全部皆统有三四军以上,未见有仅统二州一军者①。另外,据前揭《唐会要》卷七八《节度使》所载:

> 至开元十五年三月,又分伊西、北庭为两节度。

又《新唐书》卷六七《方镇表四》云②:

> (开元)十九年,合伊西、北庭二节度为安西四镇、北庭经略、节度使。

又《旧唐书》卷八《玄宗本纪》记③:

> (开元二十二年)四月,乙未,伊西、北庭且依旧为节度。

上述记载表明,至迟开元二十二年(734),伊西节度使名号一直存在于西域。这里的"伊西",如果仅仅理解为是指伊、西二州的话,则西域地区岂不存在伊西节度、安西四镇节度、北庭节度三个节度使了吗? 三者之间的职能和分工是什么? 关系如何? 这些恐怕是很难解释得清楚的。更何况上述记载皆是就整个西域的边防体制而言的,不可能仅谈伊、西二州和北庭节度,而对四镇节度置之不理。其实,上揭记载有关伊西、北庭节度的几度分合,足以表明当时的西域仅有两个节度使,而非三个节度使,所谓"合伊西、北庭二节度为安西四镇、北庭经略、节度使"一语,可以充分说明此点。因此,唐长孺先生所言"伊西"是指"伊吾以西",是值得高度重视的。所谓"伊吾以西",也并非如苏北海先生所言,是指整个西域地区,而是指

---

① 《唐六典》卷五尚书兵部郎中条,第157—158页。
② 《新唐书》,第1866页。
③ 《旧唐书》,第201页。

除北庭之外的伊州、西州和安西四镇地区。上揭伊西、北庭之间的几度分合,表明二者各自独立,不相统属。明乎此,方能对开元年间西域边防体制的变化做出合理而贯通的解释。

早在景云二年(711)末,唐朝即以阿史那献为持节招慰十姓使[1],先天元年十一月,又以献为伊西节度兼瀚海军使,使其依法统有伊、西、北庭及安西四镇之军,当与西突厥娑葛败亡后西域形势严重紧张有关,主要目的是为了重建唐对西突厥十姓故地的统治[2]。

阿史那献果然不负所望,于开元二年(714)率定远道行军西征,取得了平都担、收碎叶的重大胜利[3]。东突厥利用阿史那献率大军西征之机,于先天二年(713)秋冬间,率军攻围北庭[4],留守北庭的郭虔瓘率军顽强抵抗,伊、西等州兵也参与了北庭保卫战。《旧唐书》卷一〇三《郭知运传》载[5]:

> 郭知运字逢时,瓜州常乐人。壮勇善射,颇有胆略。初为秦州三度府果毅,以战功累除左骁卫中郎将、瀚海军经略使,又转检校伊州刺史,兼伊吾军使。开元二年春,副郭虔瓘破突厥于北庭,以功封介休县公,加云麾将军,擢拜右武卫将军。

据此,知郭知运率领伊州军队参加了保卫北庭的战斗。吐鲁番所出《唐开元四年(716)西州高昌县李慈艺告身》,记西州高昌县白丁李慈艺参与瀚海军破河西、白涧等阵,被授勋上护军,同甲授勋者还有"西州石定君等壹

---

[1] 《册府元龟》卷九九二《外臣部·备御五》,第 11649 页;《资治通鉴》卷二一〇景云二年十二月条,第 6669 页。
[2] 松田寿男:《古代天山历史地理学研究》,第 450—453 页;唐长孺:《唐先天二年(七一三)西州军事文书跋》,《敦煌吐鲁番文书初探二编》,武汉大学出版社,1990 年,第 495—496 页。
[3] 参见拙文《跋吐鲁番鄯善县所出〈唐开元五年(717)后西州献之牒稿为被悬点入军事〉》,原载《魏晋南北朝隋唐史资料》第十九辑,修订稿收入拙著《敦煌吐鲁番文书与唐代西域史研究》,北京:商务印书馆,2011 年,第 177—205 页。
[4] 唐长孺:《唐先天二年(七一三)西州军事文书跋》,第 497 页。
[5] 《旧唐书》,第 3189—3190 页。

拾壹人",①证明西州军队亦参加了北庭保卫战。西州境内军民则在西州都督统率下,进行了全面的布防备御,吐鲁番阿斯塔那八三号墓所出唐先天二年及前后有关军事文书业已充分证明了此点②。

伊、西州军队除保卫北部边疆外,还承担南下抗御吐蕃之使命。吐鲁番阿斯塔那一〇八号墓出有《唐开元三年(715)西州营典李道上陇西县牒为通当营请马料姓名事》等文书三件③,据朱雷先生研究,这是关于开元二年(714)由西州府兵组成的"西州营"随伊州刺史、伊吾军使郭知运南下陇右抵御吐蕃入侵的文书④。这一揭示充分表明,伊、西二州军队虽驻防西域边陲,仍有南下保卫陇右、河西之责任。《册府元龟》卷一三三《帝王部·褒功二》载⑤:

> (开元)三年三月,郭虔瓘为北庭都护,累破吐蕃及突厥默啜,斩获不可胜记,以其俘来献,玄宗置酒劳之,及将士等并赐帛。

郭虔瓘身为北庭都护,驻防北庭,破东突厥默啜实有其事,破吐蕃则于史无征。所谓"累破吐蕃",可能是指郭知运率伊、西二州军队南下御吐蕃之事,因为当时伊、西等州兵由郭虔瓘统辖,郭知运是其麾下,战功显然由主帅郭虔瓘统一申报,所以才会出现郭虔瓘破吐蕃之记载。

据《文苑英华》卷四一七苏颋撰《授阿史那献特进制》⑥,阿史那献为"招慰十姓兼四镇经略大使、定远道行军大总管、北庭大都护、瀚海军使、

---

① 唐耕耦等编:《敦煌社会经济文献真迹释录》第四辑,北京:全国图书馆缩微复制中心,1990年,第283—284页。近年来,日本小田义久教授于德富苏峰纪念馆发现了《李慈艺告身》的全幅照片,引起学界注目。参见小田义久著,乜小红译:《关于德富苏峰纪念馆藏"李慈艺告身"的照片》,《西域研究》2003年第2期,同期还刊有陈国灿:《〈唐李慈艺告身〉及其补阙》一文,也请一并参见。
② 《吐鲁番出土文书》(图文本)第四册,第6—10页。具体研究参见唐长孺先生《唐先天二年(七一三)西州军事文书跋》一文。
③ 《吐鲁番出土文书》(图文本)第四册,第17—24页。
④ 朱雷:《唐开元二年西州府兵——"西州营"赴陇西御吐蕃始末》,《敦煌学辑刊》1985年第2期,收入同著《敦煌吐鲁番文书论丛》,第244—258页。
⑤ 《册府元龟》,第1607页。
⑥ 《文苑英华》,第2112页。

节度巴(已)西诸蕃国、左骁卫大将军摄鸿胪卿、上柱国、兴昔(亡)可汗"。制文时间大致在开元二年破都担之后①,知阿史那献当时权力极大,统辖整个西域军政。开元三年五月,阿史那献转赴北庭,与北庭都护汤嘉惠联手对付东突厥。此时的阿史那献,仅有"可汗"、"定远道行军大总管"名号,已不再依法节制整个西域军政②。汤嘉惠仅称"北庭都护",而不称"北庭大都护",似表明"北庭大都护府"的建制也已取消。阿史那献虽不再继续担任伊西节度使,但伊西节度使的建制依然存在,此点上文业已说明。问题是,伊西节度使治于何处?史籍没有明确记载。

我们注意到,至迟开元二年时,安西已有"四镇节度使"之设置。日本宁乐美术馆藏吐鲁番文书《唐开元二年(714)闰二月西州都督府牒蒲昌府为李思绾欠练事》残存3行,录文如下③:

　　　　　　　　欠练壹拾捌疋,
1 ▢▢▢▢▢▢李思绾更贰拾疋,计叁拾
　　　　　　　捌疋
2 ▢▢▢▢▢□被四镇节度使牒,令
3 ▢▢▢▢▢▢督判牒此等见

李思绾又简称李绾,桥本关雪藏开元二年闰二月五日蒲昌府所受文书中,即记有"李绾所负练,勒▢▢▢▢典范阿祚领送州"④,又宁乐馆所藏《唐开

---

① 岑仲勉:《西突厥史料补阙及考证》,中华书局,1958年,第83页。并参拙文《跋吐鲁番鄯善县所出〈唐开元五年(717)后西州献之牒稿为被悬点入军事〉》。按薛宗正先生仍坚持认为"制文"反映的是开元三年末阿史那献率定远道行军西征大食之事。其实,开元三年五月,阿史那献已转赴北庭对付东突厥,仅有"可汗"及"定远道行军大总管"的名号,不再依法统辖整个西域军政;同年十月,郭虔瓘已担任安西大都护、四镇经略大使;次年正月,唐开始对西域边防体制作出调整,以陕王嗣昇为安西大都护、安抚河西四镇诸蕃大使,原安西大都护、四镇经略大使郭虔瓘则为之副。在此情况下,阿史那献已不可能继续统辖整个西域军政了。参见薛宗正:《阿史那献生平辑考》,《新疆师范大学学报》2009年第1期。
② 参见《新唐书》卷二一五下《突厥传下》、《资治通鉴》卷二一一玄宗开元三年五月条。又拙文《跋吐鲁番鄯善县所出〈唐开元五年(717)后西州献之牒稿为被悬点入军事〉》。
③ 陈国灿、刘永增编:《日本宁乐美术馆藏吐鲁番文书》,第37页。
④ 陈国灿、刘永增编:《日本宁乐美术馆藏吐鲁番文书》,第37页。

元二年(714)四月十一日西州都督府牒蒲昌府为李绾替折冲王温玉游奕及索才赴州事》①,亦见李绾之名,知李思绾名隶西州蒲昌府,似为管理财务之官吏。从上揭文书残存内容分析,推测西州都督府接到四镇节度使牒后,责令李思绾将所欠三十八匹练交出由人送州。由第2行"被四镇节度使牒,令(后缺)"一语足以判断,"四镇节度使"明显为西州都督府的上级机构。文书表明,开元二年时,安西已有"四镇节度使"之设置,但此事不见其他文献记载。据前揭《授阿史献特进制》,当时四镇有"四镇经略大使",且开元三年(715)十月时,郭虔瓘官衔仍为"右羽林大将军兼安西大都护、四镇经略大使、上柱国、太原郡开国公",并无"四镇节度使"之名号②。"四镇经略大使"与"四镇节度使"之间究竟是什么关系,并不十分清楚。不管如何,"四镇节度使"能够向西州都督府发号施令,西州都督府对之也尊敬有加,表明二者之间存在着上下隶属关系。又2004年吐鲁番阿斯塔那三九六号墓所出《唐开元七年(719)洪奕家书》载:"洪奕发家以来,至于西州,经今二哉(载),随身衣勿(物),并得充身用足,亦不乏少。右被节度使简充行,限开元七年五月一日发向北庭征役(后略)"③韩香考证认为,文书中的"节度使"即时任安西节度使的汤嘉惠④。按洪奕乃驻防西州的士兵,却被安西四镇节度使调往北庭征役,说明西州亦为四镇节度使所节制,这与前揭开元二年的情况是相一致的。而此时西州正属"伊西节度使"所管辖,因此,"四镇节度使"与"伊西节度使"之间当存在某种关联,很有可能二者即是一名二称。又前揭《新唐书》卷六七《方镇表四》记"(开元)十九年,合伊西、北庭二节度为安西四镇、北庭经略、节度使",合并之后的节度使总名"安西四镇、北庭经略、节度使","北庭"名继续存在,"伊西"名则由"安西四镇"名所替代,也表明伊西节度与安西四镇节度之间是有联系的,二者可能等同。果如是,则"伊西节度使"实即安西四镇节度使,治于龟兹。之所以一直沿用"伊西"之名,是因为其管辖范围不仅包

---

① 陈国灿、刘永增编:《日本宁乐美术馆藏吐鲁番文书》,第60—61页。
② 《唐大诏令集》卷六三苏颋撰《加郭虔瓘食实封制》,第349页。
③ 荣新江等主编:《新获吐鲁番出土文献》,北京:中华书局,2008年,第16页。
④ 韩香:《吐鲁番新出〈洪奕家书〉研究》,载朱玉麒主编:《西域文史》第二辑,北京:科学出版社,2007年,第111—112页。

括四镇地区,还包括伊、西二州。

阿史那献主政西域的数年间,既任北庭大都护,又兼四镇经略大使,说明北庭已升格为大都护府建制,与安西大都护府并列为西域的两大军政中心。此时的西域军政,皆在阿史那献的统一节制之下,属一元化管理体制,这显然与唐朝力图重建对西突厥十姓故地的统治有密切关联。

众所周知,北庭都护府于长安二年(702)成立后,即与安西大都护府携手共同管理西域地区民族事务,但从二者级别看,安西为主、北庭为辅的西域边政管理格局是非常明显的。不过,唐朝有加强北庭都护府职能的意图和倾向。中宗景龙四年(710),作为安西四镇之一的碎叶镇,就曾一度改隶北庭都护府,《唐大诏令集》卷一三〇载景龙四年《命吕休璟等北伐制》载①:

> (前略)右领军卫将军、兼检校北庭都护、碎叶镇守使、安抚十姓吕休璟,心坚铁石,气横风雷,始则和戎之利,先得晋卿;终而逐房之功,永邈汉将,可为金山道行军大总管。

碎叶镇守使由北庭都护吕休璟所担任,表明碎叶已改隶北庭。王小甫先生认为,唐朝在西域组织的三次金山道行军,都是为了征发突骑施为首的西突厥诸部,以抵抗东突厥的西侵,而突骑施牙帐附近驻有唐军,碎叶改隶北庭,对于兴发西突厥诸部抵抗东突厥西侵有积极作用②。我们注意到,此前的金山道行军大总管由安西大都护郭元振担任③,景龙四年,则改由北庭都护吕休璟担任,且四镇之一的碎叶镇亦改隶北庭,表明唐朝开始对西域边防体制有所调整,即强化北庭都护府的职能,使其承担起管理天山以北地区民族事务的职责④。此后,唐朝以阿史那献为北庭大都护兼瀚海军

---

① 《唐大诏令集》,第705页。
② 王小甫:《唐、吐蕃、大食政治关系史》附录陆《金山道行军与碎叶隶北庭》,北京大学出版社,1992年,第282—288页。
③ 《旧唐书》卷九七《郭元振传》,第3045页;《新唐书》卷一二二《郭元振传》,第4363页。
④ 北庭都护府承担天山以北地区民族事务的管理职责,并不表明其与安西都护府有了明确的职能分工,如开元年间,在对待突骑施苏禄问题上,唐朝采取的仍然是安西为主、北庭为辅的西域边防策略。安西与北庭形成明确的职能分工,是在突骑施政权灭亡、节度使制度完全定型后的开元末年。

使,提高并强化北庭的地位,使其与安西大都护府并列成为西域的两大军政中心,主要也是为了解决天山以北地区的西突厥十姓问题。

但开元三年后,随着北庭大都护建制的取消,唐朝对西域的管理,又恢复到从前以安西为主、北庭为辅的格局。此时的安西与北庭互不统属,西域边政呈二元分治格局。据《唐大诏令集》卷六三苏颋撰《加郭虔瓘食实封制》①,开元三年十月时,郭虔瓘官衔为"右羽林军大将军兼安西大都护、四镇经略大使、上柱国、太原郡开国公";不仅如此,他还加摄"御史大夫"衔②,威权极重。这一情况,当与此年安西辖境出现问题有关,《资治通鉴》卷二一一开元三年十一月条载③:

> 丁酉,以左羽林大将军郭虔瓘兼安西大都护、四镇经略大使。虔瓘请自募关中兵万人诣安西讨击,皆给递驮及熟食;敕许之。将作大匠韦凑上疏,以为:"今西域服从,虽或时有小盗窃,旧镇兵足以制之。(中略)又,一万征人行六千余里,咸给递驮熟食,道次州县,将何以供?(后略)"时姚崇亦以虔瓘之策为不然。既而虔瓘卒无功。
>
> 初,监察御史张孝嵩奉使廓州还,陈碛西利害,请往察其形势;上许之,听以便宜从事。拔汗那者,古乌孙也,内附岁久。吐蕃与大食共立阿了达为王,发兵攻之,拔汗那王兵败,奔安西求救。孝嵩谓都护吕休璟曰:"不救则无以号令西域。"遂帅旁侧戎落兵万余人,出龟兹西数千里,下数百城,长驱而进。是月,攻阿了达于连城。孝嵩自擐甲督士卒急攻,自巳至酉,屠其三城,俘斩千余级,阿了达与数骑逃入山谷。孝嵩传檄诸国,威振西域,大食、康居、大宛、罽宾等八国皆遣使请降。

据此分析,问题有二:一是安西境内出现某些骚动,故郭虔瓘要募兵予以讨击;二是吐蕃与大食联手攻拔汗那,影响到唐朝在西域的统治。显然,唐

---

① 《唐大诏令集》,第 349 页。《资治通鉴》卷二一一开元三年十一月条载:"丁酉,以左羽林大将军郭虔瓘兼安西大都护、四镇经略大使。"(第 6712 页)与《唐大诏令集》所记稍有差异。
② 《旧唐书》卷一〇三《郭虔瓘传》,第 3188 页。《册府元龟》卷三八四《将帅部・褒异一〇》,第 4571 页。
③ 《资治通鉴》,第 6712—6713 页。

朝是在张孝嵩出兵西援拔汗那之后，才任命郭虔瓘为安西大都护、四镇经略大使的，而安西之所以出现某些骚动，可能也与张孝嵩出兵有关。因此，唐朝需要加强对安西地区的统治和管理。

开元四年正月，唐朝开始加强对西域军政的权力专控，实施亲王遥领边政大都护、节度大使之制，以陕王嗣昇为安西大都护、安抚河西四镇诸蕃大使，原安西大都护、四镇经略大使郭虔瓘则为之副①。此后驻于安西的最高军政长官皆称为副大都护，而且，陕王嗣昇遥领之职未及北庭，似表明当时的安西与北庭属二元分治格局。不仅如此，郭虔瓘执政安西期间，在对待突骑施苏禄问题上，与阿史那献及镇守使刘遐庆等意见不一，以致唐玄宗要亲自从中调停。《册府元龟》卷一五七《帝王部·诫励二》载："开元五年六月，突骑施酋长苏禄潜窥亭障，安西东（都）护郭虔瓘及十姓可汗阿史那献皆反侧不安，各以表闻。乃遣使赍玺书慰喻之，并降书谓虔瓘及献曰（后略）"②《旧唐书》卷九八《杜暹传》云："开元四年，迁监察御史，仍往碛西覆屯。会安西副都护郭虔瓘与西突厥可汗史献、镇守使刘遐庆等不叶，更相执奏，诏暹按其事实。"③这些都反映了当时的西域军政并非一元化管理体制，此种情况一直到开元十年（722）以后方有改变。

阿史那献以北庭都护领伊西节度使兼瀚海军使，统辖整个西域军政，开安西、北庭合二为一、实施一元化管理的先河。此后设置的碛西节度使，亦节制整个西域军政，当源于此。《唐六典》卷五尚书兵部郎中条载④：

> 凡天下之节度使有八：（中略）其七日碛西节度使，其统有安西、疏勒、于阗、焉耆，为四镇经略使，又有伊吾、瀚海二军，西州镇守使属焉。

举凡伊、西、北庭、四镇等地诸军，碛西节度使无不统焉，可见其权限之大。开元二年前后的阿史那献，正拥有如此权限。问题是，关于碛西节度使成

---

① 《唐大诏令集》卷三五《郢王嗣直安北大都护等制》（开元四年正月二十一日），第 152 页；《资治通鉴》卷二——开元四年正月丙午条，第 6715 页。
② 《册府元龟》，第 1902 页。
③ 《旧唐书》，第 3076 页。又《册府元龟》卷六五四《奉使部·廉慎》，第 7837 页。
④ 《唐六典》，第 157—158 页。

立于何时,其设置的目的何在,其后变化如何等等,已有的研究存在着较大的分歧。

松田寿男、佐藤长二位先生认为,碛西节度使成立于开元元年,阿史那献任碛西节度使在开元元年至开元七年之间(713—719)①。伊濑仙太郎先生则认为,阿史那献任碛西节度使的时间是开元二年的一、二月至同年六月之间,目的是平定都担的叛乱;杜暹于开元十二年至十四年九月之间(724—726)任碛西节度使,目的是对付突骑施与吐蕃的联手入侵;盖嘉运于开元二十七年七、八月至次年六月(739—740)任碛西节度使,目的是对突骑施发起最后的攻击②。薛宗正先生认为,碛西节度使始置于开元元年,其后几度废置,初置时原本是对付大食,后来却演变成对付自身盟友突骑施了③。

学者们之所以认为碛西节度使始置于开元初年,主要依据如下三条材料:

1.《新唐书》卷五《玄宗本纪》④:

(开元二年)三月己亥,碛西节度使阿史那献执西突厥都担。

2.《新唐书》卷二一五下《突厥传下》⑤:

长安中,阿史那献为右骁卫大将军,袭兴昔亡可汗、安抚招慰十姓大使、北庭大都护。四年,以怀道为十姓可汗兼濛池都护。未几,擢献碛西节度使。十姓部落都担叛,献击斩之,传首阙下,收碎叶以西帐落三万内属,玺书嘉慰。

---

① 松田寿男:《碛西节度使考》,《史潮》三—二,第46页。佐藤长:《初代碛西节度使の起源と其の终末——碎叶焉耆更换事情の一考察——》(上),《东洋史研究》七—六,第2页。
② 伊濑仙太郎:《西域经营史の研究》,第312—313页。
③ 薛宗正:《唐碛西节度使の置废——兼论唐开元时期对突骑施、大食政策的变化》,《历史研究》1993年第6期,又见同著《中亚内陆——大唐帝国》,第400—433页。
④ 《新唐书》,第123页。
⑤ 《新唐书》,第6065页。

3.《资治通鉴》卷二——玄宗开元二年三月条①:

> 西突厥十姓酋长都担叛。三月,己亥,碛西节度使阿史那献克碎叶等镇,擒斩都担,降其部落二万余帐。

以上三条记载皆出自宋人之手,而多采唐国史、实录的《册府元龟》在记阿史那献平都担、克碎叶事时,并没有出现"碛西节度使"的名号,如卷一三三《帝王部·褒功二》②:

> 开元二年六月丁卯,北庭大都护、瀚海军使阿史那献枭都担首,献于阙下,并擒其孥及胡禄(屋)等部落五万余帐内属。

又卷三五八《将帅部·立功一一》③:

> 阿史那献为北庭大都护、瀚海军使,开元二年,枭突厥都担首,献于阙下,并擒其孥及胡禄(屋)等部落五万余帐内属。

不仅如此,在苏颋《授阿史那献特进制》所列阿史那献各种官衔名号中,也未出现"碛西节度使"之名。另外,前揭《唐六典》所载碛西节度使"统有安西、疏勒、于阗、焉耆,为四镇经略使",颇值注意。此处四镇有焉耆,无碎叶,而焉耆取代碎叶成为四镇之一,乃开元七年(719)之事④。如果开元二年碛西节度使业已设置,则其所统四镇不可能有焉耆。因此,这一记载反映的只能是开元七年以后的事,碛西节度使的出现也只能在开元七年之后。

---

① 《资治通鉴》,第6698页。
② 《册府元龟》,第1606页。
③ 《册府元龟》,第4244页。
④ 《新唐书》卷二二一上《西域·焉耆传》载:"开元七年,龙嬾突死,焉吐拂延立。于是十姓可汗请居碎叶,安西节度使汤嘉惠表以焉耆备四镇。"第6230页。

这里还须辨析《新唐书》卷六七《方镇表四》中的一条记载，其文云①：

> （开元六年）安西都护领四镇节度、支度、经略使，副大都护领碛西节度、支度、经略等使，治西州。

新表的这一记载不知所据为何？仔细推敲，就会发现存在若干疑问。前已述及，开元四年正月，唐朝开始推行亲王遥领大都护之制，以陕王嗣昇为安西大都护、安抚河西四镇诸蕃大使，原安西大都护、四镇经略大使郭虔瓘则为之副，但亲王遥领实不出阁，边政仍由副大都护统领。按唐制，大都护府设大都护一人，副大都护一人，副都护二人②。上述记载先记"安西都护"，后记"副大都护"，这种官称顺序非常奇怪。如果"安西都护"是指"安西大都护"的话，其所领仅为"四镇节度、支度、经略使"，权力反而不如安西副大都护，这委实难以理解；如果是指"安西副都护"的话，其治于何处没有记载。更何况先记"副都护"，再记"副大都护"，这种从低到高的职官记载也有悖常理。另外，从目前所见资料看，安西副大都护皆治于龟兹，从未见治于西州者。开元年间的安西副大都护，有郭虔瓘、汤嘉惠、杜暹、赵颐贞、王斛斯、盖嘉运等人，他们的主要活动区域皆在安西，而不在西州③。因此，《新唐书·方镇表》的这一记载实有问题，不能作为碛西节度使已有设置之依据。

综合以上分析，笔者认为，《新唐书》、《资治通鉴》有关开元初碛西节度使已有设置之记载，是值得怀疑的，这不排除宋人欧阳修、司马光等把北庭都护领伊西节度兼瀚海军使理解为碛西节度使之可能。

碛西节度使的正式设置，当在开元十二年（724），首任节度使为杜暹。其实，清人吴廷燮早已指出："按自杜暹后，安西、北庭合二为一，后至盖嘉运又分。"④诚为卓识。《资治通鉴》卷二一二玄宗开元十二年条云⑤：

---

① 《新唐书》，第1864页。
② 《唐六典》卷三〇三府督护州县官吏条，第754页。
③ 参见王永兴：《唐代前期西北军事研究》，第213—215页。
④ 吴廷燮：《唐方镇年表》，第1375页。
⑤ 《资治通鉴》，第6758页。

> 春，三月，甲子，起（杜）暹为安西副大都护、碛西节度等使。

这与《唐会要》卷七八《节度使》所记相吻合，其文曰①：

> 安西四镇节度使，开元六年三月，杨（汤）嘉惠除四镇节度、经略使，自此始有节度之号。十二年以后，或称碛西节度，或称四镇节度。至二十一年十二月，王斛斯除安西四镇节度，遂为定额。

所谓开元六年四镇"始有节度之号"的说法，是否属实，姑且不论。不过，开元十二年以后，"或称碛西节度，或称四镇节度"之记载，与上揭《资治通鉴》所记开元十二年杜暹为碛西节度使正相吻合，表明碛西节度使之出现，乃在开元十二年以后。至开元二十一年（733），安西四镇节度使最终固定下来，成为定额之节度使。

不仅如此，唐人亦明确称杜暹为碛西节度使。陈鸿祖《东城老父传》载②：

> 老人少时，以斗鸡求媚于上，上倡优畜之，家于外宫，安足以知朝廷之事？然有以为吾子言者。老人见黄门侍郎杜暹出为碛西节度，摄御史大夫，始假风宪以威远。见哥舒翰之镇凉州也，下石堡，戍青海城，出白龙，逾葱岭，界铁关，总管河左道，七命始摄御史大夫。

杜暹以黄门侍郎出任安西副大都护、碛西节度使，并摄御史大夫，"始假风宪以威远"，权限非同一般。此前的西域军政长官中，加摄"御史大夫"衔的，似仅有郭虔瓘一例。而都护、节度使加摄"御史大夫"衔，其权力远比一般都护、节度使大。显然，唐朝此次任命杜暹为安西副大都护、碛西节度使，并加摄御史大夫衔，目的是强化其在西域地区的最高军政权力，所谓

---

① 《唐会要》，第1429页。
② 《太平广记》卷四八五，北京：中华书局，1961年，第3994页。

"假风宪以威远"是也。

开元十二年出现的碛西节度使,其权限统管整个西域军政,无疑是在此前北庭都护领伊西节度使基础上发展而来。在此过程中,有两个关键人物值得重视,这就是张孝嵩和杨楚客。王小甫先生已注意到这一问题,他推测开元十年(722)张孝嵩任北庭节度使的身份与唐朝西域军政建制的变化有关,很有启发性①。《册府元龟》卷三五八《将帅部·立功十一》载②:

> 张嵩为北庭节度使。开元十年九月,吐蕃围小勃律,王没谨忙求救于嵩曰:"勃律之国,是汉西门,汉若失之,则已西诸国并陷吐蕃矣。都护其若之何?"嵩方开葱岭,既闻之,许诺,报曰:"国家西岳,久被声教。王忠勤之至,贯于神明,何彼犬戎,敢此凌侮!嵩忝司镇御,必不容纵,当整师徒,为王翦灭。"谨忙大喜。嵩乃遣疏勒副使张思礼率蕃、汉马步四千人赴援。昼夜倍道兼进。谨忙复乘势出兵,左右夹攻,吐蕃大破,杀其众数万,收其器械羊马等甚众,尽复其九城之胡。初,勃律王来朝,上字之为子,于其国置绥远军。以地邻吐蕃,尝为所困。吐蕃每谓之曰:"我非谋于尔国,假尔道以攻四镇。"自嵩此征之后,不敢西向。

《资治通鉴》卷二一二系此事于玄宗开元十年八月癸未,未记开葱岭之事③。又《新唐书》卷五《玄宗纪》记:"(开元十年)九月(中略)癸未,吐蕃攻小勃律,北庭节度使张孝嵩败之。"④则张嵩即张孝嵩,开元十年为北庭节度使⑤,但小勃律王没谨忙称其为"都护",此都护不知是北庭都护抑或是安西副大都护?据吐鲁番阿斯塔那二二六号墓所出《唐开元十年(722)

---

① 王小甫:《唐、吐蕃、大食政治关系史》,第164页注(213)。
② 《册府元龟》,第4244—4245页。
③ 《资治通鉴》,第6752页。
④ 《新唐书》,第129页。
⑤ 北庭节度使始置于何时?史籍没有明确载。张孝嵩是否为首任北庭节度使,仍有待进一步探讨。

残状》载①：

```
1 右奉□□□□送前□□□□
2 宅上一□□□□送 杨大□□□□
3 州讫，谨 以状上。
4            开元十年□□□□
```

又同墓所出《唐北庭都护支度营田使文书》第 4 行记②：

```
4 □□□□副大使银青光禄大夫检校北庭都护□□营田等使上柱
国杨楚客
```

文书整理者称："本件纪年已缺，北庭都护杨楚客，检吴廷燮《唐方镇年表》未见，疑即本墓三《唐开元十年残状》中之'杨大（夫）'，但无确据。"③所疑极有道理，因为斯坦因所获 S. 11458C 号《唐开元十年三月残牒》④，即有"大使杨楚客"数字，文书上钤有"北庭都护府印"，表明杨楚客至迟开元十年三月已就任北庭都护。又据《册府元龟》卷一二八《帝王部·明赏二》载，开元九年十月癸未，杨楚客因随薛讷等破吐蕃有功，由右威郎将升右领军卫中郎将，并赏赐物二百段，钱十万，银二百两⑤。其被任命为"副大使"并"检校北庭都护"，当在开元九年末至开元十年三月之间（721—722）。

按文书"副大使"前缺数字，王永兴先生推补为"北庭节度"⑥，孙继民先生认为似可补"节度"等字⑦，薛宗正先生则认为文书所缺应为"碛西"

---

① 《吐鲁番出土文书》（图文本）第四册，第 91 页。
② 《吐鲁番出土文书》（图文本）第四册，第 96 页。
③ 《吐鲁番出土文书》（图文本）第四册，第 96 页。
④ 《英藏敦煌文献（汉文佛经以外部分）》第十三册，成都：四川人民出版社，1995 年，第 288 页。荣新江：《英国图书馆藏敦煌汉文非佛教文献残卷目录（S.6981—13624）》编号为 S. 11458B，台北：新文丰出版公司，1994 年，第 213 页。
⑤ 《册府元龟》，第 1533—1534 页。
⑥ 王永兴：《唐代前期西北军事研究》，第 57—59 页。
⑦ 孙继民：《关于唐北庭都护杨楚客其人》，《吐鲁番学研究》2003 年第 1 期。

二字①。细审图版,"副"前仅残存一撇"丿",不可能是"西"字,"度"字则有可能。因此,推补为"节度"等字较合情理。既然杨楚客所任为"副大使",那"大使"是谁呢?开元四年正月,唐朝开始在边疆推行亲王遥领大都护、节度大使之制,驻防西域的军政长官不可能拥有"节度大使"之名号,此名号只能由不出阁的亲王遥领。开元四年,陕王嗣昇遥领安西大都护、安抚河西四镇诸蕃大使;开元十五年(727),改领单于大都督护、朔方节度大使,延王洄则遥领安西大都护、碛西节度大使②。故开元十年在西域拥有"大使"名号的,极有可能仍是陕王嗣昇。

杨楚客赴任北庭后,即加强对伊、西、庭地区的屯营田、和籴、市马、粮料的管理,敦煌吐鲁番所出开元十年、十一年屯营田及相关经济文书,可说明此点③。杨楚客的这些举措,恐怕不能视为一般简单之行为,当带有秣马厉兵、积极备战的目的,与张孝嵩开元十年开葱岭当是东西彼此呼应的。而且,杨楚客的官衔除"检校北庭都护"外,还带有"副大使"、"支度营田等使"之名号,与此前阿史那献以北庭都护领伊西节度使的情况颇相一致。换言之,杨楚客可能拥有统管整个西域军政的权力。果如是,则开元十年的西域军政中心已由安西移至北庭,此时的西域是一元化军政管理体制。

张孝嵩虽曾为北庭节度使,但至迟开元十年三月,杨楚客就任北庭都护后,他即已转任安西副大都护之职。斯坦因所获吐鲁番文书《唐开元十年(722)西州长行坊发送、收领马驴帐一》10 行和 12 行记④:

10 　　　　　以前使闰五月□日发付使各自领
12 使安西副大都护汤惠并家口乘马肆匹

---

① 薛宗正:《中亚内陆——大唐帝国》,第 420 页。又见同著《北庭历史文化研究:伊、西、庭三州及唐属西突厥左厢部落》,上海古籍出版社,2010 年,第 275 页。
② 《唐会要》卷七八《亲王遥领节度使》,第 1435 页。
③ 如吐鲁番阿斯塔那二二六号墓所出开元十年、十一年诸屯营田文书,具载《吐鲁番出土文书》(图文本)第四册,第 90—106 页。又敦煌所出 S.11458 号唐开元十年北庭都护府案卷,整理者认为是沙州案卷,似误。见《英藏敦煌文献(汉文佛经以外部分)》第十三册,第 287—291 页。关于这批文书的整理与研究,容另文探讨。
④ 陈国灿:《斯坦因所获吐鲁番文书研究》,武汉大学出版社,1994 年,第 193 页。

又《马驴帐二》6—7 行云①:

6　　　右开十年闰五月十日付使师文尚等自领
7 前安西副大都护汤嘉惠并家口乘马陆匹　驴叁头　壹头

两件文书皆为唐开元十年闰五月西州长行坊迎送使人所用牲口登记帐。文书称汤嘉惠为"前安西副大都护",表明其已离任,其正式卸任的时间当在开元十年初,这与杨楚客该年三月赴任北庭、张孝嵩改任安西的时间正相吻合。因此,小勃律王没谨忙称张孝嵩为"都护",此"都护"应即安西副大都护。正因如此,他才能命令疏勒副使张思礼赴援小勃律。

开元十年西域军政长官的这一连串重要人事变动,委实令人瞩目,值得探究。我们注意到,阿史那献曾在西域活动多年,虽多所政绩,但"终以娑葛(按应为苏禄)强狠不能制,亦归死长安"②。其退出西域大概在开元九年,其后不久,杨楚客赴任北庭,汤嘉惠卸任安西,张孝嵩改任安西,这一连串重要的人事变动,很显然是唐王朝在此之前就已做出的决定。换言之,至迟开元九年,唐朝就已制定了调整西域边防体制的重要决策,阿史那献于同年退出西域,当是西域边防体制调整之一环③。而张孝嵩由北庭改任安西,主要目的是开葱岭,加强四镇以西的军事防御力量;杨楚客由内地开赴西域,担任节度副大使并检校北庭都护,驻防北庭,节制整个西域军政,很有可能就是为了全力配合张孝嵩西开葱岭。

开元初期,西域形势错综复杂,北有突骑施苏禄势力的崛起,西有大食的中亚扩张,南有吐蕃的侵扰,三方曾一度联手,谋取四镇。《资治通鉴》卷二一一玄宗开元五年七月条称④:

安西副大都护汤嘉惠奏突骑施引大食、吐蕃,谋取四镇,围钵换及

---

① 陈国灿:《斯坦因所获吐鲁番文书研究》,第 197 页。
② 《新唐书》卷二一五下《突厥传下》,第 6066 页。按"娑葛"应为"苏禄",参见孟凡人:《北庭史地研究》,乌鲁木齐:新疆人民出版社,1985 年,第 245 页。
③ 参见拙文《跋吐鲁番鄯善县所出〈唐开元五年(717)后西州献之牒稿为被悬点入军事〉》。
④ 《资治通鉴》,第 6728 页。

大石城,已发三姓葛逻禄兵与阿史那献击之。

中亚诸国面对大食的扩张,多仍服属于唐。《资治通鉴》卷二一二玄宗开元七年—八年条云①:

> (开元七年)春,二月,俱密王那罗延、康王乌勒伽、安王笃萨波提皆上表言为大食所侵掠,乞兵救援。
> (开元八年)夏,四月,丙午,遣使赐乌长王、骨咄王、俱位王册命。三国皆在大食之西(东),大食欲诱之叛唐,三国不从,故褒之。

唐朝对忠诚于自己的中亚诸国予以册封,以示褒奖,体现了唐宗主国的政治地位及其在中亚地区的影响。我们注意到,开元八年(720),唐朝在葱岭南部及以西地区的政治外交活动颇为频繁,据《册府元龟》卷九六四《外臣部·封册二》载②:

> 三月,册护蜜王;
> 四月,册乌长、骨咄、俱立(位)王;
> 六月,册大勃律王;
> 八月,册笛失密王;
> 九月,册谢䫻、罽宾王;
> 十一月,册南天竺王。

但是,仅有外交,没有军事实力作基础仍然是不行的。据敦煌本吐蕃《大事纪年》载③:

---

① 《资治通鉴》,第 6735、6740 页。
② 《册府元龟》,第 11343—11344 页。
③ 王尧、陈践译注:《敦煌本吐蕃历史文书》(增订本),北京:民族出版社,1992 年,第 151 页。又同作者译注:《敦煌古藏文文献探索集》,上海古籍出版社,2008 年,第 95 页。

及至鸡年(玄宗开元九年,721),夏(中略)上部地区之使者多人前来致礼。

所谓"上部地区",即指葱岭南部地区①,开元九年,葱岭南部地区诸国使者多人向吐蕃致礼,反映了吐蕃在这些地区诸国所具有的政治影响。因此,唐朝在开元九年对西域边防体制做出调整,令阿史那献和汤嘉惠相继退出西域,张孝嵩由北庭转任安西,接替汤嘉惠为安西副大都护,杨楚客接任北庭都护,并致力于加强西域东部地区的经济建设,张孝嵩则向西开葱岭,加强西部地区的军事控制。这些事件显然都是有机联系在一起的,与开元八年频繁的外交活动也前后相连,体现了唐王朝整体的西域边防部署和战略意图。

开元十年张孝嵩开葱岭,其实就是向西推进,以强化唐朝在葱岭地区的政治军事影响,这也是开元八年频繁外交活动的军事继续。而援救小勃律,重创吐蕃,只是其中的一次重要军事活动,但产生的作用和影响却很大,史称:"自嵩此征之后,(吐蕃)不敢西向。"

有关张孝嵩开葱岭之时间及经过,未见史籍记载。《新唐书》卷四三下《地理志》记②:

(前略)六百里至葱岭守捉,故羯盘陀国,开元中置守捉,安西极边之戍。

又敦煌文书 P.3532 号慧超《往五天竺国传》载③:

(前略)又从胡蜜国东行十五日,过播蜜川,即至葱岭镇。此即属汉,兵马见今镇押。(中略)开元十五年十一月上旬,至安西,于时节度大使赵君。

---

① 森安孝夫著,劳江译:《吐蕃在中亚的活动》,《国外藏学研究译文集》第一辑,拉萨:西藏人民出版社,1985 年,第 97 页。王小甫:《唐、吐蕃、大食政治关系史》,第 152 页。
② 《新唐书》,第 1150 页。
③ 《大正藏》第五十一册,第 979 页。王仲荦:《敦煌石室地志残卷考释》,上海古籍出版社,1993 年,第 298—304 页。

开元十五年(727)慧超过葱岭时,此地已设镇,并有兵马驻守。依据前面的分析,可以认为,葱岭建镇乃张孝嵩所开,其时间应在他任安西副大都护、兵援小勃律、击退吐蕃的开元十年(722),这是唐在西域军事上取得的一次巨大成功,也反映了唐王朝对葱岭一带军事战略地位的重视。吐鲁番所出《唐开元间西州都督府诸曹符帖事目历》第4行记有一道符文①:

4 □□□□驱犯盗移隶葱岭事

此为西州法曹为某人犯盗移隶葱岭所下的符文。据陈国灿先生研究,该事目历的年代在开元十六年(728),唐政权敢于把在西州犯盗之人移配远至三千里以远的葱岭,表明开元年间唐已在葱岭建立了强有力的军事控制②。

唐王朝把张孝嵩从北庭调往安西,使其开拓葱岭,乃是因张久在西域,熟知边政;而他在开元三年(715)率军救援拔汗那,大破吐蕃与大食的赫赫战功③,亦反映出他是一位颇有作为的镇边名将。

在加强对葱岭地区的军事控制之后,唐朝开始把主要目标转向四镇北面的突骑施苏禄。日本伊濑仙太郎先生认为,杜暹任碛西节度使,主要是对付突骑施与吐蕃的联手入侵;菊池英夫先生认为,唐碛西节度使乃是针对突骑施的侵袭而设④。所言皆有道理。

我们知道,突骑施苏禄政权是在娑葛被东突厥破灭之后复兴的,对唐王朝时服时叛。对此,唐一方面委之以高官厚禄,如《新唐书》卷二一五下《突厥传下》记⑤:

开元五年,始来朝,授右武卫大将军、突骑施都督,却所献不受。以武卫中郎将王惠持节拜苏禄左羽林大将军、顺国公,(中略)为金方

---

① 陈国灿:《斯坦因所获吐鲁番文书研究》,第168页。
② 陈国灿:《斯坦因所获吐鲁番文书研究》,第80—89页。
③ 《资治通鉴》卷二一一玄宗开元三年十一月条,第6713页。
④ 菊池英夫:《隋·唐王朝支配期の河西と敦煌》,《讲座敦煌2·敦煌の历史》,东京:大东出版社,1980年,第144页。
⑤ 《新唐书》,第6067页。

道经略大使。然诡猾,不纯臣于唐,天子羁系之,进号忠顺可汗。

另一方面,则对之多所防备。王小甫先生指出:"凡是他与唐'和好'时,多半是他有事中亚时,唐朝则依仗自己在西域的强大军力,服则怀柔之,叛则攻伐之,这就是唐朝与突骑施苏禄的基本关系。"①所言极是。唐朝在开元十年开葱岭并兵援小勃律,加强葱岭地区的军事控制,目的就是要切断吐蕃与突骑施在西域西道的联系,迫使吐蕃不可能再借道小勃律攻打安西四镇,这样就能集中力量对付突骑施了。因此,开元十二年碛西节度使的设置,与此前之开葱岭,是前后有机联系在一起的,深刻体现了唐王朝的西域边防战略意图。而事实证明,唐朝的这一战略意图是成功的②。

开元十二年,杜暹为碛西节度使、安西副大都护,驻防安西,西域军政中心又由北庭转至安西。从杜暹对突骑施苏禄的态度,亦可看出双方的敌对关系。《旧唐书》卷一九四下《突厥传下》载③:

> 时杜暹为安西都护,公主遣牙官赍马千匹诣安西互市,使者宣公主教与暹,暹怒曰:"阿史那氏女,岂合宣教与吾节度耶!"杖其使者,留而不遣,其马经雪寒,死并尽。苏禄大怒,发兵分寇四镇。会杜暹入知政事,赵颐贞代为安西都护,城守久之,由是四镇贮积及人畜并为苏禄所掠,安西仅全。

《资治通鉴》卷二一三系此事于开元十四年(726)末④。按唐制,亲王、公主所用之公文名即称"教"⑤。唐以阿史那怀道女为交河公主下嫁苏禄,其所发之公文当然称"教",但杜暹对此置之不理,并怒杖其使者,反映了其对突骑施苏禄之敌视态度。

杜暹在任期间,曾平定于阗王尉迟眺之叛。《资治通鉴》卷二一二玄

---

① 王小甫:《唐、吐蕃、大食政治关系史》,第166页。
② 吐蕃后来不得不改从东道入侵西域。参见王小甫:《唐、吐蕃、大食政治关系史》,第166页。
③ 《旧唐书》,第5191页。
④ 《资治通鉴》,第6775—6776页。
⑤ 《唐六典》卷一尚书都省条,第10页。

宗开元十三年(725)记①:

> 于阗王尉迟眺阴结突厥及诸胡谋叛,安西副大都护杜暹发兵捕斩之,更为立王。

据研究,开元十三年的这次于阗事件,很可能是突骑施与吐蕃进行勾结的结果②。杜暹于开元十四年(726)九月入朝为相,赵颐贞继主安西,前揭慧超《往五天竺国传》所记之"节度大使赵君",即指赵颐贞。

至开元十五年(727)三月,西域边防体制发生变化,由原来的碛西节度使一元化管理体制转变成为伊西、北庭二元分治的格局,前揭《唐会要》卷七八《节度使》即载:"至开元十五年三月,又分伊西、北庭为两节度。"《新唐书·方镇表四》亦称:"开元十五年,分伊西、北庭置二节度使。"为何会出现这一变化,有待另文探讨。不过,这种二元分治的西域边防格局存在时间并不长,因为就在同年五月,唐在边疆地区全面推行亲王遥领大都护、节度大使制,由延王洄遥领安西大都护、碛西节度大使,忠王浚(即原陕王嗣昇)改领单于大都督护、朔方节度大使。《唐会要》卷七八《亲王遥领节度使》载③:

> (开元)十五年五月,以庆王浑(潭)为凉州都督兼河西节度大使,忠王浚为单于大都督护、朔方节度大使(中略)延王泗(洄)安西大都护、碛西节度大使。

延王洄遥领之职,《唐大诏令集》卷三六《庆王潭凉州都督等制》则记为"安西大都护兼四镇节度大使"④。不仅如此,他还兼领北庭"瀚海军经略大使"之职(详后)。由延王洄遥领"碛西节度大使"一职不难看出,伊西、北

---

① 《资治通鉴》,第6769页。
② 王小甫:《唐、吐蕃、大食政治关系史》,第168页。
③ 《唐会要》,第1435页。
④ 《唐大诏令集》,第154页。

庭又重归一统,西域边防恢复到一元化管理体制。因此,前揭《新唐书·方镇表四》记"开元十九年,合伊西、北庭二节度为安西四镇北庭经略节度使",在伊西、北庭合二为一的具体时间上可能存在疑问。此点下文还将详论。

开元十五年五月西域边防体制的这一调整,当与这一时期吐蕃与突骑施联手入侵西域有关。《资治通鉴》卷二一三开元十五年春正月载①:

> 去冬,吐蕃大将悉诺逻寇大斗谷,进攻甘州,焚掠而去。

吐蕃于开元十四年冬进攻甘州,与突骑施苏禄攻围安西、掠四镇人畜近乎同时,很有可能双方事先已有进犯边境的合谋。开元十五年,吐蕃赞普亲征,攻陷唐之瓜州。《资治通鉴》卷二一三叙该年事极详,略引如下②:

> 九月,丙子,吐蕃大将悉诺逻恭禄及烛龙莽布支攻陷瓜州,执刺史田元献及河西节度使王君□之父,进攻玉门军。(后略)
>
> 丙戌,突厥毗伽可汗遣其大臣梅录啜入贡。吐蕃之寇瓜州也,遗毗伽书,欲与之俱入寇,毗伽并献其书。上嘉之,听于西受降城为互市。(后略)
>
> 闰月,庚子,吐蕃赞普与突骑施苏禄围安西城,安西副大都护赵颐贞击破之。
>
> 十二月,戊寅,制以吐蕃为边患,令陇右道及诸军团兵五万六千人,河西道及诸军团兵四万人,又征关中兵万人集临洮,朔方兵万人集会州防秋,至冬初,无寇而罢;伺虏入寇,互出兵腹背击之。

可见,开元十五年,吐蕃曾引东突厥、突骑施寇边,尽管东突厥最终并未出兵,但毕竟会对唐西北边境构成严重威胁。

---

① 《资治通鉴》,第 6776 页。
② 《资治通鉴》,第 6778—6781 页。

开元十五年的西域形势,在敦煌吐鲁番文书中也有明确反映。前揭吐鲁番所出《唐开元间西州都督府诸曹符帖事目历》总存 28 行,其中数行与军情有关,兹摘录如下:①

10 ⬜⬜符为警固事
13 ⬜⬜兵曹符为警固事
14 ⬜⬜为已西烽火不绝警备事
16 ⬜⬜为警固事 一符为访廉苏々事
19 ⬜⬜曹符为西夷僻被围警备事
24 ⬜⬜为警固排比队伍事
25 ⬜⬜警固收拾羊马事
27 ⬜⬜□□贼事

文书的年代已被考定为开元十六年,其中所记"贼",是指吐蕃还是突骑施,并不十分清楚,但所言"警固"、"警备",显然与开元十五年吐蕃与突骑施联手入侵导致边情紧急有关②。

据王小甫先生研究,此次吐蕃入侵西域的行军路线,走的是东道,即由图伦碛东南北上进入焉耆、龟兹境内③。而吐蕃首次从东线入侵西域,给西域唐军带来的震动是很大的,尤其是作为唐朝经营西域根据地的西州,虽然在西、北、东三面都有军事屏障,但南面却门户大开,吐蕃从东线攻入焉耆、龟兹境内,对其构成的威胁是严重的,前揭西州事目历中众多"警固"、"警备"之记载,一定程度透露了这方面的信息。因此,加强西州的军事防御力量至关重要,天山军就是在这一背景下成立的④。

---

① 陈国灿:《斯坦因所获吐鲁番文书研究》,第 169—171 页。
② 陈国灿:《斯坦因所获吐鲁番文书研究》,第 83—86 页。
③ 王小甫:《唐、吐蕃、大食政治关系史》,第 166—168 页。
④ 参见拙文《唐代西州天山军的成立》,载朱玉麒主编:《西域文史》第二辑,北京:科学出版社,2007 年,第 89—99 页。修订稿收入拙著《敦煌吐鲁番文书与唐代西域史研究》,第 206—225 页。

敦煌所出的一组瀚海军事目文书①，也与开元十五年突骑施入寇有关。孙继民先生曾对这批文书有过详细透彻的研究②。文书多件钤有"瀚海军之印"，其中 S. 11459G 号明确记为"兵曹司开元十五年十二月印历"③，据此知该组文书的年代在开元十五年十二月前后。文书提及当时在北庭的军队，有中军、前军、右军、右一军、右二军、左一军、左二等六军、左二军、南营、南营左军及诸守捉、行营等，孙继民先生认为北庭的这支军队由七军组成，其构成与唐代前期行军普遍实行的"七军"制密切相关④。其中 S. 11453L 号中有一目："董仵朗状为覆贼纵马付所由讫请公验事。"⑤此处"贼"是指谁呢？日本京都藤井有邻馆所藏第十二号、第三十二号文书，有助于解答这一问题。第十二号存 5 行，录如下⑥：

1　敕瀚海军经略大使　　　牒石抱玉
2　　马军行客石抱玉年卅四宁州罗川县
3　　斩贼首二　获马一匹留敦五岁　鞍辔一具
4　　弓一张　枪一张　刀一口　箭十三支　排一面
5　　锁子甲一领已上物并检纳足
　　　（后　缺）

又第三十二号文书存 3 行⑦：

　　　（前　缺）
1　斩贼首一　获马一匹瓜父七岁　鞍一具
2　弓一张　排一面　枪一张　箭十支 已上并
　　　　　　　　　　　　　　　　　 纳足

---

① 《英藏敦煌文献（汉文佛经以外部分）》第十三册，第 278—281、292—295 页。
② 孙继民：《敦煌吐鲁番所出唐代军事文书初探》，北京：中国社会科学出版社，2000 年，第 214—264 页。
③ 《英藏敦煌文献（汉文佛经以外部分）》第十三册，第 295 页。
④ 孙继民：《敦煌吐鲁番所出唐代军事文书初探》，第 254—256 页。
⑤ 《英藏敦煌文献（汉文佛经以外部分）》第十三册，第 281 页。
⑥ 藤枝晃：《藤井有邻馆所藏の北庭文书》，《书道月报》第十三号，第 1 页，图 12 页，1957 年。
⑦ 藤枝晃：《藤井有邻馆所藏の北庭文书》，图 22 页。

3　右使注殊功第壹等赏绯鱼袋
　　　（后　缺）

第十二号文书背面还存有"牒检校北庭都护借紫金鱼袋阴。大使延王在内"2行文字。笔者曾据相关史料考证指出,"大使延王",即指开元十五年五月担任安西大都护、碛西节度大使、瀚海军经略大使的李洞,阴某则可能是开元十五年至二十一年（727—733）担任北庭都护的阴嗣瓌,文书所反映的战争,当是开元十五年末北庭唐军参与反击吐蕃与突骑施联手入侵之战①。上揭敦煌所出瀚海军事目文书年代在开元十五年十二月前后,其中所提及的"贼",应当是指突骑施,毕竟北庭唐军位于天山以北,主要是为了对付突骑施。

开元十五年,西域的军政中心似又由安西转至北庭。日本有邻馆所藏第三十九号文书存10行,是一件有关"都司"的牒文,内容非常丰富,兹引录如下：②

1　都司　　牒阴副使衙

2　　　　　副使阴前别奏上柱国史帝赊

3　牒：得上件人牒称：先是副使别奏,近被曹司□

4　□未出身人,遂被解退。帝赊见有上柱国 勋

5　 即 合与格文相当,请乞商量处分。依检 案

6　 内 者,今月四日得总管程元珪别奏姜元庆 等

7　连状诉称：准格式　　勅,合充别奏,请商 量

8　 处 分者,曹判：姜庆等身带勋官,先充别奏,据 式

―――――――――
① 拙文《唐代安西、北庭两任都护考补——以出土文书为中心》,《武汉大学学报》（人文科学版）2001年第1期,第64—65页。修订稿收入拙著《敦煌吐鲁番文书与唐代西域史研究》,第343—353页。
② 菊池英夫先生前揭文；又孙继民：《唐代瀚海军文书研究》,兰州：甘肃文化出版社,2002年,第58—59页。此处从孙继民先生之录文。

9 解退后补健儿,矜其诉词,改补为镰,谨详 式

10 例,别奏不取勋官,恭称　　勑文

　　　　（后　缺）

本件文书与前揭第十二号、第三十二号文书及瀚海军事目文书都有密切的关联,年代亦大致相当。菊池英夫先生、孙继民先生对此都有过比较深入的研究①。拙文《敦煌吐鲁番文书所见唐代"都司"考》②,根据对敦煌吐鲁番文书中有关"都司"记载的考察,认为牒文中"阴副使"即上文所说的阴都护,"都司"是指"瀚海军经略大使"设于北庭的最高综合管理机关,系仿效中央尚书省之"都司"而设。此"都司"代表着"瀚海军经略大使",权限极大,北庭都护府、四镇节度使皆受其统一节制。这无疑表明当时的西域边防体制并非是伊西、北庭二元分治,而是"碛西节度大使"、"瀚海军经略大使"统一节制之下的一元化管理体制,而且军政中心已移至北庭。此种变化,当与吐蕃从东道入侵西域,唐朝需要加强西域东部防御力量有关,西州天山军的设置似可说明此点。由此也影响了此后西域边防体制的调整,开元末伊、西、北庭最终形成一个整体,由伊西庭节度使统一节制,或与此不无关联。

开元十五年吐蕃与突骑施的联手入侵,遭到了西域唐军的有力反击,"安西副大都护赵颐贞击破之",北庭唐军也取得了斩杀敌首、缴获各种战利品的胜利,伊州军队也加入了抗击吐蕃的阵营。《册府元龟》卷一二八《帝王部·明赏二》载③:

（开元）十七年三月,瓜州刺史、墨离军使张守珪、沙州刺史贾思

---

① 菊池英夫:《唐代边防机关として守捉·城·镇等の成立过程について》,《东洋史学》第二十七辑,1964年12月,第49—52页。孙继民:《唐代瀚海军文书研究》,第58—73页。
② 拙文《敦煌吐鲁番文书所见唐代"都司"考》,《魏晋南北朝隋唐史资料》第二十辑,武汉大学文科学报编辑部,2003年。修订稿收入拙著《敦煌吐鲁番文书与唐代西域史研究》,第151—177页。
③ 《册府元龟》,第1534页;同书卷九八六《外臣部·征讨五》亦有相同记载,第11585页。

顺领伊、沙等州兵入吐蕃大同军,大破吐蕃,驱剪不可胜纪。

唐军的反击,给吐蕃以沉重打击,史称:"吐蕃兵数败而惧,乃求和亲。"①从开元十八年到开元二十一年(730—733),双方使者不断,基本和好②。

唐蕃关系转向和好,又使唐能集中力量对付突骑施苏禄了。《旧唐书》卷一一四《来瑱传》载③:

> 父曜,起于卒伍。开元十八年,为鸿胪卿同正员、安西副都护、持节碛西副大使、四镇节度使,后为右领军大将军、仗内五坊等使,名著西陲。

又《新唐书》卷一三八《李嗣业传》称④:

> 开元中,从安西都护来曜讨十姓苏禄,先登捕虏,累功署昭武校尉。

据前揭《唐会要》卷七八《节度使》所载,开元二十一年十二月,王斛斯已任安西四镇节度使,则来曜主安西的时间当在开元十八年至二十一年十二月之间。这一时期正是唐蕃关系处于基本和好阶段,故来曜的主要任务是对付突骑施苏禄。

关于来曜讨苏禄,史载不详。《文苑英华》卷九一七杨炎《四镇节度副使右金吾大将军杨公(和)神道碑》记杨和曾"凡三破石国,再征苏禄"⑤,表明唐军曾两次征讨苏禄。按开元二十六年(738)盖嘉运为碛西节度时,曾率兵讨过苏禄(详后),则来曜讨苏禄确有其事,且杨和曾参与其间。据

---

① 《资治通鉴》卷二一三玄宗开元十八年(730)九月,第6790页。
② 参见吐蕃《大事纪年》马年(730)至牛年(737)条,王尧、陈践译注:《敦煌本吐蕃历史文书》(增订本),第152—153页。又同作者译注《敦煌古藏文文献探索集》,第96—97页。
③ 《旧唐书》,第3364页。
④ 《新唐书》,第4615页。
⑤ 《文苑英华》,第4829页。

《资治通鉴》卷二一三载,开元十八年十一月,突骑施遣使入贡,玄宗宴之于丹凤楼,说明两国关系当时还未恶化①。因此,来曜讨苏禄的时间当在开元十九年至二十一年之间(731—733)②。来曜所任"安西副(大)都护、持节碛西副大使"一职,似表明当时的西域军政中心又由北庭移至安西,直至开元末。

到了开元二十二年(734),西域边防又由一元化管理体制变为伊西、北庭二元分治格局。《旧唐书》卷八《玄宗本纪》载③:

> (开元二十二年)四月,乙未,伊西、北庭且依旧为节度。

实际上,早在开元二十一年十二月,王斛斯除安西四镇节度使后,四镇节度使至此"定额"化,伊西与北庭可能就已分开了④。但到开元二十三年(735),情况又发生变化,同书载⑤:

> (开元二十三年)冬十月,辛亥,移隶伊、西、北庭都护属四镇节度。突骑施寇北庭及安西拨换城。

又《唐会要》卷七八《节度使》记⑥:

> 至(开元)二十九年十月二十九日,移隶伊、西、北庭都督四镇节度使。

查陈垣先生《二十史朔闰表》,开元二十三年十月辛亥正当二十九日,知

---

① 《资治通鉴》,第6792页。
② 薛宗正先生认为在开元十九年至二十年间(731—732),参见其《中亚内陆——大唐帝国》,第422页。
③ 《旧唐书》,第201页。
④ 参见王永兴:《唐代前期西北军事研究》,第95页。
⑤ 《旧唐书》卷八《玄宗本纪》,第203页。
⑥ 《唐会要》,第1429页。

《唐会要》此条纪年有误,诚如唐长孺先生所云:"旧玄宗纪二十三年十月辛亥称:'移隶伊西、北庭都护属四镇节度',与会要为一事,知二十九年为二十三年之误,且都护讹都督,又脱一属字也。"①所可注意者,这里称"伊、西、北庭都护",与过去所称"伊西、北庭二节度"有所不同,此前之"伊西",一般多称节度,而开元二十三年的"伊西"不称节度,仅与北庭合称为"伊西北庭都护"。因此,这里的"伊西"应指伊、西二州,而非过去的"伊吾以西"了。开元二十一年十二月,王斛斯除安西四镇节度使,"遂为定额",四镇节度使走向定型化,伊、西二州则逐渐游离出来,在此情况下,伊西节度使似已废置,不复存在了。

据郭平梁先生研究,突骑施苏禄举兵反唐,在北庭都护刘涣被诛后的开元二十二年夏天就已开始②。次年十月,唐把伊、西二州及北庭都护调拨四镇节度使统辖,在西域实施一元化军政管理体制,目的是集中力量抗击突骑施苏禄的入侵。可见,四镇节度使统一节制西域军政,西域边防复归一元化管理体制,碛西节度使再次重置。

关于开元二十三年西域边防体制由分而合的这一变化,还可以从张九龄《曲江集》中得到证实,是书卷一〇《敕安西节度王斛斯书》载③:

> 敕王斛斯:卿在西镇,军务烦劳,皆能用心,处置不失。顷与突骑施攻战,历涉三年,降虏生俘,所获过当。悬军能尔,朕甚嘉之。百官已有赏劳,在卿固合优奖,今授卿重职,兼彼领护,且复褒进,终为后图。(中略)万里之外,三军之宜,一以委卿,勿失权断。秋后渐冷,卿及将士已下,并平安好。遣书指不多及。

据王永兴先生考证,敕文时间在开元二十四年(736),"今授卿重职,兼彼领护",是指同年授王斛斯太仆卿兼安西都护④。敕称"万里之外,三军之宜,一

---

① 唐长孺:《唐书兵志笺正》,第63页。
② 郭平梁:《突骑施苏禄传补阙》,《新疆社会科学》1988年第4期。
③ 张九龄撰,熊飞校注:《张九龄集校注》,北京:中华书局,2008年,第609—610页。
④ 王永兴:《唐代前期西北军事研究》,第184页。

以委卿,勿失权断",表明唐玄宗要王斛斯统一指挥和调动西域诸军,全权负责西域边务。又同书卷一一《敕碛西支度等使章仇兼琼书》载①:

  敕碛西支度、营田等使、兼知长行事、殿中侍御史章仇兼琼,(中略)西、庭既无节度,缓急不相为忧,藉卿使车,兼有提振,不独长行、转运、营田而已,(中略)冬寒,卿比平安。遣书指不多及。

敕文时间,据考在开元二十三年(735)冬天②。章仇兼琼时任"碛西支度、营田使兼知长行事、殿中侍御史",负责整个西域地区的支度、营田及长行转运等事务。在"西、庭既无节度,缓急不相为忧"的情况下,章仇兼琼能从中协调,使情况多有好转,显然与他任碛西支度、营田使之职是有关系的。那么,在碛西支度、营田使之上,应当还有统管整个西域军政的碛西节度使。复据成于开元二十五年(737)的《敕四镇节度王斛斯书》③,王斛斯时任"四镇节度副大使、安西副大都护"之职,"安西大都护、四镇节度大使"则由延王洄遥领,而"四镇节度大使"又称为"碛西节度大使","四镇节度副大使"也可称为"碛西节度副大使",可证当时西域确有碛西节度使之设置。因此,《曲江集》反映开元二十四年前后王斛斯统领西域军政大权的事实,与《旧唐书·玄宗本纪》所载的开元二十三年"移隶伊、西、北庭都护属四镇节度",是相吻合的。

  北庭节度使至迟开元十年已有设置(参前述张孝嵩事),其初并不统有伊、西二州,《曲江集》卷一〇《敕北庭都护盖嘉运书》载④:

  敕北庭都护盖嘉运:近得卿表,知旧疾发动,请入都就医。欲遂

---

① 《张九龄集校注》,第650—651页。
② 参见荒川正晴:《唐の对西域布帛输送と客商の活动について》,《东洋学报》七三―三、四,1992年,第31—63页。乐胜奎汉译文载《魏晋南北朝隋唐史资料》第十六辑,武汉大学出版社,1998年。
③ 《张九龄集校注》卷一〇,第614页。敕文时间考证,参见王永兴:《唐代前期西北军事研究》,第184—185页。
④ 《张九龄集校注》卷一〇,第619—620页。

来表,虑有边要,万一失便,虽悔何追? 且苏禄猖狂,方拟肆恶边城,经冬不去,西州近复烧屯,亦有杀伤,想所闻也。(中略)至如西州,近者有贼,其数无多,烽候若明,密与两军作号,首尾邀击,立可诛翦。何为当军自守,信贼公行,来有损伤,去无关键,岂是边镇之意也? 且西、庭虽无节度,受委固是一家,有贼共除,有患相救,万里之外,何待奏闻?(中略)春初余寒,卿及将士并平安好。遣书指不多及。

郭平梁先生认为,此敕时间在开元二十四年春初①。敕称"西、庭虽无节度,受委固是一家",与前揭《敕碛西支度等使章仇兼琼书》所言"西、庭既无节度,缓急不相为忧"意同,皆表明当时的北庭与西州各自为政,互不统属,并不存在节度关系。但唐最高统治者业已充分认识到,此种关系并不利于西域东部边疆的稳定,所谓"西、庭既无节度,缓急不相为忧"是也。于是,西、伊二州此后逐渐转隶北庭,最终于开元二十九年(741)在西域东部形成了伊西庭节度使。《新唐书》卷六七《方镇表四》记②:

> (开元)二十九年,复分置安西四镇节度,治安西都护府;北庭、伊、西节度使,治北庭都护府。

《资治通鉴》卷二一四玄宗开元二十九年冬十月条亦载③:

> 壬寅,分北庭、安西为二节度。

这一变化,首先在于安西四镇节度使走向"定额"化,伊西节度使不再设置,伊、西二州游离出来;其次,也是借鉴于"西、庭既无节度,缓急不相为忧"的经验教训。从此,伊州、西州、北庭形成一个有机的整体,由伊西北庭节度使统一节制。

---

① 郭平梁:《突骑施苏禄传补阙》。
② 《新唐书》,第 1867 页。
③ 《资治通鉴》,第 6845 页。

最后一任碛西节度使是盖嘉运,他在开元二十二年刘涣被诛后出任北庭都护,开元二十四年正月,曾率军击突骑施①。至迟开元二十六年,接替王斛斯任安西都护、碛西节度使②。《册府元龟》卷四三四《将帅部·献捷一》、卷九六四《外臣部·封册二》、卷九七七《外臣部·降附》俱记其为"碛西节度使",说明盖嘉运是唐朝名副其实的碛西节度使③。他在开元二十七年(739)八月擒俘突骑施吐火仙,次年三月入朝献捷,六月,被任为河西、陇右节度使④。碛西节度使最终完成了消灭突骑施政权的历史使命。所以,开元二十九年,西域边防体制调整为安西四镇节度使与伊、西、北庭节度使二元分治格局,碛西节度使从此废置,不复存在。

《资治通鉴》卷二一五玄宗天宝元年(742)春正月条载⑤:

> 是时,天下声教所被之州三百三十一,羁縻之州八百,置十节度、经略使以备边。安西节度抚宁西域,统龟兹、焉耆、于阗、疏勒四镇,治龟兹城,兵二万四千。北庭节度防制突骑施、坚昆,统瀚海、天山、伊吾三军,屯伊、西二州之境,治北庭都护府,兵二万人。

天宝元年的这一西域边防格局,乃是在开元年间不断调整的西域边防体制基础上发展而来,尤其是伊、西二州,最初隶属伊西节度使,直至开元末才转隶伊西北庭节度使,这一变化只能发生于开元年间,并与当时的西域边防形势息息相关。此后,安西、北庭有了较为明确的分工,安西都护、节度使的主要活动更多地体现在对四镇以西、以南地区的经营上,如开元末到

---

① 《旧唐书》卷八《玄宗本纪》,第 203 页。
② 据《旧唐书》卷一九四下《突厥传下》,盖嘉运开元二十六年夏已为安西都护。第 5192 页。《资治通鉴》卷二一四玄宗开元二十六年六月条记其为碛西节度使。第 6833—6834 页。
③ 《册府元龟》,第 5158、11346、11481 页。尤其是卷九七七《外臣部·降附》载云:"(开元)二十七年九月,处木昆匈延阙律啜部落、拔塞幹部落、鼠尼施部落、阿悉告(吉)部落、弓月部落、哥系部落,皆遣使谢恩,请内属,许之。其表曰:'臣等生在荒裔,久阙朝宗,国乱士甍,互相攻杀,赖陛下圣恩遐布,悬念苍生,令碛西节度使盖嘉运统领兵马,抚476远蕃,诛暴拯危,存恤蕃部。臣等伏愿稽首圣颜,兼将部落于安西管内安置,永作边抒,长为臣子。今者载驰,襄首天路,不任跃之至。'"表称盖嘉运为"碛西节度使",即反映了此点。
④ 《资治通鉴》卷二一四玄宗开元二十七年至二十八年,第 6838、6841、6842 页。
⑤ 《资治通鉴》,第 6847—6848 页。

天宝四载(745),安西都护盖嘉运、田仁琬、夫蒙灵詧等曾三讨小勃律①;天宝六载(747),高仙芝又再征小勃律,并最终取得胜利②;天宝十载(751),高仙芝主持了与大食的怛罗斯之战,唐军大败③。而北庭都护、节度使则主要负责天山以北地区民族事务,如天宝七载(748),北庭节度使王正见曾出兵碎叶,并毁碎叶城④;天宝十三载(754),北庭都护程千里擒东突厥阿布思⑤;同年三月入朝献捷后,唐以安西四镇节度使封常清兼领伊西北庭节度⑥,封常清权兼二镇,勤于职守,有力地捍卫着唐朝的西域边防。但是,天宝十四载(755)安史之乱的爆发,使得西域边防形势发生逆转。从此之后,唐朝对西域的控制已无法回复到开、天时期的局面。

综上所考,所得结论大致如下:
第一,伊西节度使,乃唐朝先天元年于西域地区设置的第一个节度使。所谓"伊西",并非是指伊、西二州,而是指"伊吾以西"。伊西节度使统辖范围为伊、西二州和四镇地区,并不包括北庭。阿史那献以北庭大都护、瀚海军使领伊西节度使,节制整个西域军政,主要目的是重建唐对西突厥十姓故地的统治,虽开启了西域地区一元化军政管理体制的先河,但存在时间不长,并不代表碛西节度使的产生。
第二,至迟开元二年设置的四镇节度使,管及西州,与伊西节度使当存在某种关联,二者很有可能为同名异称。开元二十一年以前出现的"四镇节度使"、"安西节度使"、"安西四镇节度使"等名,其实质皆与伊西节度使无异,二者似可等同。
第三,碛西节度使始置于开元十二年,首任节度使为杜暹,权限极大,统及整个西域军政,主要目的是为了对付突骑施苏禄,也兼有防御吐蕃入

---

① 参见王小甫:《唐、吐蕃、大食政治关系史》,第182—184页。
② 《旧唐书》卷一〇四《高仙芝传》,第3203—3205页;《资治通鉴》卷二一五玄宗天宝六载条,第6884—6886页。
③ 《资治通鉴》卷二一六玄宗天宝十载夏四月条,第6907—6908页。
④ 《通典》卷一九三《边防九》石国条引杜環《经行记》,第5275页。
⑤ 《旧唐书》卷八《玄宗本纪》,第228页。
⑥ 《旧唐书》卷一〇四《封常清传》,第3209页;《资治通鉴》卷二一七玄宗天宝十三载三月条,第6926页。

侵西域之责。其间于开元十五年三月至五月、开元二十二年四月至二十三年十月有过两次短暂废置，但时间皆不长。至开元二十七年，碛西节度使盖嘉运灭突骑施、俘吐火仙，最终完成了消灭突骑施政权的历史使命。此后，碛西节度使废置，不复出现。

第四，至迟开元十年北庭节度使设置后，唐朝在西域的节度使只有两个：其一为安西四镇节度使或伊西节度使，其二为北庭节度使。伊西与北庭的分合，关涉碛西节度使的置废，二者合则碛西节度使置，西域边防属一元化军政管理体制；二者分则碛西节度使废，西域边防呈二元分治格局。其间的几度分合，皆与西域边防形势息息相关。过去中日学者多把伊西节度使理解为节制伊、西二州的节度使，是有疑问的。如果如是理解的话，则西域岂不存在安西、北庭、伊西三个节度使了吗？三者关系为何？这些恐怕无法解释清楚。

第五，开元年间，西域军政中心曾几度由安西移往北庭，但大多数时间仍在安西，这主要还在于安西承担着北抗突骑施、西防大食、南御吐蕃的重责，故节制整个西域军政的碛西节度使主要治于安西。而且，安西的最高军政长官多由北庭长官迁转而来，如郭虔瓘、吕休璟、汤嘉惠、张孝嵩、盖嘉运等，皆先为北庭都护，后则转迁安西大都护或副大都护，未有一例从安西长官转为北庭长官者，这也反映了安西在西域地区的中心地位。相对而言，北庭的边防压力远没有安西大，虽在阿史那献主政西域的数年间曾升格为大都护府建制，但大多数时间皆为一般都护府建制，其地位当然不如安西。

第六，开元二十一年以前，伊、西二州受四镇节度使或伊西节度使节制；开元二十一年以后，随着四镇节度使走向"定额"化，伊、西二州逐渐从中游离出来，伊西节度使已失去其存在的意义，不复设置。至开元末，伊、西二州纳入北庭管辖之下，形成一个有机的整体，由伊西北庭节度使统一节制。从此，安西、北庭有了比较明确的职能分工，分别管理天山南北地区的民族与边防事务，有力地捍卫着唐朝的西域边疆。

（本文原载《魏晋南北朝隋唐史资料》第二十六辑，2010年。收入本书时，略有修订。）

关于唐代钟绍京五通告身的初步研究

钟绍京,唐代著名书法家,新、旧《唐书》有传。据本传,绍京乃虔州赣人,历事则天、中宗、睿宗、玄宗诸朝,曾因助玄宗讨平韦氏之功,而被睿宗委以中书侍郎、中书令等职,名登宰相之列。玄宗即位后,多有贬谪,仕途并不如意。唐德宗建中元年(780),追赠太子太傅①。夫人许氏,开元十七年(729)卒于洛阳,享年六十岁②。有关钟绍京事迹,除两《唐书》及《资治通鉴》等书略有记载外,其余并不多见。1985 年,卞孝萱先生发表《〈赣州府志〉、〈兴国县志〉中的四篇唐代制书》一文③,首次从地方志中揭出有关钟绍京的唐代制书四篇,指出四篇制书当系钟绍京后裔传出,或载于钟氏宗谱,地方志据以转载,不仅是研究钟绍京的第一手资料,对研究唐代典章制度也有参考价值。1991 年,陈柏泉先生在其编著《江西出土墓志选编》一书中,刊布了一方 1966 年出土于江西兴国县的碑文,并题名为"《钟绍京受赠诰文》(建中元年十一月)"④。此碑文内容,与《赣州府志》、《兴国县志》所载《赠钟绍京太子太傅诰》文字大体相同,⑤说明二者之间有很大

---

① 《旧唐书》卷九七《钟绍京传》,北京:中华书局,1975 年,第 3041—3042 页;《新唐书》卷一二一《钟绍京传》,中华书局,1975 年,4329 页。二书所记内容并不完全一致,此点容另文探讨。
② 参见《银青光禄大夫行太子右谕德钟绍京妻唐故越国夫人许氏墓志铭并序》,周绍良主编:《唐代墓志汇编》开元三〇六,上海古籍出版社,1992 年,第 1367—1368 页。
③ 卞孝萱:《〈赣州府志〉、〈兴国县志〉中的四篇唐代制书》,载中国历史文献研究会秘书处编《古籍论丛》第二辑,福州:福建人民出版社,1985 年,第 349—353 页。
④ 陈柏泉:《江西出土墓志选编》,南昌:江西教育出版社,1991 年,第 1—2 页。
⑤ 〔清〕魏瀛、鲁琪光、钟音鸿纂修:《同治赣州府志》卷六五《艺文·唐文》,《中国地方志集成·江西府县志辑》(七四),江苏古籍出版社、上海书店、巴蜀书社,1996 年,第 381 页。〔清〕崔国榜、金益谦、蓝拔奇纂修:《同治兴国县志》卷三五《艺文·诰敕》,《中国地方志集成·江西府县志辑》(七八),第 324—325 页。按碑文首行"唐德宗赠太子太傅诰曰"数字,不见于《赣州府志》、《兴国县志》所载制文,显为后人所加,详见正文说明。

的关联（详见下文）。日本学者中村裕一先生曾据陈柏泉先生的录文进行了复原和研究，指出其是《唐建中元年（780）钟绍京敕授告身》的抄件①，实为卓见。2001 年，张子明先生发表《钟绍京受赠诰文碑》一文②，刊载了碑文的图版及录文。《全唐文补遗》第七辑亦据江西兴国县革命历史博物馆钟绍京受赠诰文刻石，收有此碑文的录文，并在注释中指出：“按刻石中文字与已见到的，如《全唐文补遗》一辑二页'封临川郡公主诏书刻石'格式有异，故疑为后人重刻，并加唐德宗等字。”③2005 年 4 月，在四川宜宾学院召开的"中华文学史料学国际学术研讨会"上，谢文学先生发表《〈钟氏族谱〉中的五篇唐代制书》一文④，介绍了他从兴国县《钟氏族谱》中发现的五篇唐代制书，指出其中一篇为大赦制文，其余四篇虽见于《赣州府志》、《兴国县志》，但内容不尽相同，是研究钟绍京和唐代典章制度的第一手难得的珍贵资料。谢先生此文还参照史籍，对五篇制书进行了考释，并与《赣州府志》、《兴国县志》所载制书进行比较，揭出其异同，提出了不少有价值的观点和看法。

  前贤已有的研究工作，为我们深入认识与钟绍京有关的五篇唐代制书提供了坚实的基础。经过认真仔细的考察与研究，我们初步认为，这五篇制书其实是唐代钟绍京任官告身的抄件，内容极为丰富，是研究唐代告身及相关典章制度的重要资料。现把我们对五通告身的复原结果及考释意见公布出来，以就教于海内外学者。

一、唐唐隆元年（710）六月钟绍京中书侍郎告身（抄件）

  本件文字颇长，谢文学先生题为《大赦制》（睿宗）。据笔者初步考察，

---

① （日）中村裕一：《唐代公文书研究》，东京：汲古书院，1996 年，第 367—375 页。按中村氏并未注意到《赣州府志》和《兴国县志》的相关记载。
② 张子明：《钟绍京受赠诰文碑》，载《南方文物》2001 年第 4 期，第 129 页。
③ 吴钢主编：《全唐文补遗》第七辑，西安：三秦出版社，2000 年，第 1—2 页。
④ 谢文学：《〈钟氏族谱〉中的五篇唐代制书》。按此文初刊于四川省宜宾学院四川思想家研究中心网页上 http://sxjzx.yibinu.cn/article_show.asp?articleID=474，后收入刘跃进主编：《中华文学史料》第二辑，北京：学苑出版社，2007 年，第 153—161 页。以下简称谢文。

本件内容又略见于《唐大诏令集》、《册府元龟》等书，但文字多有省略。①今参据谢先生的录文复原告身抄件如下：

> 门下②：大盗移国，朝有贼臣。见危授命，家多义士。朕以凶闵，触绪糜溃③。奸竖构扇，倾陷宗社。潜图欲发，机见未萌④。相王第三子临淄郡王隆基纠合同盟，忠勇愤怒⑤。志除凶党，保护邦家。逆贼韦温、马秦客、叶静能、宗楚客、纪处纳、武延秀、赵理温⑥、杨均等密行鸩毒⑦，先圣暴崩⑧。仙驾初飞，若无天地。圣灵安寝，方觉仇雠。六合摧心，三光失色⑨。况朕为子，志不图全⑩。泣血枕戈⑪，捐生雪耻⑫。风云眩感⑬，情计阴通。太平公主第二子卫尉卿薛崇暕⑭，与前同州朝邑县尉刘幽求、苑总监钟绍京等⑮，日夜同谋⑯，誓诛逆党。一挥骁健，万骑云奔。绍京更集丁夫，斩关先入⑰。凶徒惊恶⑱，投窜无所。各从诛斩，实多庆快⑲。今天衢交泰，氛祲廓清。宜申作解之恩，以洽升平之化。自唐隆元年六月二十一日昧爽以前⑳，大辟

---

① 〔宋〕宋敏求编：《唐大诏令集》卷一二三《平内难赦》（以下简称《诏令集》），北京：商务印书馆，1959 年，第 656—657 页。〔宋〕王钦若等编：《册府元龟》卷八四《帝王部·赦宥三》（以下简称《元龟》），北京：中华书局，1960 年，第 997 页。
② 《诏令集》无"门下"二字。
③ "绪"，《元龟》作"诸"。
④ "见"，《诏令集》、《元龟》作"兆"。
⑤ "愤"，《诏令集》、《元龟》作"奋"。
⑥ "理"，《诏令集》、《元龟》作"履"。
⑦ "杨均等"，《诏令集》作"杨均业等"，《元龟》作"杨筠等"。
⑧ "崩"，《元龟》作"终"。
⑨ "仙驾初飞，若无天地。圣灵安寝，方觉仇雠。六合摧心，三光失色"一段，《诏令集》、《元龟》无。
⑩ "况朕为子，志不图全"，《诏令集》、《元龟》作"朕志不图全"，当有脱漏。
⑪ "泣血枕戈"，《诏令集》、《元龟》作"枕戈泣血"。
⑫ "捐生雪耻"，《诏令集》、《元龟》无。
⑬ "眩"，《诏令集》、《元龟》作"玄"。
⑭ "第二子"，《诏令集》、《元龟》作"男"。
⑮ 《诏令集》、《元龟》无"苑"、"等"字。
⑯ "同谋"，《诏令集》、《元龟》作"共谋"。
⑰ "一挥骁健，万骑云奔。绍京更集丁夫，斩关先入"，《诏令集》、《元龟》无。
⑱ "恶"，《诏令集》作"恐"。
⑲ "各从诛斩，实多庆快"，《诏令集》、《元龟》无。
⑳ 谢文录作"景云元年庚戌六月二十一日昧爽以前"，《诏令集》、《元龟》作"唐隆元年六月二十一日昧爽以前"，"景云"、"庚戌"数字，明显为钟氏后人所添改，应以《诏令集》、《元龟》所记为是。

罪以下①,已发觉未发觉,已结正未结正,系囚见徒,罪无轻重②,常赦所不免者③,咸赦除之。其逆贼头首,咸以斩决,其余支党,一无所问。内外文武官三品以上④,各赐爵一等⑤,先有者听回授子⑥。四品以下,各加一阶。应入五品者减两考。安乐公主府官,不在此限⑦。其隆基可封平王,食实封一千户,赐物五千段。太平公主第二子薛崇暕⑧,可封立节郡王,食实封五百户,赐物二千段⑨。钟绍京可银青光禄大夫、行中书侍郎⑩、颍川郡开国公,食实封二百户,赐物一千段。前同州朝邑县尉刘幽求,可朝议大夫、守中书舍人、参知机务、中山县开国男⑪,食实封二百户,赐物一千段。利仁府折冲麻嗣宗,可云麾将军、行左金吾卫中郎将,赐物一千段⑫。即令上知事。其押万骑官(?)折冲、果毅以下及总监官、直司团头、户奴丁夫,即定功次处分。其万骑等各赐物三十段,功次速别定。相王、太平公主各赐物一万段。其皇亲三等以上各赐两阶,应入五品不须限以年考,四等以下及诸亲各赐谦勋,平转其防掾。朕官不离左右者,各赐物三十段。谁(谯)王重福所司,即差使慰劳诸军。总经略大使,赐物八十段。上州都督、刺史,赐物一百段。四大都督府长史、司马,各赐物一百段。诸番大首领,各赐物一百二十段。中下州刺史,各赐物七十段。上县令赐物五十段。中下县令各赐物三十段。皇亲任内外五品以上官,各赐物一百段。天下百姓,宜免今年半租。名山大川,古先圣帝明王,忠臣烈士,各宜所在州县致祭。亡官失爵,并加收录。女子百户,量赐酒面。诸

---

① 《诏令集》无"罪"字。
② "已发觉未发觉,已结正未结正,系囚见徒,罪无轻重",《诏令集》、《元龟》无。
③ "不免",《诏令集》作"不原"。
④ 《诏令集》、《元龟》无"文武"二字。
⑤ 《诏令集》作"一级"。
⑥ "先有者听回授子",《诏令集》、《元龟》无。
⑦ "应入五品者减两考。安乐公主府官,不在此限",《诏令集》、《元龟》无。
⑧ "太平公主第二子",《诏令集》、《元龟》无。
⑨ "二",《诏令集》、《元龟》俱作"三"。
⑩ "行",《诏令集》、《元龟》俱作"守",当误。按银青光禄大夫为从三品,中书侍郎为正四品上,乃阶高职低,应以"行"为是。
⑪ "县",《元龟》作"郡"。
⑫ 《诏令集》、《元龟》所引制文至此结束。

年百岁以上,版授下州刺史,妇人板授郡君,赐粟五石,绵亘三段。八十以上版授县令,妇人版授乡君,赐粟两石,绵帛两段。各以当处正、义仓物便给。制书有不该者,宜令所司,比类闻奏。朕以荒眇,亲除恶逆。上安宗庙,下顺黎元。百粒充赢,万机亲务。山陵大事,依限修营。应须使等,速更差遣。亡命山泽,挟藏军器,百日不首,复罪如初。敢以赦前事相告讦者,以其罪罪之。赦书日行五百里,布告迩遐,咸使闻知,主者施行。

  唐隆元年六月二十一日①

  中书令阙

  银青光禄大夫、行中书侍郎、颖川郡开国公臣钟绍京宣②

  中大夫、行中书舍人、修文馆学士、上柱国臣李乂奉行③

侍中④

银青光录(禄)大夫、行黄门侍郎、上柱国、常山县开国男臣从远

朝议郎、守给事中、上柱国臣崇璧　　等言:⑤

臣闻反道背常,人神所同。嫉祸盈恶,稔天地所不容。顾彼凶残,自贻倾伏。伏惟皇帝陛下,明齐日月,德合乾坤。承列圣之丕基,临万方之大宝。而逆贼韦温等枭挠成性,悖逆在怀。莫顾有戴之恩,遂逞无君之志。因依咸近,肆行鸩毒。平王隆基等精神所感,忠勇争先。暂率骁雄,克清妖孽。内外荷宠荣之赐,黎庶享山岳之安。凡在率土,不胜庆悦。伏奉

---

① 谢文录作"唐景云元年庚戌六月二十一日"。按《诏令集》、《元龟》所载制文中有"唐隆元年六月二十一日昧爽以前"一语,而唐隆元年七月始改元景云,由此知"景云"、"庚戌"数字实乃钟氏后人所添改。以下数件凡有"景云"、"庚戌"数字者,类皆如此,不另注。
② 谢文录作"臣钟宣",此据唐代制授告身格式添补。
③ 谢文录作"中大夫、行中书舍人、修文馆学士、上柱国臣李奉行"。按"李"后当脱漏"乂"字,即"李乂",《新唐书》卷一一九《李乂传》云:"景龙初,叶静能怙势,乂条其奸,中宗不纳。迁中书舍人、修文馆学士(中略)韦氏之变,诏令严促,多乂草定。进吏部侍郎,仍知制诰。"第4296页。
④ 谢文无"侍中具官封臣名"一栏,据唐代制授告身式,此处当有脱漏,今据补。
⑤ 据谢文,"等言"后有"伏奉制书如右"一语。据唐代制授告身式,"等言"后应为"臣闻"之语,"伏奉制书如右",当在后面"请奉制附(付)外施行"一语之前。参见(日)中村裕一:《隋唐王言の研究》,东京:汲古书院,2003年,第33—52页。

制书如右①，请奉

制附(付)外施行，谨言。

　　　　　唐隆元年六月二十一日②

制　可

　　　　　　　六月二十一日亥时，都事思察受

　　　　　　　　　左司员外郎臣奉③

尚书左仆射阙

尚书右仆射、同中书门下三品、监修国史、上柱国、许国公臣瓌

吏部尚书阙

吏部侍郎、同中书门下平章事、修文馆学士、兼修国史、上柱国臣湜

朝议大夫、检校吏部侍郎、修文馆学士、护军臣藏用

银青光禄大夫、行上(尚)书左丞、上护军、清河县开国男臣元综

告银青光录(禄)大夫、行中书侍郎、颖川郡开国公、参加(知)机务臣钟绍京④，奉被

制书如右，符到奉行。

　　　　　　　　　　　　　　　　主事臣筠

吏部员外郎臣廷珪　　　　　　　令史臣穆谦

　　　　　　　　　　　　　　　书令史臣张璋

　　　　　唐隆元年六月二十二日下⑤

据内容，本件当属唐隆元年六月二十二日制授钟绍京中书侍郎告身抄件，但又与目前所见的唐代制授告身有些不同。据唐代制授告身式⑥，从"门下"至"主者施行"一段文字为制书本文，中有被授官者的"具官封姓名"、"德行庸勋"及被授予的官爵等内容。但上揭制书实际上是一篇敕书，是

---

① 此句原在"等言"之后，现据唐代制书格式改移于此。
② 谢文录作"唐景云元年庚戌六月二十一日"。
③ 谢文录作"左司员外郎臣奉"，"臣"字或为钟氏后人所加。
④ 谢文录作"参加机务臣钟绍京"，"加"当为"知"之误，"臣"字或为钟氏后人所添加。
⑤ 谢文录作"唐景云元年庚戌六月二十二日下"。
⑥ 参见仁井田陞：《唐令拾遗》公式令第二十一，东京大学出版会，1983年，第559—562页。

平定韦后之乱后大赦天下的制书,内容除一般的赐爵、加阶、封赏之外,还对参与平乱的主要有功之臣李隆基、钟绍京、刘幽求、麻嗣宗等四人进行加官晋爵并赐物。这与我们所见唐代制授告身中的制书内容颇有些差异。

另外,据唐代制授告身式,门下省官员侍中、黄门侍郎、给事中连署之后,一般接写为"等言:制书如右。请奉制付外施行,谨言。年月日",但上揭钟绍京告身抄件却在"等言"之后还有"臣闻反道背常,人神所同"等一段文字。据《唐六典》卷八门下省给事中条云:"凡制敕宣行,大事则称扬德泽,褒美功业,覆奏而请施行;小事则署而颁之。"①唐代制书中有"大事"、"小事"之两种区分,中村裕一先生曾对此有过研究②。制授告身乃授予三品以下五品以上的官员,但在告身式中,给事中仅简短地写上"制书如右。请奉制付外施行,谨言",并无"称扬德泽,褒美功业"之类的覆奏文,说明其为制书中的"小事"。而钟绍京告身中却有一段"称扬德泽,褒美功业"的覆奏文,表明制书所言实为"大事"。在当时的国家政治生活中,李隆基等平定韦后之乱,最终使唐政权掌控在相王李旦之手,这是名副其实的"大事"。由此可以看出,唐代的制授告身亦存在"大事"、"小事"两种形式,这对认识唐代的告身制度无疑又增添了新的内容和资料。

从上揭告身抄件我们还注意到,钟绍京因参与平定韦后之乱有功而被擢为中书侍郎,但在制书的宣行过程中,钟绍京已在行使其中书侍郎的职权了,也就是说,在正式的制书宣行之前,他已被指定为中书侍郎了,这是一个十分有趣的现象。钟绍京原为苑总监,因平乱之功擢为中书侍郎,刘幽求原为同州朝邑尉,也因平乱之功升为中书舍人,二人同被提拔为中书省官员,这在一定程度上反映了当时中书省地位的崇重。

二、唐唐隆元年(710)六月钟绍京 同中书门下三品告身(抄件)

本件《赣州府志》、《兴国县志》仅录有制文,题为"命钟绍京中书侍郎

---

① 《唐六典》,北京:中华书局,1992 年,第 244 页。
② 中村裕一:《隋唐王言の研究》,第 45—51 页。

诰",卞孝萱先生题为"钟绍京同三品制",谢文学先生据《钟氏族谱》录有告身抄件的全文,仍题为"钟绍京同三品制"。今参据谢先生的录文复原告身抄件如下:

门下:社稷大勋,必归英杰。庙堂贤相①,允属谋猷。银青光禄大夫②、行中书侍郎、参予机务③、上柱国、颖川郡开国公、食实封二百户钟绍京,雅量渊深,清规冰沏④,果行育德,当代见称。强学富词⑤,为时所重。顷属祸生宫掖,巨猾未夷,遂能义感风云,潜图密断。克清凶衅,实仗忠贞。宜登宰司,俾掌纶命。可同中书门下三品,余并如故,主者施行。
　　　　唐隆元年六月二十三日⑥
　　　　　　　　中书令阙
　　　　　　　　中书侍郎阙
　　　　　　　　中书舍人、修文馆学士、上柱国臣
　　　　　　　　苏颋宣奉行

侍中阙
银青光禄大夫、黄门侍郎、上柱国、常山县开国男臣从远
朝议郎、守给事中、上骑都尉臣□□　　等言⑦:
制书如右⑧,请奉
制付外施行,谨言。
　　　　唐隆元年六月二十三日
　　　制　可

---

① "庙堂",《赣州府志》、《兴国县志》作"庙廊",此点谢文已指出。以下凡谢文业已指出的,不另注。
② "银青光禄大夫",《赣州府志》、《兴国县志》作"尔银青光禄大夫"。
③ "参予",《赣州府志》、《兴国县志》作"参预",谢文未指出。
④ "沏",《赣州府志》、《兴国县志》作"彻"。
⑤ "词",《赣州府志》、《兴国县志》作"辞"。
⑥ 谢文录作"唐景云元年庚戌六月二十三日"。
⑦ 谢文录作"朝议郎、守给事中、上骑都尉等言",似有脱漏。
⑧ 谢文录作"伏奉制命如右",据唐制授告身式,当为"制书如右"。

　　　　　六月二十三日酉时　　都事下直①
　　　　　　　左司员外郎阙

尚书左仆射阙②
尚书右仆射、同中书门下三品、监修国史、上柱国、许国公臣璟
吏部尚书阙
吏部侍郎、同中书门下平章事、修文馆学士、兼修国史、上柱国臣湜
中大夫、检校吏部侍郎、兼中书舍人、知制诰、修文馆学士、上柱国臣乂③
银青光禄大夫、行尚书左丞④、上护军、清河县开国男臣元综
告银青光禄大夫⑤、行中书侍郎、同中书门下三品、上柱国、颖川郡开国公钟绍京，奉被
制书如右，符到奉行。
　　　　　　主事臣筠
吏部员外郎⑥　　令史臣穆谦
　　　　　　书令史臣赵懋
　　　　唐隆元年六月二十四日下⑦

据内容，本件当为唐隆元年六月二十四日制授钟绍京同中书门下三品告身抄件。同中书门下三品为唐代宰相之职，唐朝任命某官为同中书门下三品的制书，见于《文苑英华》、《唐大诏令集》者不少，但完整的告身或告身抄件并不多见，本件似可补此之阙。钟绍京因功于唐隆元年六月二十一日被任命为中书侍郎并参知机务，虽可入政事堂参与宰相议事，但并

---

① 谢文录作"唐景云元年庚戌六月二十三日酉时，都事下直。制可"，据唐制授告身式，应为"唐隆元年六月二十三日。制可。六月二十三日酉时，都事下直"。
② 谢文录作"中书左仆射阙"。
③ 谢文录作"大夫、检校吏部侍郎、兼知中书舍人、制诰、修文馆学士、上柱国臣李"，据前考，此人即李乂，该句可据此复原为"中大夫、检校吏部侍郎、兼中书舍人、知制诰、修文馆学士、上柱国臣乂"。
④ 谢文录作"行中书左丞"，并业已指出为"行尚书左丞"之误。
⑤ 谢文无"告"字，此据唐代告身格式增补。
⑥ 谢文无此句，此据唐代告身格式增补。
⑦ 谢文录作"唐景云元年庚戌六月二十四日下"。

非真正的宰相,故在六月二十三日任其为同中书门下三品,成为真正的宰相,制书所谓"宜登宰司,俾掌纶命",即此意也。本告身抄件使用的仍是制授告身式。

三、唐唐隆元年(710)六月钟绍京中书令告身(抄件)

本件《赣州府志》、《兴国县志》仅录有制文,题为"中书令诰",卞孝萱先生题为"钟绍京中书令制",谢文学先生据《钟氏族谱》录有告身抄件的全文,仍题为"钟绍京中书令制"。今参据谢先生的录文复原告身抄件如下:

门下:忠臣立事,忘家殉国。良宰登庸,开物成务。银青光禄大夫、行中书侍郎①、同中书门下三品②、上柱国、颍川郡开国公钟绍京,器识宏远,襟度敏达。好谋则忠,见义能勇。才惟侗傥,明以烛微。思乃纵横,博而能裕。顷诛凶党,遂建元勋。氛祲廓除,庙堂翳扫,宫掖清切。中书机务,宜膺宠命,式允具瞻。可光禄大夫、行中书令、越国公③、加实封通前满五百户④,赐物二千段⑤,赏奴二十人、婢十人、金银器皿三十事、马十匹。即令所司给⑥,付主者施行。

唐隆元年六月二十四日⑦

中书令、修文馆学士、监修国史、上柱国公臣萧志忠宣⑧

中散大夫、守中书侍郎、同中书门下三品、著紫佩金鱼、

---

① 谢文无"行"字,此据《赣州府志》、《兴国县志》。
② 谢文无"中书"二字,此据《赣州府志》、《兴国县志》补。
③ "越国公",谢文作"封越国公"。
④ "加实封",谢文作"食实封",《赣州府志》、《兴国县志》作"加封"。此据后文"加实封通前五百户"改。
⑤ "二",《赣州府志》、《兴国县志》作"三"。
⑥ "即",谢文作"给",不通。
⑦ 谢文录作"唐景云元年庚戌六月二十四日"。
⑧ 谢文无"臣"字,据告身格式及其后中书侍郎、中书舍人的签署,此处当漏一"臣"字。

　　　　修文馆学士、上柱国臣赵彦昭奉
　　　　　中散大夫、行中书舍人、修文馆学士臣李乂行①
特进、侍中、监修国史、上柱国鄴国公臣安石
中大夫、守黄门侍郎、上柱国臣日知
朝议大夫、守给事中、上柱国臣颙　　　等言：
制书如右，请奉
制付外施行，谨言。
　　　　　唐隆元年六月二十四日②
制　可
　　　　　　六月二十四日寅时　都事元景
　　　　　　　　　　　　　　　　左司员外郎阙③
尚书左仆射阙
尚书右仆射、同中书门下三品、监修国史、上柱国、许国公臣瓌④
吏部尚书阙
朝议大夫、检校吏部侍郎、修文馆学士、上护军臣藏用⑤
银青光禄大夫、行尚书左丞、上护军、清河县开国公臣元综
告光禄大夫⑥、行中书令、上柱国、越国公、加实封通前五百户钟绍京，
奉被
制书如右，符到奉行。
　　　　主（事）嗣⑦
吏部员外郎⑧　　令史三福

---

① 谢文录作"中散大夫、行中书舍人、修文馆学士臣李行"，据前考，此处当为"中散大夫、行中书舍人、修文馆学士臣李乂行"。
② 谢文录作"唐景云元年庚戌六月二十四日"。
③ 谢文录作"右司员外郎阙"，似传抄有误。
④ 谢文录作"同中书门下三品、监修国史、上柱国史、许国公臣瓌"，"瓌"即苏瓌，据前揭钟绍京同中书门下三品告身中苏瓌的官衔，此处当遗漏了"尚书右仆射"数字，且"上柱国史"衍一"史"字。
⑤ 谢文无"臣"字。
⑥ 谢文无"告"字，此据告身格式补。
⑦ 谢文录作"主嗣"，此处为吏部主事署位，或为"主事嗣"。
⑧ 谢文无此行文字，此据告身格式补。

　　　　　书令史张忠
　　　　唐隆元年六月二十五日下①

据内容,本件当为唐隆元年六月二十五日制授钟绍京中书令告身抄件。唐代中书令为职事官,正三品,据《通典》卷一五《选举三·历代制下》云:"其选授之法,亦同循前代。凡诸王及职事正三品以上,若文武散官二品以上及都督、都护、上州刺史之在京师者,册授。(诸王及职事二品以上,若文武散官一品,并临轩册授;其职事正三品,散官二品以上及都督、都护、上州刺史,并朝堂册。讫,皆拜庙。册用竹简,书用漆。)"②但上揭钟绍京中书令告身抄件明显使用的是制授告身式,而唐开元二十二年(734)张九龄中书令告身同样也是使用制授告身式③,这说明唐代有关正三品以上职事官的任命,并未皆按有关规定使用册授的形式④。

四、唐唐隆元年(710)六月钟绍京户部尚书告身(抄件)

本件《赣州府志》、《兴国县志》仅录有部分制文,题为"户部尚书诰",卞孝萱先生题为"钟绍京户部尚书制",谢文学先生据《钟氏族谱》录有告身抄件的全文,题为"钟绍京户部尚书刘幽求尚书左丞制"。今参据谢先生的录文复原告身抄件如下:

门下:艰祸在宸,凶邪乘隙。永言国重,深念家勤⑤。平王隆基,亲执

---

① 谢文录作"唐景云元年庚戌六月二十五日下"。
② 《通典》,王文锦等点校,中华书局,1988年,第359页。
③ 参(日)大庭脩先生复原的张九龄中书令告身,见其《唐告身的古文书学的研究》,原载《西域文化研究》三,京都:法藏馆,1960年。此据大庭脩:《唐告身と日本古代の位阶制》,伊势市:学校法人皇学馆出版部,2003年,第76—77页。
④ 关于唐代册书及册授的情况,中村裕一先生有过深入探讨,参中村裕一:《隋唐王言の研究》,第20—32页。
⑤ "家",《赣州府志》、《兴国县志》作"宗"。

于戈,入卫社稷。遂得勇竭其力,智效其谋。抚兹念劳,无德不报①。新除中书令钟绍京,体局机敏②,才略冠世。叶心纠徒③,王师克济。新除中书舍人参知机务刘幽求,忠精贯日,义气横秋。首定高谋,遂安大业④。崇彰懋典,宠锡攸归。绍京可光禄大夫、行户部尚书、越国公,食实封五百户,赐物一千段、金银器皿三十事、细马四匹⑤、奴婢十人,更赐细婢六人。宅一区,地十顷。幽求可银青光禄大夫、行尚书右丞,仍以旧参知机务,徐国公食实封五百户,所有别赐,并准绍京式备庸贤⑥,以旌殊勋,主者施行。

  唐隆元年六月二十七日下⑦

    中书令、修文馆学士、监修国史、上柱国、郧国公臣萧至忠宣

    中散大夫、守中书侍郎、同中书门下三品、著紫佩金鱼、修文馆学士、上柱国臣赵彦昭奉

    中大夫、检校吏部侍郎、修文馆学士、兼中书舍人、知制诰事、上柱国臣李乂行⑧

特进、侍中、监修国史、上柱国臣安石

中大夫、守黄门侍郎、同中书门下三品、上柱国臣日知

朝议大夫、守给事中、上柱国臣颙　等言:

制书如右,请奉

制付外施行,谨言。

  唐隆元年六月二十七日⑨

① "抚兹念劳,无德不报",谢文无此句,此据《赣州府志》、《兴国县志》补。
② "敏",《赣州府志》、《兴国县志》作"密"。
③ "叶",《赣州府志》、《兴国县志》作"协"。
④ "新除中书舍人"至"遂安大业",为《赣州府志》、《兴国县志》所无。
⑤ "四",《赣州府志》、《兴国县志》作"四十"。
⑥ "幽求可银青光禄大夫"至"并准绍京式备庸贤"语,《赣州府志》、《兴国县志》无。
⑦ 谢文录作"景云元年六月二十七日下"。
⑧ 谢文录作"中大夫、检校吏部侍郎、修文馆学士、知制诰事、上柱国臣李行",据前揭钟绍京同中书门下三品告身抄件,此句可复原为"中大夫、检校吏部侍郎、修文馆学士、兼中书舍人、知制诰事、上柱国臣李乂行"。
⑨ 谢文录作"景云元年六月二十七日"。

制　可

　　　　　　　　六月二十七日①　都事上官思察受
　　　　　　　　　　　左司员外郎奉右付

尚书左仆射阙
尚书右仆射、同中书门下三品、监修国史、上柱国、许国公臣璟
吏部尚书阙
吏部侍郎、同中书门下平章事、修文馆学士、兼修国史、上柱国臣湜
中大夫、检校吏部侍郎、知制诰事、修文馆学士、上柱国臣怀素
银青光禄大夫、行尚书左丞、上护军、清河县开国男臣元综
告光禄大夫②、行户部尚书、越国公钟绍京，奉被
制书如右，符到奉行。
　　　　主事筠
吏部员外郎③　　令史廷璋
　　　　　　书令史穆谦
　　　　唐隆元年六月二十七日下④

据内容，本件当为唐隆元年六月二十七日制授钟绍京户部尚书告身抄件。

五、唐建中元年(780)十一月赠钟绍京太子太傅告身(抄件)

本件《赣州府志》、《兴国县志》录有全文，内容与1966年出土的碑文大致相同，说明二者之间当存在一定的渊源关系。中村裕一先生据陈柏泉先生的录文对告身进行了复原，并指出其属唐代的敕授告身抄件⑤。从后来谢文学先生据《钟氏族谱》所录内容看，中村先生的这一判断是正确的。

---

① 谢文录作"六月二十七日下"，"下"字当为钟氏后人误加，此点谢文业已指出。
② 谢文无"告"字。
③ "吏部员外郎"，谢文无此句，此据告身格式加。
④ 谢文录作"景云元年庚戌六月二十七日下"。
⑤ 中村裕一：《唐代公文书研究》，第367—375页。

今据诸家录文并参考中村先生复原成果重新复原此告身内容如下：

敕：古之将相，有功济于艰危，系于社稷，则身殁之后，其名益彰。唐隆功臣，故光禄大夫、中书令、户部尚书、上柱国、越国公、食实封五百户钟绍京，昔以运偶云龙，心贞铁石，扶翊我祖①，戡乱定功，一挥妖氛②，再清宫闱③，成提剑之业，在缀旒之辰。固可勋铭鼎彝④，书美青史，亦已秉钧西掖⑤，曳履南宫。而表旌其功烈⑥，未有宠赠。储傅之位，次于三公，用以敕终，光乎幽穸⑦。可赠太子太傅。

　　　　　建中元年十一月五日⑧

　　　　　　　　　太尉、兼中书令、汾阳郡王假⑨
　　　　　　　　　中书侍郎阙
　　　　　　　　　司封郎中、知制诰臣张蕺宣奉行⑩

奉⑪

敕如右，牒到奉行⑫。

---

① 谢文录作"翼"，《赣州府志》、《兴国县志》及碑文俱作"翊"。
② 谢文录作"一扫氛妖"，《赣州府志》、《兴国县志》及碑文俱作"一挥妖氛"。
③ 谢文录作"壶"，《赣州府志》、《兴国县志》及碑文俱作"闱"。
④ "勋铭"，《赣州府志》、《兴国县志》俱作"铭勋"；"彝"，谢文录作"钟"，《赣州府志》、《兴国县志》及碑文俱作"彝"。
⑤ 谢文录作"尝"，《赣州府志》、《兴国县志》及碑文俱作"已"。
⑥ 《赣州府志》、《兴国县志》及碑文无"表"字。
⑦ 谢文录作"乎"，《赣州府志》、《兴国县志》及碑文作"于"。
⑧ 此句《赣州府志》、《兴国县志》及碑文作"建中元年庚申十一月五日"，谢文录作"建中元年十一月初五日"，中村裕一先生复原为"建中元年庚申十一月五日"。根据唐代告身格式，"庚申"、"初五"有可能为钟氏后人添改，不足为据。此句复原为"建中元年十一月五日"，似较为妥当。
⑨ 《赣州府志》、《兴国县志》及碑文作"太尉、兼中书令、汾阳王假"，谢文录作"太尉、兼中书令、汾阳郡王假"，中村裕一复原为"太尉、兼中书令、汾阳（郡）王（臣）假"。此汾阳郡王即郭子仪，在唐大历九年（774）不空三藏追赠告身中，其署位亦有不称"臣"者（见大庭脩：《唐告身と日本古代の位阶制》，第114页）。因此，此句似可复原为"太尉、兼中书令、汾阳郡王假"。
⑩ 《赣州府志》、《兴国县志》及碑文、谢氏录文俱作"司封郎中、知制诰臣张蕺寅奉行"，中村裕一指出"寅"乃"宣"之误，并复原为"司封郎中、知制诰臣张蕺宣奉行"，诚是。在唐大历十四年（779）张令晓告身中，亦有"司封郎中、知制诰臣张蕺宣奉行"之签署，见大庭脩：《唐告身と日本古代の位阶制》，第119页。
⑪ "奉"字乃据敕授告身格式添加。
⑫ 《赣州府志》、《兴国县志》及碑文无此句。中村裕一先生业已正确指出，此处应有"奉敕如右，牒到奉行"数字。

建中元年十一月五日①

　　侍中阙②

　　银青光禄大夫、守门下侍郎、同平章事炎③

　　正议大夫、行给事中审④

　　　　　　　　十一月六日寅时⑤　都事丁固⑥

　　　　　　　　　　　　　　　　　　左司郎中张絷⑦

　　吏部尚书阙

　　朝议大夫⑧、权知吏部侍郎、轻车都尉说

　　吏部侍郎阙

　　尚书左丞阙

　　告赠太子太傅钟绍京第⑨，奉

　　敕如右，符到奉行。

　　　　　　　　　　　　主事思孔⑩

　　郎中定国⑪　　　　令史刘光

　　　　　　　　　　　　　书令史赵仁⑫

　　　　建中元年十一月八日下⑬

---

① 《赣州府志》、《兴国县志》及碑文无此句,谢文录作"建中元年十一月初五日"。
② 《赣州府志》、《兴国县志》及碑文作"侍郎阙",似误。
③ 此句《赣州府志》、《兴国县志》及碑文作"银青光禄大夫、门下侍郎、平章事炎",谢文录作"银青光禄大夫、侍郎门下平章事炎",中村裕一复原为"银青光禄大夫、(守)门下侍郎、(同)平章事炎",诚是。
④ 《赣州府志》、《兴国县志》及碑文在此句之后,还有"道奉制书如右,请奉制付外施行。建中元年庚申十一月五日。制可"之类的文字,中村裕一先生已正确指出其为衍文。
⑤ 《赣州府志》、《兴国县志》及碑文作"十一月六日寅时",谢文录作"十一月初五日时"。
⑥ 《赣州府志》、《兴国县志》及碑文作"都事丁固",谢文录作"都事"。
⑦ 《赣州府志》、《兴国县志》及碑文作"右司郎中张絷",谢文录作"左司郎中"。
⑧ 《赣州府志》、《兴国县志》及碑文作"朝请大夫",谢文录作"朝议大夫"。
⑨ "告",《赣州府志》、谢文作"诰",《兴国县志》、碑文作"告"。
⑩ 《赣州府志》、《兴国县志》及碑文作"主事思孔",谢文录作"主事意"。
⑪ 《赣州府志》、《兴国县志》及碑文作"郎中定国",谢文录作"郎中定"。
⑫ "书令史赵仁",谢文无。
⑬ 《赣州府志》、《兴国县志》及碑文作"建中元年十一月八日下",谢文录作"建中元年十一月初八下"。

据内容,本件当为唐建中元年十一月八日追赠钟绍京太子太傅告身抄件,所使用的是敕授告身式。现存唐代追赠告身并不多见,除此件外,尚有唐大历九年(774)不空三藏追赠告身①。这两件追赠告身为考察和研究唐代追赠制度提供了不可多得的珍贵资料。

六、结　　语

以上参据各种资料大致复原了唐代书法家钟绍京的五通告身抄件。需要特别指出的是,由于这些告身在传抄的过程中,存在着钟氏后人对告身内容进行增改的痕迹,故要想完全恢复告身原貌,实属不太可能;加之,笔者学识水平有限,所复原结果是否能够成立,也还有待高明之士不吝赐教。不过,对这五通唐代告身抄件的初步复原,仍可为我们研究唐代典章制度及相关历史问题提供了若干重要的新资料。

据五通告身抄件内容,从唐隆元年六月二十一日至二十七日短短七天时间里,钟绍京从苑总监升为中书侍郎、同中书门下三品、中书令,成为显赫一时的当朝宰相,但好景不长,很快又由中书令转为户部尚书,失去宰相之职。钟绍京在七天时间里先后经历了四职,此种官职迁转之神速及变化之快,着实令人惊奇,政治舞台的风云变幻于此可见一斑。《资治通鉴》卷二〇九睿宗景云元年(710)六月条云②:

> 以钟绍京为中书令。钟绍京少为司农录事,既典朝政,纵情赏罚,众皆恶之。太常少卿薛稷劝其上表礼让,绍京从之。稷入言于上曰:"绍京虽有勋劳,素无才德,出自胥徒,一旦超居元宰,恐失圣朝具瞻之美。"上以为然。丙午,改除户部尚书,寻除为蜀州刺史。

钟绍京少为司农录事,胡三省注称:"唐九寺皆有录事,官九品,盖流外

---

① 参见大庭脩:《唐告身と日本古代の位阶制》,第114—115页。
② 《资治通鉴》,北京:中华书局,1956年,第6649—6650页。

也。"则钟绍京入仕乃流外出身,并非清望之职。有趣的是,开元年间,河西节度使牛仙客因在河西颇有政绩,玄宗欲以之为尚书,遭到宰相张九龄的反对,认为:"尚书,古之纳言,唐兴以来,惟旧相及扬历中外有德望者乃为之。仙客本河湟使典,今骤居清要,恐羞朝廷。"玄宗问九龄:"卿嫌仙客寒微,如卿有何阀阅?"九龄对曰:"臣岭海孤贱,不如仙客生于中华;然臣出主台阁,典司诰命有年矣。仙客边隅小吏,目不知书,若大任之,恐不惬众望。"①张九龄所言,恐怕代表了当时人的一般看法。前揭薛稷言"绍京虽有勋劳,素无才德,出自胥徒,一旦超居元宰,恐失圣朝具瞻之美",与张九龄所言如出一辙,并得到睿宗的首肯。因此,钟绍京未能久居宰相之职的原因,除了当时的政治斗争与矛盾外,恐怕还与其出身流外有很大的关系。这在一定程度上反映了唐朝选官用人制度的某些特点。

此外,这五通告身抄件还为我们深入认识与研究唐代的告身制度、追赠制度提供了不可多得的素材。如钟绍京中书侍郎告身,即表明唐代的制授告身格式,与制书一样,亦存在"大事"、"小事"两种格式,从而使我们对唐代告身制度又有了一些新的认识。又如赠钟绍京太子太傅告身,为研究唐代追赠制度提供了新的资料。

(本文原载严耀中先生主编《唐代国家与地域社会研究——中国唐史学会第十届年会论文集》,上海古籍出版社,2008 年。收入本书时,略有修订。)

---

① 《资治通鉴》卷二一四玄宗开元二十四年(736)十月条,第 6822—6823 页。

河南荥阳新出《唐宋华墓志》考释

2005—2006年,河南省文物考古研究所为配合南水北调中线穿黄工程,于荥阳薛村遗址发掘了一批唐代墓葬。薛村遗址位于河南省荥阳市王村镇薛村村北,遗址地处邙山南麓,南距薛村约1公里,北距黄河约0.8公里,西南距著名的虎牢关故址4—5公里。地理坐标为东经113°13′,北纬34°52′,海拔高程150—160米。遗址总面积约50万平方米,为一处夏代晚期至早商时期小型聚落和大型汉唐墓葬区重叠的大型遗址(墓地)。墓地坐拥邙山,北面黄河,加上邙山黄土土层深厚,故从古至今就是理想的坟茔之所。其中第Ⅳ发掘区的M2为一座未遭盗扰且保存完好的唐代墓葬,出有墓志一方。该志正文楷书,凡22行(参见图版十)。现以简体录出并加标点,残损字及漫漶不清的缺字均以"□"表示,志文提行之处,以"/"标出。录文如下:

唐故河阳军兵马副使、试太常卿、广平宋府君墓志铭并序/
　　府君讳华,字元茂,邺郡溢阳 人 也。其先帝乙子启之流派,晋/阳侯弘之裔孙,袭爵绍功,史不绝录。曾祖贞,皇洺州司马;/祖幹①,皇邢州长史;考祥②,皇相州长史。府君即相半刺之长/子也。气肃容端,行高德厚,忠惟奉上,孝乃宁亲,弘究武经,/博通文教。爰自戎府,至于王都,任事既多,勋效益著。弱冠以武举/赴省,登则克捷。及在金吾,亦预仗卫。次之天雄军,为田相所重,署/散十将兼衙前虞侯。后至河阳,为元戎腹心,兼充兵马副使,仍/分理营田之务,居蕝怀抚缉

---

① 志文"幹"原缺末笔"l",当为避讳之故。
② 志文"祥"原缺末笔"l",亦为避讳之故。

焉。利彼大田，委乃深智，实谐公/望，副赡军储。□□虽淹，谋用允济；宾友疎昵，待无乏时；宴奏/欢娱，恒以永日。□贺七擒之略，尝宣百战之功，历职荣身，久耀当/代。恨服戎劳，止乃投戈，告休以保，福寿何图！元和景申岁七月/六日，终于武牢旅次，春秋七十有四。夫人太原阎氏，贤崇四德，雅善/五音，叹半梧无枝，恨孤鸾绝侣，永怀平昔，宁不痛心。嗣子忠宪，/为本军同十将。次子忠庆、忠亮、忠和、忠弁，修己俟时。并二女，自属偏/孤，哀感罔极。以元和庚子岁闰正月己酉，问卜遇吉，乃迁厝于大/岯之下，小城之内，礼也。殡奠经营，皆竭谋虑，孝友成事，/誌之宜哉！其词曰：/

汤□贵裔，弘之茂宗。朝称美质，公复盛容。/文莫测畔，武难当锋。历事四境，勋书万重。/盍膺多福，俄及鞠凶。门引素车，路驰白马。/谁谓深仁，瘗于中野！谁谓牛女，惟此鳏寡，/既崇丘坟，永保松槚，人悲风动，有感来者。

志称宋华为"邺郡滏阳人"，按邺郡即相州，滏阳，《元和郡县图志》卷一五《河东道四》磁州滏阳县条载①：

本汉武安县之地，魏黄初三年分武安立临水县，属广平郡，以城临滏水，故曰临水；以城在滏水之阳，亦曰滏阳。周武帝于此别置滏阳县，属成安郡。隋开皇三年废郡，县属相州。十年，于此置磁州，滏阳属焉。大业二年废磁州，县属相州。永泰元年重立磁州，县又割属。

又《太平寰宇记》卷五六《河北道五》磁州滏阳郡条②：

本汉魏郡武安县地，周武帝于此别置滏阳县及成安郡。隋开皇十年废郡，于县置磁州，以昭义县界有磁山，出磁石，因取为名。大业二

---

① 《元和郡县图志》，北京：中华书局，1983年，第434页。
② 《太平寰宇记》，北京：中华书局，2007年，第1159—1160页。

年废州,以县属相州。唐武德元年复置磁州,领滏阳、临水、成安三县;四年割洺州之临洺、武安、邯郸、肥乡来属;六年置磁州总管府,领磁、邢、洺、黎、相、卫六州;其年废总管府,以临洺、成安、肥乡三县属洺州,磁州领滏阳、成安、邯郸三县。贞观元年废磁州,以滏阳、成安属相州,以邯郸入洺州。永泰元年六月,昭义节度使薛嵩请于滏阳复置磁州,领滏阳、武安、昭义、邯郸四县。

由上可知,滏阳县北周始置,隋唐时期曾先后分属相、磁二州。永泰元年(765)六月以后,滏阳县已改属磁州,但志文仍记宋华为"邺郡滏阳人",或许是沿用惯例。问题是,宋华父亲宋祥,曾任官"相州长史",若宋华一族本属相州,其父宋祥任"相州长史",实有悖于唐代有关任官回避本籍制度之规定①。因此,宋华一家很有可能是因其父宋祥任官相州,才最终落籍为"邺郡滏阳人"。中古宋氏迁徙,或因战乱,如《大唐故深州晏城县丞宋君墓志铭并序》载:"君讳璋,字德琏,广平人也,属隋纲绝纽,士族瓜分,□□□□□编赤县,今即为河南陆浑人也。"②或因仕宦,如《大周故处士宋君墓志铭并序》载:"君讳益容,字公范,京兆长安人,汉议郎给事中仲子之裔也。因官至此,遂居于斯。"③

志称"其先帝乙子启之流派,晋阳侯弘之裔孙","启"指微子,"弘"当指东汉名臣宋弘。宋氏追述祖先,大多类此,如《大唐故宋府君墓志铭》载:"君讳祯,字麟福,广平人也。其先微子,绍殷之后,封于商丘,至乎失祀,以国为姓。汉文就征,昌以贤明定策;光武纳谏,弘以正直见亲。事光载籍,可略言矣。"④然据《后汉书》卷二六《宋弘传》⑤,弘曾先后被封为枸

---

① 唐代地方官回避本籍之制,源自前朝。高宗咸亨三年(672)正月,因雍、洛二州为两京之地,特"许雍、洛二州人任本部"。(《册府元龟》卷六二九《铨选部·条制一》,北京:中华书局,1960年,第7547页)即使在安史乱后,唐中央依然在重申有关任官回避本籍的规定,《册府元龟》卷六三〇《铨选部·条制二》载:"永泰元年(765)七月,诏不许百姓任本贯州县官及本贯邻县官,京兆、河南府不在此限。"第7555页。
② 周绍良主编:《唐代墓志汇编》麟德〇一三,上海古籍出版社,1992年,第403页。
③ 周绍良、赵超主编:《唐代墓志汇编续集》光宅〇〇一,上海古籍出版社,2001年,第270页。
④ 《唐代墓志汇编续集》神龙〇一六,第417页。
⑤ 《后汉书》,北京:中华书局,1965年,第903—904页。

邑侯、宜平侯,未有"晋阳侯"之封,墓志此处或有误记。

宋华文武兼修,早年投幕从戎。志云"爰自戎府,至于王都,任事既多,勋劭益著。弱冠以武举赴省,登则克捷",说明他弱冠(二十岁)应武举之前即已从军。按宋华卒于宪宗元和景(丙)申岁,即元和十一年(816),享年七十四岁,则其当生于玄宗天宝元年(742)。宋华弱冠之年,正当肃宗宝应元年(762)。他何时何地从军,并不清楚①,不过,其后来到长安,成功考中武举,由此步入仕途。刘琴丽曾据石刻史料考得十一位唐代武贡举及第人物②,宋华可再补一例。这些武举及第者有若干即出自普通士兵,说明通过从军最终步入仕途,亦是当时人的一种人生选择。

宋华中武举后,先效力于金吾卫,后至天雄军。天雄军,《资治通鉴》卷二二三代宗广德二年(764)正月丁巳条载:"魏博节度使田承嗣奏名所管曰天雄军,从之。"③又据《旧唐书》卷一四一《田承嗣传》,代宗曾以"黎元久罹寇虐,姑务优容,累加(田承嗣)检校尚书仆射、太尉、同中书门下平章事,封雁门郡王,赐实封千户。"④则志中"田相"即指田承嗣。

宋华至河北后,田承嗣署其为散十将兼衔前虞侯。关于唐代"十将"问题,中日学界已有很多讨论⑤,取得了不少新进展。然中唐以后"十将"问题仍较复杂,诚如冻国栋先生所指出:"唐代墓志所见,所谓'十将'名目繁多,有山河十将、镇遏十将、先锋十将、节度十将、马军十将、步军十将、十将兵马使等,每一名目之'十将',职任不同,其职级当然有差异,所领兵额也未必悉以'千人'或'百人'计。"⑥从目前所见资料及已有研究情况看,

---

① 墓志铭文记其"历事四境",显然,在宋华来长安之前,就已在某地从军任职了,有无可能就是其本籍相州呢?志文未言,不便推断。
② 刘琴丽:《从出土墓志看唐代的武贡举》,载《中国史研究》2003年第3期。
③ 《资治通鉴》,北京:中华书局,1956年,第7160页。
④ 《旧唐书》,北京:中华书局,1975年,第3838页。
⑤ 张国刚:《唐代藩镇军将职级考略》,《学术月刊》1989年第5期,又收入同著《唐代政治制度研究论集》,台北:文津出版社,1994年。渡边孝:《唐藩镇十将考》,《东方学》第八十七辑,1994年。齐陈骏、冯培红:《晚唐五代宋初归义军政权中"十将"及下属诸职考》,《段文杰敦煌研究五十年纪念文集》,北京:世界图书出版公司,1996年;又收入《敦煌归义军史专题研究》,兰州大学出版社,1997年。贾志刚:《从唐代墓志再析十将》,《'98法门寺唐文化国际学术讨论会论文集》,西安:陕西人民出版社,2000年。冻国栋:《跋武昌阅马场五代吴墓所出之"买地券"》,《魏晋南北朝隋唐史资料》第二十一辑,武汉大学文科学报编辑部,2004年。
⑥ 冻国栋:《跋武昌阅马场五代吴墓所出之"买地券"》,第259页。

唐代中期以后,从中央的禁军,到地方藩镇、州、镇乃至县的各级军事部门皆设有十将①。贾志刚氏指出,十将按各种编制分成:先锋十将、后院十将、马军十将、使宅十将、衙门十将、山河十将等。同为十将,又有正十将、副十将、同十将、散十将之不同。② 此论无疑是正确的。然而,我们也注意到,文献中还有"摄同十将"之衔,如《新安志》卷一〇《记闻》载③:

> 歙州军事牒:摄同十将兼衙前虞候克(充)衙佐郑模,牒奉处分。前件官推诚奉上,戮力从戎,登陴将匝于星灰,御侮颇劳于蚤夜。既殚勤瘁,须议甄酬,勉励干城,更期显级。事须改补正同十将兼衙前虞候,依前旧务。牒举者,准状帖牒所由,仍牒知者,故牒。光启三年十月二十三日牒。使检校右散骑常侍兼御史大夫吴圆。

郑模原为"摄同十将兼衙前虞候",后因功改补为"正同十将兼衙前虞候"。"更期显级"一语,即表明他的职级得到了升迁。可见,"同十将"一职,亦有"摄同十将"与"正同十将"之分别。敦煌写本 P.4632 号《西汉金山国圣文神武白帝敕宋惠信可摄押衙兼鸿胪卿知客务》载:"前散兵马使兼知客将宋惠信,右可摄押衙兼鸿胪卿,知客务仍旧,余如故。敕摄押衙兼鸿胪卿。"④复据《唐张季戎墓志》载:"至(会昌)五年十月武宗皇帝迁太微宫,相国李公改补同押衙,(中略)六年秋,狄公尚书又加右厢兵马使。冬十月,太尉李公自荆楚拜留守,又加正押衙兼知客。"⑤知押衙一职,亦有正押衙、同押衙、摄押衙之别,与上揭"十将"情况类同。此类"摄官",当属职级迁转序列,与唐前期"摄官"有很大差异,值得做进一步探讨。

冯培红氏曾考证指出,将级职官体系的阶官序列为"十将→同十将→

---

① 据 1996 年武昌阅马场所出《王府君买地券》,王某为"鄂州江夏县立直队十将",即表明县亦设有"十将"。参见冻国栋:《跋武昌阅马场五代吴墓所出之"买地券"》一文所载买地券释文,第 256 页。
② 贾志刚:《从唐代墓志再析十将》,第 410—412 页。
③ 〔宋〕罗愿撰,萧建新、杨国宜校注:《〈新安志〉整理与研究》,合肥:黄山书社,2008 年,第 360 页。按原整理者标点有误,今径改之。
④ 《法藏敦煌西域文献》第三十二册,上海古籍出版社,2005 年,第 207—208 页。
⑤ 《唐代墓志汇编》大中〇五六,第 2292 页。

散将→同散将→副将→散副将"①。此论固然有一定道理,但若考虑"十将"既存在正十将、副十将、同十将、散十将之不同,又有"正"、"摄"之别,则其职级迁转序列可能就不那么简单了。

另外,拥有各种名目的"十将",并不表明其职衔即为"正十将"。如《左神策延州防御安塞军同十将陈留谢君墓志铭并序》载:"公姓谢氏,讳寿,(中略)元和七年,拟同十将;十三年,迁先锋十将。"②此处"拟同十将",或许即是"摄同十将"。谢寿元和十三年(818)迁为"先锋十将",但其职衔仍题为"同十将",表明他虽有"先锋十将"之名号,却并不是"正十将",而是"同十将"。至于其他山河十将、镇遏十将、节度十将、马军十将、步军十将等诸名目"十将",也不可笼统视之为"正十将"。

总之,有关唐中期以后的"十将"问题,仍有不少值得进一步探讨之处。

宋华从长安至河北天雄军,是朝廷之意,抑或其他原因,不明。作为武举登科之人,田承嗣对他并未予以重任,仅署其为"散十将兼衙前虞侯"。志文对其在天雄军的活动一无所记,一定程度透示了宋华之境遇。

其后,宋华来到河阳,境遇才开始有了很大的改变。志称:"后至河阳,为元戎腹心,兼充兵马副使,仍分理营田之务,居覃怀抚缉焉。"宋华何时离开天雄军来到河阳,志文未记。据《资治通鉴》卷二二五代宗大历十四年(779)二月条载:"癸未,魏博节度使田承嗣薨。有子十一人,以其侄中军兵马使悦为才,使知军事,而诸子佐之。甲申,以悦为魏博留后。"③宋华有可能是在田承嗣卒后离开河北来到河阳的。

河阳军,《旧唐书》卷一二《德宗本纪》云:"(建中四年)二月戊申,于河阳三城置河阳军节度。"④《新唐书》卷三九《地理志三》河北道孟州条亦

---

① 冯培红:《晚唐五代藩镇幕职的兼官现象与阶官化述论——以敦煌资料、石刻碑志为中心》,黄征、全弘哲主编:《敦煌学研究》2006年第2期、2007年第1期,韩国首尔出版社,2006年、2007年。
② 《唐代墓志汇编》会昌〇二四,第2228页。
③ 《资治通鉴》,第7255页。
④ 《旧唐书》,第336页。

记:"有河阳军,建中四年置。"①按河阳三城,《太平御览》卷一六一《州郡部》河北道孟州条引《北齐书》云:"神武使潘岳镇北城,又使高永乐守南城,以备西魏。又东魏所筑中潬城,仍置河阳关,故有河阳三城侯使。"②《资治通鉴》卷二二五代宗大历十年(775)二月丙子"河阳三城使常休明"条胡三省注称:"河阳县,本属怀州,显庆二年,分属河南府。城临大河,长桥架水,古称设险。此城,后魏之北中城也。东、西魏兵争,又筑中潬及南城,谓之河阳三城。"③可见,河阳三城指河阳县境内的北中城、中潬城和南城,早在北朝即有建置。

其实,河阳节度使设置之前,此地已有河阳三城(镇遏)使之设置。《旧唐书》卷一一《代宗本纪》载:"(大历六年八月)丙辰,以东都副留守常休明为检校左散骑常侍、河阳三城使。"④表明河阳三城使至迟大历六年(771)已有设置。又据《旧唐书》卷三八《地理志一》河南道孟州条:"乾元中,史思明再陷洛阳,太尉李光弼以重兵守河阳。及雍王平贼,留观军容使鱼朝恩守河阳,乃以河南府之河阳、河清、济源、温四县租税入河阳三城使。河南尹但总领其县额。寻又以汜水军赋隶之。"⑤雍王即德宗李适,他在宝应元年(762)五月被代宗任为天下兵马元帅,八月改封雍王,十月率诸军讨平史朝义叛军,最终结束了长达八年之久的安史之乱⑥。宦官鱼朝恩至德、乾元年间任观军容使,大历五年(770)罢职⑦。据此可以推断,河阳三城使大致在安史之乱平定后不久即有设置。

河阳三城地临黄河,"古称设险",是屏障长安、洛阳的东大门。《元和郡县图志》卷五河南道河南府河阳县条载⑧:

---

① 《新唐书》,北京:中华书局,1975 年,第 1009 页。
② 《太平御览》,北京:中华书局,1960 年,第 781 页。"侯使"二字,四库本无,疑为衍文。《太平寰宇记》卷五二《河北道一》孟州条引《北齐书》云:"神武使潘乐镇北中城,又使高永乐守南城,以备西魏。其中潬城,即东魏所筑,仍置河阳关。以是之后,将帅有河阳三城使。"所记与《太平御览》略有不同。第 1075 页。按点校本《太平寰宇记》认为"以备西魏"以后文字非《北齐书》内容,据上揭《太平御览》,这一判断似有误,因此,此处断句不同于点校本。
③ 《资治通鉴》,第 7229 页。
④ 《旧唐书》,第 298 页。
⑤ 《旧唐书》,第 1425 页。
⑥ 《旧唐书》卷一二《德宗纪》。
⑦ 《旧唐书》卷一八四《鱼朝恩传》。
⑧ 《元和郡县图志》,第 144 页。

> 谨按：至德中，史思明之来寇也，时李光弼已至东都，闻思明将至，乃移牒留守及河南尹并留司官坊市居人，令悉出避寇，空其城，乃率麾下士马数万，东守河阳三城拒逆贼。贼党初谓光弼自洛而西，及闻保河阳，出其意外，疑惧久之，不敢犯宫阙。光弼训练招集，威声大震。贼虽入城，惮光弼兵威，南不出百里，西不越畿内，陕州得修戎备，关隘无虞，皆光弼保河阳之力。故自乾元已后，常置重兵，贞元后加置节度，为都城之巨防。

"为都城之巨防"一语，即显示了河阳三城的重要战略地位。代宗大历十年(775)二月，中书令郭子仪上奏称："臣伏以魏博、相、卫、河阳三城、陕州等军吏不宁，须速安抚。"史称"言甚切至，帝甚然之"①，表明朝廷对河阳三城的重视。令狐楚元和十三年(818)所撰《河阳节度使谢上表》亦称："伏以郡称河内，山倚太行，古为雄藩，今号要地。"②同样表明河阳三城之重要地位。

河阳军除承担镇守河阳三城之重要职责外，还负有西御吐蕃、东平叛乱之军事任务，在唐代中后期历史上发挥过非常重要的作用。《册府元龟》卷九九二《外臣部·备御第五》载③：

> （大历九年）八月甲辰，诏诸军分统防秋将士：其淮西、凤翔防秋兵士，马璘统之；汴宋、淄青、成德军兵士，朱泚统之；河阳、永平兵士，子仪统之；扬、楚兵士，抱玉统之。

又《资治通鉴》卷二二五代宗大历十年(775)二月丙子条记④：

> 河阳三城使常休明，苛刻少恩。其军士防秋者归，休明出城劳之，

---

① 《册府元龟》卷三一三《宰辅部·谋猷第三》，第3691页。
② 《文苑英华》卷五八四，北京：中华书局，1966年，第3025页。
③ 《册府元龟》，第11657页。
④ 《资治通鉴》，第7229—7230页。

防秋兵与城内兵合谋攻之,休明奔东都;军士奉兵马使王惟恭为帅,大掠,数日乃定。上命监军冉庭兰慰抚之。

表明河阳军士兵有西出防秋之任务。而且河阳军骁勇善战,战斗力强,史称"河阳兵冠诸军"①、"河阳军勇不设备"②,即表明这是一支骁勇善战之精锐之师。正因如此,在唐朝中后期的平叛与削藩战争中,曾发挥过非常重要的作用,如破田悦、平淮蔡、诛吴元济等。《册府元龟》卷三八五《将帅部·襃异第十一》载③:

  李芃为河阳三城怀州节度观察使,与河东节度马燧等诸军破田悦于洹水,以功授简(检)校兵部尚书,累封开封郡王,食实封一百户,(中略)乌重胤,宪宗时为河阳三城节度使。会讨淮蔡,与李光颜犄角相应,大小百余战,以至诛吴元济。就加简(检)校尚书右仆射。

破田悦,平淮蔡,诛吴元济,河阳军都参与其间,并屡立战功,表明其在维持唐王朝中后期统治方面起过积极而重要的作用。

关于河阳军的军饷问题,前揭《旧唐书》卷三八《地理志一》河南道孟州条载:"乃以河南府之河阳、河清、济源、温四县租税入河阳三城使。河南尹但总领其县额。寻又以汜水军赋隶之。"同书又记武宗会昌三年九月中书门下奏文称:"河阳五县,自艰难已来割属河阳三城使。其租赋色役,尽归河阳,河南尹但总管名额而已。"④可见,唐朝曾划割河南府之河阳、河清、济源、温、汜水五县租赋色役给河阳军,以充作军费。然建中元年

---

① 《册府元龟》卷四三一《将帅部·让功》载:"马燧为河阳三城使,大历十一年,汴州李灵曜反。诏燧与淮西节度使李忠臣合军讨之,燧累击破之。是时,河阳兵冠诸军,魏博田承嗣遣田悦将兵救灵曜,忠臣与战不利,请救于燧。燧引奇兵击破之。"第 5131 页。
② 《册府元龟》卷四四五《将帅部·军不整》载:"李忠臣为淮南节度使(中略)又大历十一年,与河阳三城使马燧,各率所部官兵,次于郑州。逆贼李灵耀盗张旗帜,来犯我师。淮西军骄而无谋,河阳军勇不设备(后略)"第 5287 页。
③ 《册府元龟》,第 4576 页、4582 页。
④ 《旧唐书》,第 1425 页。《唐会要》卷七〇《州县改置上》河南府河清县条,北京:中华书局,1955 年,第 1250 页。

(780)两税法推行后,河阳、河清等五县的两税是否继续充作河阳军之军费,并不清楚。有迹象表明,此后河阳军的军费,一部分可能已改由度支统一划拨。《册府元龟》卷四九七《邦计部·河渠二》记①:

> 敬宗宝历元年十二月,河阳节度使崔弘礼上言:"于秦渠下辟荒田二百顷,岁收粟二万斛,从宝历二年减去度支所给数。"

"荒田二百顷",同书卷五〇三《邦计部·屯田》②及《旧唐书》卷一六三《崔弘礼传》③作"荒田三百顷",不知孰是。据崔弘礼所言,开辟荒田二百顷,岁收粟二万斛,即可从宝历二年减去度支所给数,则河阳军的军费当由中央度支统一划拨。

此外,河阳军的军费还有来自屯田的经营。志文称宋华到河阳后,"为元戎腹心,兼充兵马副使,仍分理营田之务,居罩怀抚缉焉。利彼大田,委乃深智,实谐公望,副赡军储",即表明了此点。河阳军屯田始于何时,史无明文。唐潘孟阳撰《祁连郡王李公(元淳)墓志》载④:

> 公讳元淳,字遂,陇西敦煌人也。(中略)(贞元)四年,制除河阳三城怀州都团练使兼御史大夫。公本名长荣,至是诏改为元淳焉。(中略)明年,兼怀州刺史,仍加管内营田使。决渠七十余里,置屯三十余所。化其泻卤,储囷彼仓,人是用歌,俗因知礼。

代宗大历五年(770)曾下诏:"诸州置屯田并停,特留华、同、泽等三州屯,乃悉以度支之务,委于宰臣。"⑤怀州在此前是否兴置屯田,并不清楚。不过,至贞元五年(789)李元淳节制怀州时,此地已有较大规模的屯田,则是

---

① 《册府元龟》,第5954页。
② 《册府元龟》,第6038页。
③ 《旧唐书》,第4265页。
④ 〔清〕仇汝瑚修,冯敏昌纂:《孟县志》卷二《地理》,清乾隆五十五年(1790)刻本。
⑤ 《册府元龟》卷五〇三《邦记部·屯田》,第6036页。

不争之事实。按唐前期二十至五十顷为一屯之制①,三十余屯当有六百至千余顷左右。其后,崔弘礼为河阳节度使,继续经营和扩建屯田,上揭《册府元龟》卷四九七《邦计部·河渠二》之记载可以证明此点。可见,河阳军屯田规模较大,这无疑是该军非常重要的军费保障。宋华以河阳军兵马副使之职"分理营田之务",有可能采用的是军屯,而非民屯。

敬宗宝历二年(826)五月,杨元卿由泾原节度使改为河阳三城怀州节度使②。此人为理财能手,在泾原节度使任上,"奏置屯田五千顷,每屯筑墙,高数仞,键闭牢密,卒然寇至,尽可保守。加检校工部尚书,营田成,复加使号。居六年,泾人论奏,为立德政碑"。③ 宝历元年(825),杨元卿上言:"营田收禾粟二十万斛,请付度支充军粮。"④充分反映其在泾州经营屯田所取得的显著成效。次年改任河阳节度使后,杨元卿同样重视理财,重视当地屯田生产。据《唐会要》卷六五《闲厩使》载,修武马坊田地,原属东都闲厩宫苑使管,大和二年(828),河阳节度使杨元卿"奏请权借耕佃,充给闲用",得到批准,由此获得了耕佃修武马坊田地的权力,直到开成年间,时间长达十余年⑤。正因杨元卿善于理财并经营有方,故在他担任河阳节度使期间,河阳军府库充实,不仅可以自给自足,而且还出粮支援中央财政。《册府元龟》卷四八五《邦计部·济军》载⑥:

(杨元卿)文宗时为河阳节度使,奏请自出三月粮料,自备行营。(又云:杨元卿为河阳节度,大和四年,进粟四十万以助有司经费。)

又《新唐书》卷一七一《杨元卿传》云:"徙节河阳。何进滔乱魏博,元卿请自赍三月粮举军出讨,文宗嘉美,加检校司空。献粟二十万石,助天子经

---

① 《唐六典》卷七屯田郎中员外郎条,北京:中华书局,1992年,第223页。
② 《旧唐书》卷一七《敬宗纪》,第520页。
③ 《旧唐书》卷一六一《杨元卿传》,第4229页。
④ 《册府元龟》卷四八五《邦记部·济军》,第5798页。
⑤ 《唐会要》,第1129—1130页。
⑥ 《册府元龟》卷四八五《邦记部·济军》,第5798页。

费,进光禄大夫。"①《旧唐书》本传则记:"大和五年,就加检校司空,进阶光禄大夫,以其营田纳粟二十万石,以裨经费故也。"②杨元卿不仅能自备全军三月军粮,而且还献粟数十万石支援中央,这充分表明河阳军具有雄厚的经济实力,这显然是与杨元卿本人善于理财是分不开的,同时也反映了河阳军屯田的巨大成效。

志文称宋华"恨服戎劳,止乃投戈",表明他对长期的军旅生涯有所厌倦,再加之年龄已老,故"告休以保",于元和十一年(816)卒于旅途之中的武(虎)牢关,享年七十四岁。宋华夫人乃太原阎氏,其有子五人,女二人,其中长子宋忠宪为河阳军同十将,已有一定的地位。

宋华死后,先葬于某地,至元和十五年(820)始迁葬于大伾山下。大伾山,又称大伾山,《尚书·禹贡》有"东过洛汭,至于大伾"之说,其大伾地望,自汉代以来,众说纷纭,莫衷一是。大致而言,主要有修武、武德和成皋、黎阳三说③。著名历史地理学家谭其骧先生、史念海先生都曾对此有过探讨,认为是指黎阳大伾山,在今河南浚县界内④。其实,唐人对此亦有不同的说法。《括地志》佚文云:"大邳山,今名黎阳东山,又曰青坛山,在卫(黎)州黎阳县南七里。张揖云今成皋,非也。"⑤颜师古、李吉甫等亦主此说⑥,而徐坚等撰《初学记》则主氾水(成皋)说,是书卷六《河第三·叙事》"东过洛汭,至于大伾"条注云:"洛汭,今巩县,在河洛合流之所也。大

---

① 《新唐书》,第5191页。
② 《旧唐书》卷一六一《杨元卿传》,第4229页。
③ 《尚书正义》卷六,《十三经注疏》,中华书局,1980年,第151页。有关介绍,参见王法星:《大伾山古貌初探》,载《史学月刊》1991年第2期;又陈立柱:《亳在大伾说》,载《安徽史学》2004年第2期。
④ 谭其骧:《西汉以前的黄河下游河道》,原载《历史地理》创刊号,1981年。收入同著《长水粹编》,石家庄:河北教育出版社,2000年,第453页。史念海:《河南省浚县大伾山西部古河道考》,载《历史研究》1984年第2期。
⑤ 《史记》卷一《殷本纪》"至于大伾"条《正义》引《括地志》,北京:中华书局,1959年,第72页。参见贺次君《括地志辑校》,北京:中华书局,1980年,第86页。
⑥ 《尚书正义》卷六孔颖达疏:"郑玄云:'大伾在修武、武德之界。'张揖云:'成皋县山也。'《汉书音义》有臣瓒者,以为'修武、武德无此山也,成皋县山又不一成,今黎阳县山临河,岂不是大伾乎?'瓒言当然。"《十三经注疏》,第151页。李吉甫《元和郡县图志》卷一六河北道卫州黎阳县条:"大伾山,正南去县七里,即黎山也。《尚书》云'东过洛汭,至于大伾',注:曰'山再成曰伾。'"第462页。

伾山，今汜水县，即故成皋也。山再成曰伾。"①此段文字源出何处，并不清楚，但汜水县乃隋开皇十八年改成皋县而来，唐初曾先后分属郑州和河南府，垂拱四年改名广武县，神龙元年复为汜水②。因此，《初学记》的这一记载，很有可能是来自初唐人的说法。不管如何，它毕竟说明唐初人持有这样的认识，即《尚书·禹贡》所说的"大伾"，是位于汜水县境内的大伾山。这一说法最初为三国时人张揖所提出③，虽得到唐代徐坚等人的支持，但认同者似乎并不多。

按唐代汜水县境内有虎牢关④，遗址位于今河南省荥阳市区西北部十六公里的汜水镇，与宋华墓葬所在的薛村遗址相距四五公里。宋华墓志出土于邙山南麓，则其志文所载之"大伾"，实即今天的邙山。又按荥阳在唐代属汜水县，则大伾山位于汜水县境内，自属无疑。唐代汜水县境内之大伾山，虽不见于《元和郡县图志》记载，然唐以前史文亦多有出现。《水经注》卷五《河水五》记："河水又东，径成皋大伾山下。"⑤又《艺文类聚》卷七《山部上·北邙山》引晋张协《登北邙赋》云："于是徘徊绝岭，踟蹰步趾，前瞻狼山，却窥大伾；东眺虎牢，西睨熊耳邪。"⑥赋文"大伾"、"虎牢"并论，说明二地相距并不远，显然，此处之"大伾"，即指当时成皋县之大伾山。因此，《尚书·禹贡》之"大伾"，亦有可能是指成皋县或汜水县境内之大伾山。当然，这一问题所涉比较复杂，仍有待进一步研究。

宋华死后，并未归葬于本籍相州滏阳县，而是葬于河南府汜水县之大伾山，其原因或与这一时期的河北战事有关。元和十年（815），承德军节度使王承宗"纵兵四掠，幽、沧、定三镇皆苦之，争上表请讨承宗"。⑦ 次年（816）正月癸未，宪宗下制"削王承宗官爵，命河东、幽州、义武、横海、魏

---

① 《初学记》，北京：中华书局，1962年，第120页。
② 《隋书》卷三〇《地理志》，北京：中华书局，1973年，第835页。《元和郡县图志》卷五河南道河南府汜水县条，第146页。
③ 《尚书正义》卷六孔颖达疏："郑玄云：'大伾在修武、武德之界。'张揖云：'成皋县山也。'"《十三经注疏》，第151页。
④ 《新唐书》卷三九《地理志》河北道孟州汜水条："有虎牢关"。第1009页。
⑤ 《水经注疏》，南京：江苏古籍出版社，1989年，第395页。
⑥ 《艺文类聚》，上海古籍出版社，1999年新2版，第137页。
⑦ 《资治通鉴》，第7720页。

博、昭义六道进讨"。① 河北战事开启。与此同时,平淮西之战事仍在进行。在此情况下,宋华能否顺利归葬原籍,确实不好说。当然,也不排除另外一种可能,即宋华一家已全部迁移至河南,其子宋忠宪为河阳军同十将,与宋华同在一个部门,或可说明此点。既然如此,就地安葬也不失为一种合适的选择。

以上就宋华墓志进行了若干粗浅考释,不妥之处,尚望方家不吝赐教。

(本文与楚小龙先生合撰,原载《魏晋南北朝隋唐史资料》第二十五辑,2009 年。收入本书时,有一定修订。)

---

① 《资治通鉴》,第 7721 页。

下编：写本・知识・学术

《华林遍略》乎？《修文殿御览》乎？

——敦煌写本 P.2526 号新探

一、引　　言

　　敦煌所出 P.2526 号文书，是中国学人最早见到的写本之一，因其具有重要的学术研究价值，自问世以来，即备受中外学人关注(参见图版十一、图版十二)。1911 年，罗振玉率先将该写本刊布于《国学季刊》，并定名为《修文殿御览》。同年，刘师培发表《敦煌新出唐写本提要》(十九种)，亦定写本为《修文殿御览》，并据其中避讳字断其抄写年代当在肃宗后、穆宗前①。1913 年，罗振玉又以珂罗版影印此卷于《鸣沙石室佚书》中，并撰提要加以详考，指出其抄写年代在开天之前②。1913—1914 年，曹元忠亦就此卷相关问题发表看法，定其为唐高宗时写本③。1932 年，洪业发表《所谓〈修文殿御览〉者》，对写本进行了系统、翔实的校录整理，并从《太平御览》对《艺文类聚》和 P.2526 号写本采录的比例、南北学风的差异、避讳字的使用、类书编纂者对石虎的驳斥等方面，对罗振玉"修文殿御览"说提出

---

① 刘师培：《敦煌新出唐写本提要》(十九种)，《国粹学报》第七卷第 1—8 期，1911 年；收入《刘申叔遗书》(下)，南京：凤凰出版社，1997 年，第 2002—2024 页；又参见王重民：《敦煌古籍叙录》，北京：商务印书馆，1958 年，第 195—196 页。
② 罗氏宸翰楼影印本，1913 年；收入《罗雪堂先生全集》第四编第五册，台北文华出版公司、台北大通书局，1972 年，第 2197—2226 页。
③ 参见王重民：《敦煌古籍叙录》，第 196—198 页。

有力质疑和挑战,认为写本有可能是比之更早的《华林遍略》》①。1962 年,美国学者丁爱博(Albert E. Dien)在探讨北周麟趾殿、北齐文林馆的一篇论文中,亦倾向于认为写本并非《修文殿御览》,但其是否为《华林遍略》,尚有待进一步探讨②。1964 年,日本学者森鹿三发表《修文殿御览について》③,仔细比较了罗振玉、洪业对写本的分析及其看法,大致认同洪氏写本非《修文殿御览》之观点,然又指出,与《华林遍略》同时期的类书尚有刘孝标的《类苑》,故还不能判定写本即《华林遍略》;森氏又据日本兼意撰《香要抄》、《宝要抄》、《药种抄》等古抄,揭出《修文殿御览》佚文 10 类 71 条,并以之与《太平御览》进行比较,指出《修文殿御览》实乃《太平御览》重要蓝本;1975 年,饭田瑞穗发表《〈秘府略〉に关する考察》④,指出森鹿三氏揭出的 61 条《修文殿御览》佚文中,有 56 条录入《太平御览》,二者在引用诸书的范围、长短方面完全一致,说明《太平御览》确以《修文殿御览》为主要蓝本;他完全同意洪业对写本的看法,并在文中揭示,日本古书《政事要略》卷二五、卷六七、卷九五亦保存有《修文殿御览》佚文,其引文形式与《太平御览》相一致。1973 年、1977 年、1978 年,日本学者胜村哲也相继发表《修文殿御览卷第三百一香部の复元》⑤、《〈修文殿御览〉新考》⑥、《修文殿御览天部の复元》⑦三文,在森鹿三氏已有研究成果基础上,参据

---

① 洪业:《所谓〈修文殿御览〉者》,《燕京学报》第十二期,1932 年;修订本又收入同著《洪业论学集》,北京:中华书局,1981 年,第 64—94 页。
② Albert. E. Dien, "A Note on Imperial Academies of the Northern Dynasties." Proceedings of the Second Biennial Conference, International Association of Historians of Asia. pp. 57—69. Taibei, 1962. 丁爱博先生指出,P. 2526 号写本亦有"衍"字,并不避梁武帝萧衍讳,洪业观点尚有疑问。根据《隋书·经籍志》记载,南北朝时期曾编撰了不少类书,该写本究属何书,尚有待对文本类型的仔细研究。
③ 森鹿三:《修文殿御览について》,载《东方学报》第三十六卷,1964 年;又收入同著《本草学研究》,大阪:(财)武田科学振兴财团杏雨书屋,1999 年,第 276—305 页。
④ 饭田瑞穗:《〈秘府略〉に关する考察》,载《中央大学九十周年记念论文集》,中央大学文学部,1975 年,第 293—331 页;又收入同著《古代史籍の研究》(中),饭田瑞穗著作集 3,东京:吉川弘文馆,2000 年,第 161—199 页。
⑤ 胜村哲也:《修文殿御览卷第三百一香部の复元——森鹿三氏「修文殿御览について」を手挂りとして》,《日本仏教学会年报》第三十八号,1973 年,第 153—176 页。
⑥ 胜村哲也:《〈修文殿御览〉新考》,《森鹿三博士颂寿记念史学论文集》,京都:同朋社,1977 年,第 159—194 页。
⑦ 胜村哲也:《修文殿御览天部の复元》,《中国の科学と科学者》,京都大学人文科学研究所,1978 年,第 643—690 页。

《艺文类聚》、《法苑珠林》等书及日本古抄《秘府略》残卷,对《修文殿御览》"天部"与"香部"进行了复原,并录出《政事要略》一书所载《修文殿御览》佚文3类9条。对于写本的认识,他比较赞同丁爱博的观点,即写本既非《修文殿御览》,也非《华林遍略》,然究为何书,并未提出自己的判断。1978年,枥尾武发表《类书の研究序说(一)——魏晋六朝唐代类书略史》①,指出:依据什么标准来判定写本是《华林遍略》还是《修文殿御览》,是比较困难的,不如认为其属这个系统的写本。1984年,远藤光正出版《类书の传来と明文抄の研究——军记物语への影响——》②,从《明文抄》辑出《修文殿御览》佚文3条,他亦认同写本非《修文殿御览》的看法,但又指出《修文殿御览》、《华林遍略》之前已有若干类书存在,故还很难认定写本即《华林遍略》。日本学者对《修文殿御览》佚文的复原及其相关研究成果,对深入认识《修文殿御览》一书及P.2526号写本,有着非常重要的意义,可惜并未引起中国学界足够的重视。1993年,王三庆出版《敦煌类书》③,对写本进行了较为全面深入的整理研究,就洪业对写本定名的质疑,也阐述了一些自己的看法;1995年,黄维忠、郑炳林发表《敦煌本〈修文殿御览残卷〉考释》,继续对写本进行校勘整理,并对洪业观点逐一进行反驳,坚持认为写本是《修文殿御览》,其抄写年代当在高宗朝乾封年后④;2010年,许建平发表《敦煌本〈修文殿御览〉录校补正》,对前人的整理成果进行了若干补正⑤。

总之,有关P.2526号写本的整理与研究,前人虽已取得不少优秀成果,但问题依然存在,尤其是写本的定名,尽管洪业先生对罗振玉观点提出有力质疑和反驳,彻底动摇了写本为"修文殿御览"之说,且得到闻一多⑥、

---

① 枥尾武:《类书の研究序说(一)——魏晋六朝唐代类书略史》,《成城国文学论集》第十辑(坂本浩教授古稀庆贺),1978年,第157—212页。
② 远藤光正:《类书の传来と明文抄の研究——军记物语への影响——》,あさま书房刊,1984年,第36—45页。
③ 王三庆:《敦煌类书》,台北:台湾丽文文化事业股份有限公司,1993年,研究篇:第16—21页,录文篇:第153—161页,校笺篇:第571—578页。
④ 黄维忠、郑炳林:《敦煌本〈修文殿御览残卷〉考释》,《敦煌学辑刊》1995年第1期。
⑤ 许建平:《敦煌本〈修文殿御览〉录校补正》,《敦煌研究》2010年第1期。
⑥ 闻一多在其有关《诗经》的研究论著中,就多次称P.2526号写本为《华林遍略》。参见《闻一多学术文钞·诗经研究》,成都:巴蜀书社,2002年,第33、249页。

胡道静①、丁爱博、森鹿三、饭田瑞穗等中外知名学者的认同；而数十条《修文殿御览》佚文的发现，也有力地证实了洪业先生早年的观点。然目前中国学界仍大多认定 P. 2526 号写本为《修文殿御览》，如《敦煌遗书总目索引》②、《敦煌宝藏》③、《敦煌遗书最新目录》④、《敦煌学大辞典》⑤、《敦煌遗书总目索引新编》⑥、《法藏敦煌西域文献》⑦、《续修四库全书》⑧等权威书目，除《敦煌学大辞典》定写本为《华林遍略》外，其余皆定为《修文殿御览》，这不能不让人感觉有些遗憾。

本文拟在中外学人已有相关研究成果的基础上，继续对 P. 2526 号写本抄写年代及写本定名等问题做进一步的探讨，并就写本的复原校录提出若干不成熟的意见。不妥之处，敬希中外学人不吝赐教。

二、写 本 概 况

P. 2526 号写本全卷由十一张半纸抄写而成，纸张呈黄色或淡黄色，两面书写，正面有界栏，楷书，总存 274 行⑨，前十纸每纸 24 行，第十一纸后部残缺，存 19 行，其后当缺 5 行文字；另半纸前后缺，总存 15 行，前后当残缺 9 行文字。除双行小注外，每行足字多为 17 字，少数为 16 或 18 字不等。背面书体较差，存约 84 行，似为愿文或祈祷文一类。

前贤在正面文字的分类统计上略有不同，兹表列如下：

---

① 胡道静：《中国古代的类书》指出："洪业的考证，已动摇了残卷之为《修文殿御览》的说法，而使人觉得这卷石室本古类书残卷应是出于南朝的编撰而不为北朝之产物。至于是否《华林遍略》，犹待更充分的证明。"北京：中华书局，1982 年，第 54 页。
② 王重民主编：《敦煌遗书总目索引》，北京：商务印书馆，1962 年，第 266 页。按《伯希和劫经录》为王重民先生所编，而王先生在此前出版的《敦煌古籍叙录》一书中，对 P. 2526 号写本的认定，曾于"修文殿御览"之后加一问号，表明最初对该写本的认定较为审慎，然《伯希和劫经录》却直接定名为《修文殿御览》，似乎后来在认识上又有了变化。参见王重民：《敦煌古籍叙录》，第 193 页。
③ 黄永武主编：《敦煌宝藏》，台北：新文丰出版公司，1986 年，第一二一册，第 488 页。
④ 黄永武主编：《敦煌遗书最新目录》，台北：新文丰出版公司，1986 年，第 663 页。
⑤ 季羡林主编：《敦煌学大辞典》，上海辞书出版社，1998 年，第 779 页。
⑥ 施萍婷、邰惠莉等编：《敦煌遗书总目索引新编》，北京：中华书局，2000 年，第 241 页。
⑦ 《法藏敦煌西域文献》第十五册，上海古籍出版社，2001 年，第 133—138 页。
⑧ 《续修四库全书》子部类书类，第一千二百十二册，上海古籍出版社，2002 年。
⑨ 刘师培统计为 256 行，乃因未见写本全貌；黄维忠、郑炳林则统计为 259 行，似有误计。

表一　写本条目统计表

作者＼类目	鹤 门	鸿 门	黄鹄门	雉 门	合 计
罗振玉	44	18	14	4	80①
洪 业	46	18	15	4	83
王三庆	46	18	15	9	88
黄维忠 郑炳林	47	19	15	8	89

需要指出的是，罗振玉、洪业等前辈学者并没有见到 P.2526 号写本全貌，故其统计总数欠少。王三庆、黄维忠与郑炳林等据缩微胶卷或写本影印本，业已见到写本全貌，然二者统计仍有出入。据笔者最新统计，写本总数与王三庆先生相合，同为 88 条，然在雉门 9 条的具体统计上，则有些不同。王先生把《周礼》与《璅语》合为 1 条，似有疑问②。因《周礼》后的文字，其实是前条《说文》中的内容，并非单独的 1 条（详后）；另外，从"有鸟从南方来"前行残存笔画看，似为"王"、"言"二字偏旁，联系本条所记内容，此二字实即"璅语"。换言之，《璅语》条是另行抄写的，系单独 1 条，不应把它与《周礼》并为 1 条。

三、写本抄写年代

写本缺纪年，前贤多从写本避讳字入手，考察其抄写年代。如罗振玉认为，写本书迹尔雅，"虎"、"民"、"治"诸字缺笔，而"隆"字则否，知其缮写之岁，尚在开天之前；刘师培认为，卷中"民"、"治"字均缺末笔，所引"异菀大亨"，避"亨"为"享"，惟"恒"字弗缺，此卷缮写之年，当在肃宗后穆宗前；曹元忠认为，卷中虎、民、治诸字缺笔，盖唐高宗时写也；王三庆认为，根据写本引书情况及抄录书迹之严整情形，又讳虎、民、治三字，不讳隆字，当

---

① 原文误为 79 条，洪业先生已指出此点。
② 王三庆：《敦煌类书》，第 160—161 页。

为玄宗以前抄录之写卷①；黄维忠、郑炳林注意到，写本中世、民二字亦各有一处未缺笔，均为唐俗写字，推测其当出于避讳之例始行之时，即高宗朝乾封年后。可见，前贤大多判定写本为玄宗以前所抄。

我们注意到，写本中的避讳字，除前贤所揭诸字外，尚有《相鹤经》"眠"、《风土记》"叶"、王隐《晋书》"愍"诸字，并未缺笔或改形以避太宗世民讳；又"雉"字多见，似不避高宗李治讳；《盛弘荆州记》"弘"字（俗写字），不避太子李弘讳；《陶侃传》"但"、《东观汉记》"坛"、《神境记》"影"、王隐《晋书》"景"、《桂阳列仙传》"昼"等字，不避睿宗李旦讳；《晋八王故事》"机"，不避玄宗隆基讳。以上事例似可说明，写本在避讳上并不十分严格，尤其是"眠"、"叶"、"愍"诸字不避太宗讳，颇值注意。据《旧唐书》卷四《高宗纪上》载，显庆二年（657）十二月，"庚午，改'昬'、'叶'字"②。其后凡有"民"、"世"偏旁者，或缺笔，或改形，以避太宗讳。凡从"民"者皆改作"氏"形，从"世"者改作"云"、"文"或"曳"形，这在敦煌吐鲁番文书中多有反映。写本"眠"、"叶"、"愍"三字，既不缺笔，又不改形，说明避太宗世民讳并不严格。

另外，写本中"隆"、"机"字不避玄宗隆基讳，并不表明其就一定是玄宗之前的写卷。从目前所出敦煌写本看，有明确纪年的开天年间写本，直书"隆"、"基"、"机"者，也有若干，如抄写于开元二十五年（737）的 P. 3030 号《因地论一卷》，其中即有"隆"字，不避当朝皇帝玄宗隆基讳，且避太宗世民讳也不严③；又写于开元二十六年（738）的 P. 2617 号《周易经典释文一卷》，"隆"字直书作本形，不避玄宗讳，且不避太祖、世祖、高宗、中宗讳，即使避太宗、睿宗讳，也不严格④；又天宝十载（751）抄写的 P. 2255 号《老子道德经》，有"基"字，同样亦不避玄宗讳⑤。因此，有关写本的抄写年代，若仅从避讳字着眼，而不考虑其他因素，恐怕较难得出合理的判断和认识。

---

① 王三庆：《敦煌类书》，第 16 页。
② 《旧唐书》，北京：中华书局，1975 年，第 77 页。
③ 参见窦怀永：《敦煌文献避讳研究》，浙江大学博士学位论文，2007 年，第 98 页。
④ 参见窦怀永：《敦煌文献避讳研究》，第 98 页。
⑤ 参见窦怀永：《敦煌文献避讳研究》，第 100 页。

以书法而言,写本为楷书。笔者曾就此请教专攻书法史的专家刘涛先生,承刘先生赐信教示:唐朝楷书,前期书风"瘦劲",玄宗朝始尚"肥腴",此风延经中唐,到晚唐又变为"瘦硬"。此书史界共识。敦煌文书 P.2526 号从楷书书法看,已见肥腴,且字划结构以及笔力不及太宗高宗两朝写卷精劲,但保留了一些唐朝前期的写法,仅以书法判断,应属玄宗朝或稍后的写本,但无法判断是安史乱前还是安史乱后①。

根据上述写本书法风格,再结合避讳不甚严格的特征进行分析,该写本的抄写年代更有可能是在玄宗朝或稍后时期,其下限不会超过吐蕃攻占敦煌之前(唐德宗贞元二年,786 年)。简言之,其为公元 8 世纪中叶前后写本的可能性较大。

四、写本复原与校录

写本雉门总 9 条,然内容有残缺,前贤曾对此进行了复原与校录工作,取得不少业绩,但也存在若干问题,今试分析如下。

按第 4 条引《说文》后有"周礼"二字,未写完,又另行抄写,但所写文字残缺,仅存数字笔画,洪业据残存笔画录文为"(前缺)鷩蒬鳩也七十四种卢诸雉高准",拟复原为"周礼曰:孤服鷩冕。雉凡十四种,卢,诸雉,乔雉";②王三庆录文并推补为"周礼曰:孤服□□□□□□雉凡十四种。卢,诸雉,乔雉"③,校笺篇对此未有任何说明,当源自洪业之说。洪氏据写本抄写格式补为 17 字,而王氏则补为 22 字。按写本抄写规格,每行多为 17 字,王氏所补似有未当。洪业对其所补虽未提出任何理由,但他对此条的复原是值得信从的。据写本残存笔画,约存 13 字,可初步录为"鷩冕雉

---

① 刘涛先生现为中央美术学院教授,长期从事中国书法史、书法技法的教学与研究,主要研究领域为汉魏两晋南北朝书法史、敦煌写经书法、王羲之书法等,出版《中国书法史:魏晋南北朝卷》、《书法谈丛》、《书法欣赏》、《中国书法》、《字里千秋:古代书法》等多部著作,发表《敦煌写卷的辨伪——兼说建立敦煌写卷断代的"书法坐标"》(载《敦煌学国际研讨会论文集》,北京图书馆出版社,2005 年)、《传统鉴定与敦煌写卷鉴定方法的探索》(载《收藏家》2005 年第 7 期)等论文数十篇。对刘涛先生的教示,谨在此表示衷心感谢!
② 洪业:《洪业论学集》,第 88 页。
③ 王三庆:《敦煌类书》,第 160 页。

也凡十四种卢诸雉乔雉",此内容不见《周礼》记载,而见于《说文》隹部雉条:"雉:有十四种,卢,诸雉,乔雉,鸠雉、鷩雉(后略)"。又鸟部鷩条载:"鷩:赤雉也,从鸟,敝声。《周礼》曰:'孤服鷩冕。'"再联系此条前所引《说文》内容,实乃隹部和鸟部内容合并而成,且其后又接书"周礼"二字(未完),可推知"周礼"后的内容实也是出自《说文》。原类书编纂者把此三条合为一条,类书抄写者似不明其中缘由,以为《周礼》是另一条,于是另行抄写,导致写本如此。因此,根据写本抄写规格,本条试可复原如下(按粗体为写本原有文字,下同):

《周礼》曰:孤服**鷩冕**。**雉也,凡十四种,卢,诸雉,乔雉**(后缺)。

上文业已指出,据写本纸张抄写格式,此纸(即第十张纸)存 19 行文字,后缺当为 5 行;而最后一纸前后缺,存文字 15 行,前后当缺 9 行。据此可知,两纸之间无法直接拼合,所抄内容也不存在直接的前后衔接关系。因此,王三庆先生把此纸最后一条《周礼》与另一残纸的《璅语》并为一条,似有未安。

最后一残纸前后缺,首行残存 2 字笔画,经仔细辨认,实为"王"、"言"二字偏旁,联系此条所记内容出自《璅语》,知即"璅语"二字。此条内容,王三庆氏复原为:

(《璅语》曰):"有鸟从南(西)方来,赤质五色(皆备,集平公之庭,)相见如让。公召叔向问之。叔向曰:'(吾闻师旷)曰:西方有白质(鸟),五色皆备,其名曰翚;南方赤质,五色皆备,其名曰摇;其来为吾君臣,其祥先至矣。'"①

黄维忠、郑炳林氏复原为:

---

① 王三庆:《敦煌类书》,第 160—161 页。

《瑹语》曰:"有鸟从南方来,赤质五色(皆)……相见如让,公召叔向问之,叔向曰:'……曰,西方有白质(鸟),五色皆备,其名曰翚,南方赤质,五色皆备,其名曰摇,其来为吾君臣,其祥先至矣。'"①

由于他们未注意到此条首行残存的"瑹语"二字笔画,故所复原的内容既不全,也存在理解偏差的问题。如原文为"有鸟从南方来,赤质五色",王氏则校订为"有鸟从西方来,赤质五色"。然据后文内容,从西方来的鸟是"白质",从南方来的鸟是"赤质",显然,校"南"为"西"字,并不妥当。

根据写本抄写格式,"瑹语"二字后当缺15—16字。按后文既提及西方鸟,又提及南方鸟,且有"相见如让"一语,或指西方鸟与南方鸟"相见如让"也。因此,"瑹语"之后所缺内容,似为有关西方鸟的记载。据《太平御览》卷九一七《羽族部四·雉》载②:

　　《瑹语》曰:有鸟从飞西方来,白质,五色皆备,集平公之庭,相见如让。公召叔向问之,叔向曰:"吾闻师旷曰:'西方有白质鸟,五色皆备,其名曰翚;南方赤质,五色(皆)备,其名曰摇。'其来为吾君臣,其祥先至矣。"

《御览》所引《瑹语》并没有"有鸟从南方来"的相关记载。按白居易《白氏六帖事类集》卷二九《鸟第一》"从南方来"条注文③:

　　晋平公时,有鸟从南方来,赤质,五色皆备,集于庭相让。叔向曰:"吾闻师旷曰:西方有鸟,白质五色,曰翚;南方有鸟,赤质五色,曰雉。今来为君瑞也。"

---

① 黄维忠、郑炳林:《敦煌本〈修文殿御览残卷〉考释》。
② 《太平御览》,中华书局,1960年,第4068页。按"有鸟从飞西方来",当是"有鸟从西方飞来"之误;"五色备"当为"五色皆备"。
③ 《白氏六帖事类集》卷二九(宋刻本),台北新兴书局,1969年,第1038页。

《六帖》此条未记源出何书,然相近内容,又见于明董斯张《广博物志》卷四五《鸟兽二·鸟下》引《璅语》①:

> 昔平公时,有鸟从南方来,赤质,五色皆备,集于庭。叔向曰:"吾闻师旷言:西方有鸟,白质五色,曰翚;南方有鸟,赤质五色,曰雏。今来为君瑞也。"

知《六帖》所引即为《璅语》②。《六帖》、《御览》同引《璅语》,内容近似,然一记"西方鸟",一记"南方鸟",各有详略,二者适可相互补充,据此可复原写本《璅语》条内容如下:

> 《璅语》曰:有鸟从西方飞来,白质,五色皆备;又有鸟从南方来,赤质,五色皆备。集平公之庭,相见如让。公召叔向问之,叔向曰:"吾闻师旷曰:'西方有白质(鸟),五色皆备,其名曰翚;南方赤质,五色皆备,其名曰摇。'其来为吾君臣,其祥先至矣。"

《璅语》一书,王三庆氏云:"历代书志未曾见载,亦不知作者何人,唯《太平御览》援用数则,俟考。"③日本福田俊昭氏认为,《璅语》即《古文璅语》,作者为梁代顾协④。按《梁书》卷三〇《顾协传》:"协博极群书,于文字及禽兽、草木尤称精详,撰《异姓苑》五卷、《璅语》十卷,并行于世。"《隋书》卷三四《经籍志三》:"《璅语》一卷(梁金紫光禄大夫顾协撰)。"列入子部小说家类,《通志》卷六八《艺文略六》同,《玉海》卷四七《艺文·史氏流别》引《史通》亦作"一卷",则顾协《璅语》或原本一卷。又按《隋书》卷三三

---

① 《广博物志》,南京:江苏广陵古籍刻印社,1987 年,第 437 页。
② 《经典释文》卷五《毛诗音义上》"璅兮"条:"依字作璅,素果反;璅尾,少好之貌。"中华书局,1983 年,第 59 页;又《集韵》卷六《上声下》"璅璅"条:"《说文》:玉声也,或作璅。"知"璅"、"琐"二字通,故古籍或作"《璅语》",或作"《琐语》",皆一也,故本文未作具体区分。上海古籍出版社,1985 年,第 406 页。
③ 王三庆:《敦煌类书》,第 578 页。
④ 福田俊昭:《敦煌类书の研究》,东京:大东文化大学东洋研究所,2003 年,第 231 页。

《经籍志二》载"《古文琐语》四卷(汲冢书)",列入史部杂史类,《通志》卷六三《艺文略一》同。此书既称"汲冢书",显然即为西晋太康二年(281)出自魏襄王墓的"竹书",而非顾协所撰之《璅语》。据《晋书》卷五一《束皙传》载:"初,太康二年,汲郡人不准盗发魏襄王墓,或言安釐王冢,得竹书数十车。其《纪年》十三篇,(中略)《琐语》十一篇,诸国卜梦妖怪相书也。"而《太平御览》所引《璅语》11条(其中名《古文璅语》1条),所记皆春秋及以前奇谈怪异之事①;其余诸书引《璅语》,或作《汲冢璅语》,或作《古文璅语》,也都记春秋及以前之事。因此,写本及《太平御览》所引之《璅语》,实乃记录"诸国卜梦妖怪相书"之《汲冢璅语》或《古文璅语》,而非梁代顾协所撰之《璅语》②。

写本《璅语》之后为《史记》条,王三庆氏指出,此则非出《史记》,乃《史记·秦世家》注文,《索隐》援用《汉书·郊祀志》文字,《御览》卷九一七《雉》引文亦作《史记》,文字近似,《类聚》卷九〇《雉》引作《列异传》,文字差异较大③。经核查,王先生此说或有误判。按写本所抄内容如下:

> 《史记》曰:秦文公获若石,于陈仓北阪祠之。其神常以夜,光晖若流星,东南来集于祠,则若雄(雉),其声殷殷,野雉夜雊。

据《史记》卷二八《封禅书》载④:

> 作鄜畤后九年,文公获若石云,于陈仓北阪城祠之。其神或岁不至,或岁数来,来也常以夜,光辉若流星,从东南来,集于祠城,则若雄鸡,其声殷云,野鸡夜雊。

---

① 《太平御览》卷八三、一三五、三六九、三七七、三七八、三九一、六四二、六八四、八三二、九一七、九三二等。
② 《汲冢璅语》一书,北宋以后逐渐亡佚,清人多有辑佚,参见严可均:《全上古三代秦汉三国六朝文》之《全上古三代文》卷一五《汲冢璅语》,北京:中华书局,1958年,第107—108页。
③ 王三庆:《敦煌类书》,第578页。
④ 《史记》,北京:中华书局,1959年,第1359页。

又《汉书》卷二五《郊祀志》云①：

> 作鄜畤后九年，文公获若石云，于陈仓北阪城祠之。其神或岁不至，或岁数。来也常以夜，光辉若流星，从东方来，集于祠城，若雄雉，其声殷殷云，野鸡夜鸣。

仔细比较，可以发现，《汉书》"东方"，《史记》与写本俱作"东南"；"夜鸣"，《史记》与写本俱作"夜雊"，据此可以判定，写本内容实抄自《史记·封禅书》，而非《汉书·郊祀志》。

有一点值得注意，写本中"野雉"，《史记》、《汉书》俱作"野鸡"，乃避吕后之讳②。由此可以推知，写本并不避前朝讳。因此，洪业先生以写本不避北齐讳，而推断其不是《修文殿御览》，这一质疑理由恐怕并不充分③。

写本《史记》之后为《琴操》条，其后残缺三四字，诸家未补。按《艺文类聚》卷九○《鸟部上·雉》载④：

> 《琴操》曰：齐独沐子，年七十无妻。朝出，见飞雉雌雄相随，感之，抚琴而歌曰："雉朝飞，鸣相和，雄雌群游于山河。"

《太平御览》卷九一七《羽族部四·雉》云⑤：

> 《琴操》曰：齐独沐子，年七十无妻，出见飞雉雌雄相随，感之，抚琴而歌曰："雉朝飞，鸣相和，雌雄群游于山阿。"

---

① 《汉书》，北京：中华书局，1962年，第1195页。
② 《史记》卷二八《封禅书》《集解》注云："如淳曰：'野鸡，雉也。吕后名雉，故曰野鸡。'"第1359页。《汉书》卷二五《郊祀志》颜师古注曰："殷殷，声也。云，传声之乱也。野鸡，亦雉也，避吕后讳，故曰野鸡。言陈宝若来而有声，则野鸡皆鸣以应之也。上言雄雉，下言野鸡，史驳文也。殷音隐。"第1196页。
③ 洪业：《洪业论学集》，第92页。洪氏也注意到，写本中有"衍"字，不避梁武帝萧衍讳，其解释说："至于'衍'字则抄书者写伪也，原书无其字。"这一说法恐有未安。第94页。
④ 《艺文类聚》，上海古籍出版社，1999年新2版，第1570页。
⑤ 《太平御览》，第4068页。

晋崔豹《古今注》卷中《音乐第三》①：

《雉朝飞》者，牧犊子所作也。齐处士，泯宣时人，年五十无妻，出薪于野，见雉雄雌相随而飞，意动心悲，乃作《雉朝飞》之操，将以自伤焉。

根据以上记载，写本后缺内容当为"朝飞操"三字。写本鹤门引《琴操》条后有"故曰别鹤操"数字，当可佐证。

《琴操》条之后上半部残缺，存如下文字：

（前缺）□雉（郑玄曰取其守介死不失节也）。

王三庆氏已正确指出，此条引自《周礼》，并复原为②：

《周礼·春官大宗伯》曰："士执雉"。（郑玄曰："取其守介而死，不失节也。"）

然据写本抄写规格及残缺部分，缺字当在4字左右，故本条似可复原为：

《周礼》曰：士执雉。（郑玄曰：取其守介死，不失节也。）

写本最后部分残存2行文字，前贤未能考出其源出何书，兹录文如下：

（前缺）鸿嘉二年博士行饮酒礼有飞（中缺）□堂后集诸（后缺）

---

① 此据《汉魏六朝笔记小说大观》，上海古籍出版社，1999年，第237页。
② 王三庆：《敦煌类书》，第161页。

经核查,本条实出自《汉书》卷一〇《成帝纪》①:

> (鸿嘉)二年,春,行幸云阳。三月,博士行饮酒礼,有雉蜚集于庭,历阶升堂而雊,后集诸府,又集承明殿。

《太平御览》卷九一七《羽族部四·雉》亦收录此条,然文字有节略:"《汉书》曰:成帝鸿嘉二年,有飞雉集于殿庭,历阶升堂而雊。"②兹据此复原写本内容如下:

> 《汉书》曰:成帝**鸿嘉二年**,**博士行饮酒礼**,**有飞**雉集于殿庭,历阶**升堂**,**后集诸**府,又集承明殿。

五、写本非《修文殿御览》辨

关于写本的定名,罗振玉指出,其体例颇似《太平御览》,引书止于魏、晋;且《太平御览》鸟部采录写本内容十之五六,而采录《艺文类聚》十之二三,因袭之迹十分明显,故断其为《修文殿御览》。刘师培亦定写本为《修文殿御览》,主要理由有二:其一,北齐《修文殿御览》是在《华林遍略》基础上,增加《十六国春秋》等诸书而成,而写本所引《赵书》,宋《太平御览》因之,改标《十六国春秋·后赵录》,此即增入崔鸿书之证,书出北齐,于此可验;其二,北宋修《太平御览》,实以《修文殿御览》为基,写本所引古书,与《艺文类聚》同者十之六,与《太平御览》同者十之七,且篇目次第,亦与《太平御览》大同。又梁陈以下之书,均未采掇,因此,定其为《修文殿御览》,似无疑义。洪业则对罗振玉氏"修文殿御览"说提出有力质疑。首先,洪氏根据统计指出,《太平御览》采录《艺文类聚》极多,而采录写本极少,此可证写本非《修文殿御览》;其次,写本所抄内容有"隐"、"泰"、

---

① 《汉书》,第316页。
② 《太平御览》,第4067页。

"树"、"湛"、"恒"诸字,不避高齐讳,若其为《修文殿御览》,不当不避北齐庙廷之讳;其三,以南北学风差异而言,北方《周易》重郑玄注,《左传》重服虔注,然写本引《易》2条,皆用王弼注;引《左传》2条,1条无注,1条则用杜预注,这说明写本之编纂在江左而不在河洛;其四,据颜之推《观我生赋》,其曾掌《修文殿御览》之编纂,写本第18条所引《纪年》之文,与颜氏作文所用典不合,则写本之成书,似与颜之推无关,则其不为《修文殿御览》矣;其五,据《三国典略》,《修文殿御览》引录崔鸿《十六国春秋》、王嘉《拾遗录》诸书,而《太平御览》鹤类、鹄类皆引录二书,此殆抄自《修文殿御览》,然写本鹤类、鹄类并未引录此二书,知写本不为《修文殿御览》也;其六,最堪注意者,写本第77条,不引《十六国春秋》而引《赵书》,其下有"谨案"等三十六字注文,斥石虎为逆贼,"夫唯江左文人,乃摈北虏于王化之外;而邺都朝臣,何必以扬州贡鸟为可讳? 只此寥寥三十六字注语,已足证残卷之不为《修文御览》矣"①。基于上述分析,洪氏指出,写本决非《修文殿御览》,而更有可能是比之更早的《华林遍略》。

  洪业上述质疑,除第二条避讳之说尚存疑问外,其余皆铿锵有力,在国内外学术界产生极大反响。其后,王三庆著《敦煌类书》,对洪氏之质疑也提出了若干反驳意见;黄维忠、郑炳林发表《敦煌本〈修文殿御览残卷〉考释》一文,则直接针对洪氏质疑之要点进行反驳,坚持认为写本即《修文殿御览》。可见,在中国学界,洪业先生的观点并没有得到普遍认可。然而,日本学者所复原的数十条《修文殿御览》佚文,则使这一问题有了进一步澄清和解决的可能。通过《修文殿御览》佚文与写本内容的比较,可以证实写本并非《修文殿御览》。

  据兼意《宝要抄》、《香要抄》、《药种抄》,明确标明为《修文殿御览》佚文的,实为61条②;胜村哲也氏从惟宗允亮撰《政事要略》中辑出9条,计

---

① 洪业:《洪业论学集》,第93页。
② 其中"金"5条(《宝要抄》,(财)武田科学振兴财团杏雨书屋,2002年,图版第32页,释文第105—106页)、"琉璃"13条(《宝要抄》,图版第36—38页,释文第110—112页)、"马脑"8条(《宝要抄》,图版第59—60页,释文第133—134页)、"车渠"7条(《宝要抄》,图版第68—69页,释文第142—143页)、"鸡舌香"4条(《香要抄》(一),(财)武田科学振兴财团杏雨书屋,2008年,图版第50—51页,释文第188—189页)、"芸香"15条(《香要抄》(二),2009年,(转下页)

"枸橼"3条、"衣"4条、"学校"2条①;远藤光正氏从《明文抄》中辑出3条③;此外,新美宽编、铃木隆一补《本邦残存典籍による辑佚资料集成》一书,又收有《修文殿御览》佚文5条,录如下③:

1. 鸟之勇锐者,名之为鹫。(慧琳《音义》七十七)④
2. 八眉,如八字也。重瞳者,目有四瞳子也。(《弘决外典钞》卷一)⑤
3. 《三五历记》云:未有天地之时,混沌状如鸡子也。(称名寺本句末有"天如鸡子白地如鸡子黄"十字。同上)⑥
4. 《艺经》曰:筹,成都也。(称名寺本"筹"作"十"。同上)⑦
5. 《杂字解诂》云:鸡鸣,似凤凰;鸡鸣,山鸡也。(同上卷四)⑧

除第1条出自中国典籍外,其余4条俱出自日本具平亲王所撰《弘决外典

(接上页)图版第53—55页,释文第157—159页)、"人参"3条(《药种抄》(一),(财)武田科学振兴财团杏雨书屋,2010年,图版第21—22页,释文第121—122页)、"木甘草"1条(《药种抄》(一),图版第64页,释文第164页)、"远志"2条(《药种抄》(一),图版第75—76页,释文第175—176页)、"天门冬"3条(《药种抄》(一),图版第103页,释文第203页),总61条。
① 惟宗允亮:《政事要略》卷二五、卷六七、卷九五,增补新订国史大系第二十八卷,东京:吉川弘文馆,1937年,第90页、第539页、第715页。参见胜村哲也:《修文殿御览天部の复元》,第658页。
② 《明文抄》卷二"帝道部下":"为人臣侮其主者,其罪死而又死。(修文殿御览)"同书卷三"人事部上":"饥而思食,壮而恶,自然之性。(修文殿御览)"卷四"人事部下":"以往圣之法治将来,譬如胶柱而调瑟。(修文殿御览)"参见远藤光正:《类书の传来と明文抄の研究——军记物语への影响——》,录文第40页,图版第565页、591页、613页。第1、2条见于《太平御览》卷三五三《兵部八十四》引《新序》、卷五一〇《逸民部十》引《高士传》,第3条出自扬雄《法言》,但未见于《太平御览》相关记载。按第2条"壮而恶",当为"壮而思室"之误。
③ 新美宽编,铃木隆一补:《本邦残存典籍による辑佚资料集成》(续),京都大学人文科学研究所,1968年,第117页。按原书无标点断句及书名号,此为笔者所加。
④ 此条《太平御览》未见。
⑤ 具平亲王:《弘决外典钞》卷一"目有重瞳"条注称:"《御览》云:'八眉如八字也。重瞳者,目有四瞳子也。'"东京:春秋社,1989年,第13页。《太平御览》卷八〇《皇王部五·帝尧陶唐氏》:"《尚书大传》曰:尧八眉,舜四童子。八者如八字也。"与此近似。第373页。
⑥ 具平亲王:《弘决外典钞》卷一"元气未分混而为一"条注称:"《御览》云:'《三五历记》云:未有天地之时,混沌状如鸡子也。(天如鸡子白,地如鸡子黄)'"第17页。《太平御览》卷一《天部一·元气》:"《三五历记》曰:未有天地之时,混沌状如鸡子。(后略)"第1页。
⑦ 具平亲王:《弘决外典钞》卷一"固留决都都讫"条注载:"《御览》云:'筹,成都也。'"。第26页。此条《太平御览》未见。
⑧ 按具平亲王:《弘决外典钞》卷四"楚人凤凰其实山鸡"条注称:"《御览》云:'《杂字解诂》云:鸡鹑,似凤凰;鸡鹑,山鸡也。'"与此略异。第103页。此条《太平御览》未见。

钞》。据初步统计,中国现存典籍中,残存《修文殿御览》佚文约 18 条①,加上前揭日本典籍所收 77(61+9+3+4)条,总数为 95 条,这是目前所知中外《修文殿御览》佚文的大致情况。

以写本 88 条、《修文殿御览》佚文 95 条,与《太平御览》相关记载进行比较,考察并分析其异同,进而揭示《修文殿御览》、写本与《太平御览》之间的关系,则对写本是否为《修文殿御览》就会有一个清晰的判断和认识。

日本古籍所抄《修文殿御览》佚文比较完整的,有兼意诸抄 61 条及《政事要略》9 条,总 70 条,兹以其录入《太平御览》的比例情况列表分析如下:

表二:日本《修文殿御览》佚文录入《太平御览》之统计表

《修文殿御览》佚文门类	《修文殿御览》佚文条数	《太平御览》采集条数及比例
芸香	15	13　86.67%
琉璃	13	12　92.31%
车渠	7	7　100%
马脑	8	8　100%
金	5	5　100%
鸡舌香	4	4　100%
天门冬	3	3　100%
人参	3	3　100%
远志	2	2　100%
木甘草	1	0　0%
枸橼	3	3　100%

---

① 付晨晨:《〈修文殿御览〉初探》(武汉大学学士学位论文,笔者指导,2009 年)依据四库全书电子本,辑出《修文殿御览》佚文 11 条;桂罗敏:《〈修文殿御览〉考辨》(载《图书情报工作》2009 年第 1 期)辑出佚文 9 条,似皆不全。据笔者最新统计,中国典籍引用有:《法苑珠林》4 条、《一切经音义》1 条、《北户录》3 条、《通鉴考异》1 条、《鹖冠子解》1 条、《齐东野语》1 条、《战国策校注》1 条、《大事记续编》1 条、《升菴集》3 条、《弇州山人四部稿》1 条、《通雅》1 条,总 18 条。参见拙文《〈修文殿御览〉佚文辑校》,载《魏晋南北朝隋唐史资料》第二十八辑,2012 年。修订稿已收入本书。

续 表

《修文殿御览》佚文门类	《修文殿御览》佚文条数	《太平御览》采集条数及比例
衣①	4	4　100%
学校	2	2　100%
合计	70	66　94.28%

据表,《修文殿御览》佚文 70 条,《太平御览》采集 66 条,录入比例高达 94.28%;又《明文抄》佚文 3 条,《太平御览》采集 2 条,录入比例为 66.67%;《本邦残存典籍による辑佚资料集成》佚文 4 条,《太平御览》采集 2 条,录入比例为 50%;中国《修文殿御览》佚文总 18 条,《太平御览》采集为 10 条②,录入比例大致为 55.55%。三者相加,总 95 条,录入《太平御览》80 条,比例为 84.21%。由此不难看出,《修文殿御览》与《太平御览》之间存在着直接的渊源承袭关系。

森鹿三氏曾以数十条《修文殿御览》佚文,与相对应的《太平御览》引文之间进行认真比较,指出二者在文字、内容、引用书名、前后顺序等方面大多相同,表明《太平御览》是以《修文殿御览》为主要蓝本而进行编纂的。而写本 88 条与《太平御览》之关系,洪业氏曾以其中之 83 条与《艺文类聚》、《太平御览》相关记载进行比较和分析,指出写本与《太平御览》87 条中极相似的,仅有 17 条,所占比例极少,有力地反驳了罗振玉"十之八九"及"十之五六"之说③。另外,即使不计内容详略、文字差异等因素,写本至少也有 29 条不见于《太平御览》记载④,其录入比例约为 67.05%,比《修文殿御览》佚文录入总比例 84.21%,相差 14.16%。从录入《太平御览》

---

① "衣"第 4 条,《政事要略》卷六七引书为"吕氏春秋",第 539 页;《太平御览》卷六八九《服章部六·衣》则为"世本"。
② 限于篇幅,本文仅列出《修文殿御览》佚文相关条目及与《太平御览》大致比对的结果,至于详细的录文及相关比较,参见拙文《〈修文殿御览〉佚文辑校》。
③ 洪业:《洪业论学集》,第 91 页。
④ 洪业认为在 24 条以上,其列举总条数实为 30 条,《洪业论学集》,第 91 页;王三庆实际统计为 28 条(未包括雉类 9 条),却批评洪业统计有误,认为"并无高达 28 条",《敦煌类书》,第 20 页。根据笔者最新统计,若加上雉类第 4 条《说文》,则写本完全不见于《太平御览》记载者,实有 29 条。

比例看，写本与《修文殿御览》之间明显存在着差异。

此外，我们还注意到，在编排顺序上，《修文殿御览》佚文皆先"事"后"文"，这一编纂特点与《艺文类聚》、《太平御览》完全一样。为便于说明问题，兹列表分析如下：

表三 《修文殿御览》、《艺文类聚》、《太平御览》引文异同表

《修文殿御览》	《艺文类聚》	《太平御览》
"芸香"佚文： 1.《大戴礼·夏小正》曰（日）：正月采芸为庙菜。 2.《礼记·月令》曰：仲冬之月，芸始生。（郑玄曰：芸，香草也。） 3.《说文》曰：芸草似蓿，《淮南》说芸可以死而复生。 4.《杂字解释诂》曰：芸，杜荣也。 5.《魏略》曰：大秦出芸胶。 6.《博物志》曰：南阳梁正伯夷芸台。 7.《承集礼图》曰：蒿也，叶似邪蒿，香美可食。 8.《洛阳宫殿簿》曰：显阳殿前芸香一株，徽音、含章殿前各二株。 9.《晋宫阁名》曰：太极殿前芸香四畦，式乾殿前芸香八畦，徽音殿前芸香杂花十一畦，明光殿前芸香杂花八畦，显阳殿前芸香二畦。	卷八一《药香草部上·芸香》①： 1.《礼记·月令》曰：仲春之月，芸始生。（香草。） 2.《仓颉解诂》曰：芸蒿似邪蒿，香可食。 3.《洛阳宫殿簿》曰：显扬殿前芸香一株，徽音殿前芸香二株，含章殿前芸香二株。 4.《晋室阁名》曰：太极殿前芸香四畦，式乾殿前芸香八畦。 5. 赋：晋傅咸《芸香赋》曰：携昵友以逍遥兮，览伟草之敷英，慕君子之弘覆兮；超托躯于朱庭，俯引泽于丹壤兮（后略） 6. 晋成公绥《芸香赋》曰：美芸香之循絜，禀阴阳之淑精，去原野之芜秽，植广厦之前庭。茎类秋竹，叶象春栓。 7. 晋傅玄《赋序》曰：《月令》：仲春之月，芸始生。郑玄云：香草也，世人种之中庭。	卷九八二《香部二·芸香》②： 1.《说文》曰：芸草似苜蓿。 2.《淮南子》曰：芸可以死而复生。 3.《杂字解释诂》曰：芸，杜荣。 4.《大戴礼·夏小正》曰：采芸为庙菜。 5.《礼记·月令》曰：仲冬之月，芸始生。（郑玄曰：芸，香草也。） 6.《礼图》曰：芸蒿白，叶似蒿，香美可食也。 7.《魏略》曰：大秦出芸胶。 8.《洛阳宫殿簿》曰：显阳殿前芸香一株，徽音、含章殿前各二株。 9.《晋宫阁名》曰：太极殿前芸香四畦，式乾殿前芸香八畦，徽音殿前芸香杂花十一畦，明光殿前芸香杂花八畦，显阳殿前芸香二畦。 10.《广志》曰：芸胶有安息胶，有黑胶。

---

① 《艺文类聚》，第1395—1396页。
② 《太平御览》，第4350页。

续 表

《修文殿御览》	《艺文类聚》	《太平御览》
10.《广志》曰：芸胶有安息胶，有黑胶。 11.《吴氏本草》曰：石芸，一名敞列，一名显喙。 12. 曹植《芸香赋》曰：西都丽草。 13. 傅玄《芸香赋序》曰：始以微香进御，终于指（捐）弃黄壤，吁可闵也，遂咏而赋之。 14. 成公缕（绥）《芸香赋》曰：美芸香之条洁，禀阴阳之济精，茎类秋竹，枝象春松。 15. 傅咸《芸香赋序》曰：先居（君）作《芸香赋》，辞义高丽有睹，斯卉蔚茂馨香，同游使余为序。		11.《吴氏本草》曰：石芸，一名敞列，一名顾喙。 12. 傅玄《芸香赋序》曰：始以微香进御，终于捐弃黄壤，吁可闵也，遂咏而赋之。 13. 成公绥《芸香赋》曰：美芸香之修洁，禀隆阳之淑精，茎类秋竹，枝象春松。 14. 傅咸《芸香赋序》曰：先君作《芸香赋》，辞美高丽有睹，斯卉蔚茂馨香，同游使余为序。
"车渠"佚文： 1.《广雅》曰：车渠，石次玉也。 2.《魏略》曰：大秦国多车渠。 3.《玄中记》曰：车渠出天竺国也。 4. 魏文帝《车渠椀赋》曰：车渠玉属，多纤理缛文，生于西国，其俗宝之，小以系颈，大以为器。 5. 王粲《车渠椀赋》曰：杂玄黄以为质，似乾坤之未分，兼五德之上美，超众宝而绝伦。	卷八四《宝玉部下·车渠》①： 1.《广雅》曰：车渠，石次玉也。 2.《广志》曰：车渠出大秦国及西域诸国。 3.《玄中记》曰：车渠出天竺国。 4.《苏子》曰：车渠马瑙，出于荒外，今冀州之土，曾未得其奇也。 5. 赋：魏文帝《车渠椀赋》曰：车渠玉属也，多纤理缛文，生于西国，其俗宝之。惟二仪之普育，何万物之	卷八〇八《珍宝部七·车渠》②： 1.《广雅》曰：车渠，石次玉也。 2.《魏略》曰：大秦国多车渠。 3.《古今注》曰：魏武帝以车渠为酒杯。 4.《玄中记》曰：车渠出天竺国。 5.《古车渠椀赋》曰：车渠玉属，多纤理缛文，出于西国，其俗宝之，小以系颈，大以为器。 6. 王粲《车渠椀赋》曰：杂玄黄以为质，似乾坤

---

① 《艺文类聚》，第1442页。
② 《太平御览》，第3592页。

续　表

《修文殿御览》	《艺文类聚》	《太平御览》
6. 陈思王《车渠盌赋》曰：惟盌之所生，于凉风之峻湄，光如激电，景若浮星，河神怪之瑰玮，信一览而九惊。 7. 王处道《车渠觯赋》曰：温若腾螭之升天，曜似游鸿之远臻。	殊形，(后略) 6. 魏王(粲)《车渠椀赋》曰：侍君子之宴坐，览车渠之妙珍，挺英才于山岳，含阴阳之淑真，(后略)	之未分，兼五德之上美，超众宝而绝伦。 7. 陈思王《车渠盌赋》曰：唯盌之所生，于凉风之峻湄，光如激电，景若浮星，河神怪之瑰玮，信一览而九惊。 8. 王处道《车渠觯赋》曰：温若腾螭之升天，曜似游鸿之远臻。

据上表所列，《修文殿御览》"芸香"佚文总15条，前11条记"事"，后4条记"文"，有"赋"、"序"等；《艺文类聚》"芸香"总7条，前4条记事，后3条记"赋"；《太平御览》"芸香"总14条，前11条记"事"，后3条记"赋"、"序"。又《修文殿御览》"车渠"佚文总7条，其中"事"3条，居前；"文"4条，居后。《艺文类聚》"车渠"总6条，其中"事"4条、"文"2条，亦"事"先"文"后；《太平御览》"车渠"总8条，"事"、"文"各4条，同样"事"先"文"后。由此不难发现，《修文殿御览》、《艺文类聚》、《太平御览》三书在编排体例上，都有一个共通特点，就是先"事"后"文"。同时，我们还注意到，虽然《太平御览》的编纂，曾参据《修文殿御览》与《艺文类聚》，但在条文采录上，更多依据《修文殿御览》，无论是引书，还是具体内容，二者皆大体一致，可见二书之间直接的渊源承袭关系；而《艺文类聚》的内容，则与《修文殿御览》、《太平御览》有些差异，三书之间的关系值得探讨。

反观P.2526号写本的编排顺序，则显得杂乱无章，与上揭三书截然有别，如鹤类总46条，其中王粲《鹔(鹤)赋》置于第33条，湛方生《羁鹤吟·叙》系于第36条，傅咸《诗·叙》置于第44条，《古歌辞》系于第46条；鸿类总18条，其中成公绥《鸿雁赋·叙》置于第10条，曹毗《双鸿诗·叙》置于第17条。可见，写本编排"事"、"文"混杂，并无区别和先后顺序，其与《修文殿御览》之差异显而易见。

此外，95条《修文殿御览》佚文中，总有"事"77条，赋、序、集等"文"18

条,除庾阐《杨都赋》、曹植《芸香赋》2 条外,其余 16 条全部录入《太平御览》,比例高达 88.89%,与总录入比例 84.21% 相差仅 4.68%。而写本 88 条中,总有"事"82 条,"文"6 条,录入《太平御览》"文"仅《古歌辞》1 条,比例为 16.67%,比《修文殿御览》佚文少 72.22%,从中也可看出二者之明显差异。

再从编纂内容看,写本所抄内容完全同于《太平御览》者,可谓少之又少,且其文字大多详于《太平御览》,这与前揭《修文殿御览》佚文大多同于《太平御览》的情况,可谓截然有别。因此,写本非《修文殿御览》,至此可以明断矣。

需要补充说明的是,欧阳询在《艺文类聚》序中,曾对此前类书编纂有过批评,认为"《流别》、《文选》,专取其文;《皇览》、《徧(遍)略》,直书其事",所以他编《艺文类聚》要改变这一做法,创一体例,使"事"、"文"并举,即"事居其前,文列于后"①。其实,从《修文殿御览》佚文可以看出,这种"事居其前,文列于后"的编纂体例,早在北齐就已经产生了,为何欧阳询却不提《修文殿御览》? 个中原因值得探讨。

再从写本内容看,其与《太平御览》之相关记载存在着较大不同,二者实为不同系谱,并不存在直接的渊源承袭关系。兹以写本《相鹤经》、《神境记》、《赵书》所记内容为例,进一步论证其与《太平御览》之关系。

写本《相鹤经》前部残缺,其后内容如下②:

  (前缺)生无中,夭寿不可量,所体(中缺)土之气内养,故不表于外。是以行必依洲,止不集林兮,盖羽族之宗长,仙人之骐骥也。鹤之上相,瘦头尖顶,露眼黑精,故远视;隆鼻短喙,故少眠;体䯚頰骭耳,故听警;长颈促身,故善鸣;凹颌凸膺,则体轻;凤翼雀毛,故善飞;龟背鳖腹,故能产;轩前重后,则其舞;高脚矗节,则有力;洪脾纤指,(则)能

---

① 《艺文类聚》,第 27 页。
② 按:本文有关 P.2526 号写本的录文,均主要依据国际敦煌项目 IDP 网页(http://idp.nlc.gov.cn/)所提供的清晰图片,同时参考了洪业、王三庆、郑炳林等诸位先生的录文,特此说明,下不另注。

行。此相之备者,鸣则闻于天,飞则一举千里,仙圣之所乘,不崇朝而遍四海者也。鹤二年落子毛,易点,三年头赤,七年产复,复七年羽翮俱,复七年飞薄云汉,复七年学舞,复七年舞应,复七年昼夜十二时鸣声中律,复百六十年不食生物,复百六十年大毛落,茸毛生,色雪白或纯黑,泥水不污。复百六十年雄雌相见,目精不转而孕,水六百年饮而不食,胎产鸾凤为群。圣人在位,则与凤皇同翔于郊甸。

《太平御览》卷九一六《羽族部三·鹤》载[①]:

淮南八公《相鹤经》曰:鹤者,阳鸟也,而游于阳,因金气依火精以自养,金数九,火数七,故七年小变,十六年大变,百六十年变止,千六百年形定。体尚洁,故其色白;声闻天,故头赤;食于水,故其喙长;轩于前,故后指短;楼于陆,故足高而尾凋;翔于云,故毛丰而肉疎;大喉以吐故,修颈以纳新,故生夭寿不可量。所以体无青黄二色者,木土之气内养,故不表于外。是以行必依洲屿,止不集林木,盖羽族之宗长,仙人之骐骥也。鹤之上相,瘦头朱顶,露眼黑精,高鼻短喙,骽(音故列切)颊虺(音德宅切)耳,长颈促身,燕膺凤翼,雀毛、龟背、鳖腹,轩前垂后,高麤节,洪髀纤指,此相之备者也。鸣则闻于天,飞则一举千里。鹤二年落子毛,易黑点;三年产伏,复七年羽翮具,复七年飞薄云汉,复七年舞应节,复七年昼夜十二时鸣声中律,复百六十年不食生物,复大毛落,茸毛生,雪白或纯黑,泥水(不)污,复百六十年雄雌相见,目精不转而孕,千六百年饮而不食,鸾凤同为群。圣人在位,则与凤凰翔于甸。

仔细比较即可发现,二者文字差异较大,写本中"故远视"、"故少眠"、"故听警"、"故善鸣"、"则体轻"、"故善飞"、"故能产"、"则其舞"、"则有力"、"(则)能行"、"仙圣之所乘,不崇朝而遍四海者也"等文字,均不见于《太

---

① 《太平御览》,第4061页。

平御览》所引之《相鹤经》;而且,《太平御览》有夹注,而写本无,此点颇值注意,因为唐人徐坚《初学记》卷三〇《鸟部·鹤第二》所引《相鹤经》,同样有夹注,而且内容与《太平御览》之《相鹤经》大同小异。为便于说明问题,兹引录《初学记》之《相鹤经》内容如下①:

> 《相鹤经》曰:鹤者,阳鸟也,而游于阴,因金气依火精以自养,金数九,火数七,故七年小变,十六年大变,百六十年变止,千六百年形定。体尚洁,故其色白;声闻天,故头赤;食于水,故其喙长;轩于前,故后指短;栖于陆,故足高而尾凋;翔于云,故毛丰而肉疏;大喉以吐故,修颈以纳新,故生大寿不可量。所以体无青黄二色者,木土之气内养,故不表于外。是以行必依洲屿,止不集林木,盖羽族之宗长,仙人之骐骥也。鹤之上相,瘦头朱顶,露眼玄睛,高鼻短喙,骴(音故解反)颊骺(音德宅反)耳,长颈促身,燕膺凤翼,雀毛、龟背、鳖腹,轩前垂后,高胫粗节,洪髀纤指。此相之备者也。鸣则闻于天,飞则一举千里。鹤二年落子毛,易黑点;三年产伏,复七年羽翮具,复七年飞薄云汉,复七年舞应节,复七年昼夜十二时鸣中律,复百六十年不食生物,复大毛落,茸毛生,雪白或纯黑,泥水不污,复百六十年雄雌相视,目睛不转而孕,千六百年饮而不食,鸾凤同为群。圣人在位,则与凤凰翔于甸。

以之与《太平御览》所引《相鹤经》比较,不难发现,二者除注音及个别字有差异外,其余全同,且皆有夹注,写本《相鹤经》则与之有很大的不同,这表明《初学记》与《太平御览》之《相鹤经》,很有可能源自同一版本,二者俱属同一系谱,而与写本《相鹤经》并无直接的渊源承袭关系。又《艺文类聚》卷九〇《鸟部上·鹤》引淮南八公《相鹤经》文,仅有"鹤,阳鸟也,而游于阴。盖羽族之宗长,仙人之骐骥也"二十余字②,则《初学记》与《太平御览》所引《相鹤经》文,当另有来源。上文业已指出,《太平御览》与《修文

---

① 《初学记》,北京:中华书局,1962年,第726—727页。
② 《艺文类聚》,第1563页。

殿御览》之间存在着直接的渊源承袭关系,《修文殿御览》是《太平御览》的主要蓝本,从这一意义上讲,《初学记》与《太平御览》所引之《相鹤经》,极有可能源自《修文殿御览》,由此也可证明写本并非《修文殿御览》。

又写本"鹤门"第16条引《神境记》云：

> 《神境记》曰：荥阳郡南有石室,室后有孤松千丈,常有双鹤,晨必接翮,夕辄偶影,传云：昔有夫妇二人,俱隐此室,年既数百,化成此鹤。一者中夫之寻为,一者独捿此松,兖立哀唤。

《太平御览》卷九一六《羽族部三·鹤》载①：

> 王韶之《神镜记》曰：荥阳郡南百余里,有兰岩,常有双鹤素羽皦然,日夕偶影翔集。传云：昔夫妇俱隐此,年数百岁,化成此鹤。

二者同属"鹤门",且引书俱为《神境记》,然内容却有较大不同,显然并不存在直接的渊源承袭关系。同时,我们还注意到,与前揭《相鹤经》情形一样,《太平御览》所引《神境记》,与《初学记》引《神境记》②内容完全相同,这恐怕不是偶然的巧合,其同样表明《初学记》与《太平御览》所引之《神境记》,俱属同一系谱,当也源自《修文殿御览》。而《艺文类聚》卷八八《木部上·松》引《神境记》文,却与写本所引《神境记》类同③：

> 《神境记》曰：荥阳郡南有石室,室后有孤松千丈,常有双鹤,晨必接翮,夕辄偶影。传曰：昔有夫妇二人,俱隐此室,年既数百,化成双鹤。

两相比较,差异在于一入"鹤门",一入"松门"；另外,从"荥阳郡南有石

---

① 《太平御览》,第4061页。
② 《初学记》卷三〇《鸟部·鹤第二》"玄睛"载："王韶之《神境记》曰：荥阳郡南百余里,有兰岩,常有双鹤,素羽皦然,日夕偶影翔集。传云：昔夫妇俱隐此,年数百岁,化成此鹤。"第727页。
③ 《艺文类聚》,第1512页。

室"到"化成双鹤",除"云"作"曰"、"此"作"双"二字有差异外,其余文字完全相同,说明写本与《艺文类聚》之《神境记》当存在一定的渊源承袭关系,而与《太平御览》没有直接关联。当然,与写本、《艺文类聚》之《神境记》相近似的文字,也见于《太平御览》卷九五三《木部二·松》①:

  《神境记》曰:荥阳南有石室,室后有孤松千丈,常有双鹄,晨必接翩,夕辄偶影。传云:昔有夫妇二人,俱隐此室中,年既数百,化为双鹄,一者失之,寻为人所害;一者独栖此松,茕立哀唤。

其根本差异在于,一作"鹤",一作"鹄";而且,写本与《艺文类聚》"鹄门"俱无此条,《艺文类聚》"松门"作"双鹤",而非"双鹄",表明《太平御览》中有关《神境记》的记载,并非源自写本与《艺文类聚》。

  其实,写本引《赵书》,而不引《十六国春秋·后赵录》,实可证明其并非《修文殿御览》。刘师培、郑炳林等先生认为,《赵书》实即《十六国春秋·后赵录》,此说恐有未安。按《赵书》乃前燕太傅长史田融所撰,又名《赵石记》或《二石集》,记石勒事②,其与崔鸿《十六国春秋》恐怕不能随意等同。《太平御览》引《赵书》时,或称"田融赵书";引《十六国春秋·后赵录》时,或名"崔鸿十六国春秋后赵录",或称"崔鸿春秋后赵录",或为"崔鸿后赵录",或名"后赵录",两书是截然有别、严格区分的,如卷三八六《人事部·健》先引《后赵录》,继引《赵书》;卷四六五《人事部·谣》先引《后赵录》、《前秦录》,继引《赵书》,从中不难看出二书之区别。再比较写本所引《赵书》与《太平御览》所引《十六国春秋·后赵录》之异同,写本内容如下:

  《赵书》曰:石虎建武十三年,杨州献黄鹄雏(?)五,颈长一丈,鸣

---

① 《太平御览》,第4232页
② 关于《赵书》卷数,《隋书》卷三三《经籍志二》作"十卷",《旧唐书》卷四六《经籍志上》、《新唐书》卷五八《艺文志二》、《册府元龟》卷五五五《国史部·采撰》、《通志》卷六五《艺文略三》俱作"二十卷",疑是。

声闻十余里,养之于池。(谨案:虎实逆贼,王化不通,岂有贡其鸟物者乎? 此献之妄,或疆(?)垂小民,假称珍怪,取媚于虎耳。)

《太平御览》卷九一六《羽族部三·鹄》则记①:

> 崔鸿《十六国春秋·后赵录》曰:扬州献黄鹄雏五,徙之于玄武池,颈长一丈,声闻十余里。

二者所记虽为一事,但一为《赵书》,一为《十六国春秋·后赵录》,且文字叙述及前后顺序并不一样,如"养之于池"与"徙之于玄武池"等,显然是明显不同的两部书,似不可轻易等同。

可以肯定的是,田融《赵书》,早在《华林遍略》编纂之前就已传入南方。据梁释慧皎《高僧传》卷九《竺佛图澄传》载:"田融《赵记》云:澄未亡数年,自营冢圹。"②此处"赵记",当即《赵书》或《赵石记》。据考,《高僧传》成书年代下限为梁中大通五年(533)③,这说明《赵书》此前已在南方流行。最能说明问题的,乃《世说新语·言语篇》刘孝标注引《赵书》④:

> 佛图澄与诸石游,林公曰:"澄以石虎为海鸥鸟。"(《赵书》曰:虎字季龙,勒从弟也,征伐每斩将搴旗。勒死,诛勒诸儿,袭位。)

按《华林遍略》始撰于梁天监十五年(516),至普通四年(523)成书。而《世说新语》刘孝标注成书时间,据余嘉锡先生考证,"盖作于天监六七年之间也"⑤。可见,田融《赵书》早在梁天监初就已传入南方。因此,《华林遍略》编纂时,录入《赵书》并无问题。

据唐人丘悦《三国典略》记载,《修文殿御览》是在《华林遍略》基础

---

① 《太平御览》,第4064页。
② 《高僧传》,北京:中华书局,1992年,第357页。
③ 参见纪赟:《慧皎〈高僧传〉研究》,上海古籍出版社,2009年,第33—35页。
④ 余嘉锡:《世说新语笺疏》,上海古籍出版社,1993年,第106页。
⑤ 余嘉锡:《世说新语笺疏》,第232页注释③。

上,增加《十六国春秋》等"旧书"而成,《太平御览》卷六〇一《文部十七·著书上》载①:

> 《三国典略》曰:(前略)阳休之创意,取《芳(华)林遍略》,加《十六国春秋》、《六经》、《拾遗录》、《魏史》第(旧)书,以士素所撰之名,称为《玄洲苑御览》,后改为《圣寿堂御览》。至是,斑等又改为《修文殿》,上之。

据此,北齐所修《修文殿御览》,当有不少《十六国春秋》、《拾遗录》、《魏史》等"旧书"内容,如《修文殿御览》佚文"琉璃"14条中,即引有《后魏书》1条,兹录如下②:

> 《后汉(魏)③书》曰:天竺国人高(商)贩京师,自云能铸石为五色琉璃。于是采矿山中,于京师铸之。既成,光泽美于西方来者,乃诏为行殿,容百余人,光色暎彻,观者见之,莫不惊骇,以为神明所作。自此国中琉璃遂贱,人不复珍之。

《太平御览》卷八〇八《珍宝部七·琉璃》引作《魏书》,除"京师"作"至京"、"国中"作"中国"外,余皆相同,则此条明显源自《修文殿御览》。据我们初步统计,《太平御览》一书引录《十六国春秋》达数百条,主要应源自《修文殿御览》。如果写本是《修文殿御览》,在记录同一件事时,当取《十六国春秋》,而不取《赵书》。如果《赵书》为原类书(即《华林遍略》)所有,《修文殿御览》仅是沿用不改的话,在以其为主要蓝本的《太平御览》中,也应该是《赵书》而非其他。但实际情况并非如此,《太平御览》此条并未取《赵书》,而是取《十六国春秋·后赵录》,其源自《修文殿御览》当无疑义。从这一意义上讲,写本非《修文殿御览》则可确定矣。

---

① 《太平御览》,第2707页。
② 《宝要抄》,图版第37页,释文第110—112页。
③ 原抄作"汉",误,森鹿三氏已正之为"魏",参见森鹿三:《本草学研究》,第299页。

总之,根据上述分析和论证,我们完全可以肯定地说,P. 2526 号写本绝非《修文殿御览》,而是另外一部类书。

六、写本为《华林遍略》之可能性分析

写本究为何书？洪业曾推测其为比《修文殿御览》更早的《华林遍略》,丁爱博、森鹿三等则对此有所怀疑,认为也有可能是南北朝时期所修的其他类书,如刘孝标的《类苑》等。胜村哲也氏既不赞成"修文殿御览"说,也不同意"华林遍略"说,其对《华林遍略》一书有过如下判断[①]:

《华林遍略》七二〇卷、五〇部。条文排列的基本形以"经部书·子部书·史部书·集部书"为顺序。条文是以"某书云"的形式引用。引用中以长文居多。

若依这一判断,则写本显然既非《修文殿御览》,也非《华林遍略》。然而,胜村氏上揭判断实存在若干疑问。胜村氏认为,《艺文类聚》乃据《华林遍略》删节而来,其条文排列顺序为"经部书·子部书·史部书·集部书",可推知《华林遍略》亦同。按《艺文类聚》确以《华林遍略》为蓝本(详下文),然《华林遍略》为七百余卷[②],《艺文类聚》仅为一百卷,二者卷数相差极大,且《华林遍略》一书已全部佚失,目前所知仅存佚文 1 条[③],没有任何迹象表明它们之间有共同的条文编排顺序。以晚出之书去推论早出之书,若无坚实之证据及合理的解释,恐怕很难得出有说服力的观点和看法;若依唐杜宝《大业杂记》所载,《华林遍略》乃梁武帝"敕华林园学士七百余

[①] 胜村哲也：《修文殿御览天部の复元》,第 673 页。
[②] 关于《华林遍略》的卷数,有"七百二十卷"、"七百卷"、"六百二十卷"等不同说法,本文对此不拟展开讨论,仅取折中说法而已。
[③] 目前所知,明确为《华林遍略》佚文的,仅唐法琳《辩正论》卷七引录"有新鬼不得饮食"1 条,《大正藏》第五十二册,东京大正一切刊经行会,1924—1934,第 538 页,中栏;《中华大藏经》第六十二册,中华书局,1993 年,第 577 页,中栏。参见胜村哲也：《修文殿御览天部の复元》,第 650—651 页。

人,人撰一卷"①,则其恐难有统一的条文编排顺序。胜村氏又据唐法琳《辩正论》卷七揭出《华林遍略》佚文1条,指出其注文引书形式为"《遍略》云",并参据与《华林遍略》同时代编纂的佛学类书《经律异相》,其引书形式亦为"某经云",从而推断"某书云"为南朝系类书条文引用的一般形式,进而据以指出《辩正论》卷一《三教治道篇第一(上)》注文中,所引《易钩命决》、《河图括地象》、《命历序》、《帝系谱》、《六艺论》等书内容,皆为《华林遍略》佚文②。按"某书曰"、"某书云"乃中国古代典籍常用的两种主要引书形式,南朝《三国志》裴松之注、《世说新语》刘孝标注,皆大多使用"某书曰",少数则使用"某书云",《颜氏家训》则两者同时使用;北朝《水经注》、《齐民要术》亦主要使用"某书曰",少数使用"某书云";即使唐代编纂的佛学类书《法苑珠林》,也是二者并用。因此,仅以《辩正论》所引"遍略云"及相关的《经律异相》中的"某经云"等形式,实难证明《华林遍略》一书的条文引用形式即为"某书云";更何况《辩正论》除使用"某书云"外,也使用"某书曰"的引用形式,如卷五《佛道先后篇第三》夹注有"弹曰"、"春秋内事曰"2条③,卷七《信毁交报篇第八》夹注有"晋录曰"、"何氏传曰"、"灵鬼志曰"、"幽明录曰"等④,其中"幽明录曰"2条,总7条。《经律异相》的注文形式主要为"出某经",其次为"某经云",也有"某经曰"的例子,如卷一《三大灾第二》夹注有两处"杂心曰"⑤,并非全部皆为"某经云"的引用形式。因此,胜村氏有关南朝系类书条文引用一般形式为"某书云"的论断,是有疑问的。而且,前揭《辩正论》卷一所引《易钩命决》、《河图括地象》、《命历序》、《帝系谱》、《六艺论》诸条,也完全不见于《艺文类聚》与《太平御览》之相关记载,颇为奇怪。

总之,胜村哲也氏对《华林遍略》一书的分析和判断,似存在若干疑

---

① 杜宝撰,辛德勇辑校:《大业杂记辑校》,西安:三秦出版社,2006年,第23页。
② 胜村哲也:《修文殿御览天部的复元》,第674页,第686页注释(42)。
③ 《大正藏》第五十二册,第521页,上栏、中栏;《中华大藏经》第六十二册,第535页,上栏、中栏。
④ 《大正藏》第五十二册,第537页,下栏;第538页,上栏、中栏;《中华大藏经》第六十二册,第576页,中栏、下栏;第577页,上栏。
⑤ 《大正藏》第五十三册,第4页,下栏;第5页,上栏;《中华大藏经》第五十二册,第727页,中栏;第728页,上栏。

问,恐难成立。

从目前所见资料看,确实缺乏判定写本为《华林遍略》的直接证据,但据种种迹象分析,其为《华林遍略》的可能性最大。

写本引书六十余种,迄晋、宋时代著作为止,则其成书当在刘宋以后、隋唐之前。至于其编撰地点,洪业先生已据写本所引注文,从南北经学的差异论证出写本之编纂在江左,而不在河洛。此外,写本所引《赵书》中三十六字按语,也可进一步说明这一问题。该按语斥北方石虎为"逆贼",其实关涉中古正统之争的大问题。如所周知,自西晋灭亡以后,南北长期分裂,南北政权"索虏"、"岛夷"正统之争异常激烈;进入隋唐一统,虽然在德运承袭及正统渊源问题上曾有过讨论和争议,然其政权源自北朝,故在正统观上基本认同和肯定北朝,对东晋南朝的正统地位持否定态度①。从这一意义上讲,写本按语斥北方石虎为"逆贼",其以江左为华夏正统之意甚明,实乃发自南朝江左的声音。因此,其为江左南朝之著作,应该没有什么大的疑问。而写本与《艺文类聚》之密切关系,则昭示我们,其很有可能即是《华林遍略》。

据欧阳询《艺文类聚》序称②:

> 以为前辈缀集,各杼其意,《流别》、《文选》,专取其文;《皇览》、《徧(遍)略》,直书其事。文义既殊,寻检难一。爰诏撰其事且文,弃其浮杂,删其冗长,金箱玉印,比类相从,号曰《艺文类聚》,凡一百卷。其有事出于文者,便不破之为事,故事居其前,文列于后,俾夫览者易为功,作者资其用,可以折衷今古,宪章坟典云尔。

欧阳询批评此前的《流别》、《文选》、《皇览》、《徧(遍)略》等书,或"专取其文",或"直书其事",故其编纂《艺文类聚》时,改变这一做法,使"事"、"文"相结合,"事居其前"、"文列于后"。序称"弃其浮杂,删其冗长,金箱

---

① 参见吕博:《唐代德运之争与正统问题——以"二王三恪"为线索》,《中国史研究》2012 年第 4 期。
② 《艺文类聚》,第 27 页。

玉印,比类相从",表明《艺文类聚》乃主要在前揭四书基础上删节而成,即"文取"《流别》、《文选》,"事"依《皇览》、《徧(遍)略》。然《皇览》一书后世散佚严重①,故《艺文类聚》有关"事"的记载,当主要取自《华林遍略》②,观今本《艺文类聚》所收《皇览》仅有5条③,即可明了此点。

据唐杜宝《大业杂记》,大业二年虞绰等编纂的《长洲玉镜》一书,乃"源本出自《华林遍略》",秘书监柳顾言曾对隋炀帝说④:

> 然梁朝学士取事,意各不同。至如"宝剑出自昆吾溪,照人如照水,切玉如切泥",序剑者尽录为溪(剑)事,序溪者亦取为溪事,撰玉者亦编为玉事,以此重出,是以卷多。至如《玉镜》则不然。

据此,知"宝剑出自昆吾溪,照人如照水,切玉如切泥"一语,实出自《华林遍略》,并分别编入书中的"剑事"、"溪事"、"玉事",是以重出而卷多。《艺文类聚》卷六〇《军器部·剑》载⑤:

> 梁吴筠《咏宝剑诗》曰:我有一宝剑,出自昆吾溪;照人如照水,切玉如切泥,锷边霜凛凛,匣上风凄凄;寄语张公子,何当来见携。

由此知柳顾言所言"宝剑"一语,实为梁吴筠《咏宝剑诗》中的内容。从中不难看出,《艺文类聚》此条,当即源自《华林遍略》。值得注意的是,《艺文类聚》"溪门"、"玉门"不载此诗,正说明其对《华林遍略》的删节,所谓"弃其浮杂,删其冗长"是也。《太平御览》卷三四四《兵部七十五·剑下》亦收有此诗,同样亦不见于"溪门"、"玉门",其诗源自《修文殿御览》还是《艺

---

① 《隋书》卷三四《经籍志三》子部载"《皇览》一百二十卷",后注云:"缪袭等撰。梁六百八十卷。梁又有《皇览》一百二十三卷,何承天合;《皇览》五十卷,徐爰合,《皇览目》四卷;又有《皇览抄》二十卷,梁特进萧琛抄。亡。"中华书局,1973年,第1009页。
② 参见付晨晨:《〈修文殿御览〉初探》,武汉大学本科学士学位论文,2009年。
③ 《艺文类聚》卷一《天部上·天》有"皇览记"1条,卷三《岁时上·夏、秋》有"皇览逸礼"2条,卷四〇《礼部下·冢墓》有"皇览"2条。第2页、第46页、第48页、第731—732页。
④ 杜宝撰,辛德勇辑校:《大业杂记辑校》,第23页。
⑤ 《艺文类聚》,第1082页。

文类聚》,并不清楚。即使源自《修文殿御览》,《修文》也是依据《华林遍略》而来。

上文我们已根据《相鹤经》、《神境记》、《赵书》等多条内容,证明写本与《太平御览》不存在渊源承袭关系。而其中《神境记》的相关记载,又表明写本与《艺文类聚》存在着一定的关联。仔细比较写本内容与《艺文类聚》相对应的记载,就会发现,二者存在着直接的渊源承袭关系,当属同一系谱。为便于说明问题,兹列表分析如下:

表四　写本、《艺文类聚》、《太平御览》引文异同表

序号＼书名	P.2526号写本	艺文类聚	太平御览
1	鹤门第5条: 《神异经》曰:西海之外有鹤国,男女皆七寸,为人自然有礼,好经论跪拜,寿三百岁。人行如飞,日千里,百物不敢犯之。唯畏海鹄,鹄遇吞之,亦寿三百岁。人在鹤①腹中不死,而鹄一举千里。 (张茂先注曰:此陈章对桓公者之言)	卷九〇《鸟部上·鹤》: 《神异经》曰:西海之外有鹤国,男女皆长七寸,为人自然有礼,好经论跪拜,寿三百岁。人行如飞,日千里,百物不敢犯之。惟畏海鹄,鹄过吞之,亦寿三百岁。人在鹄腹中不死,而鹄一举千里。 (张茂先曰:此陈章对桓公也) (第1563页)	卷九一六《羽族部三·鹤》: 《神异经》曰:西海之外有鹤国,男女皆长七寸,为人自然有礼,经论跪拜,寿三百岁。人行如飞,日千里,百物不敢犯之。唯畏海鹄,鹄遇吞之,亦寿三百岁。人在鹤腹中不死。② (第4060页)
2	鹤门第16条: 《神境记》曰:荥阳郡南有石室,室后有孤松千丈,常有双鹤,晨必接翮,夕辄偶影,传云:昔有夫妇二人,俱隐此室,年既数百,化成此鹤。一者中夫之寻为,一者独栖此松,凳立哀唳。	卷八八《木部上·松》: 《神境记》曰:荥阳郡南有石室,室后有孤松千丈,常有双鹤,晨必接翮,夕辄偶影。传曰:昔有夫妇二人,俱隐此室,年既数百,化成双鹤。 (第1512页)	卷九一六《羽族部三·鹤》: 王韶之《神镜记》曰:**荥阳郡南百余里,有兰岩**,常有双鹤素羽皦然,日夕偶影翔集。传云:昔夫妇俱隐此,年数百岁,化成此鹤。 (第4061页)

---

① "鹤",洪业认为应作"鹄",是。此乃抄卷者笔误。
② 按《初学记》卷一九《人部下·短人第五》引《神异经》,亦无张茂先注。第463页。

续 表

序号 书名	P.2526 号写本	艺文类聚	太平御览
3	鹤门第 23 条：《风土记》曰：鸣鹤戒露，交凉、交凉。鸣鹤，白鹤也。此鸟性警，至八月，白露降流于草叶上，滴滴有声，即高鸣相警，移徙所宿处，**虑于变害也**。	卷九〇《鸟部上·鹤》：《风土记》曰：鸣鹤戒露，此鸟性警，至八月，白露降流于草上，滴滴有声，因即高鸣相警，移徙所宿处，**虑有变害也**。（第 1564 页）	卷九一六《羽族部三·鹤》：《风土记》曰：鸣鹤戒露，此鸟性警，至八月，白露降流于草上，滴滴有声，因即高鸣相警，移徙所宿处。（第 4061 页）
4	鹤门第 32 条：王粲《鹄（鹤）赋》曰：白验禀涂龟之脩寿，资仪凤之纯精，接王乔于汤谷，赤松驾于扶桑，食灵岳之琼甃，吸云表之露浆。	卷九〇《鸟部上·鹤》：魏王粲《白鹤赋》曰：白翎禀灵龟之脩寿，资仪凤之纯精，接王乔于汤谷，驾赤松于扶桑，餐灵岳之琼药，吸云表之露浆。（第 1567 页）	无
5	鹤门第 34 条：《晋八王故事》曰：陆机为成都王所诛，顾左右而叹曰："今日欲闻华亭鹤唳，不可复得。"华亭，吴由卷县郊外野也，有清泉茂林。吴平后，机兄弟素游于此，十有余年耳。	卷九〇《鸟部上·鹤》：《晋八王故事》曰：陆机为成都王所诛，顾左右而叹曰："今日欲闻华亭鹤唳，不可复得。"华亭，吴由拳县郊外之野，机素游之所。（第 1563 页）	卷九一六《羽族部三·鹤》：《八王故事》曰：陆机为成都王所诛，顾左右叹曰："今欲闻华亭鹤唳，不可复得。"（第 4060 页）
6	鹤门第 35 条：湛方生《羁鹤吟·叙》曰：邻人王氏有养鹄者，摧翮虞人之手，心悲志丧。后三年，羽翮既生，翻然高逝，有感余怀，乃为之吟。	卷九〇《鸟部上·鹤》：晋湛方生《羁鹤吟·序》曰：邻人王氏有养鹄者，摧翮虞人之手，心悲志丧。后三年，羽翮既生，翻然高逝，有感余怀，乃为之吟。（第 1569 页）	无

续 表

序号	P.2526号写本	艺文类聚	太平御览
7	鹤门第36条：《竹林七贤论》曰：嵇绍入洛，或谓王戎曰："昨于裯人中如见嵇绍，昂昂然若野鹤之在鸡群。"	卷九〇《鸟部上·鹤》：《竹林七贤论》曰：嵇绍入洛，或谓王戎曰："昨于稠人中始见嵇绍，昂昂然若野鹤之在鸡群。"（第1563页）	卷九一六《羽族部三·鹤》：《晋书》曰：嵇绍始入洛，或谓王戎曰："昨于稠人中始见嵇绍，昂昂然若野鹤之在鸡群。"戎曰："君复未见其父耳！"（第4060页）
8	鹤门第37条：《神(仙)①传》曰：介象死，吴光帝思象，以所住屋为象庙，时时复祭之。有白鹤来集坐上，良久乃去。	卷九〇《鸟部上·鹤》：《神仙传》曰：介象死，吴先帝思之，以象所住屋为庙，时时往祭之。有白鹤来集坐上也。（第1564页）	卷九一六《羽族部三·鹤》：《神仙传》曰：介象死，吴先帝思之，以象所住屋为庙，时时往祭之。有白鹤来止。（第4061页）
9	鹤门第44条：《桂阳列仙传》曰：苏耽去山之后，忽有白鹤十数头夜集郡东门楼上，一者日画作书字，言曰："城郭是，人民非，三百年当复遇。"成谓将耽乎。	卷九〇《鸟部上·鹤》：《列仙传》曰：苏耽去后，忽有白鹤十数只夜集郡东门楼上，一只口画作书字，言曰："是城郭，人民非，三百甲子当复归。"咸谓是耽。（第1565页）	无
10	鸿门第15条：《庄子》曰：孔子见老子归，三日不谈，谓弟子曰："龙如飞鸿者，吾必矰而射之，吾今见龙矣。"	卷九〇《鸟部上·鸿》：《庄子》曰：孔子见老子归，三日不谈，谓弟子曰："人如飞鸿者，吾必矰缴而射之，吾今见龙矣。"（第1561页）	无

① 写本原缺"仙"字。

续表

书名序号	P.2526 号写本	艺文类聚	太平御览
11	鸿门第 17 条：曹毗《双鸿诗·叙》曰：近行东野，见有养双鸿者，其仪甚美，鸣舞，虽志希青翠之游，身非己有。物之可感，良谓此也。	卷九〇《鸟部上·鸿》：晋曹毗《双鸿诗·序》曰：近东野见有养双鸿者，其仪甚美，又善鸣舞，虽志希青翠之游，身非己有。物之可感，良谓此也。（第1562页）	无

需要特别说明的是，本表所列 11 条，仅限于写本与《艺文类聚》相同、近似而又未见或不同于《太平御览》者，至于三书所记全同者，因可能皆来自同一个渊源，即《华林遍略》，故此不列。

上揭 11 条中，写本与《艺文类聚》相同者 5 条，即王粲《白鹤赋》(4)、湛方生《羁鹤吟·叙》(6)、《竹林七贤论》(7)、《庄子》(10)、曹毗《双鸿诗·叙》(11)等；其余 6 条或近似，或文字互有详略，且其中 4、6、9、10、11 诸条不见于《太平御览》相关记载，皆反映了写本与《艺文类聚》之间的关系非同一般。

上文业已指出，《修文殿御览》佚文 95 条中，总有赋、序、集等"文" 18 条，除庾阐《杨都赋》、曹植《芸香赋》2 条外，其余全部录入《太平御览》，录入比例高达 88.89%。而写本总有王粲《鹄（鹤）赋》、湛方生《羁鹤吟·叙》、傅咸《诗·叙》、《古歌辞》、成公绥《鸿雁赋·叙》、曹毗《双鸿诗·叙》"文" 6 条，其中录入《太平御览》仅《古歌辞》1 条，比例为 16.67%；录入《艺文类聚》则有王粲《鹄（鹤）赋》、湛方生《羁鹤吟·叙》、《古歌辞》、曹毗《双鸿诗·叙》4 条，比例为 66.67%，比《太平御览》多达 50%，且引文内容大致相同，不仅可以证明写本非《修文殿御览》，而且还表明写本与《艺文类聚》之间存在着非常密切的关系。

以第 1 条《神异经》为例，写本与《艺文类聚》既有经文，又有张华（茂先）注文，除少数几字略有差异外，其余全同；而《太平御览》无"而鹄一举千里"六字及张华注文，其与写本及《艺文类聚》之间的差异十分明显。据

《神异经》,"鹤国"原作"鹄国",张华注为"陈章与齐桓公言小人也"①。由此不难看出,写本与《艺文类聚》实存在着明显的渊源承袭关系,二者当属同一系谱。

再以第 7 条《竹林七贤论》为例,除"裯"作"稠"、"如"作"始",二字因形近易讹而有差异外,其余全同。而《太平御览》此条却引《晋书》,未引《竹林七贤论》,且内容也有较大差异,如"戎曰:'君复未见其父耶!'"一语,就为写本与《艺文类聚》所无。这也可进一步说明写本与《艺文类聚》关系密切,二者应同属一个系谱。

此外,即使在引书内容上,写本与《艺文类聚》互有详略,也与《太平御览》存在较大的不同。如第 2 条《神境记》前 2 句,写本、《艺文类聚》俱作"荥阳郡南有石室,室后有孤松千丈",《太平御览》作"荥阳郡南百余里,有兰岩",明显存在着差异。如第 3 条《风土记》,写本"交凉交凉"四字,《艺文类聚》、《太平御览》无;写本末句为"虑于变害也",《艺文类聚》作"虑有变害也",《太平御览》则无此句。又如第 5 条《晋八王故事》,《太平御览》作《八王故事》;写本"不可复得"后尚有"华亭吴由卷县郊外野也,有清泉茂林,吴平后,机兄弟素游于此,十有余年耳",《艺文类聚》则删节为"华亭吴由拳县郊外之野,机素游之所",而《太平御览》全无。再如第 8 条《神仙传》,写本末句有"有白鹤来集坐上,良久乃去",《艺文类聚》删节为"有白鹤来集坐上也",《太平御览》则为"有白鹤来止",也与二书有异。至于第 9 条《列仙传》,写本作"桂阳列仙传","只"作"头","口"作"日","甲子"作"年","归"作"遇","咸谓是耽"作"成谓将耽乎",虽有些许差异,但文意全同,且不载于《太平御览》一书。这些都反映了写本与《艺文类聚》、《太平御览》之间的不同关系。

以上例证足可说明,写本与《艺文类聚》存在着非常密切的关系。二书无论是在引用书名,还是在引用内容上,皆大同小异,且不少未见于《太平御览》,它们之间存在着非常直接的渊源承袭关系,二者明显属同一系谱。而《艺文类聚》一书的编纂,又主要依据《华林遍略》而成,由此可以推

---

① 《神异经》,明程荣《汉魏丛书》本,京都中文出版社,1970 年,第 1521—1522 页。

断,写本极有可能即《华林遍略》。

再从编纂体例看,写本也与《华林遍略》有相同之处。据唐释法琳《辩正论》载,《华林遍略》的编纂体例是"悉抄撮众书,以类相聚"①,又据前揭《大业杂记》,是书还下分"剑"、"溪"、"玉"等门类;P.2526号写本分鹤门、鹄门、鸿门、雉门等,同样抄撮众书,与《华林遍略》体例相同。不仅如此,据欧阳询《艺文类聚·序》,"《流别》、《文选》,专取其文;《皇览》、《偏(遍)略》,直书其事",也就是说,《皇览》与《华林遍略》在具体编纂过程中,一切以"事"为中心,并没有区分所编材料的文体,如吴筠的《咏宝剑诗》,体裁虽属"文",然其内容涉及剑、溪、玉等事,故被分别编入《华林遍略》之"剑事"、"溪事"、"玉事"。由此不难看出,"事"、"文"不分,实乃《华林遍略》之编纂特点,P.2526号写本的情况亦是如此。上文业已指出,写本鹤类总46条,其中王粲《鹄(鹤)赋》置于第33条,湛方生《羁鹤吟·叙》系于第36条,傅咸《诗·叙》置于第44条,《古歌辞》系于第46条;鸿类总18条,其中成公绥《鸿雁赋·叙》置于第10条,曹毗《双鸿诗·叙》置于第17条,都是以"事"为中心,由"事"统括一切,不管是"诗"、"赋"还是"歌辞"、"序"等,皆混杂其中,没有什么区别和先后顺序,这一编纂特点正与《华林遍略》相同。因此,写本为《华林遍略》的可能性最大。

总之,根据写本与《华林遍略》之共同编纂特点,写本内容与《艺文类聚》之直接渊源关系,再结合写本的其他情况,如引书至晋、宋时代著作为止,写本引书所反映的南朝学风,以及以江左为华夏正统之声音等等,都可说明P.2526号写本最有可能是《华林遍略》,而非《修文殿御览》。

七、结　语

综上所述,可归纳总结如下:

---

① 《辩正论》卷七《品藻众书篇第九》载:"案梁武皇帝使阮孝绪等,于文德政御殿撰《文德政御书》四万四千五百余卷。于时修内法,多参佛道,又使刘杳、顾协等一十八人,于华林苑中纂《要语》七百二十卷,名之《遍略》,悉抄撮众书,以类相聚,于是文笔之士须便检用。"《大正藏》第五十二册,第541页,下栏;《中华大藏经》第六十二册,第581页,下栏。按"华林苑",《中华大藏经》作"华苑",无"林"字。

从书法及避讳特点看，P.2526号写本抄写年代当在公元8世纪中叶前后。参据《修文殿御览》佚文，并结合写本内容综合考察，其绝非《修文殿御览》则可断言。再结合写本与《艺文类聚》之密切关系，可知二者同属一个系谱，有直接的渊源承袭关系，写本极有可能就是南朝萧梁所修之《华林遍略》。

从目前所知情况看，南朝萧梁编纂的《华林遍略》，不仅抄录众书，还收录了当代作者的诗文作品，如梁吴筠的《咏宝剑诗》；在体例上也有分类，如"剑事"、"松事"、"玉事"等门类；因所收诸文重出较多，且多引长文①，故其部头较大，长达七百余卷之多，成为后来唐初编纂《艺文类聚》的主要来源。北朝高齐所编之《修文殿御览》，则以《华林遍略》为基础，除增加《十六国春秋》、《拾遗录》、《魏书》等内容外，还对《华林遍略》进行过删改和调整②，其体例谨严③，文字简洁、凝练，条目清楚④，且首创"事"先"文"后这一类书编排体例，对南朝类书既有承袭，又有创新，带有整合南北文化之兴味，成为北宋初编纂《太平御览》一书的主要蓝本。

总之，《华林遍略》与《修文殿御览》一南一北两大类书的成功编纂，均对后世产生了非常重要的影响，其编纂背后所反映的思想史、文化史背景以及南北学风之差异，将是今后值得认真深入探讨的重要课题。

（本文原载《敦煌写本研究年报》第七号，2013年3月。收入本书时，有一定修改。）

---

① 如《辩正论》卷七所引"有新鬼不得饮食"1条，字数多达三百十六字（不计字符）。胜村哲也氏已指出《华林遍略》所引长文居多的特点，详见正文。
② 《修文殿御览》编纂时，在《华林遍略》基础上增加了《十六国春秋》等书内容，然卷数仅三百六十卷，比《华林遍略》七百余卷少了将近一半，北齐馆臣很有可能对《华林遍略》进行了较大幅度的删节，观《修文殿御览》佚文与《艺文类聚》之异同，似可说明此点，如《修文》"马脑"条引魏文帝《马勒赋》仅二十五字，《艺文》则引达一百零七字；《修文》引王粲《马脑勒赋》仅二十六字，《艺文》则为七十四字；又《修文》"车渠"条引魏文帝《车渠椀赋》仅二十六字，《艺文》则引达九十八字。
③ 参见胡道静：《中国古代的类书》，第51页。
④ 比较88条写本与95条《修文殿御览》佚文内容，即可看出，《修文殿御览》文字简洁、凝练，条目清楚，多者八十左右字，少者仅七八字；而写本则长文居多，且编排顺序较为杂乱。

关于中古官修类书的源流问题

有关中古类书的总体研究，学界成果颇多①。然而，由于《皇览》、《华林遍略》、《修文殿御览》等大型官修类书后世均已失传，致使中古类书源流演变中的若干问题并不十分清楚。20世纪初叶以来，随着敦煌写本P.2526号的问世，中外学人关于其是否为《修文殿御览》或《华林遍略》的讨论，很大程度推动了中古类书相关问题的研究②。1964年，日本学者森鹿三先生发表《修文殿御览について》一文③，据日本兼意撰《香要抄》、《宝要抄》、《药种抄》等古抄，揭出《修文殿御览》佚文10类71条；1975年，饭田瑞穗先生发表《〈秘府略〉に关する考察》④，指出日本古书《政事要略》卷二五、卷六七、卷九五，亦保存有多条《修文殿御览》佚文；1984年，远藤光正先生出版《类书の传来と明文抄の研究——军记物语

---

① 张涤华：《类书流别》，北京：商务印书馆，1943年；张涤华：《类书流别》（修订本），北京：商务印书馆，1985年；方师铎：《传统文学与类书之关系》，台湾东海大学，1971年；方师铎：《传统文学与类书之关系》，天津古籍出版社，1986年；杤尾武：《类书の研究序说（一）——魏晋六朝唐代类书略史》，《成城国文学论集》第十辑（坂本浩教授古稀庆贺），1978年；胡道静：《中国古代的类书》，北京：中华书局，1982年；远藤光正：《类书の传来と明文钞の研究——军记物语への影响——》，あさま书房刊，1984年；刘叶秋：《类书简说》，上海古籍出版社，1985年；王三庆：《敦煌类书》，台北：台湾丽文文化事业股份有限公司，1993年；戚志芬：《中国的类书、政书和丛书》（增订版），北京：商务印书馆，1996年；加地伸行（研究代表者）：《类书の总合的研究》，日本研究报告书，1996年；彭邦炯《古代类书与丛书》，台北：万卷楼图书有限公司，2001年；福田俊昭：《敦煌类书の研究》，东京：大东文化大学东洋研究所，2003年；赵含坤：《中国类书》，石家庄：河北人民出版社，2005年。
② 相关讨论与研究，参见拙文《〈华林遍略〉乎？〈修文殿御览〉乎？——敦煌写本P.2526号新探》，载高田时雄主编：《敦煌写本研究年报》第七号，2013年，第167—201页。修订稿已收入本书。
③ 森鹿三：《修文殿御览について》，载《东方学报》第三十六卷，1964年；又收入同著《本草学研究》，大阪：（财）武田科学振兴财团杏雨书屋，1999年，第276—305页。
④ 饭田瑞穗：《〈秘府略〉に关する考察》，载《中央大学九十周年记念论文集》，中央大学文学部，1975年，第293—331页；又收入同著《古代史籍の研究》（中），饭田瑞穗著作集3，东京：吉川弘文馆，2000年，第161—199页。

への影響——》①,从《明文抄》辑出《修文殿御览》佚文3条。数十条《修文殿御览》佚文的发现,不仅有助于敦煌写本P.2526号的重新认定,而且对进一步考察中古官修类书的源流演变,进而探寻中古文化演进的若干轨迹及其特征,亦有相当的积极作用。

一、《华林遍略》编纂与P.2526号写本的初步判定

《华林遍略》乃南朝梁武帝萧衍敕令编纂的一部大型官修类书,始撰于天监十五年(516),至普通四年(523)成书,历时八年之久。全书七百余卷②,其编纂体例与特点,据唐释法琳《辩正论》卷七《品澡众书篇第九》载③:

> 案梁武皇帝使阮孝绪等,于文德政御殿撰"文德政御书"四万四千五百余卷。于时帝修内法,多参佛道,又使刘杳、顾协等一十八人,于华林苑中纂"要语"七百二十卷,名之《遍略》,悉抄撮众书,以类相聚,于是文笔之士颇便检用。

所谓"悉抄撮众书,以类相聚",正是类书的编纂特点,《华林遍略》显然包括经、史、子、集诸书。唐初欧阳询《艺文类聚·序》称《皇览》、《华林遍略》皆"直书其事"④,说明二书存在一定的关联,且俱以"事"为中心。据唐杜宝《大业杂记》,大业二年(606),虞绰等编纂《长洲玉镜》,称"源本出自《华林遍略》",秘书监柳顾言曾对隋炀帝说⑤:

---

① 远藤光正:《类书の传来と明文抄の研究——军记物语への影响——》,あさま书房刊,1984年,第36—45页。
② 关于《华林遍略》的卷数,有七百二十卷、七百卷、六百二十卷等不同说法,本文对此不拟展开讨论,仅取折中之说而已。
③ 《大正藏》第五十二册,东京大正一切刊经行会,1924—1934,第541页,下栏;《中华大藏经》第六十二册,中华书局,1993年,第581页,下栏。按"华林苑",《中华大藏经》作"华苑",无"林"字。
④ 《艺文类聚》,上海古籍出版社,1999年新2版,第27页。
⑤ 杜宝撰,辛德勇辑校:《大业杂记辑校》,西安:三秦出版社,2006年,第23页。

然梁朝学士取事,意各不同。至如"宝剑出自昆吾溪,照人如照水,切玉如切泥",序剑者尽录为溪(剑)事,序溪者亦取为溪事,撰玉者亦编为玉事,以此重出,是以卷多。至如《玉镜》则不然。

观此可知,《华林遍略》有"剑"、"溪"、"玉"诸门,且以"事"囊括一切,以类相聚。又据《艺文类聚》,"宝剑出自昆吾溪,照人如照水,切玉如切泥"一语,实出自梁吴筠《咏宝剑诗》:"我有一宝剑,出自昆吾溪;照人如照水,切玉如切泥;锷边霜凛凛,匣上风凄凄;寄语张公子,何当来见携。"①知《华林遍略》不仅"抄撮众书",还收录了当代学人的诗文作品。就文体而言,梁吴筠《咏宝剑诗》属"文",并非"事",却被《华林遍略》分别编入"剑事"、"溪事"、"玉事",《艺文类聚》称其"直书其事",果不虚也。这种一切以"事"为中心,对所收条文文体不加区别的类书编纂特点,在 P.2526 号写本中有充分的体现。

　　自 20 世纪初叶以来,中外学人关于 P.2526 号写本的定名问题,大致有《华林遍略》、《修文殿御览》、某部佚名类书三种不同的观点②。如今,根据中日古籍所载数十条《修文殿御览》佚文,并综合各种情况分析,可以初步判定,P.2526 号并非《修文殿御览》,而极有可能是《华林遍略》。对此,笔者曾有专文探讨③,现再申述如下:

　　其一,目前所知,《修文殿御览》佚文总有 95 条,其中日本典籍载有 77 条,录入《太平御览》70 条,比例为 90.9%;中国典籍载有 18 条,录入《太平御览》10 条,比例为 55.55%。两者相加,总录入《太平御览》80 条,比例达 84.21%,尤其是一些条目比较完整的佚文,如"芸香"15 条、"琉璃"13 条、"马脑"8 条、"车渠"7 条等,无论是书名还是内容,都与《太平御览》相差无几,故森鹿三先生据以指出,《修文殿御览》实乃《太平御览》之重要蓝

---

① 《艺文类聚》卷六〇《军器部·剑》,第 1082 页。
② 参见拙文《〈华林遍略〉乎?〈修文殿御览〉乎?——敦煌写本 P.2526 号新探》,已收入本书。
③ 拙文《〈修文殿御览〉佚文辑校》,载《魏晋南北朝隋唐史资料》第二十八辑,2012 年,第 281—302 页,修订稿已收入本书;又拙文《〈华林遍略〉乎?〈修文殿御览〉乎?——敦煌写本 P.2526 号新探》。

本①。反观敦煌写本 P.2526 号,总有 88 条,与《太平御览》极相似的,仅有 22 条②,所占比例为 25%,比《修文殿御览》少 59.21%。另外,即使不计内容详略、文字差异等因素,写本至少也有 29 条不见于《太平御览》记载,录入比例约为 67.05%,比《修文殿御览》佚文录入总比例 84.21% 相差 14.16%。从录入《太平御览》比例看,写本与《修文殿御览》之间明显存在着差异。

其二,再就编纂体例与编排顺序而言,《修文殿御览》佚文皆先"事"后"文",这一特点与《艺文类聚》、《太平御览》完全一致。如"芸香"15 条,前 11 条记"事",后 4 条载"文",分别为曹植《芸香赋》、傅玄《芸香赋序》、成公绥《芸香赋》、傅咸《芸香赋》等,除第 6、12 条外,其余 13 条全部见于《太平御览》卷九八二《香部二·芸香》,同样也是先"事"后"文"。又"琉璃"13 条,前 7 条记"事",后 6 条载"文",分别为杜笃《论都赋》、《诸葛恢集》、傅咸《污卮赋》、左思《吴都赋》、庾阐《杨都赋》、孙公达《琵琶赋》等,除孙公达《琵琶赋》外,其余 12 条全部载于《太平御览》卷八〇八《珍宝部七·琉璃》,编排顺序相同。又"马脑"8 条,"事"、"文"各 4 条;"车渠"7 条,"事"3 条、"文"4 条:俱载于《太平御览》卷八〇八《珍宝部七·马脑》、同卷《珍宝部七·车渠》,同样是"事"先"文"后。与《修文殿御览》佚文相比,P.2526 号写本的编排顺序,则显得"事"、"文"混杂,无章可循,如鹤类总 46 条,其中王粲《鹄(鹤)赋》置于第 33 条,湛方生《羁鹤吟叙》系于第 36 条,傅咸《诗叙》置于第 44 条,《古歌辞》系于第 46 条;鸿类总 18 条,其中成公绥《鸿雁赋叙》置于第 10 条,曹毗《双鸿诗叙》置于第 17 条。写本这种杂乱无章的编排顺序,与《修文殿御览》先"事"后"文"之特点迥然有别。

其三,再从写本内容看,其与《太平御览》之相关记载存在着较大不同,二者实为不同系谱,并不存在直接的渊源承袭关系。如写本所引《相鹤经》、《神境记》,与《初学记》、《太平御览》二书所引《相鹤经》、《神境记》相比,存在着明显的差异;又如写本所引《赵书》,《太平御览》则引作《十六国春秋》,文字也有不同。这些都可说明写本与《太平御览》没有直

---

① 森鹿三:《修文殿御览について》。
② 限于条件,洪业先生当时未能看到 P.2526 号写本全貌,故其统计仅为 17 条。写本第 83 条之后的《璅语》、《史记》、《琴操》、《周礼》、《汉书》5 条,皆与《太平御览》所记相近,故统计为 22 条。

接的渊源承袭关系,而《太平御览》又是以《修文殿御览》等书为蓝本编纂的,写本与《太平御览》在内容上的种种差异,可以进一步证明其非《修文殿御览》。

其四,前辈学者洪业先生曾力证写本为《华林遍略》,而非《修文殿御览》,实为卓见。从写本编纂体例看,其特点是"事"、"文"不分,此正与《华林遍略》相合;又通过比较写本内容与《艺文类聚》、《太平御览》之异同,足可证明写本与《艺文类聚》关系密切,二者极有可能同属一个系谱。而《艺文类聚》又是以《华林遍略》为蓝本编纂而成,由此言之,写本为《华林遍略》的可能性最大。

二、继承与创新:北齐《修文殿御览》之编纂

《华林遍略》成书后,何时传入北方?《北齐书》卷三九《祖珽传》载①:

> 后为秘书丞,领舍人,事文襄。州客至,请卖《华林遍略》。文襄多集书人,一日一夜写毕,退其本曰:"不须也。"珽以《遍略》数帙质钱樗蒲,文襄杖之四十。

胡道静先生指出,文襄即高澄,后为北齐世宗,时领中书监,为东魏兴和二年(540),距南朝梁编成《华林遍略》约十七八年②。这是《华林遍略》传入北方的明确记载,然有迹象表明,是书可能此前就已传入北方。

如所周知,郦道元《水经注》与贾思勰《齐民要术》,乃北朝文人撰写的两部传世名著。郦、贾二人均未到过南方各地,其著述中却引用了不少南朝文人的典籍,他们是通过何种方式与途径获取这些资料并编入其书呢?这是一个非常有趣并值得深入探讨的问题。美国学者白馥兰曾指出,《齐民要术》约有一半文字是由引文组成,这些引文来自约一百六十种著作,

---

① 《北齐书》,北京:中华书局,1972年,第514—515页。又《北史》卷四七《祖珽传》,北京:中华书局,1974年,第1737页。
② 参见胡道静:《中国古代的类书》,第46页。

贾思勰未必直接接触到所有他所引用的著作,有时转引他人的引文,而转相传抄没有直接接触到的材料是中国常见的著述方式①。白氏之推断不无道理,所言"转引他人的引文",恐怕只有类书最为便捷。

《齐民要术》总十卷,一般认为成书于公元530—540年之间,也有学者认为在533—544年之间②。该书第十卷特别标明为"五谷、果蓏、菜茹非中国物产者",内容全是引文,这些引文经过胡立初、石声汉、缪启愉等前辈学者的辛苦整理与研究③,业已比较清楚。如所引南朝时人的著作,既有刘宋元嘉年间(424—453)的何承天《纂文》、刘敬叔《异苑》、盛弘之《荆州记》等,又有南齐、萧梁时代的沈约《春秋元命苞注》、陶隐居《本草》等④。此点颇值关注。更为明显的是,其所引书名与文字内容,多见于《艺文类聚》、《太平御览》等后世类书,有的甚至基本一致,这恐怕不是偶然的巧合。为便于说明问题,兹引数例列表分析如下:

《齐民要术》、《艺文类聚》、《太平御览》引文异同表

《齐民要术》	《艺文类聚》	《太平御览》
卷一〇《枣》⑤: 《史记·封禅书》曰:李少君尝游海上,见安期生食枣,大如瓜。 《东方朔传》曰:武帝时,	卷八七《果部下·枣》⑥: 《史记》曰:李少君以却老方见上。少君曰:"臣尝游海上,见安期生,食巨枣,大如瓠。"	卷九六五《果部二·枣》⑦: (《史记》)又曰:李少君以却老方见上。少君言上曰:"臣曾游海上,见安期生,食巨枣,大如瓜。"

---

① 白馥兰著,曾雄生译:《齐民要术》,载《法国汉学》第六辑"科技史专号",北京:中华书局,2002年,146—171页。
② 参见梁家勉:《有关〈齐民要术〉若干问题的再探讨》,原载《农史研究》第二辑,1982年;收入倪根金主编:《梁家勉农史文集》,北京:中国农业出版社,2002年,第28页。
③ 胡立初:《〈齐民要术〉引用书目考证》,载《齐鲁大学国学汇编》第二册,1934年,第52—112页;北魏贾思勰著、石声汉校释:《齐民要术今释》,北京:中华书局,2009年,第1105—1167页(按:此书最初由科学出版社于1957—1958年出版);后魏贾思勰原著、缪启愉校释:《齐民要术校释》,北京:中国农业出版社,1998年第二版,第689—879页。
④ 参见梁家勉:《〈齐民要术〉的撰者、注者和撰期——对祖国现存第一部农书的一些考证》,原载广东农业科学院、华南农学院主办《华南农业科学》1957年第3期,收入倪根金主编:《梁家勉农史文集》,第20页。
⑤ 《齐民要术今释》,第1026页;《齐民要术校释》,第705—706页。按二书标点不一,此择善而从,下同。
⑥ 《艺文类聚》,第1485—1486页。
⑦ 《太平御览》,北京:中华书局,1960年,第4280—4282页。

续　表

《齐民要术》	《艺文类聚》	《太平御览》
上林献枣。上以杖击未央殿槛，呼朔曰："叱叱，先生来！来！先生知此箧里何物？"朔曰："上林献枣四十九枚。"上曰："何以知之？"朔曰："呼朔者，上也；以杖击槛，两木，林也；朔来来者，枣也；叱叱者，四十九也。"上大笑。帝赐帛十匹。 《神异经》曰：北方荒内，有枣林焉。其高五丈，敷张枝条一里余。子长六七寸，围过其长。熟，赤如朱，干之不缩。气味甘润，殊于常枣。食之可以安躯，益气力。 《神仙传》曰：吴郡沈羲，为仙人所迎上天。云："天上见老君，赐羲枣二枚，大如鸡子。"	《神异经》曰：北方荒中，有枣林焉。其高五丈，敷张枝条一里余。子长六七寸，围过其长。熟，赤如朱，干之不缩。气味甘润，殊于常枣。食之可以安躯，益气力。 《东方朔传》曰：武帝时，上林献枣。上以杖击未央前殿槛，呼朔曰："叱来、叱来，先生知此箧中何物？"朔曰："上林献枣四十九枚。"上曰："何以知之？"朔曰："呼朔者，上也；以杖击槛，两木，林也；曰'朔来朔来者'，枣也；叱叱者，四十九也。"上大笑，赐帛十匹。	《东方朔传》曰：武帝时，上林献枣。上以所持杖击未央前殿槛，呼朔曰："叱叱，先生来！来！先生知此筐中何等物也？"朔曰："上林献枣四十九枚。"上曰："何以知之？"朔曰："呼朔者，上也；以杖击槛，两木，两木林也；来来者，枣也；叱叱者，四十九枚。"上大笑，赐帛十匹。 《神仙传》曰：吴郡沈羲，为仙人所迎上天。云："天上见老君，老君赐羲枣二枚，大如鸡子。" 《神异经》曰：北方荒中，有枣林焉。其高五尺，子长六七寸，围过其长。熟，赤如朱，乾之不缩。气味甘润，殊于常枣。食干之可以安躯体，益气力。
卷一〇《梨》①： 《汉武内传》曰：太上之药，有玄光梨。 《神异经》曰：东方有树，高百丈，叶长一丈，广六七尺，名曰"梨"。其子径三尺，割之，瓤白如素。食之为地仙，辟谷，可入水火也。 《神仙传》曰：介象，吴王所征，在武昌。速求去，不许。象言病，以美梨一夜赐象。须臾，象死。帝殡而埋之。以日中时死，其	卷八六《果部上·梨》②： 《神异经》曰：东方有树，高百丈，敷张自转，叶长一丈，广六尺，名曰"梨"。其子径三尺，剖之白如素，食之地仙，可入水火。 《汉武内传》曰：太上之药，果有玄光梨。 《神仙传》曰：介象为吴主所征，在武昌。连（速）求去，不许。象言病，帝以美梨一夜赐之。象死，殡而埋之。以日中时死，其晡	卷九六九《果部六·梨》③： 《汉武内传》曰：太上之药，有玄光梨。 《神仙传》曰：介象言病，帝使左右以美梨一夜赐象。象死，帝殡而埋之。以日中时死，其日晡时到建业，以所赐梨付苑吏种之。后吏以状闻，即发象棺，棺中有一奏符。 《神异经》曰：东方有树焉，高百丈，敷张自辅，叶长一丈，广六七尺，名曰"梨"。

① 《齐民要术今释》，第1030—1031页；《齐民要术校释》，第711页。
② 《艺文类聚》，第1473页。
③ 《太平御览》，第4296—4297页。

续 表

《齐民要术》	《艺文类聚》	《太平御览》
日晡时到建业,以所赐梨付守苑吏种之。后吏以状闻,即发象棺,棺中有一奏符。	时到建业,以所赐梨付守苑吏种之。	其子径三尺,剖之白如素,食之为地仙。(张华注曰:是故今梨树大耳)
卷一〇《芸》①:《礼记》云:仲冬之月,芸始生。郑玄注云:"香草。"《仓颉解诂》曰:芸蒿,叶似斜蒿,可食。春秋有白蒻,可食之。	卷八一《芸香》②:《礼记·月令》曰:仲春(冬)之月,芸始生。(香草)《仓颉解诂》曰:芸蒿似邪蒿,香可食。	卷九八二《香部二·芸香》③:《礼记·月令》曰:仲冬之月,芸始生。(郑玄曰:芸,香草也)《礼图》曰:芸蒿曰,叶似蒿,香美可食也。

限于篇幅,本文仅摘取《齐民要术》卷十中的 9 条引文,以与《艺文类聚》、《太平御览》相关记载进行比较。通过比较不难发现,这些引文明显存在一定的关联,在具体内容上,有的完全相同,有的存在一二字之别,有的则文字互有详略。如《汉武内传》,《齐民要术》与《太平御览》所引文字完全相同,《艺文类聚》仅多一"果"字;又如《神异经》,《齐民要术》与《艺文类聚》所引仅有一字之差;再如《神仙传》,《太平御览》所引仅比《齐民要术》多出"老君"二字。三书引文存在的这种关联,颇值注意。

在《齐民要术·序》中,贾思勰曾自述成书经过:"今采捃经传,爰及歌谣,询之老成,验之行事……其有五谷、果蓏非'中国'所殖者,存其名目而已。"④似乎其书不少内容皆作者"采捃经传"而成。然《齐民要术》引书达一百六十种,有些为东晋南朝文人所撰,而贾氏本人从未到过南方,在当时南北分裂对峙的情况下,他能够全部接触这些著作并摘取编入《齐民要术》一书,恐怕不是容易之事。故美国学者白馥兰推断他并未全部接触过这些书籍,是有一定道理的。

---

① 《齐民要术今释》,第 1101—1102 页;《齐民要术校释》,第 798 页。
② 《艺文类聚》,第 1395 页。
③ 《太平御览》,第 4350 页。
④ 《齐民要术今释》,第 12 页;《齐民要术校释》,第 18—19 页。

从《齐民要术》内容本身看，该书卷十所列五谷、果蓏、菜茹等 149 类，每类下引书若干，正与类书"以类相聚"之特点相符。如上揭列表所示，"枣"类下引《史记》、《东方朔传》、《神异经》、《神仙传》等书，书名及引文多能从《艺文类聚》与《太平御览》"枣"门找到对应的内容。因此，《齐民要术》卷十的类书特点非常明显。此外，我们知道，《艺文类聚》、《太平御览》皆据前朝类书综合编纂而成，而且有一个共同的源头，那就是南朝萧梁所编之《华林遍略》①，因此，二书之间存在引文的相似性，并不奇怪。而《齐民要术》属农书，与《艺文类聚》、《太平御览》并没有直接的关系，然在引文上却存在诸多相同共通之处，其原因恐在于这些引文皆来自一个共同的源头，即《华林遍略》。

认真比较三书引文之间的关系，可以发现，《齐民要术》与《艺文类聚》更为密切。如上列表中，《齐民要术》与《艺文类聚》所引《神异经》，二者仅有一字之别，而《太平御览》不仅"其高五丈"作"其高五尺"，而且还缺"敷张枝条一里余"一语，与前二书存在一定差别。又"芸香"门，《齐民要术》与《艺文类聚》皆引书作《仓颉解诂》，而《太平御览》则作《礼图》，复据日本古籍所存《修文殿御览》佚文，原引书为《承集礼图》②，知《太平御览》此条源自《修文殿御览》。在一些果名称谓与书写上，如"芭蕉"，《齐民要术》与《艺文类聚》同，《太平御览》则为"甘蕉"；"荔支"，《齐民要术》与《艺文类聚》同，《太平御览》则作"荔枝"。这些例证似可说明，《齐民要术》与《艺文类聚》关系更为密切，二书引文同出一个源头的可能性较大。而《艺文类聚》有关"事"的条文，又主要依据《华林遍略》而来。从这一意义上讲，《齐民要术》卷十极有可能源自《华林遍略》。

上文业已指出，《华林遍略》"直书其事"，一切以"事"为中心，因而所

---

① 《艺文类聚》是在《皇览》、《华林遍略》、《文选》、《文章流别集》等书基础上删削编纂而成，而《太平御览》则是以《修文殿御览》、《艺文类聚》、《文思博要》等前朝类书为蓝本修撰而成，而《修文殿御览》又是在《华林遍略》基础上编修而成。因此，《华林遍略》实为《艺文类聚》与《太平御览》之共同源头。关于这一问题的详细讨论，参见拙文《〈华林遍略〉乎？〈修文殿御览〉乎？——敦煌写本 P.2526 号新探》。
② 兼意：《香要抄》（二），大阪：（财）武田科学振兴财团杏雨书屋，2009 年，图版第 53 页，释文第 157 页。参见森鹿三：《本草学研究》，第 284 页。又拙文《〈修文殿御览〉佚文辑校》，已收入本书。

收条文"事"、"文"混杂,与《修文殿御览》、《艺文类聚》、《太平御览》"事"先"文"后的编纂特点大不相同,P.2526号写本即是如此。《齐民要术》卷十所引文字,亦有这种"事"、"文"混杂不分的特点,如"竹"类,引书相继为《山海经》、《汉书》、《尚书》、《礼斗威仪》、《南方草物状》、《魏志》、《神异经》、《外国图》、《广州记》、《博物志》、《华阳国志》、《风土记》、盛弘之《荆州记》、《异物志》、《南方异物志》、曹毗《湘中赋》、王彪之《闽中赋》、《神仙传》、《南越志》、《孝经河图》、竺法真《登罗浮山疏》、《晋起居注》、《吴录》、《临海异物志》、《字林》等25种①,其中曹毗《湘中赋》、王彪之《闽中赋》、竺法真《登罗浮山疏》皆属"文",却混杂其中,可见"事"、"文"不分;又"木堇"类,引书相继为《庄子》、傅玄《朝华赋序》、《东方朔传》、《外国图》、潘尼《朝菌赋》、顾微《广州记》、《诗》等7种②,同样也是"事"、"文"混杂,与P.2526号写本特点完全相同,都可说明《齐民要术》卷十所引文字,极有可能来自《华林遍略》。

通过以上论述,我们大致可以做出如下推断:《齐民要术》第十卷内容源自类书,当无疑义,此类书或有可能即《华林遍略》。果如是,则《华林遍略》于公元523年成书后,即于540年之前传入北方,并被贾思勰汲取编入《齐民要术》一书中。当然,这一推断目前还缺乏非常直接的证据,仍有待进一步证实。

据上引《北齐书·祖珽传》,"州客"携《华林遍略》至邺城,高澄"多集书人",一日一夜写毕,退还其书,可见北人对此书的重视,由此亦可推知,《华林遍略》成书后,其价值和影响早已为北人所知。不过,面对皇皇七百余卷并代表着南朝文化实力与水平的《华林遍略》,北齐统治者并没有完全表示屈服,而是图谋创新,下令让祖珽召集北方文人,在《华林遍略》的基础上,编纂一部具有北方特色的大型类书,以与《华林遍略》相抗衡,最终产生了对后世影响极大的《修文殿御览》。

《修文殿御览》始撰于北齐后主武平三年(572)二月,八月书成,全书

---

① 《齐民要术今释》,第1084—1087页;《齐民要术校释》,第775—777页。
② 《齐民要术今释》,第1153—1154页;《齐民要术校释》,第856—857页。

总三百六十卷,五十五部,二百四十门①。据唐人丘悦《三国典略》记载,《修文殿御览》以《华林遍略》为蓝本,增加《十六国春秋》、《六经》、《拾遗录》、《魏书》等"旧书"编纂而成②。因有《华林遍略》作基础,故仅花七个月时间即编成是书,成为北宋《太平御览》编纂的主要蓝本,惜清初以后散佚不存③。

从目前所掌握的材料看,《修文殿御览》有"皇王部"、"服章部"、"果部"等,与《太平御览》同;又有"布帛部",与《艺文类聚》同。部下有"木甘草"、"鸡舌香"、"芸香"、"人参"、"远志"、"天门冬"、"车渠"、"马脑"、"琉璃"、"金"、"枸橼"、"衣"、"衣裳"、"学校"、"黄柑"、"花生香"、"水滴器"等门类。在部类编排上,其与《太平御览》既有一致之处,又有不同之处:如服章部,《修文殿御览》系于卷"第二百卅二",《太平御览》系于第六八九卷,该部在二书中所处位置大致相当,可以相互对应;至于礼仪部学校门,《修文殿御览》系于第一四四卷,《太平御览》则系于第五四三卷,二者不能完全对应。更为明显的是,"木甘草"属于药部,《修文殿御览》系于"卷第三百","芸香"属香部,系于"第三百一卷",果部系于"第三百十四",前后顺序依次为药部、香部、果部;而《太平御览》果部系于第九六四至九七五卷,香部系于第九八一至九八三卷,药部系于第九八四至九九三卷,顺序则是果部、香部、药部。可见,二书在一些部类的编排顺序上并不一致④。

《修文殿御览》虽是在《华林遍略》基础上编纂而成,但也有若干创新和特色,拙文《〈修文殿御览〉辑校》⑤曾对此有所探讨,指出其特点有三:其一,《修文殿御览》条目清晰,编排有体;P.2526号写本则稍显杂乱。其二,《修文殿御览》"事"、"文"分列,开后世类书"事前文后"之先河;

---

① 参见胡道静:《中国古代的类书》,第47—49页。
② 《太平御览》卷六〇一《文部一七·著书上》载:"《三国典略》曰:(前略)阳休之创意,取《芳(华)林遍略》,加《十六国春秋》、《六经》、《拾遗录》、《魏史》等(旧)书,以士素所撰之名,称为《玄洲苑御览》,后改为《圣寿堂御览》。至是,斑等又改为《修文殿》,上之。"第2707页。
③ 参见拙文《〈修文殿御览〉佚文辑校》,第302页。
④ 参见拙文《〈修文殿御览〉佚文辑校》,第301页。
⑤ 拙文《〈修文殿御览〉佚文辑校》,第301—302页。

P. 2526 号写本则以"事"为主,"事"、"文"混杂。其三,《修文殿御览》文字简洁、凝练,长文较少;P. 2526 号写本则较多长文,很大程度反映了南北文风的差异。

《修文殿御览》虽以《华林遍略》为蓝本,但在编纂体例、部类安排、内容增减、文字表述等方面皆有自己的创新,既反映了南朝类书对北朝的深刻影响,又体现了北朝类书的某些特色。北齐统治者在梁《华林遍略》成书后的五十年,下令编纂《修文殿御览》,其目的无非是要与南朝类书一较高下,明显带有南北文化之争的意蕴。不管如何,《修文殿御览》的编纂,南北兼容,在某种程度上已有整合南北文化之特点,对后世影响极大。

三、"江左余风":隋及唐初官修类书之编纂

进入隋唐一统,类书编纂更为盛行,但在南北择从问题上却有过变化。《新唐书》卷二○一《文艺传上·序》载①:

> 唐有天下三百年,文章无虑三变。高祖、太宗,大难始夷,沿江左余风,缔句绘章,揣合低卬,故王、杨为之伯。玄宗好经术,群臣稍厌雕琢,索理致,崇雅黜浮,气益雄浑,则燕、许擅其宗。是时,唐兴已百年,诸儒争自名家。大历、贞元间,美才辈出,擩哜道真,涵泳圣涯,于是韩愈倡之,柳宗元、李翱、皇甫湜等和之,排逐百家,法度森严,抵轹晋、魏,上轧汉、周,唐之文完然为一王法,此其极也。

序称唐文"三变":高祖、太宗时期,"沿江左余风";玄宗时,"崇雅黜浮";大历、贞元间,"擩哜道真,涵泳圣涯",是为"三变"。就类书编纂而言,则大致经历了唐初至玄宗时期两个阶段的变化。

隋及唐初的官修类书编纂,尊南抑北,"沿江左余风",完全以南朝类书为准绳。隋炀帝大业二年,柳顾言、虞绰等编纂《长洲玉镜》四百卷,即

---

① 《新唐书》,北京:中华书局,1975 年,第 5725—5726 页。

依据《华林遍略》而来,唐杜宝《大业杂记》载①:

> 六月,学士秘书监柳顾言、学士著作佐郎王曹等撰《长洲玉镜》一部,四百卷。帝谓顾言曰:"此书源本出自《华林遍略》,然无复可加,事当典要,其卷虽少,其事乃多于《遍略》。"对曰:"(中略)然梁朝学士取事,意各不同。至如'宝剑出自昆吾溪,照人如照水,切玉如切泥',序剑者尽录为溪(剑)事,序溪者亦取为溪事,撰玉者亦编为玉事,以此重出,是以卷多。至如《玉镜》则不然"。帝曰:"诚如卿说。"

所谓"源本出自《华林遍略》",即表明《长洲玉镜》与《华林遍略》之渊源关系。前文业已指出,《华林遍略》的编纂特点是以"事"为中心,《长洲玉镜》亦是如此,炀帝所言"其事乃多于《遍略》",可表明此点。唐高祖武德七年(624)编纂的《艺文类聚》,亦同样主要依据《华林遍略》而来。据欧阳询《艺文类聚》序称②:

> 以为前辈缀集,各杼其意,《流别》、《文选》,专取其文;《皇览》、《徧(遍)略》,直书其事。文义既殊,寻检难一。爰诏撰其事且文,弃其浮杂,删其冗长,金箱玉印,比类相从,号曰《艺文类聚》,凡一百卷。其有事出于文者,便不破之为事,故事居其前,文列于后,俾夫览者易为功,作者资其用,可以折衷今古,宪章坟典云尔。

欧阳询批评此前的《流别》、《文选》、《皇览》、《徧(遍)略》等书,或"专取其文",或"直书其事",故其编纂《艺文类聚》时,改变这一做法,使"事"、"文"相结合,"事居其前"、"文列于后"。序称"弃其浮杂,删其冗长,金箱玉印,比类相从",表明《艺文类聚》乃删节前四书而成,即"文取"《流别》、《文选》,"事"依《皇览》、《徧(遍)略》。然《皇览》一书后世

---

① 杜宝撰,辛德勇辑校:《大业杂记辑校》,第23页。
② 《艺文类聚》,第27页。

散佚严重①,故《艺文类聚》有关"事"的记载,当主要取自《华林遍略》②,观今本《艺文类聚》所收《皇览》仅有 5 条③,即可明了此点。

有趣的是,欧阳询批评此前的类书,却对北齐所编《修文殿御览》只字不提;而且,"事居其前,文列于后",这种对后世影响极大的类书编纂体例,早在《修文殿御览》编纂时就已产生,《艺文类聚》不过是沿袭并有所丰富、完善、发展而已④,然欧阳询对此并无任何交代与说明。不仅如此,太宗贞观五年(631),魏徵撰《群书治要》五十卷,对以前的类书有过总结和批评,该书序例称:"但《皇览》、《遍略》,随方类聚,名目互显,首尾淆乱,文义断绝,寻究为难。今之所撰,异乎先作,总立新名,各全旧体,欲见本知末,原始要终,并弃彼春华,采兹秋实。"⑤所言此前类书有《皇览》、《华林遍略》,却对《修文殿御览》只字不提,一定程度也透示了《修文殿御览》在当时的境遇。如果说《艺文类聚》的编纂,主要出自南方文人之手,他们对北朝《修文殿御览》的漠视,尚可理解的话;那么,魏徵出生于河北,乃北方文人的代表,其撰《群书治要》,依然把《修文殿御览》摒弃在外,就不是那么简单的事了。这实乃当时的形势与风气使然,与隋炀帝以来崇尚南朝文化之风气息息相关,所谓"沿江左余风"是也⑥。从这一意义上讲,贞观十五年(641)尚书左仆射高士廉等所编纂的大型类书《文思博要》,恐怕也与《修文殿御览》没有多大关系。

《文思博要》总一千二百卷、目十二卷⑦,据该书"序",称此前类书

---

① 《隋书》卷三四《经籍志三》子部载:"《皇览》一百二十卷",后注云:"缪袭等撰。梁六百八十卷。梁又有《皇览》一百二十三卷,何承天合;《皇览》五十卷,徐爰合,《皇览目》四卷;又有《皇览抄》二十卷,梁特进萧琛抄。亡。"北京:中华书局,1973 年,第 1009 页。
② 参见付晨晨:《〈修文殿御览〉初探》,武汉大学学士学位论文,2009 年。
③ 《艺文类聚》卷一《天部上·天》有"皇览记"1 条,卷三《岁时上·夏、秋》有"皇览逸礼"2 条,卷四〇《礼部下·冢墓》有"皇览"2 条。第 2 页、第 46 页、第 48 页、第 731—732 页。
④ 从目前所知《修文殿御览》佚文看,该书编纂虽"事"先"文"后,然对"文"并没有具体的区分;而《艺文类聚》则把"文"区分为诗、赋、颂、碑、铭、赞、表、启、序、书、论、寺碑、墓志、祭文等,这是其对《修文殿御览》的丰富、完善与发展之处。
⑤ 《册府元龟》卷 607《学校部·撰集》,北京:中华书局,1960 年,第 7284 页。
⑥ 关于隋及唐初崇尚南朝文化之风,参见唐长孺先生《论南朝文学的北传》第二节《隋唐间的江左遗风》,原载《武汉大学学报》1993 年第 6 期,又收入《山居存稿续编》,北京:中华书局,2011 年,第 220—230 页。
⑦ 《唐会要》卷三六《修撰》,北京:中华书局,1955 年,第 656 页。《旧唐书·经籍志》、《新唐书·艺文志》并称有目十二卷,总一千二百十二卷。

《皇览》、《遍略》、《类苑》、《耕录》、《要略》、《御览》等,"虽草创之指,义在兼包,而编录之内,犹多遗阙",故其"笼缃素则一字必包,举残缺则片言靡弃,繁而有检,简而不失",力求完备。其书"义出六经,事兼百氏",未言依据此前哪些类书而编纂。宋周密《云烟过眼录》卷上亦载:"汤仲谋曰:允蕡按《文思博要》一千三百卷,太宗贞观年间,诏左仆射高士廉、特进魏徵等十四人,取历代载籍,摭其精义,至十年书成,即此书也。"① 然有迹象表明,《文思博要》的编纂,似与《修文殿御览》没有直接的渊源承袭关系。

南宋时,《文思博要》失传,仅存"帝王部"卷第一七二卷②,知《文思博要》设有"帝王部",与《艺文类聚》同。上文业已指出,《修文殿御览》设有"皇王部",此为北宋《太平御览》所承袭,《文思博要》既沿袭《艺文类聚》设"帝王部",似可表明其在部类的编排上,与《修文殿御览》并不存在直接的渊源关系。另外,武周时期,则天"以《御览》及《文思博要》等书聚事多未周备",下令张昌宗等"增损《文思博要》"而编成《三教珠英》(详后)。此处《修文殿御览》与《文思博要》并提,而不言其他类书,也不难推知二书之关系。换言之,如果《文思博要》与《修文殿御览》存在着密切的渊源关系,则《修文殿御览》内容当已大多收入《文思博要》书中,然"以《御览》及《文思博要》等书聚事多未周备"一语,似可表明二书并没有这样一种渊源关系。因此,我们推测,《文思博要》的编纂,恐怕主要依据的还是南朝的类书,而与《修文殿御览》没有什么直接的关系。

武周时期编纂的《三教珠英》一千三百卷,是在《文思博要》基础上"增损"而成的又一部大型类书。《太平御览》卷六〇一《文部一七·著书上》引《唐书》载③:

---

① 周密:《云烟过眼录》,丛书集成初编本,北京:中华书局,1985 年,第 16 页。
② 《玉海》卷五四《艺文》"唐文思博要"条载:"《书目》:一卷,大中十年,秘书监杨汉公奏,排理乱书,今得此书第一百七十二一卷墨迹。今藏于皇朝秘阁。乾道七年,录副本藏之集库。"(江苏古籍出版社、上海书店,1987 年,第 1028 页)又周密《云烟过眼录》卷上云:"《文思博要》帝王一部,唐类书也,所引《蓟子》、《慎子》、《尸子》等,皆古书也。"(第 15 页)参见胡道静:《中国古代的类书》,第 85 页。
③ 《太平御览》,第 2707 页。

> 天后圣历中，上以《御览》及《文思博要》等书聚事多未周备，令麟台监张昌宗与麟台少监李峤，广召文学之士给事中徐彦伯、水部郎中员半千等二十六人，增损《文思博要》，勒成一千三百卷，于旧书外，更加佛教、道教及亲属、姓氏、方域等部。至是毕功，上亲制名曰《三教珠英》。彦伯已下，改官加级赐物。

此处"上"即指武则天，《册府元龟》卷六〇七《学校部·撰集》作"帝"[1]，说明此《唐书》当为武周时所撰，其价值至为珍贵。复据《唐会要》卷三六《修撰》，《三教珠英》成书于大足元年十一月十二日[2]。所谓"增损《文思博要》"一语，表明《三教珠英》乃是在《文思博要》基础上删补修订而成，同样与《修文殿御览》无关。

以上就隋及唐初的类书编纂问题作了若干粗浅探讨，从中不难看出"沿江左余风"之种种特点。我们知道，西晋灭亡以后，由于胡族大批入据中原，致使南北长期分裂、割据，南北政权各自在政治、经济、军事、文化乃至宗教等方面都有着不同的发展走向[3]。进入隋唐一统后，面对因长期分裂而导致的种种差异，如何择从，将是帝国统治者需要重点考虑的问题。在文化建设方面，隋及唐初统治者从南而不从北，"沿江左余风"，乃在于东晋南朝文化的先进性使然。在类书的编纂上亦是如此，从隋朝《长洲玉镜》，到唐初《艺文类聚》、《文思博要》、《三教珠英》等，大多主要依据南朝的类书；北齐《修文殿御览》虽有不少特色和优点，但基本被摒弃在外，遭受漠视与冷遇，这种反差深刻反映了当时统治者对南朝文化的崇尚之风。然而，这种情况并没有一直持续下去，到了玄宗开元年间，《修文殿御览》一改唐初遭受冷遇的命运，开始受到统治者的崇重，并被列为类书之首，享有较高的地位。这一变化，从一个侧面反映了唐朝前期文化转向与变迁之轨迹。

---

[1] 《册府元龟》，第7285页。
[2] 《唐会要》，第657页。
[3] 参见唐长孺：《魏晋南北朝隋唐史三论》第二篇《论南北朝的差异》，武汉大学出版社，1993年，第83—237页；该书又收入《唐长孺文集》第四卷，北京：中华书局，2011年，第78—227页。

四、《初学记》与《修文殿御览》

唐初,《修文殿御览》虽然不被官方所重视,但在民间还是有一定影响的。唐释道世所撰《法苑珠林》一百卷,是一部著名的佛教类书,该书卷六《六道篇·舍宅部·感应缘》载有《修文殿御览》佚文 4 条①,卷三六《华香篇·感应缘》有关鸡舌香、芸香的引文,很有可能也属《修文殿御览》佚文②。按《法苑珠林》一书,乃道世以十年之功于高宗总章元年(668)撰成,当时正值"江左余风"盛行,《修文殿御览》虽不被官方所重视,然不少内容被佛教类书《法苑珠林》所引用,说明其在民间还是有一定影响的。又唐刘肃《大唐新语》卷六《举贤》载③:

> 姚崇初不悦学,年逾弱冠,尝过所亲,见《修文殿御览》,阅之,喜,遂耽玩坟史,以文华著名。

按姚崇卒于玄宗开元九年(721),享年七十二岁④,逆推当生于高宗永徽元年(650),其"年逾弱冠"之年,乃高宗咸亨年间(670—674),正值"江左余风"盛行之时,姚崇通过亲自阅读《修文殿御览》后,方知晓其价值,并因此发愤读书,最终"以文华著名",成为一代名相。这一记载表明,《修文殿御览》一书在当时民间确有流传,然由于不受官方重视,故其影响还不广为人知。

玄宗即位后,《修文殿御览》开始受到统治者的推崇。前揭《新唐书·文艺传》序称:"玄宗好经术,群臣稍厌雕琢,索理致,崇雅黜浮,气益雄浑,则燕、许擅其宗。"所谓"崇雅黜浮",即是崇尚高雅,反对浮华,实是对隋及唐初以来"沿江左余风"的纠正与改变。就类书编纂而言,既不再完全以

---

① 唐释道世撰,周叔迦、苏晋仁校注:《法苑珠林校注》,北京:中华书局,2003 年,第 200—201 页。
② 参见拙文《〈修文殿御览〉佚文辑校》。
③ 《大唐新语》,北京:中华书局,1984 年,第 91 页。
④ 《旧唐书》卷九六《姚崇传》,北京:中华书局,1975 年,第 3026 页。

南朝类书为准绳，也不再延续此前上千卷大型类书的编纂传统，转而重视北朝类书，追求实用。《初学记》的编纂，就是一个明显的例证。《大唐新语》卷九《著述》载①：

> 玄宗谓张说曰："儿子等欲学缀文，须检事及看文体。《御览》之辈，部帙既大，寻讨稍难。卿与诸学士撰集要事并要文，以类相从，务取省便，令儿子等易见成就也。"说与徐坚、韦述等编此进上，诏以《初学记》为名。赐修撰学士束帛有差。其书行于代。

据《唐会要》卷三六《修撰》载，开元十五年（727）五月一日，徐坚等撰《初学记》成书进上②。上揭《大唐新语》记玄宗所言"《御览》"，即指北齐所修之《修文殿御览》。按自《皇览》以来，历代官修类书，著名者有《华林遍略》《修文殿御览》《长洲玉镜》《艺文类聚》《文思博要》《三教珠英》等，且《修文殿御览》有三百六十卷，《艺文类聚》仅一百卷，相对而言，部帙并不大，而玄宗只提《修文殿御览》，而不言《艺术类聚》及其他类书，个中原因，或许与《修文殿御览》之"御览"特性有关，即供皇族学习阅览之用，然是书在玄宗心目中的重要地位是不难想见的，这表明《修文殿御览》已受到统治者的重视，其自隋以来所遭受的漠视与冷遇命运开始有所改变。

《初学记》总三十卷，是历代官修类书中卷帙较小的一部。该书既奉玄宗之命而编纂，而玄宗又专门提及《修文殿御览》，则《初学记》之编纂，自然与《修文殿御览》存在某种关联。与其他类书一样，《初学记》亦收有大量引文，这些引文源自此前的何种类书并不清楚。笔者在《〈华林遍略〉乎？〈修文殿御览〉乎？——敦煌写本P.2526号新探》一文中，曾就P.2526号写本所引《相鹤经》《神境记》，与《初学记》《太平御览》相关内容进行了仔细比较，结果发现，写本内容与《初学记》《太平御览》大不一样，而《初学记》《太平御览》所引《相鹤经》，除注音及个别字有差异外，

---

① 《大唐新语》，第137页。
② 《唐会要》，第658页。

其余全同,且皆有双行夹注;所引《神境记》内容则完全一样。从而表明,《初学记》、《太平御览》所引《相鹤经》、《神境记》,俱来自同一个源头,而《太平御览》又主要以《修文殿御览》为蓝本,这一源头极有可能就是《修文殿御览》①。

我们知道,唐初《艺文类聚》有关"事"的条文,主要依据南朝《华林遍略》而来;北宋《太平御览》隋以前的条文,则主要依据北朝《修文殿御览》。因此,二书引文出现差异,并不难理解。《初学记》引文虽不明渊源,然通过与《艺文类聚》、《太平御览》相关引文异同的比较,仍不难推知其源头之所在。兹举数例论证如下。

《初学记》卷一《天部上·月》"方珠、缺晕"条②:

> 《淮南子》曰:方诸见月,则津而为水。高诱注曰:"方诸,阴燧大蛤也。熟摩令热以向月,则水生也。"许慎注曰:"诸,珠也;方,名也。"
> 《淮南子》又曰:画随灰而月晕阙。许慎注曰:"有军事相围守则月晕,以芦灰环,缺其一面,则月晕亦阙于上。"

所引2条《淮南子》及相关注文,皆见于《太平御览》卷四《天部四·月(月蚀附)》③:

> 又曰:画随灰而月晕阙。许慎注曰:"有军事相围守则月晕,以芦灰环,缺其一面,则月晕亦阙于上。"
> 又曰:方诸见月,则津而为水。高诱注曰:"方诸,阴燧大蛤也。熟摩拭令热以向月,则水生也。"许慎注曰:"诸,珠也;方,石也。以铜盘受之,下水数升。"

两相比较,不难发现二书引文之相似性:其一,所引2条《淮南子》正文全

---

① 拙文《〈华林遍略〉乎?〈修文殿御览〉乎?——敦煌写本 P.2526 号新探》,第 183—186 页。
② 《初学记》,北京:中华书局,1962 年,第 9 页。
③ 《太平御览》,第 21 页。

同,唯顺序稍有差异;其二,注文皆明确标出作者高诱、许慎名,内容除《太平御览》多出"以铜盘受之下,水数升"数字外,其余略同。《艺文类聚》卷一《天部上·月》虽也同引了《淮南子》,但注文方式及内容大不相同①:

  又曰:画随灰而月晕阙。以芦灰随晕环,阙其一面,则月晕亦阙于上也。
  又曰:方诸见月,则津而为水。方诸,阴燧大蛤也。熟摩拭令热以向月,则水生。铜盘受之,下水数石也。

如所周知,《淮南子》一书,有高诱、许慎两家注。《艺文类聚》所引《淮南子》正文,虽与《初学记》、《太平御览》同,然注文却存在较大差异,不仅未标作者,而且内容也与《初学记》、《太平御览》不同。这一明显差异,似可表明《初学记》、《太平御览》与《艺文类聚》没有什么直接的关系。

又《初学记》卷一《天部上·月》"吴牛喘、魏鹊飞"条载②:

  刘义庆《世说》曰:满奋畏风,在武帝坐。北窗作琉璃屏风,实密似疏,奋有难色。帝笑之。奋答曰:"臣犹吴牛,见月而喘。"
  魏武帝《短歌行》曰:月明星稀,乌鹊南飞,绕树三匝,何枝可依。

《太平御览》卷八〇八《珍宝部七·琉璃》③:

  《世说》曰:满奋畏风,在晋帝坐。北窗作琉璃扉,实密似疏,奋有寒色。帝笑。奋答:"臣犹吴牛,见月而喘。"吴牛,水牛也。南土多暑,而水牛畏热,见月疑是日,所以喘。奋,太尉宠之孙也。

比较二书所引《世说》,除双行夹注外,正文仅存四五字之别。又同书卷九

---

① 《艺文类聚》,第7页。
② 《初学记》,第9页。
③ 《太平御览》,第3591页。

二一《羽族部八·鹊》引曹操《短歌行》:"魏太祖诗曰:'月明星稀,乌鹊南飞,绕树三匝,何枝可依。'"①与上揭《初学记》所引文字全同。而《艺文类聚》所引相关内容,则与此有较大差异。该书卷八四《宝玉部下·琉璃》载②:

> 《世说》曰:满奋畏风,在武帝琉璃窗内坐,实密似疏,奋有疑,帝问之,答曰:"臣犹吴牛,见光而喘。"

今本《世说新语》所记,与上揭《初学记》、《太平御览》引文相比较,除个别字有差异外,其余全同③,而《艺文类聚》所记则大不一样。至于曹操《短歌行》,《艺文类聚》卷四二、卷九二两处引及④,文字比《初学记》、《太平御览》所引四句要详实得多,其差异昭然可见。

《初学记》引文与《艺文类聚》无关,还可从二书所引傅玄《两仪诗》之不同得到证明。《初学记》卷一《天部上·天》"晋傅玄《两仪诗》"条⑤:

> 两仪始分元气清,列宿垂象六位成,日月西流景东征,悠悠万物殊品名,圣人忧代念群生。

此为七言诗,《艺文类聚》卷一《天部上·天》所引傅玄《两仪诗》,则为四言诗⑥:

> 两仪始分,元气上清,列宿垂象,六位时成,日月西迈,流景东征,悠悠万物,殊品齐名,圣人忧世,实念群生。

---

① 《太平御览》,第 4086 页。
② 《艺文类聚》,第 1441 页。
③ 余嘉锡:《世说新语笺疏》卷上之上《言语第二》:"满奋畏风。在晋武帝坐,北窗作琉璃屏,实密似疏,奋有难色。帝笑之。奋答曰:'臣犹吴牛,见月而喘。'"上海古籍出版社,1993 年,第 82 页。
④ 《艺文类聚》,第 752 页、第 1593 页。
⑤ 《初学记》,第 4 页。
⑥ 《艺文类聚》,第 3 页。

两相比较，《初学记》比《艺文类聚》少了"上、时、迈、齐、实"五字。南宋吴曾较早注意到二书所引四言与七言之差异，但未能解释其缘由①。笔者推测，之所以出现这种差异，或在二书源头之不同所致，即《艺文类聚》来自《华林遍略》，《初学记》则引自《修文殿御览》。至于傅玄原诗为七言还是四言，已不甚清楚，然《修文殿御览》曾对《华林遍略》进行过删节，不排除其删改傅玄原诗的可能。当然，这纯属推测。不管如何，《初学记》与《艺文类聚》所引傅玄《两仪诗》，出现四言与七言之别，足可证明二书引文源头不同。

总之，《初学记》引文与《艺文类聚》、《太平御览》之异同，尚有不少，限于篇幅，这里仅引录上揭数条。从中不难看出，《初学记》引文多与《太平御览》同，而与《艺文类聚》存在较大差异，说明其与《艺文类聚》并非出自同一个源头，而《艺文类聚》又主要依据南朝《华林遍略》而来，据此可知，《初学记》与南朝类书并没有直接的渊源承袭关系。又因《太平御览》所引隋以前的条文，主要依据北朝《修文殿御览》，而《初学记》引文又多与《太平御览》同，因此可以初步判断，《初学记》所引隋以前条文，同样依据《修文殿御览》而来。上文业已指出，《初学记》乃张说、徐坚等人奉玄宗之令而作，而玄宗又专门提及《修文殿御览》，故其书编纂主要依据《修文殿御览》而来，实乃顺理成章之事。

南北朝时期的官修类书，南有《华林遍略》，北有《修文殿御览》，分别代表了南北两种文化。进入隋唐之际，《长洲玉镜》、《艺文类聚》、《文思博要》、《三教珠英》等官修类书的编纂，无不以南朝类书《华林遍略》为准绳，北朝类书《修文殿御览》则被摒弃在外，遭到漠视与冷遇，这种崇南抑北的类书编纂之风，正是当时整个社会"沿江左余风"的真实写照。然"江左余风"因注重形式，追求辞藻华丽，故也受到时人的批评，被指斥为"淫放"、"轻薄"、"浮艳"等②。逮至开元年间，玄宗"好经术，群臣稍厌雕瑑，索理致，崇雅黜浮，气益雄浑"，开始对此前的浮华文风有所改变，转而推重务

---

① 吴曾：《能改斋漫录》卷五《辨误》，上海古籍出版社，1979年，第116页。
② 参见唐长孺先生：《论南朝文学的北传》。

实的北朝文化。玄宗令张说、徐坚等编纂《初学记》，特别提及北朝类书《修文殿御览》，要求"务取省便"，无不反映了其追求务实、力矫浮华之作风与心态。徐坚等编纂《初学记》，也因此不再以南朝类书为准绳，而改以北朝《修文殿御览》为依据，从北不从南，最终撰成仅三十卷的传世名作。相比此前上千卷的《文思博要》与《三教珠英》而言，《初学记》卷帙确实少得可怜，不过，它却是体现唐朝前后两期类书编纂变化的重要标识，同时也反映了开元年间文风之转变①。从此，代表北朝文化的《修文殿御览》，因为统治者的推重而走向历史的前台，地位越来越高，最终成为中古第一大类书。

此后，在杜佑撰成于德宗贞元十七年（801）的《通典》一书中，左补阙李翰作序称②：

> 近代学士，多有撰集，其最著者《御览》、《艺文》、《玉烛》之类，网罗古今，博则博矣，然率多文章之事，记问之学，至于刊列百度，缉熙王猷，至精至纯，其道不杂，比于《通典》，非其伦也。

李翰称"近代学士"撰集之类书，最著者有《修文殿御览》、《艺文类聚》、《玉烛宝典》等，其中《修文殿御览》即列于诸类书之首，可见地位崇高，这与隋唐之际所遭受的冷遇相比，可谓天壤之别。当然，这一改变，与玄宗即位以后开始"崇雅黜浮"、推重北朝文化是密切相关的，政治与文化之关系由此也可见一斑。

五、余论：整合南北之《太平御览》

历史进入隋唐大一统时期，虽然统治者源出北朝，然面临因长期分裂对峙而造成的种种南北差异，如何择从，恐怕也是统治者不得不考虑的问

---

① 开元、天宝年间，官、私所修书籍，极少有四五百卷以上乃至上千卷的大部头著作，这与唐初情况迥然不同，其原因实与玄宗力矫"江左余风"之浮华有关。
② 《通典》"序"，中华书局，1988年，第2页。

题。在文化方面,由于东晋南朝以来文化的先进性使然,隋及唐初统治者"沿江左余风",选择了南朝文化。就这一时期的类书编纂而言,《长洲玉镜》《艺文类聚》《文思博要》《三教珠英》等官修类书,莫不以南朝类书为准绳、为依据,北朝《修文殿御览》则被摒弃在外,遭受冷遇。玄宗即位后,好经术,去浮华,求实用,革"江左余风",开始重视北朝文化,《修文殿御览》也因此一改过去遭受漠视和冷遇的处境,走向历史前台,并成为开元年间编纂《初学记》的主要蓝本。类书编纂由此前的"从南"转向"从北",这是隋唐类书编纂史上的一大变化。

类书编纂不管是"从南"还是"从北",都各有其利弊与优劣,不能真切反映大一统国家的文化全貌,历史的发展走向应是南北类书的交融与整合。然而,天宝十四载(755)安史之乱的爆发,打乱了唐朝历史的进程,统治者也因此未能完成整合南北类书的历史使命。这一使命最终落到了北宋王朝统治者的头上,皇皇千卷《太平御览》的成功编纂,就是对南北朝以来南北类书的一次大整合,类书文化终归一统。

北宋太平兴国二年(977)三月,太宗"阅前代类书门目纷杂,失其伦次",遂诏令翰林学士李昉等编纂《太平御览》,"以前代《修文御览》《艺文类聚》《文思博要》及诸书,参详条次,分定门目",历时六年,于太平兴国八年(983)二月修成①。可知《太平御览》乃是以前朝类书《修文殿御览》《艺文类聚》《文思博要》等为蓝本编纂而成。关于此点,南宋陈振孙《直斋书录解题》卷一四《类书类》特别指出②:

> 《太平御览》一千卷,翰林学士李昉、扈蒙等撰。以前代《修文御览》《艺文类聚》《文思博要》及诸书,参详条次修纂。本号《太平总类》,太平兴国二年受诏,八年书成,改名《御览》。或言,国初古书多未亡,以《御览》所引用书名故也。其实不然,特因前诸家类书之旧尔。以《三朝国史》考之,馆阁及禁中书总三万六千余卷,而《御览》所

---

① 《太平御览》,第3页。
② 陈振孙:《直斋书录解题》,上海古籍出版社,1987年,第425页。

引书多不著录,盖可见矣。

所谓"特因前诸家类书之旧尔",即反映了《太平御览》与前朝类书之渊源承袭关系。问题是,南北朝以来,历代官修类书不少,除《修文殿御览》、《艺文类聚》、《文思博要》外,尚有《长洲玉镜》、《编珠》、《三教珠英》、《初学记》等,为何只言前三部而不及其他类书?虽然不排除有些类书至宋初已散佚不存的可能,但如《初学记》在当时仍存,且在引文方面与《太平御览》有很多相似之处,为何没有提及?选择《修文殿御览》、《艺文类聚》、《文思博要》为编纂《太平御览》的蓝本,不管是出自太宗之旨意还是李昉等的主张,恐怕都不是随意之举,或有其特别的考虑。

按《修文殿御览》乃北齐所修类书,虽依据南朝梁《华林遍略》而来,但有不少创新与特色,在很大程度上代表了北朝文化。唐武德年间修《艺文类聚》,则主要依据《华林遍略》,然全书仅百卷,相对七百余卷的《华林遍略》而言,其所收该书内容当然不会太多,而且文字也会有不少删节。其后,贞观年间修《文思博要》,同样依据南朝类书,然总卷数高达一千二百卷,《华林遍略》之大部内容当收入是书,从而弥补了《艺文类聚》简略之不足。不管如何,《艺文类聚》、《文思博要》皆以南朝类书为蓝本,"沿江左余风",代表着南朝文化。从这一意义上讲,北宋初编纂《太平御览》,以前朝《修文殿御览》、《艺文类聚》、《文思博要》为蓝本,其实就是南北类书的一次大整合,这种整合标志着自西晋灭亡以后,因长期分裂而导致的南北类书差异,在经历隋唐时期不断的选择和磨合之后,最终于北宋初年整合为一,重归一统,从而开启了一个新的文化时代。

(本文原载《魏晋南北朝隋唐史资料》第二十九辑,2013年。收入本书时,略有修订。)

《修文殿御览》佚文辑校

南北朝时期,虽南北对峙、分裂割据,然类书编纂却颇盛行。其中《华林遍略》七百余卷①,乃南朝梁武帝下令华林园学士编纂的大型官修类书;《修文殿御览》三百六十卷,则是北朝北齐后主诏令祖珽等,在《华林遍略》基础上编纂的又一部大型官修类书。一南一北两大类书的成功编纂,均对后世类书的编修产生了极为重要的影响。令人遗憾的是,两大类书后来都失传了,致使后人对二书的认识与了解极不充分,也在很大程度上影响了中古类书的深入研究。值得庆幸的是,随着20世纪初叶敦煌藏经洞所出P.2526号写本的正式问世,这一情况开始有所改变。P.2526号为唐写本,所抄内容为古类书,价值异常珍贵,引起中外学人的高度关注。罗振玉先生率先定其名为《修文殿御览》②,洪业先生则持不同意见,认为写本有可能是比之更早的《华林遍略》③。但由于缺乏相应的参照比对资料,该写本究竟是《华林遍略》,还是《修文殿御览》,仍无法得到证实。1964年,日本学者森鹿三先生发表《修文殿御览について》④一文,据日本高僧亮阿阇梨兼意撰《香要抄》、《宝要抄》、《药种抄》等古抄,揭出《修文殿御览》佚文10类71条,并以之与《太平御览》进行比较,指出《修文殿御览》实乃《太

---

① 关于《华林遍略》的实际卷数,有七百二十卷、七百卷、六百二十卷等诸种不同说法,本文对此不拟展开讨论,仅取折中之说而已。
② 1911年,罗振玉率先将该写本刊布于《国学季刊》,并定名为《修文殿御览》。1913年,罗振玉又以珂罗版影印此卷于《鸣沙石室佚书》中,并撰提要加以详考,指出其抄写年代在开天之前。罗氏宸翰楼影印本,1913年;又收入《罗雪堂先生全集》第四编第五册,台北文华出版公司、台北大通书局,1972年,第2197—2226页。
③ 洪业:《所谓〈修文殿御览〉者》,载《燕京学报》第十二期,1932年;修订本又收入同著《洪业论学集》,北京:中华书局,1981年,第64—94页。
④ 森鹿三:《修文殿御览について》,载《东方学报》第三十六卷,1964年;又收入同著《本草学研究》,大阪:(财)武田科学振兴财团杏雨书屋,1999年,第276—305页。

平御览》重要蓝本;1975 年,饭田瑞穂先生发表《〈秘府略〉に关する考察》①,指出日本古书《政事要略》卷二五、卷六七、卷九五亦保存有多条《修文殿御览》佚文,其引文形式与《太平御览》相一致;1984 年,远藤光正先生出版《类书の传来と明文钞の研究——军记物语への影响——》②,从日本类书《明文抄》中辑出《修文殿御览》佚文 3 条。日本学者对数十条《修文殿御览》佚文的介绍、整理与研究,为深入认识和研究该书提供了至为珍贵的新资料。不仅如此,中国典籍也保存有十数条《修文殿御览》佚文,对这些佚文进行较为全面的综合整理与研究,不仅可以有助于解决 P.2526 号写本的性质和定名问题,而且对今后中古类书的深入研究将有积极的推动作用。

一、日本古籍所存《修文殿御览》佚文(总 77 条)

(一) 兼意《香要抄》所收《修文殿御览》佚文(19 条)

"鸡舌香"(4 条)③

1. 应劭《汉官仪》曰:桓帝时,侍中迺存年老口臭,上出鸡舌香与含之。鸡舌颇小辛螫,不敢咀咽,嫌有过,赐毒药,归舍辨决④,欲就便宜。家人哀泣,不知其故。僚友求服其故僚药⑤,存出口香,咸嗤笑之。

---

① 饭田瑞穂:《〈秘府略〉に关する考察》,载《中央大学九十周年纪念论文集》,东京:中央大学文学部,1975 年,第 293—331 页;又收入同著《古代史籍の研究》(中),饭田瑞穂著作集 3,东京:吉川弘文馆,2000 年,第 161—199 页。
② 远藤光正:《类书の传来と明文钞の研究——军记物语への影响——》,あさま书房刊,1984 年,第 36—45 页。
③ 兼意:《香要抄》(一),大阪:(财)武田科学振兴财团杏雨书屋,2008 年,图版第 50—51 页,释文第 188—189 页。录文又参见森鹿三:《修文殿御览について》,《本草学研究》,第 287 页。
④ "归舍辨决",《太平御览》作"归舍辞决",中华书局,1960 年,第 4345 页。
⑤ "僚友求服其故僚药,存出口香",《太平御览》作"僚友求眂其药,出在口香",第 4345 页。

2.《吴时外国传》曰：五马州出鸡舌香。

3.《续搜神记》曰：刘广，豫章人。年少未婚，至田舍见一女，云："我是何参军女，年十四而夭，为西王母所养，使与下土人交。"广与之缠绵，其日于席下得手巾，裹①鸡舌香。其母取巾烧之，乃是火浣布。

4.《南州异物志》曰：鸡舌香出杜薄州②，云是草花，可含香口。

按：亮阇梨兼意乃日本高僧，生于1072年，卒年不详，可能活了八十七岁以上，撰有《香要抄》、《宝要抄》、《谷类抄》、《药种抄》等书。这些书约成于日本保元元年（1156）前后③，抄录了大量中国典籍，史料价值极高。

上揭"鸡舌香"4条，其中第1条"应劭《汉官仪》"前有朱笔"以下《御览》文"五字，表明4条有关"鸡舌香"的记载全部出自"御览"，据森鹿三先生考证，此"御览"即《修文殿御览》④。4条《修文殿御览》佚文，全部见于《太平御览》卷九八一《香部一·鸡舌》⑤，可见二书之间的密切关系。此外，上揭第2、3、4条佚文，又见于唐释道世《法苑珠林》卷三六《华香篇》"鸡舌香"条⑥，除个别字有差异外，其余全同，由此也不难看出《法苑珠林》与《修文殿御览》之间的关系。换言之，《法苑珠林》有关"鸡舌香"的记载，很有可能即源自《修文殿御览》。

"芸香"（15条）⑦

1.《大戴礼·夏小正》曰：正月采芸为庙菜。

---

① "裹"原缺，据《法苑珠林》、《太平御览》补。唐道世撰，周叔迦、苏晋仁校注：《法苑珠林校注》，北京：中华书局，2003年，第1158页；《太平御览》，第4346页。
② "杜薄州"，《太平御览》作"苏州"，第4346页。
③ 参见森鹿三：《亮阇梨兼意の「香要抄」について》，载《塚本博士颂寿记念佛教史学论集》，塚本博士颂寿记念会刊，1961年；又收入同著《本草学研究》，第261—275页。
④ 参见森鹿三：《修文殿御览について》。
⑤ 《太平御览》，第4345—4346页。
⑥ 《法苑珠林校注》，第1158页。
⑦ 兼意：《香要抄》（二），大阪：（财）武田科学振兴财团杏雨书屋，2009年，图版第53—55页，释文第157—159页。又参见森鹿三：《本草学研究》，第284页。本录文主要依据原图版，与森鹿三氏等录文及标点略有差异，下同。

2.《礼记·月令》曰：仲冬①之月，芸始生。郑玄曰：芸，香草也。

3.《说文》曰：芸草似苜②宿。《淮南》说③"芸可以死而复生"。

4.《杂字解诂》④曰：芸，杜荣也。

5.《魏略》曰：大秦出云胶。

6.《博物志》曰：南阳梁正伯夷芸台。

7.《承集礼图》⑤曰：芸即蒿也，叶似耶蒿，香美可食。

8.《洛阳宫殿簿》曰：显阳殿前芸香一株，徽音、含章殿前各二株。

9.《晋宫阁名》⑥曰：太极殿前芸香四畦，式乾殿前芸香八畦，徽音殿前芸香杂花十一畦，明光殿前芸香杂花八畦，显阳殿前芸香二畦。

10.《广志》曰：芸胶有安息胶，有黑胶。

11.《吴氏本草》曰：石芸一名蔽列，一名顾喙。

12. 曹植《芸香赋》曰：西都丽草。

13. 傅玄《芸香赋序》曰：始以微香进御，终于捐弃黄壤，吁可闵也，遂咏而赋之。

14. 成公绥《芸香赋》曰：美芸香之修⑦洁，禀阴⑧阳之淑精，茎类秋竹，枝像春松⑨。

---

① "冬"，《艺文类聚》作"春"，上海古籍出版社，1999年新2版，第1395页。
② "苜"原缺，据《法苑珠林》(第1163页)、《太平御览》(第4350页)补。
③ "《淮南》说"，《法苑珠林》(第1163页)同，《太平御览》(第4350页)作"《淮南子》曰"，单独另列一条。按《说文》卷1下《艸部》载："芸：艸也，似目宿，从艸云声。《淮南子》说'芸艸可以死复生。'"知"《淮南》说"乃《说文》中的内容，《修文殿御览》所引实为1条。汉许慎：《说文解字》，北京：中华书局，1963年，第19页。
④ "《杂字解诂》"，《太平御览》作"《杂字解释诂》"，第4350页。
⑤ 本条原作"《承集礼图》曰：蒿也，叶似耶蒿，香美可食"，《太平御览》(第4350页)作"《礼图》曰：芸蒿曰叶似蒿，香美可食也"，《艺文类聚》(第1395页)作"《仓颉解诂》曰：芸蒿似邪蒿，香可食"，宋高似孙《纬略》卷一〇《芸台》作"《杂礼图》曰：芸即蒿也，叶似邪蒿，香美可食"。综合而言，《纬略》所记似较为全面准确，今据以补"芸即"二字。丛书集成初编本，北京：中华书局，1985年，第163页。
⑥ "《晋宫阁名》"，《艺文类聚》作"《晋室阁名》"，第1395页。
⑦ "修"，《艺文类聚》作"循"，第1395页。
⑧ "阴"，《太平御览》作"隆"，第4350页。
⑨ "枝像春松"，《艺文类聚》作"叶象春柽"，第1396页。

15. 傅咸《芸香赋》①曰：先君作《芸香赋》，辞义②高丽有觌，斯卉蔚茂馨香，同游使余为赋③。

按：上揭"芸香"15 条，其中第 1 条前有"已上（下）文出《御览》第三百一卷"十一字，而《太平御览·香部》"芸香"条见于第九八二卷，亦可证明此"御览"非《太平御览》，而是《修文殿御览》。

15 条佚文中，除第 6、12 条外，其余全部见于《太平御览》卷九八二《香部二·芸香》④。此外，第 1、2、3 条又见于唐释道世《法苑珠林》卷三六《华香篇》"芸香"条⑤，尤其是"《淮南》说：芸可以死而复生"一语，二者所记完全相同，此可证明《法苑珠林》"芸香"诸条实出自《修文殿御览》。《艺文类聚》卷八一《药香草部·芸香》也有多条记载⑥，然文字与上揭佚文有较大差异，似表明《艺文类聚》与《修文殿御览》之间没有直接的渊源关系。

（二）兼意《药种抄》所收《修文殿御览》佚文（9 条）

"人参"（3 条）⑦

1.《异苑》曰：人参一名土精，生⑧上党者佳。人形皆具⑨，能儿啼⑩。昔有人掘之，始下数铧（音华），便闻土中有呻声，寻音而取，果

---

① 《芸香赋》，《太平御览》作《芸香赋序》，第 4350 页。
② "义"，《太平御览》作"美"，第 4350 页。
③ "赋"，《太平御览》作"序"，第 4350 页。
④ 《太平御览》，第 4350 页。
⑤ 《法苑珠林校注》，第 1163 页。按"芸香"与"兰香"等，同为单独一门，然原校注者却误把"芸香"二字上属，点入《南越志》中，致使其后《大戴礼》、《礼记》、《说文》诸条误入"苓陵香"门，"芸香"门因此不存。
⑥ 《艺文类聚》，第 1395—1396 页。
⑦ 兼意：《药种抄》（一），大阪：（财）武田科学振兴财团杏雨书屋，2010 年，图版第 21—22 页，释文第 121—122 页。又参见森鹿三：《本草学研究》，第 291 页。
⑧ "生"，原抄本缺，此据今本《异苑》、《太平御览》（第 4385 页）补。宋刘敬叔：《异苑》卷二《土精》，收入《汉魏六朝笔记小说大观》，上海古籍出版社，1999 年，第 607 页。
⑨ 原抄本作"人形形比具"，《异苑》、《太平御览》俱作"人形皆具"，今据改。
⑩ "能儿啼"，《异苑》、《太平御览》皆作"能作儿啼"。

得一头①，头长二尺，四体必②备，而髪有损缺处。采③是掘伤，所以呻也。

2.《石勒别传》曰：初，勒家园中生④人参，葩茂甚盛。于时父老相者皆云⑤：此胡体奇貌异，有大⑥志量，其⑦终不可知⑧。劝邑人厚遇之。

3.《潜夫论》曰：理世不真贤，譬由治⑨疾不得真药也。治疾当得真人参，反得支⑩罗菔，以不识真而饮之，病侵以剧，不知为人所欺也⑪。

按：以上 3 条佚文，全部见于《太平御览》卷九九一《药部八·人参》⑫，其中第 3 条后有"《异苑》以后出《御览》文也"九字。

"木甘草"（1 条）⑬

木甘草《吴氏本草》曰：木甘草，叶四四当。

按：本条前明确记有"《修文殿御览》卷第三百云"十字，然相关内容不见于《太平御览》及其他类书。"木甘草"为药类，归属药部，《太平御览》卷九八九《药部六》即有"甘草"1 条⑭。"芸香"属香部，《修文殿御览》

---

① 今本《异苑》至"寻音而取，果得人参"止，后无内容，与《修文殿御览》所引有异。
② "必"，《太平御览》作"毕"，第4385页。
③ "采"，《太平御览》作"将"，第4385页。
④ 原作"王"，《太平御览》作"生"，今据改。第4385页。
⑤ 原作"于将父老皆云"，《太平御览》作"于时父老相者皆云"，今据以改、补。第4385页。
⑥ 原作"人"，《太平御览》作"大"，今据改。第4385页。
⑦ 原作"甚"，《太平御览》作"其"，今据改。第4385页。
⑧ 原作"和"，《太平御览》作"知"，今据改。第4385页。
⑨ "治"，《太平御览》无，下同。第4385页。
⑩ "支"，《太平御览》无，第4385页。
⑪ 今本《潜夫论》卷二《思贤第八》载："夫治世不得真贤，譬犹治疾不得良医也。治疾当真人参，反得支罗服；当得麦门冬，反烝横麦。已而不识真，合而服之，病以侵剧，不自知为人所欺也。"明程荣：《汉魏丛书》，长春：吉林大学出版社，1992 年，第 523 页。
⑫ 《太平御览》，第4385页。
⑬ 兼意：《药种抄》（一），图版第64页，释文第164页。又参见森鹿三：《本草学研究》，第282页。
⑭ 《太平御览》，第4376页。

系于第三〇一卷(参见前揭"芸香"条),"木甘草"属药部,系于第三〇〇卷,说明该书是按药部、香部的先后顺序进行编排的,而《太平御览》则是先香部后药部,反映了二书之间的区别。《艺文类聚》卷八一、八二为"药香草部",叙述也是先药部后香部,与《修文殿御览》同。

"远志"(2 条)①

1.《抱朴子内篇》曰:陵阳仲服②远志廿年,有子卅七人,坐在立亡③。

2.《世说》曰:谢大傅始有东山之志,后严命屡臻,势不获已④,始就⑤桓公司马。于时人有致⑥桓公药草者,中有远志,公取以问谢:"此药又⑦名小草,何以一物而⑧有二称?"谢未即答⑨。尔时郝隆在坐,谢问⑩曰:"郝参军多知识,试复通者。"⑪郝应声答曰:"此甚易解,隐⑫则为远志,出则为小草。"于是谢公殊有愧色⑬。桓公目谢而笑曰:"郝参军此通⑭乃不恶,亦甚有会。"

按:上揭 2 条佚文,俱载于《太平御览》卷九八九《药部六·远志》⑮,

---

① 兼意:《药种抄》(一),图版第 75—76 页,释文第 175—176 页。又参见森鹿三:《本草学研究》,第 292 页。
② 原作"复",《太平御览》作"服",今据改。第 4378 页。
③ 今本《抱朴子内篇》卷一一《仙药》载:"陵阳仲服远志二十年,有子三十七人,开书所视不忘,坐在立亡。"王明:《抱朴子内篇校释》(增订本),北京:中华书局,1985 年,第 208 页。
④ "后严命屡臻,势不获已",今本《世说新语》卷下之下《排调第二十五》同,余嘉锡:《世说新语笺疏》(修订本),上海古籍出版社,1993 年,第 803 页;《太平御览》作"后命属□不获已",当有缺讹,第 4378 页。
⑤ 原作"燊",旁有朱字"就",《太平御览》作"就",今据改。第 4378 页。
⑥ 原作"致",旁有朱字"饷",《太平御览》作"致",第 4378 页;《世说新语》作"饷",第 803 页。
⑦ 原作"人",旁有朱字"又",《世说新语》、《太平御览》俱作"又",今据改。
⑧ 原作"如",旁有朱字"而",此句《太平御览》作"何以物有二称"。第 4378 页。
⑨ 原作"对",旁有朱字"答",《世说新语》、《太平御览》俱作"答",今据改。
⑩ "问",《太平御览》作"因",第 4378 页。
⑪ "谢问曰:郝参军多知识,试复通者"二语,今本《世说新语》无。
⑫ 原作"隐",旁有朱字"处",《世说新语》、《太平御览》俱作"处",今据改。
⑬ "于是谢公殊有愧色",《世说新语》作"谢甚有愧色"。
⑭ "通"旁有朱字"过",《世说新语》作"过",《太平御览》作"通"。
⑮ 《太平御览》,第 4378 页。

其中第 2 条后有双行夹注:"《抱朴》以后出《御览》。"

"天门冬"(3 条)①

1.《列仙传》曰:赤须子,丰人。好食天门冬,齿落更生,细发②。

2.《神仙传》曰:甘始者,太原人。服天门冬,人间三百余年。

3.《抱朴子》曰:杜③子微服天门冬,御十八妾,有子百卌人④,行三百里。

按:上揭 3 条佚文,俱见于《艺文类聚》卷八一《药香草部·天门冬》⑤、《太平御览》卷九八九《药部六·天门冬》⑥,其中第 3 条后记有"《列仙》以下出《御览》"七字。

(三) 兼意《宝要抄》所收《修文殿御览》佚文(33 条)

"金"(5 条)⑦

1.《白虎通》曰:金在西方。西方者,阴始起,万物禁止。金之为言,禁也。

2.《穆天子传》曰:观天子之宝⑧、黄金之膏。金膏亦犹玉膏,皆其精液⑨也。

---

① 兼意:《药种抄》(一),图版第 103 页,释文第 203 页。又参见森鹿三:《本草学研究》,第 292 页。
② 《太平御览》卷九八九无"细发"二字,余同,第 4375 页。《艺文类聚》卷八一《药香草部·天门冬》则为:"《列仙传》曰:赤项子食天门冬,齿落更生,细发复出。"第 1384 页。今本《列仙传》卷下《赤须子》载:"赤须子者,丰人也(中略)好食松实、天门冬、石脂,齿落更生,发堕再出。"王叔岷:《列仙传校笺》,北京:中华书局,2007 年,第 101 页。
③ 原作"松",《抱朴子内篇》(第 208 页)、《艺文类聚》(1384 页)、《太平御览》(第 4375 页)作"杜",今据改。
④ 原作"有子卌人",《艺文类聚》、《太平御览》俱作"百四十人",《抱朴子内篇》作"百三十人",今据以补"百"字。
⑤ 《艺文类聚》,第 1384 页。
⑥ 《太平御览》,第 4375 页。
⑦ 兼意:《宝要抄》,大阪:(财)武田科学振兴财团杏雨书屋,2002 年,图版第 32 页,释文第 105—106 页。又参见森鹿三:《本草学研究》,第 293—294 页。
⑧ "宝",今本《穆天子传》卷一作"琅器",明程荣:《汉魏丛书》,第 294 页。
⑨ "精液",《穆天子传》作"精沕"。

3.《玄中记》：金之精为牛马①。

4.《神异经》曰：西方白②宫之外有金山，上有金人，长③五丈余，名曰金犀守④之。

5.《典术》曰：天地之宝，藏于中极，命曰雌黄，千年化为雄黄，雄黄千年为黄金。

按：上述5条佚文，前4条见于《太平御览》卷八一一《珍宝部十·金下》⑤，第5条见于同书卷九八八《药部五·雌黄》⑥，其后有双行夹注："《白虎通》以下出《御览》而已。"

"琉璃"（13条）⑦

1.《广雅》曰：琉璃，珠也。

2.《韵集》曰：琉璃，火齐珠也。

3.《续汉书》曰：哀牢夷出火精琉璃。

4.《魏略》曰：大秦国出赤、白、黑、黄、青、绿、绀、缥、红、紫十种琉璃。

5.《后魏⑧书》曰：天竺国人商贩京师，自云能铸石为五色琉璃。于是采矿山中，于京师铸之。既成，光泽美于西方来者。乃诏为行殿，容百余人，光色暎彻，观者见之，莫不惊骇，以为神明所作。自此国中琉璃遂贱，人不复珍之。

6.《广志》曰：琉璃出黄支、斯调、大秦、日南诸国。

---

① 此条《太平御览》作"《玄记纪》：金之精为牛"，第3604页。
② "白"，今本《神异经》作"日"。明程荣：《汉魏丛书》，第690页。
③ "长"，《神异经》作"高"。
④ 原作"字"，《太平御览》作"守"，今据改。第3602页。
⑤ 《太平御览》，第3602—3604页。
⑥ 《太平御览》，第4372页。
⑦ 兼意：《宝要抄》，图版第36—38页，释文第110—112页。又参见森鹿三：《本草学研究》，第299—300页。
⑧ 原作"汉"，《太平御览》（第3591页）作"魏"，"汉"乃"魏"之误，今据改。按此条见于今本《魏书》卷一〇二《西域传》，所言乃大月氏国人，而非"天竺国人"，又"国中"作"中国"。北京：中华书局，1970年，第2275页。

7.《十州记》曰：方丈山上有琉璃宫。

8. 杜笃《论都赋》曰：槌蜯蛤，碎琉璃。

9.《诸葛恢集》曰：诏答恢，今①致琉璃枕②一。

10. 傅咸《污卮③赋》曰：人有遗余④琉璃卮者，小儿窃弄，堕⑤之不洁，意⑥既惜之。不感物之污辱，乃丧其所以为宝，况君子行身而可以有玷乎？

11. 左思《吴都赋》曰：致远琉璃与珂珧音恤。

12. 庾阐《杨都赋》曰：琉璃冰朗而外䁱⑦。

13. 孙公达《琵琶赋》曰：向风临乐，刻饰琉璃⑧。

按：上揭13条佚文，除第12条外，其余全部见于《太平御览》卷八〇八《珍宝部七·琉璃》⑨，第1、2、4、6、7、9诸条又见于《艺文类聚》卷八四《宝玉部下·琉璃》⑩，第10条见于卷七三《杂器物部·卮》，第12条见于卷六一《居处部一·总载居处》⑪，第13条见于卷四四《乐部四·琵琶》⑫，后有双行夹注："《广雅》以下出《御览》。"

"马脑"(8条)⑬

1.《广雅》曰：马脑，石次玉也。

---

① 原作"令"，旁书"今"字，《艺文类聚》(第1441页)、《太平御览》(第3591页)作"今"，今据改。
② "枕"，《艺文类聚》作"椀"，第1441页。
③ 原作"后"，《艺文类聚》(第1259页)、《太平御览》(第3591页)作"卮"，今据改。
④ 原作"途"，《艺文类聚》(第1259页)、《太平御览》(第3591页)作"余"，今据改。
⑤ 原作"随"，《艺文类聚》(第1259页)、《太平御览》(第3591页)作"堕"，今据改。
⑥ 原作"寻"，旁书"意"字，《艺文类聚》(第1260页)、《太平御览》(第3591页)作"意"，今据改。
⑦ "䁱"，《艺文类聚》作"映"，第1109页。
⑧ "向风临乐，刻饰琉璃"，《艺文类聚》(第789页)作"迴风临乐，刻饰流离"，《太平御览》(第3592页)作"回风临乐刻琉璃"。
⑨《太平御览》，第3591—3592页。
⑩《艺文类聚》，第1441页。
⑪《艺文类聚》，第1109页。
⑫《艺文类聚》，第789页。
⑬ 兼意：《宝要抄》，图版第59—60页，释文第133—134页。又参见森鹿三：《本草学研究》，第301页。

2.《魏略》曰：大秦国多马脑。

3.《凉州记》曰：吕纂咸宁①二年，盗发张骏陵，得马脑钟榼。

4.《玄中记》曰：马脑出月氏。

5. 魏文帝《马勒赋》曰：马脑，玉属也，出自西域②，文理交错，有似马脑，故其方人因以名之。

6. 陈琳《马脑勒赋》曰：讬③瑶溪之宝岸，临赤水之朱波。

7. 陆机《浮云④赋》曰：若车渠绕理，马脑缛文，灵龟甲错，鼋鼍龙鳞⑤。

8. 王粲《马脑勒赋》曰：游大国以广观兮，览希世之伟宝，总众材⑥而课⑦美兮，信莫臧⑧于马脑、琉璃⑨。

按：上述 8 条佚文，全部见于《太平御览》卷八〇八《珍宝部七·琉璃》⑩，第 1、2、3、4、5、8 诸条见于《艺文类聚》卷八四《宝玉部下·马脑》⑪，第 8 条后有双行夹注："《广雅》以下出《御览》之"。

"车渠"(7 条)⑫

1.《广雅》曰：车渠，石次玉也。

2.《魏略》曰：大秦国多车渠。

---

① "咸宁"，《太平御览》作"咸和"，第 3590 页。
② 原作"城"，《艺文类聚》(第 1441 页)、《太平御览》(第 3591 页)俱作"域"，今据改。
③ 原作"记"，《太平御览》作"讬"，今据改。第 3591 页。
④ 原作"云"，今据《艺文类聚》(第 15 页)补。按《太平御览》(第 3591 页)作《灵龟赋》，清严可均辑《全晋文》卷九六《陆机》收有《浮云赋》，文末注称："《御览》一，又，又，八百八题误作《灵龟赋》。"参见严氏辑《全上古三代秦汉三国六朝文》，北京：中华书局，1958 年，第 2008 页。以上内容，承复旦大学中文系杨明先生赐教增补，谨致谢忱！
⑤ "灵龟甲错，鼋鼍龙鳞"，《太平御览》作"龟甲错龙鳞"，当有脱文。第 3591 页。
⑥ 原作"林"，《艺文类聚》(第 1441 页)、《太平御览》(第 3591 页)俱作"材"，今据改。
⑦ 原作"谓"，《艺文类聚》(第 1441 页)、《太平御览》(第 3591 页)俱作"课"，今据改。
⑧ 原作"盛"，《艺文类聚》(第 1441 页)、《太平御览》(第 3591 页)俱作"臧"，今据改。
⑨ "琉璃"，《艺文类聚》无，第 1441 页。
⑩《太平御览》，第 3590—3591 页。
⑪《艺文类聚》，第 1441 页。
⑫ 兼意：《宝要抄》，图版第 68—69 页，释文第 142—143 页。又参见森鹿三：《本草学研究》，第 302 页。

3.《玄中记》曰：车渠出天竺国。

4. 魏文帝《车渠椀赋》①曰：车渠玉属，多纤理缛文，生于西国，其俗宝之，小以②系颈，大以为器。

5. 王粲《车渠椀赋》曰：杂玄黄以为质，似乾坤③之未分；兼五德之上美，起④众宝而绝伦。

6. 陈思王《车渠盌赋》曰：惟斯盌之所生，于凉风之峻须⑤，光如激电，景若浮星，何神怪之瓖玮，信一览而九惊。

7. 王处⑥道《车⑦渠鲜赋》曰：温若腾螭之升天，曜似游鸿之远臻。

按：上揭7条佚文，全部见于《太平御览》卷八〇八《珍宝部七·车渠》⑧，第1、3、4、5诸条又见于《艺文类聚》卷八四《宝玉部下·车渠》⑨，第7条后有"《广雅》以下出《御览》"七字。

（四）惟宗允亮《政事要略》所收《修文殿御览》佚文（9条）

"枸橼"（3条）⑩

1. 裴⑪渊《广州记》曰：枸橼，树⑫似橘，实如柚，大而倍长，味奇酢。皮以蜜煮为粽。

2. 刘欣期《交州记》曰：枸橼如柚，核细。

---

① "魏文帝《车渠椀赋》"，《太平御览》作"《古车渠椀赋》"，第3592页。
② 原作"似"，《太平御览》作"以"，今据改。第3592页。
③ 原作"干川"，《太平御览》作"乾坤"，今据改。第3592页。
④ "起"，《太平御览》作"超"，第3592页。
⑤ "须"，《太平御览》作"湄"，第3592页。
⑥ 原作"边"，《太平御览》作"处"，今据改。第3592页。
⑦ 原缺"车"，据《太平御览》补，第3592页。
⑧ 《太平御览》，第3592页。
⑨ 《艺文类聚》，第1442页。
⑩ 惟宗允亮：《政事要略》卷二五，增补新订国史大系第二十八卷，东京：吉川弘文馆，1937年，第90页。参见胜村哲也：《修文殿御览天部之复元》，第658页。
⑪ 原作"斐"，《齐民要术》、《太平御览》（第4310页）皆作"裴"，今据改。北魏贾思勰著，缪启愉校释：《齐民要术校释》（第二版），北京：中国农业出版社，1998年，第743页。
⑫ "树"原缺，据《齐民要术》、《太平御览》补。

3.《异物志》曰：枸橼实似橘，大如饭管，皮不香，味不美，可以浣治葛、紵，若酸浆。

按：《政事要略》乃日本平安时代政书，成书于1002年（一说1008年），作者惟宗允亮系明法博士，出身日本明法世家，他集录关于年中行事、公务交替、纠弹杂事等条文与事件，编成此书，其中大量引用中日典籍。原书一百三十卷，后散佚，现仅存二十六卷，收入日本增补新订国史大系①。

上述3条佚文俱见于《太平御览》卷九七二《果部九·枸橼》②，第1、3条又见于《齐民要术》卷一〇《枸橼》③，其中第1条前明确注明："《御览》（第三百十四果部四）云。"而《太平御览》"果部"系于第九七二卷，知《政事要略》所引《御览》，实即《修文殿御览》，而非《太平御览》。又第3条后有双行夹注"《广志》同也"四字，恐非《御览》原文。

"衣"（4条）④

1.《礼记·礼运》曰：孔子曰：昔先王未有火化，食草木之实，鸟兽之肉，饮其血，茹其毛；未有麻丝⑤，衣其羽皮。后圣有作，治其麻丝，以为布帛。

2.《白虎通》曰：衣者，隐也；裳者，障也，所以隐形自障蔽也。

3.《易》曰：黄帝垂衣裳⑥。

4.《吕氏春秋》⑦曰：胡曹作衣。⑧

---

① 参见李贞德：《唐代的性别与医疗》，载邓小南主编：《唐宋女性与社会》，上海辞书出版社，2003年，第442页注释(63)。
② 《太平御览》，第4310—4311页。
③ 《齐民要术校释》，第743页。
④ 惟宗允亮：《政事要略》卷六七，第539页。参见胜村哲也：《修文殿御览天部の复元》，第658页。
⑤ "麻丝"，《太平御览》作"丝麻"，下同。第3073页。
⑥ "黄帝垂衣裳"，《太平御览》为"黄帝尧舜垂衣裳而天下治，盖取诸乾坤。（上衣下裳，乾坤之象）"，第3073页。
⑦ "《吕氏春秋》"，《太平御览》引作"《世本》"，第3073页。
⑧ 《太平御览》"胡曹作衣"后有双行夹注："宗衷注曰：黄帝臣也。"第3073页。

按：上述4条佚文俱见于《太平御览》卷六八九《服章部六·衣》①，且第1条前注明"《御览》（第二百卅二服章二衣）"，可知此《御览》也是《修文殿御览》。又第2条后有"事始"二字，夹注"下卷衣裳"四字；第4条后有"同书"二字，夹注"布帛"二字。

"学校"（2条）②

1.《周礼·地官下》：师氏曰：师氏以三德教国子：一曰至德，以为道本；二曰敏德，以为行本；三曰孝德，以为知逆恶。又教三行：一曰孝行，以亲父兄；二曰友行，以尊贤良；三曰顺行，以事师长。郑玄注曰：德行，外内之称也。在心为德，施之为行。

2.《魏名臣奏》曰③：凡学受业，皆当须十五以上；公卿大夫子弟在学者，以年齿长幼相次也。学者不恭，甬慢师肃，酗酒好讼，罚饮水三升④。

按：上揭2条佚文俱见于《艺文类聚》卷三八《礼部上·学校》⑤、《太平御览》卷五三四《礼仪部十三·学校》⑥，然文字互有详略。其中第1条前标明出自"《御览》（百四十四学校）"，也表明其为《修文殿御览》佚文。

（五）具平亲王《弘决外典抄》所收《修文殿御览》佚文（4条）

1.《御览》云：八眉，如八字也；重瞳者，目有四瞳子也。⑦
2.《御览》云：《三五历记》云：未有天地之时，混沌状如鸡子也。

---

① 《太平御览》，第3073页。
② 惟宗允亮：《政事要略》卷九五，第715页。参见胜村哲也：《修文殿御览天部の复元》，第658页。
③ 《艺文类聚》（第692页）、《太平御览》（第2424页）"曰"字后皆有"蒋济奏"三字。
④ "学者不恭，甬慢师肃，酗酒好讼，罚饮水三升"，《艺文类聚》（第692页）、《太平御览》（第2424页）皆作"学者不恭肃，慢师、酗酒、好讼，罚饮水三升"。
⑤ 《艺文类聚》，第691、692页。
⑥ 《太平御览》，第2423、2424页。
⑦ 具平亲王：《弘决外典钞》卷一"目有重瞳"条，东京：春秋社，1989年，第13页。录文又参见新美宽编，铃木隆一补：《本邦残存典籍による辑佚资料集成》（续），京都大学人文科学研究所，1968年，第117页。

天如鸡子白,地如鸡子黄。①

3.《御览》云:《艺经》曰:筹,成都也。②
4.《御览》云:《杂字解诂》云:鸡鶨,似凤凰;鸡鶨,山鸡也。③

按:《弘决外典钞》四卷,日本具平亲王(964—1009)撰,是对唐代高僧湛然大师撰《摩诃止观辅行传弘决》一书所引外典的注疏书,成书于正历二年(991)。书中引用了大量中国典籍,不少今已失传,至为珍贵④。该书所引《御览》佚文4条,明确注明出自《修文殿御览》,其中第1条未注明引自何书,然相关内容见于《太平御览》卷八〇《皇王部五·帝尧陶唐氏》⑤、《初学记》卷九《帝王部·总叙帝王》亦有类似记载⑥。第2条正文内容见于《法苑珠林》卷四《日月篇·地动部》⑦、《太平御览》卷一《天部一·元气》⑧,但夹注"天如鸡子白,地如鸡子黄"一语,未见相关记载⑨。第3、4条不见于《太平御览》及相关类书。

(六)《明文抄》所收《修文殿御览》佚文(3条)

1. 为人臣侮其主者,其罪死而又死。《修文殿御览》⑩

---

① 具平亲王:《弘决外典钞》卷一"元气未分混而为一"条,第17页。《本邦残存典籍による辑佚资料集成》(续)注云:"称名寺本句末有'天如鸡子白地如鸡子黄'十字。"第117页。
② 具平亲王:《弘决外典钞》卷一"固留决都都讫"条,第26页。《本邦残存典籍による辑佚资料集成》(续)注云:"称名寺本'筹'作'十'。"第117页。
③ 具平亲王:《弘决外典钞》卷四"楚人凤凰其实山鸡"条,第103页。《本邦残存典籍による辑佚资料集成》(续)录文与此稍异,第117页。
④ 参见河野贵美子著,葛继勇译:《〈弘决外典钞〉所引汉籍考——具平亲王的学问及周边的汉籍》,载《甘肃社会科学》2008年第5期。
⑤ 《太平御览》:"《尚书大传》曰:尧八眉,舜四瞳子。八者,如八字也。"第373页。
⑥ 《初学记》:"《尚书大传》曰:尧八眉,八眉者,如八字。"北京:中华书局,1962年,第202页。
⑦ 《法苑珠林》:"《三五历纪》曰:未有天地之时,混沌如鸡子。溟涬始可,蒙鸿滋分。岁起摄提,元气启肇。"第122页。
⑧ 《太平御览》:"《三五历纪》曰:未有天地之时,混沌状如鸡子。溟涬始牙,濛(莫孔切)鸿(胡孔切)滋萌。岁在摄提,元气肇始。"第1页。
⑨ 按《太平御览》卷二《天部下·浑仪》载:"《浑天仪》曰:天如鸡子,地如中黄,居其天内,天大地小。"《修文殿御览》佚文是否出自《浑天仪》,并不清楚。第10页。
⑩ 远藤光正:《类书の传来と明文抄の研究——军记物语への影响——》,录文第40页,图版第565页。

2. 饥而思食,壮而恶,自然之性。《修文殿御览》①
3. 以往圣之法治将来,譬如胶柱而调瑟。《修文殿御览》②

按:《明文抄》五卷,日本古类书,镰仓中期藤原孝范编,是书征引大量中国典籍,非常珍贵。上述 3 条佚文,明确注明出自《修文殿御览》,其中第 1 条见于《太平御览》卷三五三《兵部八十四·载下》引刘向《新序》③,第 2 条见于卷五一〇《逸民部十》引《高士传》④,第 3 条出自扬雄《法言》⑤,未见《太平御览》记载。

以上据日本典籍辑出《修文殿御览》佚文 77 条,其中 70 条见于《太平御览》,录入比例高达 90.9%,二书之密切关系于此可见。

二、中国古籍所存《修文殿御览》佚文(18 条)

中国典籍也收有十数条《修文殿御览》佚文,付晨晨、桂罗敏曾做过初步辑佚工作⑥,然有不少遗漏。今按引书时代先后具列分析如下。

唐释道世《法苑珠林》卷六《六道篇·舍宅部·感应缘》载⑦:

1. 《韩诗外传》曰:死为鬼⑧。鬼者,归也。精气归于天,肉归于土,血归于水,脉归于泽,声归于雷,动作归于风,眼归于日月,骨归于木,筋归于山,齿归于石,膏归于露,发归于草⑨,呼吸之气复归于人。

---

① 远藤光正:《类书の伝来と明文抄の研究——军记物语への影响——》,录文第 40 页,图版第 591 页。
② 远藤光正:《类书の伝来と明文抄の研究——军记物语への影响——》,录文第 40 页,图版第 613 页。
③ 《太平御览》,第 1623 页。
④ 《太平御览》,第 2322 页。按"壮而恶",当为"壮而思室"之误。
⑤ 《法言》卷六《先知篇》作"以往圣人之法治将来,譬犹胶柱而调瑟"。明程荣编:《汉魏丛书》,吉林大学出版社,1992 年,第 511 页。
⑥ 付晨晨:《〈修文殿御览〉初探》,武汉大学历史学院本科学士学位论文(笔者指导),2009 年;桂罗敏:《〈修文殿御览〉考辨》,载《图书情报工作》2009 年第 1 期。
⑦ 《法苑珠林校注》,第 200—201 页。
⑧ "死为鬼",《太平御览》作"人死曰鬼",第 3923 页。
⑨ "草",《太平御览》作"革",第 3923 页。

2.《礼记·祭义》曰：宰我曰："吾闻鬼神之名，不知其所谓。"子曰："气之也者，神之盛也；魄也者，鬼之盛也。合鬼与神，教之至也。"

3. 依崔鸿《十六国春秋·前凉录》曰：张倾，安定马氏人。初倾之杀麴俭，俭有恨言。恨言是月光见白狗。拔剑斫之，倾萎地不起。左右见俭在傍，遂乃暴卒。

4. 依《神异经》①曰：东北方有鬼星石室。屋三百户而共所②。石傍③题曰鬼门，门昼日不闭④，至暮则有人语。有火青色。右此四验出其《御览》。

"右此四验出其《御览》"一语，表明上述 4 条引文源自《修文殿御览》。除《十六国春秋》条外，《韩诗外传》、《神异经》2 条见于《太平御览》卷八八三《神鬼部三·鬼上》⑤，《礼记·祭义》条见于同书卷八八一《神鬼部·神上》⑥。苏晋仁先生曾指出："除佛教的类书外，世俗的类书如《修文殿御览》见于卷六《六道篇·舍宅部·感应缘》。又如卷四五《审察篇·审学部·感应缘》引有《博物志》、《白泽图》、《抱朴子》三书，与《太平御览》卷八八六《精部》所引次第、文字全同，如出一辙，可证二者当是引自同一类书，但出自何家，则无从得知。"⑦除苏先生所言外，《法苑珠林》一书中，应该还有不少内容取自《修文殿御览》，如卷三六《华香篇·感应缘》所记"鸡舌香"、"芸香"诸条，即与前揭日本古籍所收《修文殿御览》佚文完全相同，其源自《修文殿御览》应无疑义。其余诸香也多见于《太平御览》卷九八一、九八二《香部》，考虑到《太平御览》与《修文殿御览》的直接渊源关系，《法苑珠林》卷三六《华香篇·感应缘》有关诸香的记载，很有可能多源自《修文殿御览》。

---

① 按此条不见今本《神异经》记载。
② "屋三百户而共所"，《太平御览》作"三百户而共一门"，第 3924 页。
③ "傍"，《太平御览》作"牓"，第 3924 页。
④ "闭"，《太平御览》作"开"，第 3924 页。
⑤ 《太平御览》，第 3923 页、第 3924 页。
⑥ 《太平御览》，第 3913 页。
⑦ 《法苑珠林校注》"校注叙录"，第 5 页。

又唐释慧琳《一切经音义》卷七七"鹰鹞"条①：

  5.《御览》云：鸟之勇锐者，名之为鸷。

日本新美宽编、铃木隆一补《本邦残存典籍による辑佚资料集成》一书已指出，此《御览》即《修文殿御览》②，然相关内容未见《太平御览》及其他类书转录。

唐段公路《北户录》卷一"红蟹殻"条载③：

  6. 招潮《修文殿御览》：招潮，小蟚蜡，殻白，依潮，潮长皆坎外举螯，不失常期，俗言招潮子也。

《太平御览》卷九四三《鳞介部十五·招潮》引书名为《临海异物志》，文字略有差异④。又《北户录》卷二"睡菜"条注称⑤：

  7. 又《御览》：顾凯之《启蒙记》曰：如何随刀而改味也。

此条见于《太平御览》卷九六一《木部十·如何》⑥，内容完全一样，无疑也属《修文殿御览》佚文。又《北户录》卷三"无核荔枝"条载⑦：

  8. 南方果之美者，有荔枝。（中略）俗呼为荔枝，奴非虚语耳。《修文殿御览》云：龙眼子一名龙目。左思《蜀都赋》云：旁挺龙目，侧生荔

---

① 徐时仪校注：《一切经音义三种校本合刊》，上海古籍出版社，2008年，第1881页。
② 新美宽编、铃木隆一补：《本邦残存典籍による辑佚资料集成》（续），第117页。
③ 《北户录》，收入张智主编：《中国风土志丛刊》第六十二册，扬州：广陵书社，2003年，第28页。
④ 《太平御览》载："《临海异物志》曰：招潮，小如彭蜡，殻白，依潮长背坎外向，举螯不失常期，俗言招潮水也。"第4187页。
⑤ 《北户录》，第82页。
⑥ 《太平御览》，第4265页。
⑦ 《北户录》，第92页。

枝也。

"龙眼子一名龙目",据《太平御览》卷九七三《果部十·龙眼》,出自《吴氏本草》①。其后所引左思《蜀都赋》,亦见于《太平御览》卷九七一《果部八·荔支》②,当也出自《修文殿御览》。

北宋司马光《资治通鉴》卷八五西晋惠帝太安二年(303)正月《考异》载③:

> 9. 祖孝徵《修文殿御览》云:太安二年,特大赦,改年建初元年,特见杀。

据《太平御览》卷一二三《偏霸部七·蜀李特》,此条当引自崔鸿《十六国春秋·蜀录》:"太安二年,都下推特为大将军,大赦,改元为建初元年。(中略)特军败绩,死之。"④又同书卷《偏霸部七·李流》载:"建初元年,特既见杀,流自称大将军、益州牧。"⑤

北宋陆佃注《鹖冠子》卷上《道端第六》称⑥:

> 10.《修文殿御览》引《鹖冠子》曰:进贤者受上赏,则下不蔽善。为政者赏之不多而民喜,罚之不多而民畏焉。

陆佃所引此条《修文殿御览》佚文,又见于《太平御览》卷六三三《治道部十四·赏赐》:"《鹖冠子》曰:进贤者受上赏,则下不蔽善。为政赏人不多而民喜,罚人不多而民畏。(言赏罚中)"⑦。

---

① 《太平御览》,第4312页。
② 《太平御览》,第4307页。
③ 《资治通鉴》,北京:中华书局,1956年,第2677页。
④ 《太平御览》,第596页。
⑤ 《太平御览》,第596页。
⑥ 黄怀信:《鹖冠子汇校集注》,北京:中华书局,2004年,第96页。
⑦ 《太平御览》,第2839页。

南宋周密《齐东野语》卷一〇《绢纸》载①：

> 11. 隋《修文殿御览》载：晋人藏书数，有白绢草书、白绢行书、白锻绢楷书之目。

按《修文殿御览》为北齐祖珽等所修，周密称"隋《修文殿御览》"，或有误记。《齐东野语》所载此段佚文，虽不见于它书记载，然南宋时《修文殿御览》尚未全佚，周密所记当有所本。

元代吴师道《战国策校注》卷三《秦》"美男破老"条注称②：

> 12. 《修文御览》引《周书》作"美男破产，美女破居"。

"《周书》"，《太平御览》卷三七九《人事部二十·美丈夫上》引作"《十二国史》"，云"又曰：美男破老，美女破居"。③

明初王祎（1322—1373）《大事记续编》卷六六唐武宗会昌四年（844）八月解题注称④：

> 13. 《修文殿御览》：上党郡石碎关。

本条不见《太平御览》等书记载，王祎当据《修文殿御览》原书所引，且同书卷三六"魏皇子太平王焘临朝"条解题明确记载："刘恕校正《后魏书·太宗纪》：'四月，封皇子焘为太平王；五月，诏皇子临朝听政。'《世祖纪》：'四月，封太平王；五月，为监国。'亦不言曾立为皇太子。惟《北史》书'立太平王焘为皇太子，临朝听政'。《高氏小史》、《修文殿御览》亦无立皇太子事，今从之。"⑤王祎参据《高氏小史》、《修文殿御览》等书，最终认同《后

---

① 《齐东野语》，中华书局，1983 年，第 185 页。
② 《战国策校注》，四部丛刊本。
③ 《太平御览》，第 1752 页。
④ 《大事记续编》，景印文渊阁四库全书，台北：台湾商务印书馆，1986 年，第三三四册，第 293 页。
⑤ 《大事记续编》，第三三四册，第 502 页。

《魏书》所记拓跋焘未曾立为皇太子之事,说明他曾参阅过《修文殿御览》原书。又据明初内府藏书《文渊阁书目》卷一一《类书》载:"《修文御览》一部,四十五册,阙。"①因此,可以肯定,明初《修文殿御览》尚存,并未完全亡佚。

明中叶杨慎(1488—1559)《升菴集》卷五二《古蜡祝丁零威歌遗句》载②:

> 14.《丁零威歌》:"城郭是,人民非,何不学仙冢纍纍。"而《修文御览》所引云:"何不学仙去,空伴冢纍纍。"增此三字,文义始明,书所以贵乎博考也。

明梅鼎祚(1549—1615)《古乐苑》卷五一《丁令威歌》载:"有鸟有鸟丁令威,去家千岁今来归,城郭如故人民非,何不学仙塚垒垒。"其后注云:"《修文殿御览》所引云:'城郭是,人民非,何不学仙去,空伴冢纍纍。'"③按梅氏生活时代比杨慎晚了六十余年,其所引《修文殿御览》佚文同于杨慎,是他自己直接取自《修文殿御览》,还是源自杨慎之书,并不清楚。但不管如何,《修文殿御览》载有《丁令威歌》,则是大致可以肯定的。

又《升菴集》卷五四《李陵诗》载④:

> 15.《修文殿御览》载李陵诗云:"红尘蔽天地,白日何冥冥;微阴盛杀气,凄风从此兴。招摇西北指,天汉东南倾;嗟尔穿庐子,独行如履冰。袒褐中无绪,带断续以绳;泻水置瓶中,焉辨淄与渑,巢父不洗耳,后世有何称。"

杨慎称:"此诗《古文苑》止载首二句,注云'下缺',当补入之,以传好古

---

① 《文渊阁书目》,丛书集成补编本,北京:中华书局,1985年,第143页。
② 《升菴集》,景印文渊阁四库全书,台北:台湾商务印书馆,1986年,第一二七〇册,第456页。
③ 《古乐苑》,景印文渊阁四库全书,台北:台湾商务印书馆,1986年,第一三九五册,第532—533页。
④ 《升菴集》,第一二七〇册,第475页。

者。"其后冯惟讷(1513—1572)《古诗纪》卷二〇《李陵录别诗八首》收录此诗,并注明:"《升菴诗话》云见《修文殿御览》。"①又李攀龙(1514—1570)《古今诗删》卷六《李陵录别诗四首》②、曹学佺(1574—1646)《石仓历代诗选》卷一《拟苏李诗》③亦收录此诗。然明末清初人冯舒(1593—1645),在其《诗纪匡谬》一书中,曾对杨慎据《修文殿御览》复原的此诗有所批评,云:"《升菴诗话》云'出《修文御览》'。此书亡来已久,所不敢信。"④今人逯钦立先生亦赞同冯舒之说,认为此诗"白日何冥冥"后诸句乃杨慎伪造⑤。不过,冯舒乃明末清初人,他看不到《修文殿御览》,并不等于明代的其他学人也看不到,因为除杨慎外,明初王祎撰《大事记续编》,就曾参考利用过《修文殿御览》;明末清初,方以智(1611—1671)所撰《通雅》,也引用过该书(详后)。因此,冯舒所言"此书亡来已久,所不敢信",恐有疑问。至于说此诗乃杨慎所伪造,若无充分有力证据,似不可完全凭信。

又《升菴集》卷六八《范蠡西施》载⑥:

16. 后检《修文御览》见引《吴越春秋》逸篇云:"吴亡后,越浮西施于江,令随鸱夷以终。"

其后徐应秋(? —1621)《玉芝堂谈荟》卷六《西施随蠡》亦引用此条⑦,惜不见《太平御览》及相关类书记载。清人陈厚耀(1648—1722)《春秋战国异辞》卷三七《吴》载:"《吴越春秋》:'吴亡后,越浮西施于江,令随鸱夷以终。'《修文御览》引,今本无。墨子曰:'西施之沈,其美也。'"按诸书不载西

---

① 《古诗纪》,景印文渊阁四库全书,台北:台湾商务印书馆,1986年,第一三七九册,第159—160页。
② 《古今诗删》,景印文渊阁四库全书,台北:台湾商务印书馆,1986年,第一三八二册,第41页。
③ 《石仓历代诗选》,景印文渊阁四库全书,台北:台湾商务印书馆,1986年,第一三八七册,第9页。
④ 《诗纪匡谬》,知不足斋本,第13—14页。
⑤ 逯钦立:《先秦汉魏晋南北朝诗》(上),北京:中华书局,1983年,第340页。
⑥ 《升菴集》,第一二七〇册,第668页。
⑦ 《玉芝堂谈荟》,景印文渊阁四库全书,台北:台湾商务印书馆,1986年,第八八三册,第148页。

施所终,翟去灭吴未远,此言当必有据。"①其对《修文殿御览》所引《吴越春秋》的这段佚文,也给予了肯定。

又明中叶王世贞(1526—1590)《弇州山人四部稿》卷一五八《说部》载②:

17. 昔人以王右军《兰亭诗叙》比石崇《金谷园诗序》,云"右军甚喜"。杨用修尝得其全文传之。及览《修文御览》所载云:"吾有庐在河南金谷中,去城十里,有田十顷,羊二百口,鸡猪鹅鸭之属,莫不毕备。"用修所载缺此,恐亦未是全文。

《太平御览》卷九一九《羽族部六·鸭》云:"石崇《金谷诗序》曰:'吾有庐在河南金谷中,去城十里,有田十顷,羊二百口,鸡猪鹅鸭之属,莫不毕备。'"③与王世贞据《修文殿御览》所引全同。按杨用修即杨慎,观王氏上揭文字,似此段佚文为其亲自阅读《修文殿御览》所得,而不见杨慎书所载。果如此,则明代中期《修文殿御览》尚未全佚。

逮至明末清初,方以智所撰《通雅》一书,也曾直接引用过《修文殿御览》,据该书卷二〇《姓名(人名)》载④:

18. 召由:《韩子》作"仇䌛"。《修文御览》引《吕览》曰:'中山有夙䌛者,智伯欲攻之,遗以钟。'升菴引作"夙䌛",则《吕览》之讹本也,今本皆是"夙䌛"。夃由又作"𠀤由"。

智伯攻夙䌛之事,见于《太平御览》卷四五七、五七五,然一引书作《台甲孔丛子》⑤,一作《韩子》⑥,知此条未为《太平御览》所沿用。值得注意的是,

---

① 《春秋战国异辞》,景印文渊阁四库书,台北:台湾商务印书馆,1986 年,第四〇三册,第 763 页。
② 《弇州山人四部稿》,台北:伟文图书出版社有限公司,1976 年,第 7216 页。
③ 《太平御览》,第 4078 页。
④ 《通雅》,景印文渊阁四库全书,台北:台湾商务印书馆,1986 年,第八五七册,第 431 页。
⑤ 《太平御览》,第 2103 页。
⑥ 《太平御览》,第 2596 页。

与方以智大致同时代的钱谦益(1582—1664),在其《绛云楼书目》卷三《类书类》中也明确记载:"《修文殿御览》,一百六十四册(三百六十卷,祖珽)。"①据此可以判断,明末清初时,《修文殿御览》仍未散佚。

以上据中国典籍辑出《修文殿御览》佚文18条,其中10条见于《太平御览》,录入比例为55.55%。

三、后　论

《修文殿御览》虽已亡佚,但自20世纪初叶敦煌写本P.2526号问世以来,中外学人关于其是否为《修文殿御览》残卷的讨论,很大程度上推动了《修文殿御览》本身的研究,其中胡道静、森鹿三、胜村哲也三位先生的研究最为突出。胡氏系统考察了该书的编纂、体例、特点及流传情况②;森氏则从兼意诸抄中揭出数十条《修文殿御览》佚文,为深入认识和研究该书提供了不少新资料③;胜村氏在森氏基础上致力于《修文殿御览》的探讨与复原工作,取得不少新进展④。根据《修文殿御览》佚文及前人相关研究成果,我们可以对《修文殿御览》有更进一步的了解和认识。

目前所知,《修文殿御览》总有佚文95条(77+18),收入《太平御览》即达80条(70+10),约占总条数比例的84.21%,从中不难看出二书之间的直接渊源关系。而敦煌写本P.2526号条文内容收入《太平御览》并不

---

① 《绛云楼书目》,丛书集成初编本,北京:中华书局,1985年,第69页。承孙齐先生赐教,清乾隆中鄞县卢址《抱经楼书目》著录明抄本《修文殿御览》三百六十卷、一百六十三册,或即绛云楼旧藏,傅增湘曾入楼观书,判断其以《文苑英华》伪为之。孙氏指出,明代以后,真正的《修文殿御览》是否存在,还可再讨论。参氏撰《〈新资料与中古文史论稿〉述评》,载《理论与史学》第2辑,北京:中国社会科学出版社,2016年,第226页。按孙氏所言,值得重视,但目前尚无坚实的证据否定明代《修文殿御览》的存在。明初王祎《大事记续编》所引《修文殿御览》史事,可以证明该书明初是存在的,至于何时散佚,本文只是根据现有资料提出一种推断而已,是否成立,当然还有待进一步证实。
② 胡道静:《中国古代的类书》,北京:中华书局,1982年,第47—54页。
③ 森鹿三:《修文殿御览について》。
④ 胜村哲也:《修文殿御览卷第三百一香部的复元——森鹿三氏「修文殿御览について」を手挂りとして》,《日本仏教学会年报》第三十八号,1973年,第153—176页;《〈修文殿御览〉新考》,《森鹿三博士颂寿记念史学论文集》,京都:同朋社,1977年,第159—194页;《修文殿御览天部の复元》,《中国の科学と科学者》,京都大学人文科学研究所,1978年,第643—690页。

多,且文字差异较大,其与《修文殿御览》的关系,反而不如《艺文类聚》密切。因此,我们有理由相信,P. 2526 号写本绝非《修文殿御览》,而更有可能是比之更早的《华林遍略》①。

《修文殿御览》总三百六十卷,五十五部②,部下的门类,据《玉海》卷五四《艺文》"北齐《修文殿御览》"条,称其"采撷群书,分二百四十部以集之"③,胡道静先生指出"部"是五十五部下面的门类④,则其书当有二百四十门类。具平亲王《弘决外典钞》卷二"如《御览》之流"条注云⑤:

《御览》三百六十卷,有乾坤万物部,北齐尚书左仆射祖孝徵所撰也。

所谓"乾坤万物部",当指包罗万象的天地万物诸部。根据目前掌握的资料,可以确认《修文殿御览》有"皇王部"⑥、"服章部"⑦、"果部"⑧等,此与《太平御览》同;又前揭《政事要略》所引《吕氏春秋》后有"同书"二字,夹注"布帛",似《修文殿御览》有"布帛部",同于《艺文类聚》,而与《太平御览》有异。至于部下的门类,据前揭佚文,可知有"木甘草"、"鸡舌香"、"芸香"、"人参"、"远志"、"天门冬"、"车渠"、"马脑"、"琉璃"、"金"、"枸橼"、"衣"、"衣裳"、"学校"等;此外尚有"黄柑"⑨、"花生香"⑩、"水滴器"⑪等门类,其

---

① 参见拙文《〈华林遍略〉乎?〈修文殿御览〉乎?——敦煌写本 P. 2526 号新探》,拟刊高田时雄先生主编:《敦煌写本研究年报》第七号,2013 年。修订稿已收入本书。
② 史籍记为五十部,胡道静先生考证指出是五十五部,极有道理,此从之。胡道静:《中国古代的类书》,第 48 页注释①。
③ 《玉海》,江苏古籍出版社、上海书店,1987 年,第 1026 页。
④ 胡道静:《中国古代的类书》,第 49 页。
⑤ 《弘决外典钞》,第 41 页。
⑥ 参见《魏书》卷三《太宗纪》校勘记(一)所引宋人校语:"又案《北史》、《高氏小史》、《修文殿御览·皇王部》皆抄略魏收书。"北京:中华书局,1974 年,第 64 页。
⑦ 参见正文所引"《御览》(第二百卅二服章二衣)"。
⑧ 参见正文所引"《御览》(第三百十四果部四)"。
⑨ 《北户录》卷三"变柑"条注称:"据杂书,如《翰林》、《要海》、《御览》、贾思协皆列在黄柑门中。"知《修文殿御览》有"黄柑"门。第 94 页。
⑩ 《说郛》卷二下引宋施青臣《继古藂编》"藕花诗"条云:"又北齐《修文御览》有花生香一门,专载此事,诸家集注韩诗,皆遗而不收,特表出之。"知《修文殿御览》有"花生香"门。景印文渊阁四库全书,台北:台湾商务印书馆,1986 年,第八七册,第 374 页。
⑪ 日本源顺撰:《倭名类聚抄》卷一三《调度部上·文书具》"水滴器"条载:"《御览》寺(等)目录云'水滴器'。"知《修文殿御览》有"水滴器"门。此据那波道圆校注本,第四册,第 8 页。

中"水滴器"见于《太平御览》卷六〇六《文部》,而"黄柑"、"花生香"两门则未见,说明二书在部类名称上还是存在着某些差异。在具体编排上,《修文殿御览》与《太平御览》既有相对应之处,又有不一致之处,如服章部,《修文》系于卷"第二百卅二",《太平御览》系于第六八九卷,该部在二书中所处位置大致相当,可以相互对应;至于礼仪部学校门,《修文殿御览》系于第一四四卷,《太平御览》则系于第五三四卷,二者则不能完全相对应。更为明显的是,"木甘草"属于药部,《修文殿御览》系于"卷第三百","芸香"属香部,系于"第三百一卷",果部系于"第三百十四",前后顺序依次为药部、香部、果部;而《太平御览》果部系于第九六四至九七五卷,香部系于第九八一至九八三卷,药部系于第九八四至九九三卷,顺序则是果部、香部、药部。可见,二书在一些部类的编排顺序上并不一致。

　　《修文殿御览》在《华林遍略》基础上,增补了《十六国春秋》、《拾遗录》、《魏书》等书内容,有自己的编纂体例和特点,对南朝类书既有继承又有创新,体现了北朝文化的某些特色。胡道静先生曾指出,撰例谨严是《修文殿御览》一书的特点,故能流传①。综合现有材料分析,该书有三个方面的显著特点:第一,条目清晰,编排有序。日本学者胜村哲也先生指出,《修文殿御览》条文是按"经部书·字书·史部书·子部书·集部书"的顺序排列的②;付晨晨女史则认为,《修文殿御览》在修撰体例上杂采了四部分类法,和《七录》的分类思想相近,并以《七录》分类为主,但在具体分类中却体现出其后四部分类法的倾向③。不管如何,《修文殿御览》有自己的编纂体例,这是可以肯定的,而敦煌写本 P. 2526 号的条文编排,则显得较为混乱,无章可循,二者存在着明显的差别。第二,"事""文"分列,开后世类书"事前文后"之先河。过去学界皆认为《艺文类聚》首创类书"事前文后"的编纂体例,现在看来,这一观点大有修正之必要。因为北齐所撰《修文殿御览》已率先采用了这一体例,如前揭"芸香"佚文 15 条,其中"事"11 条,"赋"4 条,"事"居前,"赋"处后;又"琉璃"13 条、"马脑"8 条

---

① 胡道静:《中国古代的类书》,第 51 页。
② 胜村哲也:《修文殿御览天部の复元》。
③ 付晨晨:《〈修文殿御览〉初探》。

也是如此,这一编纂体例完全为北宋《太平御览》所承袭,而与"事"、"文"混杂的 P.2526 号写本大不相同。第三,文字简洁、凝练,长文较少。《华林遍略》总七百余卷,内容繁多,胜村哲也先生已指出其长文居多的特点①。如唐释法琳《辩正论》卷七"有新鬼不得饮食"条,所引内容明确为《华林遍略》佚文,字数多达三百十六字(不计标点符号)②。而《修文殿御览》在《华林遍略》基础上增补了不少北朝典籍内容,然总卷数却只有三百六十卷,比《华林遍略》少了将近一半,其原因即是对《华林遍略》原书内容进行了大量删节和精简。观目前所辑《修文殿御览》佚文,可以发现,条文多者八十字左右,少者仅七八字,其简洁、凝练特点跃然纸上。《修文殿御览》所以能传承长久,恐怕是与这些特点分不开的。

然而,《修文殿御览》最终还是因为种种原因未能保存至今。至于其具体亡佚时间,胡道静先生指出,明、清两代学者,从未见引用此书者,其不传于世,当在明初以后③。然据上文分析,从明初到明末清初,王袆《大事记续编》、杨慎《升菴集》、王世贞《弇州山人四部稿》、方以智《通雅》都曾引用过《修文殿御览》,明初《文渊阁书目》、明末清初《绛云楼书目》也都明确著录过该书,而且还记录了此书存世的具体册数。这些皆可充分表明,有明一代,《修文殿御览》一书并未完全散佚。相较而言,清代极少有学者直接引用《修文殿御览》,则其不传于世,或在明末以后。

(本文原载《魏晋南北朝隋唐史资料》第二十八辑,2012 年。收入本书时,略有修订。)

---

① 胜村哲也:《修文殿御览天部の复元》。
② 《大正藏》第五十二册,东京大正一切刊经行会,1924—1934,第 538 页,中栏;《中华大藏经》第六十二册,北京:中华书局,1993 年,第 577 页,中栏。
③ 胡道静:《中国古代的类书》,第 51—52 页。

《太公家教》成书年代新探

——以吐鲁番出土文书为中心

童蒙读物《太公家教》自敦煌石室发现以来，即备受中外学者瞩目，相关研究成果不少。关于其成书年代，学者们大多认为成于安史之乱后①。2004年，张求会先生在《历史研究》杂志上发表《陈寅恪佚文〈敦煌本太公家教书后〉考释》②一文，介绍了陈寅恪先生在20世纪30年代考释敦煌本《太公家教》的一篇未刊佚文。陈先生在文中指出，《太公家教》"乃刺取旧籍，联缀成文。实一格言熟语之汇集"，"绝非垂训子孙之专书也"；又据唐义净译《根本说一切有部 苾刍尼毗奈耶》卷五有关"太公"、"太家"之记载，认为义净所译佛经，"盖兼采当时习用之语。此书标名之义，即可藉以印证，不必广征不同时代之语言，以相比传，转致纠纷迷惑，无所折衷。然则当时呼夫之父母为太公太家，当亦为老翁老姬之通称。'《太公家教》'者或亦可释为'太公及太家之教言'即'老生常谈'之谓。"陈先生还指出："李习之《答朱载言书》既引《太公家教》为喻。则其书于唐之中叶必已流行。据此推其著作年代，当不能后于唐初，义净所生之时适与相值。"按寅恪先生《记唐代之李武韦杨婚姻集团》一文首称："唐代之史可分为前

---

① 高国藩：《敦煌写本〈太公家教〉初探》，《敦煌学辑刊》1984年第1期；汪泛舟：《〈太公家教〉考》，《敦煌研究》1986年第1期；周凤五：《敦煌写本太公家教研究》，台北：明文书局，1986年，第87—105页；季羡林主编：《敦煌学大辞典》"太公家教"条，上海辞书出版社，1998年，第780—781页；郑阿财、朱凤玉：《敦煌蒙书研究》，兰州：甘肃教育出版社，2002年，第359—360页。

② 张求会：《陈寅恪佚文〈敦煌本太公家教书后〉考释》，《历史研究》2004年第4期。

后二期,而以玄宗时安史之乱为其分界线。"①又义净生于唐太宗贞观九年(635),卒于唐玄宗先天二年(713)②。由此可知,陈先生对《太公家教》成书年代之判断,与后来之研究者颇有不同,所谓"当不能后于唐初",即指其成书于安史之乱前。又王重民先生亦早指出:"《太公家教》是从中唐到北宋初年最盛行的一种童蒙读本。大概说来,自从第 8 世纪的中叶直到第 10 世纪末年(750—1000)通用在中国本部。"③王先生虽未对《太公家教》的成书年代有明确的解说,但从他对该书流行时间的判断分析,似乎并不认为《太公家教》成于安史之乱后。

已有的研究主要依据敦煌所出《太公家教》写本,而敦煌写本的年代大多在中唐以后,因而很大程度影响了学者们的认识和判断。有幸的是,随着数件吐鲁番所出《太公家教》写本的发现,使我们对该写本的成书年代问题产生了若干新认识。2004 年初,笔者即在《〈大谷文书集成〉古籍写本考辨》一文中指出,对吐鲁番所出《太公家教》写本的比定,有助于我们进一步认识其成书年代及其在西州地区的传播等问题④。今在前贤已有研究成果基础上,对此问题做进一步探讨,不当或错谬之处,敬请方家不吝赐教。

吐鲁番所出《太公家教》写本,最早为台湾学者郑阿财先生所揭示,郑先生在《学日益斋敦煌学札记》一文中,首次比对出大谷 3167 号、3169 号、3175 号、3507 号四件文书俱属《太公家教》写本残片⑤。这无疑是一个重要的发现,为深入研究《太公家教》提供了不可多得的新资料。为便于说明问题,兹据日本小田义久教授《大谷文书集成》所附图版并参考郑先生录文重录数件文书内容如下:

大谷 3167 号⑥:

---

① 《陈寅恪集·金明馆丛稿初编》,北京:生活·读书·新知三联书店,2001 年,第 266 页。
② 王邦维:《大唐西域求法高僧传校注》"校注前言",北京:中华书局,1988 年,第 1 页。
③ 王重民:《敦煌古籍叙录》,北京:中华书局,1979 年,第 220 页。
④ 拙文《〈大谷文书集成〉古籍写本考辨》,《新疆师范大学学报》2004 年第 1 期,第 45 页。
⑤ 郑阿财:《学日益斋敦煌学札记》,载《周一良先生八十生日纪念论文集》,北京:中国社会科学出版社,1993 年,第 193—196 页。
⑥ 小田义久:《大谷文书集成》第二卷,京都:法藏馆,1990 年,第 37 页,图版八四;郑阿财:《学日益斋敦煌学札记》,第 194 页。

（前缺）
1 ☐☐☐☐☐兄弟信☐
2 ☐☐☐死怨夫妇信☐
3 ☐☐恩抱薪救火火☐☐
4 ☐人隔门不如一☐☐
（后缺）

大谷3169号①：

（前缺）
1 ☐☐☐☐☐
2 ☐☐山鲁连赴☐
3 ☐皋声闻於天☐
4 ☐☐☐人☐知☐
（后缺）

大谷3175号②：

（前缺）
1 ☐☐凡人不可貌☐☐
2 ☐公王蒿艾之中☐☐
3 ☐得伤仁慈者受☐☐
4 ☐☐济济之人为☐☐
5 ☐☐☐☐☐

---

① 小田义久：《大谷文书集成》第二卷，第37页，图版八四；郑阿财：《学日益斋敦煌学札记》，第194页。

② 小田义久：《大谷文书集成》第二卷，第39页，图版八五；郑阿财：《学日益斋敦煌学札记》，第195页。

《太公家教》成书年代新探　321

（后缺）

大谷 3507 号（参见图版十三）①：

（前缺）

1 余乃生 逢□□□
2 逝流移只欲 隐□□
3 只欲扬名於后□□
4 德 薄不堪人师□□□

（后缺）

以上四件残片，除 3507 号外，其余三件皆附有朱点，且 3175 号第 3 行"仁"字，第 4 行"人"字，俱系涂抹之后在其左侧重新书写的。这些迹象表明，四件文书应是当地学童习读《太公家教》的写本。如郑阿财先生所指出，大谷 3167、3169、3507 三片字迹相同，当是同一写本的分裂断片，而 3507 号则字迹较工整，书体为楷书，似为另一人所写。② 我们注意到，吐鲁番所出《太公家教》写本与敦煌本略有差异，如 3167 号第 1、2 行"兄弟信（谗），（中缺）死怨；夫妇信（谗），（后缺）"，敦煌本则为"兄弟信谗，分别异居；夫妇信谗，男女生分；朋友信谗，必至死怨。天雨五谷，荆棘蒙恩"③，前后顺序有些不同；又第 4 行"隔门"，敦煌本作"排门"。大谷 3175 号第 3 行"仁慈者受"，敦煌本作"仁慈者寿"。之所以出现这种差异，或与两地传抄不同有关。

在郑先生已有比对的基础上，张娜丽女士和笔者相继又发现了一件颇值注意的《太公家教》写本，这就是大谷 4394 号（参见图版十四）④：

---

① 小田义久：《大谷文书集成》第二卷，第 114—115 页，图版八二；郑阿财：《学日益斋敦煌学札记》，第 195 页。
② 郑阿财：《学日益斋敦煌学札记》，第 196 页。
③ 此据周凤五先生的录文，参见周凤五《敦煌写本太公家教研究》，第 21 页。
④ 小田义久：《大谷文书集成》第二卷，第 246 页，图版七五；张娜丽：《西域发见の佚文资料——「大谷文书集成」所收诸について》，《学苑》第七四二号，2002 年 5 月，第 28 页；刘安志：《〈大谷文书集成〉古籍写本考辨》，《新疆师范大学学报》2004 年第 1 期，第 45 页。

（前缺）
1 ▢▢▢▢疎荣则共乐▢▢▢
2 ▢▢▢▢忍是无价之 宝 ▢▢
3 ▢▢▢□海藏学是明▢▢
4 ▢▢▢书良田三顷不□▢
5 ▢▢▢□赏之下必□▢
6 ▢▢▢□养□▢
（后缺）

本件为楷书，书法工整，第 5 行"赏"之右侧书有"心则"二字。审其内容，属《太公家教》写本无疑，但与敦煌本略有差异。如第 2 行"忍是无价之 宝 "，敦煌本多作"勤是无价之宝"。本件与上揭四件书法不同，当是另一写本。由此可知，吐鲁番迄今出有三种《太公家教》写本。

上揭五件吐鲁番所出《太公家教》写本的发现与比定，说明该书不仅传入敦煌，亦同样传入吐鲁番盆地，并为当地学童所习诵和传抄，这对我们重新审视并思考《太公家教》的成书年代问题，极有助益。因为在此之前，学者们主要依据敦煌写本讨论《太公家教》的成书年代，而敦煌所出《太公家教》写本，多书于安史之乱后，年代相对较晚，以此讨论《太公家教》的成书年代，自然会存在一定的局限性。如今吐鲁番写本的发现与比定，使我们有较前贤更充分的条件来重新讨论《太公家教》的成书年代问题了。

我们知道，贞观十四年（640），唐平高昌，于其地置西州，直到德宗贞元八年（792），西州为吐蕃所陷，唐朝势力逐渐退出吐鲁番盆地①。此后，回鹘人占据西州，成了盆地的主人②。唐朝实际统治西州时间长达一百五十余年之久。尽管上揭五件《太公家教》写本内容多残缺不全，且无题记和纪年，但从书法风格分析，应该都是唐朝统治西州时期（640—792）的写

---

① 陈国灿：《八、九世纪间唐朝西州统治权的转移》，《魏晋南北朝隋唐史资料》第八辑，1986 年；后经修订收入氏著《敦煌学史事新证》，兰州：甘肃教育出版社，2002 年，第 486—496 页。
② 荣新江：《摩尼教在高昌的初传》，载氏著《中古中国与外来文明》，北京：生活·读书·新知三联书店，2001 年，第 383 页。

本,而非回鹘时期写本。首先,从吐鲁番地区考古发掘所获文书情况看,8世纪末叶以后,汉文社会世俗文书渐趋少见,此后则多为回鹘文文书。我们注意到,现存吐鲁番所出明确标有纪年之汉文文书,基本截止到大历、建中、贞元年间(766—790年左右),此后则一无所见①,表明五件写本有可能即属唐朝前期抄本。其次,日本学者藤枝晃先生曾从笔、纸、书法等角度,对吐鲁番所出各时代写本进行研究,认为唐写本多用麻纸、楮纸、案纸等,笔用毛笔,书法多为楷书;而回鹘时期写本多用粗麻纸,笔用木笔②。由于未见原件,不知五件吐鲁番所出《太公家教》写本所用纸张为何,但从书法用笔看,显然是毛笔,而非木笔,而且多为楷书,表明其绝非回鹘时期的写本。再次,吐鲁番所出唐统治西州时期的学童习读写本,不少书有朱笔、朱点,如《驾幸温泉赋》总有十一件残片,其中十件即存有朱点③;又吐鲁番阿斯塔那三六三号墓所出《唐景龙四年(710)卜天寿抄孔氏本郑氏注〈论语〉》中,第54—79行处多有朱笔圈点涂改④;阿斯塔那二七号墓所出《唐景龙二年(708)写本〈论语〉郑氏注〈雍也〉、〈述而〉、〈泰伯〉、〈子罕〉、〈乡党〉残卷》上有朱、墨句读⑤,同墓所出《唐开元四年(716)写本〈论语〉郑氏注〈雍也〉〈述而〉〈泰伯〉〈子罕〉〈乡党〉残卷》亦有朱、墨句读⑥,其中第三残片第23行还有如下记载:"(前缺)月十三日高昌县学生贾忠礼写。"⑦可见,唐统治西州时期,当地学童课业习读写本多书有朱笔、朱点,这应当是一个较为普遍的现象。而上揭五件吐鲁番所出《太公家教》写本中,就有三件书有朱点,与唐西州时期其他学童习读写本特点无异,表明其

---

① 参见《中国大百科全书·中国历史》(隋唐五代史卷)"吐鲁番文书"条,北京:中国大百科全书出版社,1988年,第394页;又参见陈国灿:《吐鲁番出土唐代文献编年》,台北:新文丰出版公司,2002年,第329—342页。
② 藤枝晃:《トルファン出土仏典の研究》,京都:法藏馆,2005年,第148—149页,第204—206页。
③ 参见拙文《吐鲁番出土〈驾幸温泉赋〉残片考释》,《吐鲁番学研究》2004年第1期;又收入殷晴先生主编《吐鲁番学新论》,乌鲁木齐:新疆人民出版社,2006年,第110—118页。
④ 唐长孺主编:《吐鲁番出土文书》(图文本)第三册,北京:文物出版社,1996年,第574—576页。
⑤ 唐长孺主编:《吐鲁番出土文书》(图文本)第四册,北京:文物出版社,1996年,第153—162页。
⑥ 唐长孺主编:《吐鲁番出土文书》(图文本)第四册,第163—170页。
⑦ 唐长孺主编:《吐鲁番出土文书》(图文本)第四册,第170页。

亦为唐西州时期学童习读之写本。

对吐鲁番所出《太公家教》写本时代的初步判定,表明是书传入盆地的年代应在唐统治西州时期(640—792)。因此,此前学界普遍认为《太公家教》成书于安史乱后的观点,就有必要进行重新审视并详加研讨了。

据《太公家教》作者序称①:

> 余乃生逢乱代,长值危时,亡乡失土,波迸流离,只欲隐山学道,不能忍冻受饥;只欲扬名后世,复无晏婴之机;才轻德薄,不堪人师,徒消人食,浪费人衣;随缘信业,且逐时之宜,辄以讨论坟典,简择诗书,依经傍史,约礼时宜,为书一卷,助诱童儿,流传万代,幸愿思之。

学者们多据"余乃生逢乱代,长值危时"一语,推断《太公家教》成书于安史之乱后。诚然,作者序言所称之"乱代"、"危时",是指动乱年月无疑,但是否指安史之乱及其以后之事呢? 恐怕还需认真加以审查。唐代传世文献中,《太公家教》最早见于李翱《答朱载言书》②:

> 义不必深,不主于理;言不必信,不在于教劝,而词句怪丽者有之矣,《剧秦美新》、王褒《僮约》是也。其理往往有是者,而词章不能工,有之矣,刘氏《人物志》、王氏《中说》、俗传《太公家教》是也。

关于李翱的生卒年,学界有不同的说法,据罗联添先生考证,李翱当生于唐代宗大历九年(772),卒于唐文宗开成元年(836),享年六十三岁,李翱《答朱载言书》作于德宗贞元十七八年间(801—802),时年二十八九岁③。据此可以推断,《太公家教》一书至迟在 8 世纪下半叶业已存在并得到传播

---

① 周凤五:《敦煌写本太公家教研究》,第 10 页。
② 《李文公文集》卷六,四部丛刊本。《文苑英华》卷六八一题作《答进士梁载言书》,北京:中华书局,1966 年,第 3510 页。按"梁载言"实乃"朱载言"之误,参见岑仲勉先生《唐集质疑》"答朱载言书"条,收入《唐人行第录(外三种)》,北京:中华书局,2004 年,第 446 页。此处引文据《文苑英华》。
③ 罗联添:《唐代诗文六家年谱》,台北:学海出版社,1986 年,第 470—474 页,第 519 页。

流行。

　　然而,我们知道,在古代中国社会,一本书或一篇文章的写成,到其后传播并流行各地,中间必然要经历一段时间,尤其是民间的自由传播。李翱称《太公家教》为"俗传",明显即指民间的自由传播。因此,如果把《太公家教》成书年代定于安史之乱后,则其何时并如何传入敦煌等地并为当地学童所习诵呢?当时的社会历史背景如何?河西地区与中原内地的交通是否仍像唐朝前期那样顺畅?遗憾的是,以往的研究者似乎并未注意到这些问题,并对此做出合理的解释。

　　《太公家教》序记"余生逢乱代,长值危时"一语,与《三国志》卷五七《虞翻传》记虞翻自称"臣生遇世乱,长于军旅",颇有相似之处,二者当有一定渊源关系①。作者自称曾经历"亡乡失土,波迸流离"之苦,其为中原内地饱学之士,殆无疑义。然作者姓甚名谁,并不知晓,其取书名为《太公家教》,本意为何?自宋代王明清以来,就有种种不同的解说②。不管如何,"太公"一词,通指年老之人,应无疑义③。按唐制,百姓年六十岁入老。众所周知,安史之乱爆发于唐玄宗天宝十四载,即公元 755 年。如果"乱世"、"危时"是指安史之乱及其后的时期,即使作者五十岁撰成《太公家教》一书,其年代至早也在公元 805 年前后,这与前揭吐鲁番所出《太公家教》写本所反映的情况不相吻合,也与李翱《答朱载言书》所揭是书 8 世纪下半叶业已存在并传播流行之事实相抵触。再退一步说,即使作者三十至四十岁写成《太公家教》,也在 785 年至 795 年之间,此时河西诸州已被吐蕃所占,敦煌更是陷于吐蕃的包围和占领之中,河西交通严重阻绝,在此情况下,《太公家教》一书如何顺利传入敦煌,并为当地学童所习诵和传抄呢?更何况这一假定也与"太公"之本意不合,作者还未进入年老阶段,就

---

① 《三国志》卷五七《虞翻传》注引《翻别传》载:"臣生遇世乱,长于军旅,习经于枹鼓之间,讲论于戎马之上,蒙先师之说,依经立注。"北京:中华书局,1959 年,第 1322 页。与《太公家教》序相比较,不难看出二者之相似性,其源自《三国志》是较为明显的。

② 参见郑阿财、朱凤玉:《敦煌蒙书研究》,第 355—357 页;又张求会:《陈寅恪佚文〈敦煌本太公家教书后〉考释》。

③ 参见清人赵翼:《陔余丛考》卷三六"太公"条,北京:中华书局,1963 年,第 789—790 页;郑阿财、朱凤玉二先生亦同意王明清的说法,认为"太公"是指"曾高祖之类"的家庭长辈,《敦煌蒙书研究》,第 357 页。

取其书名为《太公家教》,殊难理解。

　　安史之乱后,吐蕃乘虚而入,相继攻陷河西、陇右诸州,掐断中原与西域、河陇地区之间的联系。敦煌被吐蕃包围长达十一年之久,最终于贞元二年(786)陷于敌手①。敦煌在吐蕃统治之下,政治上废除当地原有的唐朝行政体制,推行部落制和将制;经济上则实行计口授田制和突税制,并废除唐朝货币;文化习俗上则强制推行蕃化政策,逼迫沙州人民改易服装、辫发左衽,乃至文身。敦煌所出《敕河西节度张公德政之碑》载:"(前略)赐部落之名,占行军之额。由是形遵辫发,体美织皮,左衽束身,垂肱跪膝。祖宗衔怨含恨,百年未遇高风,申屈无路。"②又 P.4638 号《大番故敦煌郡莫高窟阴处士公修功德记》载:"熊罴爱子,拆襁褓以纹身;鸳鸯夫妻,解髻钿而辫发。"③这样一种高压政策,迫使当地汉民不得不把汉服深埋箱中,只有在每年岁时祭祀父祖之时,才偶尔穿之,如《新唐书》卷二一六下《吐蕃传下》载:"(沙)州人皆胡服臣虏,每岁时祀父祖,衣中国之服,号恸而藏之。"④直到宣宗大中二年(848),张议潮起兵逐走吐蕃,敦煌与中原的交通才有所恢复。在这样一种历史背景下,像《太公家教》这样一部宣扬儒家思想、教导儿童尽忠尽孝并知书识礼的童蒙读物,委实很难在吐蕃占领敦煌前后顺利地由中原内地传入敦煌,并为当地学童所传习。

　　西州的情况亦是如此。即便作者在安史乱后的三四十年间(时年三四十岁)写成《太公家教》一书,在当时通往西域、河陇地区的交通被吐蕃严重阻绝的情况下,该书如何从中原内地顺利传入西州并为当地儿童所习诵? 这同样很难做出合理的解释。

　　《太公家教》是唐人作品,这是学界公认的事实。至于其成书年代,揆诸史实,更有可能如陈寅恪先生所言,是在安史之乱前,即唐朝前期。作者自序所言"生逢乱代,长值危时",其实可理解为隋末大乱到唐朝统一全国

---

① 陈国灿:《唐朝吐蕃陷落沙州城的时间问题》,《敦煌学辑刊》1985 年第 1 期;修订稿收入同著《敦煌学史事新证》,第 472—485 页。
② 引自荣新江:《归义军史研究——唐宋时代敦煌历史考索》,上海古籍出版社,1996 年,第 400 页。
③ 引自马德:《敦煌莫高窟史研究》,兰州:甘肃教育出版社,1996 年,第 292 页。
④ 《新唐书》,北京:中华书局,1975 年,第 6101 页。

之时(611—628)。按由于隋炀帝暴政,大业七年(611),山东王薄揭竿而起,掀开了隋末农民大起义的序幕,各地民众纷起响应,史称:"避征役者多往归之。"① 数年后,全国形成三支主要义军队伍:河南翟让、李密领导的瓦岗军,占据河北地区的窦建德义军,活跃于江淮流域的杜伏威义军。各地官僚、豪强也乘机起兵反隋。大业十三年(617),太原留守李渊起兵,并攻入长安,于次年(618)建立唐朝。当此之时,全国形势异常恶劣,各地出现许多割据一方的军阀集团:北方、西北方有刘武周、梁师都、薛举、李轨等部,河北、山东、山西、河南有窦建德、李渊、李密、王世充以及新起的宇文化及等部,湖北、江淮地区有萧铣、杜伏威等部。群雄之间为了达到消灭异己的目的,你争我伐,战争连年,使全国陷入严重混乱的军阀割据战争状态。北方突厥亦虎视眈眈,给中原造成极大的威胁。直到太宗贞观二年(628),唐朝才最终扫平群雄,完成全国的统一。从大业七年到贞观二年(611—628)长达近二十年的全国复杂形势看,与《太公家教》序言所说"生逢乱代,长值危时",是相吻合的。在这样的时代,兵连祸结,天下攘攘,民不聊生,社会动荡不安,百姓流离失所。所谓"亡乡失土,波迸流离",应是当时百姓的普遍经历②,而不仅仅是《太公家教》作者本人的个别现象。敦煌所出 S.4284 号写本《大方便佛报恩经》卷第七尾题有云③:

> 今贞观十五年七月八日,菩萨戒弟子辛闻香,弟子为失乡破落,离别父母,生死各不相知。奉为慈父亡妣敬造《报恩经》一部,后愿弟子父母生生之处,殖(值)佛法,常生尊贵,莫迳三途八难。愿弟子将来世中,父母眷属,莫相舍离,善愿从心,俱登正觉。

题记写于贞观十五年七月八日,辛闻香所云"失乡破落,离别父母",以致生死各不相知,此事应发生于隋末大乱之时,这显然是隋末天下百姓"亡

---

① 《资治通鉴》卷一八一炀帝大业七年,北京:中华书局,1956 年,第 5656 页。
② 关于隋末百姓因为社会动荡而逃移他乡的情况,参见冻国栋:《中国人口史》第二卷《隋唐五代时期》,上海:复旦大学出版社,2002 年,第 137—138 页。
③ 池田温:《中国古代写本识语集录》,东京大学东洋文化研究所,1990 年,第 185 页。

乡失土,波迸流离"的真实写照。

按"亡乡失土"一语,见于《梁书》卷三《武帝纪下》中大同元年(546)三月乙巳赦①:

> 凡主守割盗、放散官物,及以军粮器甲,凡是赦所不原者,起十一年正月以前,皆悉从恩,十一年正月已后,悉原加责;其或为事逃叛流移,因饥以后亡乡失土,可听复业,蠲课五年,停其徭役;其被拘之身,各还本郡,旧业若在,皆悉还之。

此外,该词又见于《陈书》卷三《世祖纪》天嘉元年(560)七月乙卯诏②:

> 自顷丧乱,编户播迁,言念馀黎,良可哀惕。其亡乡失土,逐食流移者,今年内随其适乐,来岁不问侨旧,悉令著籍,同土断之例。

而"波迸流离"一词,较早见于《隋书》卷四五《房陵王勇传》③:

> 高祖受禅,立为皇太子,军国政事及尚书奏死罪已下,皆令勇参决之。上以山东民多流冗,遣使按检,又欲徙民北实边塞。勇上书谏曰:"窃以导俗当渐,非可顿革,恋土怀旧,民之本情,波迸流离,盖不获已(后略)"

可见,"亡乡失土"、"波迸流离"等词在唐初以前业已盛行,《太公家教》序言中"亡乡失土,波迸流离",当取之于上述诸书。作者称自己"简择诗书,依经傍史",编撰《太公家教》一书,确非虚言。

综上所述,我们认为,《太公家教》一书的作者生于隋末大乱之时,经历过"亡乡失土,波迸流离"之苦,但博览群书,最终写成《太公家教》一书,

---

① 《梁书》,北京:中华书局,1973年,第90页。
② 《陈书》,北京:中华书局,1972年,第51页。
③ 《隋书》,北京:中华书局,1973年,第1229—1230页。

希望能以此"助诱童儿,流传万代"。若以作者五十岁以后写成是书,则其成书年代当在公元7世纪下半叶,8世纪则广泛传播于全国各地矣。

补记:据聂鸿音先生《敦煌 P.988 号藏文写卷考补》(载《民族研究》2005 年第 3 期)一文考证,由法国学者石泰安先生首次揭出并翻译研究的法藏敦煌 P.tib.987、988 两卷藏文写本,其内容不少即译自汉文本《太公家教》。这一研究足可表明,汉文本《太公家教》一书,在吐蕃占领敦煌期间就已在当地非常流行。由此言之,该书传入敦煌更在此前。再联系安史乱后的河西政局,不难看出,是书在安史乱前传入敦煌的可能性最大。

读到聂文,已是拙文行将发排之时,因该文所论与拙文主旨相关,故作补记如上。另外,拙文的写作与修改,曾得到王素、荣新江、许建平等诸位先生的赐教,特此鸣谢。

刘安志谨识

(本文原载《中国史研究》2009 年第 3 期。收入本书时,有一定修订。)

吐鲁番出土《驾幸温泉赋》残卷考释

有关唐代刘朝霞（刘瑕）所撰《驾幸温泉赋》情况，传世文献中，首见于唐郑綮《开天传信记》①：

  天宝初，上游华清宫。有刘朝霞者，献《驾幸温泉赋》。词调倜傥，杂以俳谐，文多不载。今略其词曰：若夫天宝二年（后略）。

其后，《太平广记》卷二五〇、《说郛》卷五二下、曾慥编《类说》卷六都有引录。令人欣慰的是，"文多不载"的《驾幸温泉赋》，却在20世纪初叶的敦煌莫高窟藏经洞中出现了，P.2976号与P.5037号，即分别为该赋的两种唐写本。潘重规、陈世福、张锡厚、伏俊琏等先生都曾对该赋进行过校理，其中以张锡厚、伏俊琏二先生的整理本（以下简称张本和伏本）为集大成者②，从而基本复原了《驾幸温泉赋》的原貌，为深入研究该赋提供了珍贵资料。我们在学习和整理吐鲁番文书的过程中，发现日本所藏大谷文书中，亦存有近十件《驾幸温泉赋》的残片。今把我们的整理与比对结果公布出来，并就若干相关问题提出自己粗浅的看法，希望能得到有关专家学者的赐教。

首先按文书编号顺序具列内容如下：

大谷3170号（附有朱点，参见图版十五）③：

---

① 《唐五代笔记小说大观》，上海古籍出版社，2000年，1230—1231页。
② 伏俊琏：《敦煌赋校注》，兰州：甘肃人民出版社，1994年，189—206页；张锡厚：《敦煌赋汇》，南京：江苏古籍出版社，1996年，第225—240页。
③ 小田义久：《大谷文书集成》第二卷（以下简称《集成二》），京都：法藏馆，1990年，第38页，图版八四。本文释文均据图版，并对《集成二》释文有所参考，谨此说明，下同，不另注。

吐鲁番出土《驾幸温泉赋》残卷考释　331

（前缺）
1　□□离别有□□
2　□□伎艺能□□
3　□□之文章□□
4　□□直掘□□□
5　□□迴□□□
（后缺）

大谷 3172 号（附有朱点）①：

（前缺）
1　□□□后摇百□□
2　□□惑弓摧□□
3　□□纵横齰扑□□
4　□□而项强□□□
（后缺）

大谷 3174 号（附有朱点）②：

（前缺）
1　□□□□兮天□□
2　□□□□浐水兮人隘□
3　□□□□日出驾幸□□
4　□□□□□□
（后缺）

────────
① 《集成二》，第 38 页，图版八四。
② 《集成二》，第 38 页，图版八五。

大谷 3177 号(附有朱点)①：

（前缺）
1 ☐☐台卓莘☐☐☐
2 ☐☐子云礔对白☐☐
3 ☐☐起喷香忽☐☐
（后缺）

大谷 3227 号(有朱点)②：

（前缺）
1 ☐☐☐☐搜高☐☐
2 ☐☐☐百官顿手而☐
3 ☐☐☐☐☐
（后缺）

大谷 3504 号(每行有朱点,参见图版十六)③：

（前缺）
1 ☐☐☐蹬失路猖狂腔朣虽
2 ☐☐☐☐奇之解数录献可
3 ☐☐☐前月下不怕卢洛王
4 ☐☐☐☐髓挑得☐☐攘梦
5 ☐☐☐☐衣食栖☐痴心准
6 ☐☐☐☐遇叩头莫五角六
7 ☐☐☐本

---

① 《集成二》,第 39 页,图版八五。
② 《集成二》,第 50 页,图版八六。
③ 《集成二》,第 114 页,图版八七。

吐鲁番出土《驾幸温泉赋》残卷考释　333

（后缺）

大谷 3505 号(2 行处有朱点,前部由 11.5 厘米的别纸粘贴,空白无文字)①：

1 ☐☐☐☐☐☐☐伺之贡
2 ☐☐☐☐☐☐☐□塞
3 ☐☐☐☐☐☐☐

（后缺）

大谷 3506 号(有丝栏,每行有朱点)②：

（前缺）

1 ☐☐□☐
2 拟骎意谁□☐
3 张　　驾□
4 栲子赋一首

（后缺）

大谷 4362 号(有丝栏,有朱点)③：

（前缺）

1 ☐☐直到于☐
2 ☐☐□撮搦 南 ☐
3 ☐☐□掉胡□☐

---

① 《集成二》,第 114 页,图版八五。
② 《集成二》,第 114 页,图版八五。
③ 《集成二》,第 240 页,图版九三。

（后缺）

大谷 5789 号（有丝栏，本件前部由 11.2×11.8 厘米的别纸粘贴，空白无文字）①：

1 贺幸温泉赋一本　□
2 天宝之元年十月□□
3 具道驾幸于温泉□
4 鸾舆划出争钾□
5 □□行吹红旗掞天火□□
6 □熊踏胸前豹拏□

（后缺）

以上十件文书残片中，前九件书法完全相同，且多附有朱点，据内容判断，皆为《驾幸温泉赋》残片，而且属同一写本。最后一件即大谷 5789 号，其首行记有"贺（驾）幸温泉赋一本"数字，是唯一一件可明确断定为《驾幸温泉赋》的写本残片。该件书法亦与前九件相近，但字体稍小，而且从每行抄写字数看，二者并不一致（详后），当为另一写本，但从书法笔迹分析，该件与其他九件似都出自同一人之手。

根据上揭文书残片内容，3170、3504、3506 号三片似可缀合，经缀合后的录文如下：

1 □离别有□□蹬失路猖狂腔膧虽
2 □伎艺能□□□奇之解数录献可
3 □□之文章□□前月下不怕卢洛王
4 □直掘□□□髓挑得□□攘梦
5 □□□□□衣食栖□痴心准

---

① 小田义久：《大谷文书集成》第三卷，京都：法藏馆，2003 年，196 页，图版四三。

6 拟駼意谁□□□□遇叩头莫五角六
7 张　　　驾幸□□□本
8 枵子赋一首
　　　（后缺）

从缀合后的内容看，1—5 行前部仅缺一字，中间则缺数字。联系敦煌所出《驾幸温泉赋》写本内容，可初步判断其每行字数约为十五字左右，而 5789 号每行则约十七字左右。除 5789 号残片外，其余诸件的前后顺序依次为 3505＋3174＋4362＋3172＋3227＋3177＋3170＋3504＋3506。以下据赋文内容先后顺序逐一考释如下。

大谷 5789 号第 2 行所记"天宝之元年十月"，与 P.5037 号同，张本和伏本俱据 P.2976 号，复原为"开元改为天宝年，十月后兮腊月前"，原本是否如此，尚待进一步证实。第 4 行"争钾"，张本、伏本俱作"驱甲"。第 5 行"红旗掞天"，同 P.5037 号，第 6 行"挐"字亦同。由此可以看出，大谷 5789 号所抄赋文内容多同于 P.5037 号。

大谷 3505 号第 1 行"伺（司?）之贡"，同 P.5037 号，P.2976 号作"有司之攻"，《开天传信记》作"有司之供"，张本、伏本俱从之。

大谷 3174 号第 3 行"日出驾幸"，敦煌本作"日出驾行"。按古代皇帝出行，一般用"幸"字，故以"日出驾幸"似较为妥当。

大谷 4362 号第 1 行"直到于"，敦煌本作"直至于"。

大谷 3172 号第 2 行"弓摧"，P.2976 号作"弓犷矢卓"，伏本从之；P.5037 号作"弓膇矢摧"，张本从之。按"膇"，《玉篇》云："乌郭切，善肉也。"《广韵》曰："大也，善也。"此与作为动词的"摧"并不相配，"膇"或为"摧"字之误。"弓摧"，《文苑英华》卷二〇九载李白《白马》诗云："弓摧宜山虎，手接泰山猱。"赋文后一句为"脚蹉拳摅"，如果作"弓犷矢卓"，"犷"、"卓"与"蹉"、"摅"二字并不相配。因此，似以"弓摧矢摧"为是。第 4 行"而项强"，P.5037 号作"而头强"，张本、伏本从之。按《玉篇》云："项，胡讲切，颈后也。"又《广韵》曰："项，胡讲切，颈项。《说文》：头后也。《释名》：项，确也，坚确受枕之处。又姓二。"猪用力在项而不在头，故或以"猪倚力而项强"为是。

大谷 3227 号第 2 行"百官顿手","手"当为"首"字之误,P. 2976 号即作"百官顿首",伏本从之;P. 5037 号作"百官叩头",张本从之。

大谷 3177 号第 1 行"(灵)台卓荦",敦煌本作"灵台驳硌",张本、伏本从之,伏本解释称:"驳硌:同'驳落''剥落',这里是色彩斑斓的意思。"① 按"卓荦"一词,意为超绝出众,史籍多有使用,如《后汉书》卷四〇下《班固传》记班固《典引篇》略云:"若乃嘉谷灵草,奇兽神禽,应图合谍,穷祥极瑞者,朝夕㢠牧,日月邦畿,卓荦乎方州,羡溢乎要荒。"李贤注曰:"卓荦,殊绝也。"②"驳硌"一词,似未见史籍使用。赋文上一句为"石瓮团栾,吸飞泉于半壁",此处"团栾",似非指圆貌,《汉语大词典》释"团栾"之一义云:"犹檀栾。竹秀美貌。亦用作竹的代称。南朝宋谢灵运《登永嘉绿嶂山》诗:'澹潋结寒姿,团栾润霜质。'"③这里,美貌与超绝出众正相配,因此,当以"灵台卓荦"为是。第 2 行"子云礧对",敦煌本作"紫云磊对"。第 3 行"起喷香",敦煌本作"(水)气喷香"。

大谷 3170 + 3504 + 3506 号第 1—2 行"腔膧虽短"四字,《开天传信记》作"骨憧虽短",张本、伏本俱作"窟橦虽短"。"骨憧"、"窟橦",其义不明。伏俊琏先生在《〈驾幸温泉赋〉补正》一文中,推测"骨憧"或"窟橦"都是"昆仑"、"昆僮"的另一种写法,认为昆仑奴短小肤黑且丑陋,《温泉赋》中"窟橦虽短,伎艺能长"乃自嘲之语,意谓相貌虽丑陋,而本领却不小④。伏先生的这种解释虽然有理,但是否为赋文本义,却很难说。按《集韵》曰:"腔,枯江切,骨体曰腔。"又曰:"膧,肥貌。"《玉篇》曰:"膧,徒聋切,肥儿。"所谓"腔膧虽短",当指身材短小、矮胖,与后一句"伎艺能长"正相吻合。因此,此处似以"腔膧"二字为是。第 3 行"卢洛王",敦煌本皆作"卢骆杨王",指初唐四杰卢照邻、骆宾王、杨炯、王勃。第 4 行"直掘",郑綮《开天传信记》作"直攫",敦煌本作"获取",张本、伏本从敦煌本;又"挑

---

① 伏俊琏:《敦煌赋校注》,第 202 页。
② 《后汉书》,北京:中华书局,1965 年,第 1382 页、1383 页。
③ 《汉语大词典》,上海:汉语大词典出版社,1997 年,第 1724 页。
④ 伏俊琏:《〈驾幸温泉赋〉补正》,载《敦煌吐鲁番研究》第三卷,北京大学出版社,1998 年,第 59 页。

得",《开天传信记》作"揋得",敦煌本作"剟取",张本、伏本从之。第 5 行"衣食",敦煌本同,《开天传信记》作"依旧",张本、伏本从之。第 6 行"騃意",敦煌本作"㾓意",按"騃意"乃与第 5 行"痴心"相对,《方言》曰:"痴,騃,吾骇反。"痴、騃同义。慧琳《一切经音义》卷三〇云:"痴騃:上耻知反。《埤苍》云:痴,騃者也。《说文》:不慧也,从疒疑声,下崖解反。《考声》云:騃人,痴儿也。《苍颉篇》:无知也,或作顡。《说文》:从马矣声也。"据此,当以"騃意"为是。第 7 行中间所缺数字,据大谷 5789 号第 1 行所载,当为"驾幸温泉赋一本"。

需要提起注意的是,大谷 3180 号亦有可能为《驾幸温泉赋》残片之一,兹录文如下①:

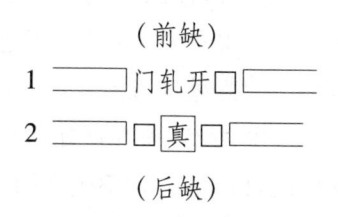

(前缺)
1 □□门轧开□□□
2 □□□真□□□
(后缺)

本件无图版,但"开"、"真"字下皆附有朱点,与上揭诸件类同,且残存数字亦略见于赋文,敦煌本载:"天门閬开,(路)神仙之辐塞;銮舆划出,驱甲仗而骈阗。"《开天传信记》作"天门乾开,露神仙之辐凑",《说郛》卷五二下所引同,而《太平广记》卷二五〇、《类说》卷六俱引作"天门轧开",与吐鲁番写本同。伏本解释说:"閬,郑本作'乾'。按:作'閬'是,作'乾'乃承'天'而以意致误。'天门閬开'与'銮舆划出'对文,'閬''划'皆象声词,……天门閬开,谓在鼓乐声中宫门打开,帝舆将出。"②按《玉篇》云:"轧,於黠切,辗也。""轧开",指门相辗而开也。《唐摭言》卷三《慈恩寺题名游赏赋咏杂纪》记咸通十四年(873)三月中,诸进士宴于曲江亭,饮兴正酣之时,遭一少年捣乱、破坏,众怒,共击之,"当此之际,紫云楼门轧开,有紫衣从人数辈驰告曰:'莫

---

① 《集成二》,第 40 页。
② 伏俊琏:《敦煌赋校注》,第 192 页。

打！莫打！'传呼之声相续。"①据此,赋文作"天门轧开",亦可成立。

以上我们对吐鲁番所出《驾幸温泉赋》诸写本残片进行了初步的考释。从中可以看出,这些写本内容虽残,但对校勘敦煌本《驾幸温泉赋》还是具有一定的参考价值。不管是敦煌、吐鲁番写本,抑或是《开天传信记》所记,刘朝霞所撰《驾幸温泉赋》在字、词方面都存在着若干差异,这应该是该赋在全国各地传抄和流传过程中所导致的,因此,要想完全恢复该赋的原貌,实属不太可能。不过,根据各种记载以及诸先贤的研究,此赋的基本面貌业已清晰地展现出来,这为今后的研究打下了坚实的基础。我们还注意到,上揭诸写本残片中,除大谷5789号外,余皆有朱点,这些朱点很有可能俱为句读点。大谷3167、3169、3175号三残片,经郑阿财先生揭示,俱属《太公家教》写本②,此三残片中都附有朱点,而且3175号上"仁"、"人"二字是经涂抹后重新书写的。因此,该三残片很有可能是西州当地学生抄写《太公家教》的写本。吐鲁番阿斯塔那三六三号墓所出著名的《唐景龙四年(710)卜天寿抄孔氏本郑氏注〈论语〉》中,第54—79行处即有多处朱笔圈点涂改③。又阿斯塔那二七号墓所出《唐景龙二年(708)写本〈论语〉郑氏注〈雍也〉、〈述而〉、〈泰伯〉、〈子罕〉、〈乡党〉残卷》上有朱、墨句读④,同墓所出《唐开元四年(716)写本〈论语〉郑氏注〈雍也〉〈述而〉〈泰伯〉〈子罕〉〈乡党〉残卷》亦有朱、墨句读⑤,其中第三残片第23行还有如下记载:"(前缺)月十三日高昌县学生贾忠礼写。"⑥据此,可以初步判断,上揭吐鲁番所出《驾幸温泉赋》诸残片,应是西州学生所抄赋文的写本。我们知道,唐代科举考试,除试儒家经典、时务策外,还要试诗赋,到了开元、天宝年间,诗赋更是成了进士录取的主要标准⑦,以致"主司褒贬,实在诗赋"⑧。

---

① 《唐五代笔记小说大观》,第1606页。
② 《集成二》,图版八四、八五。参郑阿财:《学日益斋敦煌学札记》,载《周一良先生八十生日纪念论文集》,北京:中国社会科学出版社,1993年,194—195页。
③ 《吐鲁番出土文书》(图文本)第三册,北京:文物出版社,1996年,第574—576页。
④ 《吐鲁番出土文书》(图文本)第四册,北京:文物出版社,1996年,第153—162页。
⑤ 《吐鲁番出土文书》(图文本)第四册,第163—173页。
⑥ 《吐鲁番出土文书》(图文本)第四册,第170页。
⑦ 吴宗国:《唐代科举制度研究》,沈阳:辽宁大学出版社,1992年,第152—155页。
⑧ 《通典》卷一七《选举五·杂议论中》载洋州刺史赵匡《举选议》,北京:中华书局,1988年,第419页。

因此，作为粉饰太平、夸耀明皇功盖古代帝王的《驾幸温泉赋》，无疑会成为天下读书人学习、抄写的对象，沙（敦煌郡）、西（交河郡）二州郡这样的边远之地，都有学童或读书人在学习和抄写该赋，其他天下诸州郡的情况则不难推知。

　　《开天传信记》摘抄《驾幸温泉赋》，其中有"遮莫你古时千帝，岂如我今日三郎"一语，《太平广记》卷二五〇作"遮莫你古来千帝，岂如我今代三郎"，《类说》卷六作"遮莫你古时五帝，岂比我今日三郎"。令人奇怪的是，这样一句赞扬玄宗功盖"古时千帝"的"颂德"之词，却不见于敦煌、吐鲁番两地写本。出现这种情况似有两种可能：一是该赋在各地传抄时遗漏了此句；二是在地方上流传的该赋写本，本身就无此句。我们认为第二种可能性较大，因为敦煌所出的两种写本及吐鲁番写本都无此句，如果说是抄漏了，但不可能两地都是如此呀！而且就敦煌写本与吐鲁番写本存在的诸多差异看，后者并非是由前者传入的。在当时，也不可能有人敢随意删掉此句。这种情况或许表明，当时地方上流传的《驾幸温泉赋》本就无此句。而郑綮所见《驾幸温泉赋》，可能是较早的写本。为何会出现这样一种差异？很值得认真探讨。有无可能该赋是朝廷颁发给地方的呢？而在颁发下达之前，有司就已奉玄宗之意删掉了此句，毕竟颂扬玄宗功盖"古时千帝"太过露骨。当然，这纯属推测。

　　我们还注意到，上揭吐鲁番写本中，《驾幸温泉赋》称为"一本"，而《栎子赋》则称为"一首"，这可能与赋文内容多寡有关。《驾幸温泉赋》全文近六百字，故称"一本"，而《栎子赋》内容则可能比此文少，故称"一首"。但敦煌写本则统称为"一首"，这种不同的表述方式，是不同地区的差异呢，还是其他什么原因？并不清楚。

　　前揭大谷 3170＋3504＋3506 号第 1—7 行所抄为《驾幸温泉赋》，第 8 行存"栎子赋一首"数字，说明其后所抄为《栎子赋》，惜后部残缺，不知其内容为何。有关《栎子赋》，似不见文献记载，荣新江先生在《德国"吐鲁番收集品"中的汉文典籍与文书》[①]一文中，曾披露过一件德国柏林所藏吐鲁

---

① 荣新江：《德国"吐鲁番收集品"中的汉文典籍与文书》，载饶宗颐主编：《华学》第三辑，北京紫禁城出版社，1998 年，第 318 页。

番汉文写本,即 Ch. 2378 号,题为"枆子赋",惜未见有关内容。不过,从赋名相同看,二者应为同一赋文。文书先抄《驾幸温泉赋》,然后抄《枆子赋》,说明所抄皆为赋文,而且大谷 3505、5789 二片所抄俱为《驾幸温泉赋》的开头部分,其前部皆为空白纸,说明该写本所抄第一首赋即为《驾幸温泉赋》。据此可以推测,《枆子赋》之后,似应还抄有其他的赋文,因为在大谷文书残片中,我们还找到了数件与上揭《驾幸温泉赋》诸残片性质相近的文书残片,那就是大谷 3168、3176、4372、4373 四件残片。为便于说明问题,兹先录文如下:

大谷 3168 号(有朱点)①:

（前缺）

1 ☐☐☐☐
2 ☐道不迟山☐☐
3 ☐☐不可不语杖☐
4 ☐令若☐隐藏☐
5 ☐☐怖☐

（后缺）

大谷 3176 号(有丝栏、朱点)②:

（前缺）

1 将☐
2 持举其慈孝不☐☐
3 力何其失却☐☐
4 ☐☐☐

（后缺）

---

① 《集成二》,第 37 页,图版八四。
② 《集成二》,第 39 页,图版八五。

大谷 4372 号(有丝栏,1 行有朱点)①：

（前缺）

1 面怨他 阿□□□

2 □□□

（后缺）

大谷 4373 号(有丝栏,有朱点)②：

（前缺）

1 力衰弱行住□□□

2 务女□□□

（后缺）

以上四件残片与前揭《驾幸温泉赋》诸残片书法相同,而且都附有朱点,其中 3176、4372、4373 三件的抄写格式与 3506、5789 二件完全相同,每行首字都位于界栏外。说明它们之间有密切的关系,应该皆为同一写本,所抄亦为赋文一类。只不过其具体赋名为何,并不清楚,姑存此以待方家。这么多同类赋文写本告诉我们,它们极有可能就是唐代西州学生所抄的赋集残片,也就是说,像敦煌所出赋集一样,吐鲁番文书中,亦有相类似的赋集文本存在。我们相信,大谷文书中应该还有不少相类似的赋集残片,只是未被揭示出来而已。

关于这批吐鲁番写本残片的年代问题,以书法而论,当属唐朝统治西州时期的写本。据荣新江先生研究,唐朝势力最终退出西州并为回鹘所取代,是在唐德宗的贞元十九年,即公元 803 年③。因此,诸写本的下限年代

---

① 《集成二》,第 242 页,图版九三。
② 《集成二》,第 242 页,图版九三。
③ 荣新江：《中古中国与外来文明》,北京：生活·读书·新知三联书店,2001 年,第 382—383 页。

可大致断在8世纪末叶。又刘朝霞《驾幸温泉赋》乃叙述唐玄宗于天宝初年驾幸温泉之事，知该赋撰于天宝初年[①]。此赋流传到西州并为当地学生学习、抄写，更在其后。由此推知，这些写本残片的抄写年代可能在8世纪中叶前后。

  附记：本文在今年初投寄殷晴先生主编的《吐鲁番学研究》后，于陈国灿先生处读到日本张娜丽女士发表的《西域发见の文字资料（四）——〈大谷文书集成〉叁　读后札记》(载《学苑》第七六四号，2004年5月，第11—34页)一文，始知张女士也比对出了大谷文书中的十件《驾幸温泉赋》残片，并比较了与敦煌写本的差异。拙文则比对出了十一件，在对每件文书的分析和考释上，拙文与张文也有很大的差异，故仍有刊布的必要，特此说明。

刘安志谨识
2004年10月12日

（本文原载《吐鲁番学研究》2004年第1期。收入本书时，有一定修改。）

---

① 参张锡厚：《敦煌赋汇》，第231页。

《括地志》与《坤元录》

关于《括地志》与《坤元录》之关系，南宋王应麟较早提出二书为同本的观点，王氏《玉海》卷一五《地理》载①：

> 《中兴书目》：《坤元录》十卷，泰撰。即《括地志》也，其书残缺，《通典》引之。

按清人顾祖禹《读史方舆纪要·凡例》注称②：

> 宋《崇文目》云：《坤元录》一本，即《括地志》。按杜氏《通典》，《坤元》与《简地志》并列，则非一书也。"括"，唐大历中讳曰"简"。

据此，似北宋《崇文总目》编者已提出《括地志》与《坤元录》为同本之说，王应麟不过是沿袭成说而已，然今本《崇文总目》并无此条③，或顾氏所见另有所本。不管如何，尽管顾祖禹据《通典》相关记载，业已指出《括地志》与《坤元录》并非同书，但二书为同本的观点，却对后世影响极大。清人孙星衍、王谟在辑校《括地志》时④，亦把《坤元录》佚文收入其中，同样认为

---

① 王应麟：《玉海》，江苏古籍出版社、上海书店，1987年，第288页。
② 顾祖禹：《读史方舆纪要·凡例》，北京：中华书局，2005年，第4页。
③ 《崇文总目》原书六十六卷，明清时已散佚，清人编《四库全书》时，从《永乐大典》等书中辑出十二卷，流传至今。此据丛书集成初编本，北京：中华书局，1985年。
④ 孙星衍辑《括地志》佚文八卷，收入《岱南阁丛书》；王谟辑《魏王泰括地志》二卷，收入同著《汉唐地理书钞》，北京：中华书局，1961年，第224—266页。

《括地志》与《坤元录》即同一本书;今人贺次君《括地志辑校》①、王恢《括地志新辑》②也持同样观点,贺次君先生还特别指出:

> 又古籍征引《括地志》,或称"魏王泰坤元录",或称"贞观地记",又称"魏王地记"、"括地象"等。名称虽有不同,比较其内容则完全一样,这里所辑录的仍照原引书目,不加更改。

然亦有一些学者对此持谨慎态度,如金程宇先生云:"《括地志》或以为即《坤元录》,若果为事实,上述铃木隆一补编本中尚据《弘决外典钞》辑有《坤元录》佚文十条,则其佚文又有所增加矣。"③

日本学者对二书关系的认识,则有一个变化过程。据后藤昭雄先生介绍,江户时代的学者如狩古椒斋、黑川春村等,也都认为《括地志》与《坤元录》是同一本书④。但当代学者则开始对此产生怀疑,如石井正敏先生在注释《善邻国宝记》过程中,指出两书并非同本的观点,即引起了日本学者的关注。石井氏注释称⑤:

> 坤元录 一〇〇卷。唐魏王李泰(618—652年)撰。地志。坤元乃大地之意。《日本国见在书目录》著录于"土地家"。李泰乃太宗第四子,其他的地志有《括地志》。

然而,石井先生仅提出观点,并未对此展开详细讨论,不免让人感觉有些遗憾。后藤昭雄先生针对上揭贺次君先生的观点指出:"因为二书同为李泰

---

① 贺次君:《括地志辑校》,北京:中华书局,1980年。
② 王恢:《括地志新辑》,台北:世界书局,1974年。
③ 金程宇:《东京大学史料编纂所藏〈括地志〉残卷跋》,载张伯伟编:《域外汉籍研究集刊》第二辑,北京:中华书局,2006年,第522页。
④ 后藤昭雄:《〈坤元录〉屏风诗》,载王勇主编:《书籍之路与文化交流》,上海辞书出版社,2009年,第48页注释①。
⑤ 石井正敏原注释为:"坤元录 一〇〇卷。唐の魏王李泰(六一八—六五二年)撰。地志。坤元は大地の意味。《日本国见在书目录》土地家に著录される。李泰は太宗の第四子で、他に地志《括地志》がある。"参见田中健夫:《善邻国宝记·新订续善邻国宝记》,收入《译注日本史料》,东京:集英社,1995年,第529页。

编撰的地理书,所以是否可认为是同一书的别称呢? 但是如此论断,似乎还需慎重探讨。因为结论尚难马上得出。"①同样也对二书为同本的传统观点表示怀疑态度。

按《善邻国宝记》乃日本僧人周凤所编,约成书于公元1470年前后,是日本第一部外交史古籍②。据该书卷上引《杨文公谈苑》载③,北宋真宗景德三年(1006),日本僧人来朝,言及本国有"《国史》、《秘府略》、《日本记》、《文观词林》、《混元录》等书"。石井正敏氏即认为此《混元录》为《坤元录》,并因此而作注。他判断《坤元录》与《括地志》为不同书的观点,当主要依据《日本国见在书目录》的相关记载,然仅提出观点而已,并未就此展开讨论和分析。不管怎样,清人顾祖禹及当代日本学者石井正敏、后藤昭雄等认为《括地志》与《坤元录》并非同本的观点,值得我们重视。本文拟在前人已有研究成果基础上,对《括地志》与《坤元录》二书之关系展开进一步探讨,提出自己的初步判断和认识,希望能对今后二书的整理、研究与辑校工作有所帮助。

贞观年间《括地志》成书后,即被唐人广为引用。依目前所见资料,唐前期最早引用《括地志》一书者,当属张楚金《翰苑》。该书三十卷,约成于高宗显庆五年(660)后,后佚,日本存传抄本一卷(第三十卷),20世纪30年代金毓黻先生曾影写刊于《辽海丛书》第八函,日本学者竹内理三、汤浅幸孙二位先生曾对之进行过整理与研究,先后出版了《翰苑》(校订、解说)④、《翰苑校释》⑤两书。《翰苑》残卷引用《括地志》11条,字数达一千二百余字,是研究《括地志》及相关历史问题非常珍贵的资料,惜未录入贺次君、王恢两位先生的辑本。其后,约成于高宗调露二年(680)之后的唐释慧祥《古清凉传》一书,引录《括地志》5条⑥,似未引起学界同仁的注意。

---

① 后藤昭雄:《〈坤元录〉屏风诗》,载王勇主编:《书籍之路与文化交流》,第48页。
② 参见周迅:《〈善邻国宝记〉——一部最早的中日关系史》,载《文献》1981年第2期。
③ 释周凤:《善邻国宝记》卷上"宽弘三年"条,东方学会排印本,1928年。此事又见宋江少虞:《宋朝事实类苑》卷四三《仙释僧道》"日本僧"条,上海古籍出版社,1981年,第569页。
④ 竹内理三校订、解说:《翰苑》,东京:吉川弘文馆,1977年。
⑤ 汤浅幸孙:《翰苑校释》,东京:国书刊行会,1983年。
⑥ 唐释慧祥:《古清凉传》卷上"立名标化一"、"封域里数二"、"古今胜迹三"诸条,《大正藏》第五十一册,第1093页,上栏、下栏;第1094页,上栏、下栏。关于《古清凉传》的成书年代,参见曹仕邦:《中国佛教史学史——东晋至五代》第十三章《地域性的寺院记》注释(21),台北:法鼓文化事业公司,1999年。

开元年间,徐坚著《初学记》,引《括地志·序略》;张守节著《史记正义》,大量引用《括地志》,此为学人所熟知,不拟多说。另外,开元五年(717),褚无量上《论太庙屋坏请修德表》,亦曾引用《括地志》①:

> 愚又窃闻左右近臣妄奏云:国家太庙,其材木是苻坚时旧殿。臣按《括地志》云:"隋文帝创立新都,移宇文朝故殿,改造此庙。"元非苻坚及宇文氏所作也。况国家、隋文帝贵为天子,富有四海,岂复递取苻坚之旧殿,以充太庙者乎?

值得注意的是,唐前期典籍所引书名皆为《括地志》,而未见有称引《坤元录》者。从目前所见资料看,《坤元录》之被提及和引用,乃在安史之乱后。

较早称引《坤元录》一书者,是陆羽《茶经》、日本释善珠《因明论疏明灯抄》、杜佑《通典》等。陆羽《茶经》卷下《茶之事》载②:

> 《坤元录》:辰州溆浦县西北三百五十里无射山,云蛮俗当吉庆之时,亲族集会歌舞于山上。山多茶树。

关于《茶经》的成书年代,学界一般认为在公元 756—780 年之间,但具体在何年,还没有定说③。不管如何,《茶经》可以说是较早引用《坤元录》的著作。

日本僧人善珠所撰《因明论疏明灯抄》总十二卷,是对唐朝慈恩大师《因明入正理论疏》的注疏,一般认为成书于日本天应元年(781)④。该书卷五引录《坤元录》长文 1 条,极富研究价值,内容如下⑤:

---

① 《文苑英华》卷六二四,中华书局,1966 年,第 3235 页。《全唐文》卷二九四题为《太庙屋坏请修德疏》,北京:中华书局,1983 年,第 2975 页。又见《唐会要》卷一七《庙灾变》,上海古籍出版社,2006 年新一版,第 407—408 页。
② 陆羽撰,沈冬梅校注:《茶经校注》,北京:中国农业出版社,2006 年,第 49—50 页。又参吴觉农主编:《茶经述评》,北京:中国农业出版社,2005 年,第 202 页。
③ 参见叶静:《30 年来陆羽〈茶经〉研究的回顾与反思》,载《农业考古》2012 年第 2 期。
④ 后藤昭雄:《〈坤元录〉屏风诗》,第 49 页。
⑤ 《大正藏》第六十八册,第 388 页,下栏。

故《坤元录》第七十四卷云：江南道道州营道县、唐兴县、江华县。道州治营道县，零陵郡之永阳县也。隋氏丧乱，陷于寇贼。武德四年，讨平萧铣，置营州，领营道、唐兴、江华、永兴四县。五年改为南营州，贞观八年改为道州，在京师南四千三百四十一里。《汉书·地理志》：营道县，属零陵郡，望曰九疑亭。案汉治，在莽、巢二水之侧，今县治南六十四里是也。隋开皇十二年，移治本冷道县界之象鸣地，今唐兴县是也。此县有九疑山，山下有舜庙，此方人俗，故作《韶歌》。韶者，舜乐之名也。韶，市遥反。

按上引《坤元录》文字，后藤昭雄认为至"在京师南四千三百四十一里"止，其后是《汉书·地理志》的引文，不属《坤元录》内容①，其说恐有疑问。据《汉书》卷二八上《地理志》载，零陵郡下辖零陵、营道、始安等十县，其中营道县有九疑山，"九疑山在南。莽曰九疑亭"②。所谓"案汉治，在莽、巢二水之侧，今县治南六十四里是也"，明显不是《汉书·地理志》的内容。其后又记"隋开皇十二年，移治本冷道县界之象鸣地，今唐兴县是也"，应是唐人口吻和语气。而"唐兴县"一名，也可进一步证明此点。据《旧唐书》卷四〇《地理志三》江南道道州延唐县条载③：

汉冷道县，属零陵郡，古城在今县东界南四十里。隋平陈，废冷道入营道县，仍于冷道废城置营道县。武德四年，移营道县于州郭置，仍于此置唐兴县。长寿二年，改名武盛。神龙元年，复为唐兴。天宝元年，改为延唐。冷水，在今县南六十里。

释善珠乃日本国人，他撰写《因明论疏明灯抄》之时，唐兴县已改名为延唐县，书中用"今唐兴县是也"之类的表述，应是源自唐人所撰某书，而非他

---

① 后藤昭雄：《〈坤元录〉屏风诗》，第49页。
② 《汉书》，北京：中华书局，1962年，第1595—1596页。
③ 《旧唐书》，北京：中华书局，1975年，第1617页。

自己的语言。又据《元和郡县图志》卷二九《江南道五》道州延唐县条载①：

> 九疑山，在县东南一百里。舜所葬也。九山相似，行者疑惑，故为名。舜庙在山下。

所记与上揭"此县（唐兴县）有九疑山，山下有舜庙"完全吻合。又《方舆胜览》卷二四道州条记当地风俗"俗尚《韶歌》"②，也与"此方人俗，故作《韶歌》"相合。因此，我们认为，释善珠《因明论疏明灯抄》所引《坤元录》文字，应该包括《汉书·地理志》以后的内容。

至于杜佑《通典》，成书于德宗贞元十七年（801），引《坤元录》3条③，《括地志》1条④，《检地志》6条⑤。《检地志》一书，不见史籍记载，《通典》点校者认为："《检地志》盖即指《括地志》，《通典》避德宗讳而改作'检'，犹《礼典》'括发'讳改为'敛发'也。"⑥前揭清人顾祖禹《读史方舆纪要·凡例》引作《简地志》，亦认为"简"乃避"括"字讳而改。我们注意到，《通典》所引《检地志》内容，又见于北宋乐史所撰《太平寰宇记》，并明确标明所引之书为《括地志》，如《通典》卷一八三《州郡十三》岳州巴陵郡巴陵县条载：

> 《检地志》云："巴丘湖中有曹由洲，即曹公为孙权所败烧舡处，在今县南四十里。"又云："今鄂州之蒲圻县，有赤壁山，即曹公败处。"

---

① 《元和郡县图志》，北京：中华书局，1983年，第713页。
② 《方舆胜览》，北京：中华书局，2003年，第437页。
③ 《通典》卷一七三《州郡三》雍州京兆府长安县条，北京：中华书局，1988年，第4509页；卷一七七《州郡七》洛州河南府河阴县条，第4657页。
④ 《通典》卷一七七《州郡七》洛州河南府永宁县条，第4654—4655页。按此条不见于贺次君、王恢二位先生的辑本。
⑤ 《通典》卷一七五《州郡五》商州上洛郡商洛县条，第4580页；卷一七七《州郡七》邓州南阳郡内乡县条，第4674页；卷一八〇《州郡十》贝州清河郡条，第4766页；卷一八〇《州郡十》青州北海郡益都县条，第4770页；卷一八三《州郡十三》岳州巴陵郡巴陵县条，第4875页。
⑥ 《通典》卷一七五，校勘记（21），第4600—4601页。

《太平寰宇记》卷一一三《江南西道十一》岳州巴陵县载①：

> 曹由洲。按《通典》、《括地志》云："巴湖中有曹由洲，即曹公为吴所败烧舡处，在今县南四十里。"又云："今鄂州蒲圻县有赤壁山，即曹公败处。"

又宋赵彦卫《云麓漫抄》卷六记②：

> 嘉鱼之说，唐章怀太子注东汉《刘表传》云："赤壁，山名也，今在鄂州蒲圻。"《通典》引《括地志》亦同。《元和郡县志》则云："赤壁山在蒲圻县一二十里（后略）。"

同样的内容，一称《检地志》，一称《括地志》，说明二者实为同书，"检"乃杜佑为避德宗"适"讳而改，清人顾祖禹与《通典》点校者所言诚是。至于《通典》中出现的 1 例《括地志》名称，或有可能为后人传抄、刊刻所改。果如是，则《通典》引用《括地志》总 7 条。

《通典》既引《括地志》，又引《坤元录》，此点颇值注意。而大致同一时期的陆羽《茶经》、善珠《因明论疏明灯抄》，也都引用《坤元录》一书，如果说《括地志》与《坤元录》是同一本书，如何解释这种一书二名的现象？尤其是《通典》，成于杜佑一人之手，是书既引《括地志》，又引《坤元录》，如果二书为同书异名，很容易使人产生疑问，杜佑为何要在同一本书中做这样一种不同书名的区分？清人顾祖禹所言不无道理，惜未引起后人的注意。不仅如此，北宋初乐史所撰《太平寰宇记》，也是《括地志》、《坤元录》二书同时并引，情形同于《通典》，这恐怕并非偶然个别的现象。因此，《括地志》与《坤元录》究竟是同书异名，抑或是两种不同的书，其间关系仍有待进一步探讨。

---

① 《太平寰宇记》，北京：中华书局，2007 年，第 2300 页。
② 赵彦卫：《云麓漫抄》，北京：中华书局，1996 年，第 110 页。

上文业已指出,南宋王应麟较早提出《坤元录》"即《括地志》也"之观点,其说是否沿袭北宋《崇文总目》编者的看法,尚有待证实。然在王应麟所处的南宋时代,《括地志》一书可能就已完全散佚不存了。清人王谟论及《括地志》时称①:

> 乃至宋修《太平御览》,引书至一千六百九十件,独无一语及《括地志》,故未开列卷首书目。若以为其书已亡,则乐史《寰宇记》亦并时所修,何以屡见称引?是此书在当时存亡尚未可知。

除《太平寰宇记》外,北宋宋敏求《长安志》亦曾多次称引《括地志》,故其书北宋时或有残存。贺次君先生指出:"晚唐及北宋人是得见《括地志》原书的,《通典》、《初学记》、《太平御览》、《太平寰宇记》、《长安志》、《大藏音义》等书所引的,都在张守节引的范围之外,是颇足珍贵的。宋南渡后,《括地志》全书散佚,南宋作者不及见,如《舆地纪胜》、《玉海》、《诗地理考》、《通鉴地理通释》、《路史》等书,虽皆称引《括地志》,实际上是从《史记正义》和唐及北宋人类书中转抄的。"②王恢先生亦持同样看法:"张守节作《史记正义》,采撷注解古地;《通典》、《太平御览》、《太平寰宇记》间引及之。《玉海》所引,而曰'《史记正义》《括地志》云',或从《通典》录取,是王应麟已未见其书。其多于今本《史记正义》者,盖据善本转录。其书或亡于宋南渡时?"③都基本认定《括地志》全书在南宋时已散佚,所言甚是。南宋尤袤《遂初堂书目》、《宋史·艺文志》皆载《坤元录》,而不载《括地志》④,可进一步说明此点。因此,王应麟不可能得见《括地志》原书,其所言《坤元录》"即《括地志》也",如果不是沿袭前人之说,而是自己个人

---

① 王谟:《汉唐地理书钞》,第 224 页。
② 贺次君:《括地志辑校·前言》,第 5 页。按《初学记》成于开元年间,贺次君先生列其于《通典》之后,并以"晚唐"著作视之,恐有未当。而且,北宋时《括地志》一书恐怕已非完本,王谟指出《太平御览》多引《坤元录》,而不引《括地志》,是有一定道理的。
③ 王恢:《括地志新辑·叙》,第 1 页。
④ 尤袤:《遂初堂书目》"地理类"记有《坤元录》,无《括地志》,丛书集成初编本,北京:中华书局,1985 年,第 15 页。《宋史》卷二〇四《艺文志三》记"魏王泰《坤元录》十卷",亦不载《括地志》,北京:中华书局,1977 年,第 5152 页。

推测与判断的话,就大有疑问了,不可轻信。

传世书目文献中,最早记载《坤元录》一书的,是日本藤原佐世撰《日本国见在书目录》,是书"土地家"载①:

> 《括地志》一魏王泰撰。元数六百卷,《图书录》只载第一卷。《坤元录》百卷。

《日本国见在书目录》大致成书于宇多天皇宽平三年(唐昭宗大顺二年,891年)前②,比《旧唐书·经籍志》、《新唐书·艺文志》编撰时间都要早,所记多为从唐朝输入日本的典籍,学术价值极高。该书记《括地志》六百卷,与中国典籍所记《括地志》五百五十卷、《序略》五卷不同,颇值注意。《坤元录》一百卷,虽不记撰者姓名,然紧接《括地志》并列而录,且卷数与《括地志》不同,说明该目录作者藤原佐世是把二书视为不同典籍的。前揭石井正敏先生之所以判断《坤元录》与《括地志》为两本不同的地志,其原因或在于此。此外,南宋郑樵《通志》亦有大致相似的记载,是书卷六六《艺文略四》"地里"载③:

> 《括地志》五百五十卷,又《序略》五卷。(中略)《坤元录抄》二十卷。

所谓"《坤元录抄》二十卷",是原书名,还是《坤元录》原书的摘抄,并不清楚,然其与《坤元录》存在着密切关系,当无疑义。总之,《通志》把《括地志》与《坤元录抄》分列,与《日本国见在书目录》的情形是一致的,都认为

---

① 藤原佐世:《日本国见在书目录》,收入《古逸丛书》第三册,南京:江苏广陵古籍刻印社,1994年,第745页。
② 参见孙猛:《浅谈〈日本国见在书目录〉》,载《中国索引》2004年第3期。关于《日本国见在书目录》的成书年代,日本学者有多种不同说法,详见孙文介绍,此从宽平三年前成书说。中国学者严绍璗先生认为成书于876—884年之间,今本《日本国见在书目录》并非原著,而是后人的一个抄本。参见严绍璗:《汉籍在日本的流布研究》,南京:江苏古籍出版社,1992年,第93—98页。
③ 《通志二十略》,北京:中华书局,1995年,第1575—1576页。按本文标点不尽从是书。

二书为不同的典籍,值得注意。遗憾的是,《旧唐书·经籍志》、《新唐书·艺文志》皆不见《坤元录》一书的记载。

关于《坤元录》的作者,《日本国见在书目录》与《通志》皆失载,《玉海》与《宋史·艺文志》则明确记为魏王李泰。按《玉海》乃据南宋《中兴书目》(即《中兴馆阁书目》),这已见前述。《宋史》卷二〇四《艺文志三》①:

> 魏王泰《坤元录》十卷。

所记《坤元录》卷数与《玉海》同,当也源自《中兴书目》。此外,《太平御览》、《太平寰宇记》等书在引录《坤元录》时,径称"魏王泰《坤元录》",如《太平寰宇记》卷一〇一《江南东道十三》建州邵武县乌岭山条载②:

> 魏王泰《坤元录》云:邵武有庸岭,一名乌头岭。北隙中有大蛇长七八丈,为患,都尉长吏多致死者。巫言啖童女,其都尉、令长遂估赁人家婢子养之,八月祭送蛇穴,已九女矣。将乐县李诞有六女无男,小女名奇,及受雇,应之。奇买好剑,仍作数石米糇,用蜜灌之,以置穴口。蛇夜出,目如三尺镜。奇放犬咋蛇,奇从后以剑斫之,蛇涌出至庭而死。

又《太平御览》卷四七《地部十二》"鸡岩"条载③:

> 魏王泰《坤元录》云:武夷山涧东一岩上有鸡栖,即此是也。

又同卷"乌岭山"条记④:

---

① 《宋史》,第5152页。
② 《太平寰宇记》,第2018—2019页。
③ 《太平御览》,北京:中华书局,1960年,第231页。
④ 《太平御览》,第231页。

魏王泰《坤元录》云：邵武北有庸岭，一名乌岭，北隰中有大蛇，为将乐令李诞女所杀者。

其实，前揭日本僧人善珠《因明论疏明灯抄》所引《坤元录》卷七四有关道州的记载，也可证明《坤元录》实乃贞观年间之作品。据《坤元录》，道州时领营道、唐兴、江华三县，按《旧唐书》卷四〇《地理志三》载，道州"旧领县三"①，二者正相吻合。其中营道县，天宝元年（742）改为弘道县；唐兴县，长寿二年（693）改名武盛县，神龙元年（705）复旧；江华县，贞观十七年（643）改属永州，上元二年（675）还隶道州，文明元年（684）改为云溪县，神龙元年二月复为江华县②。关于旧唐志有关"旧领县"、"旧领户"的记载，学界一般认为源自贞观十三年（639）"大簿"统计，系摘录魏王泰《括地志·序略》而来③。尤其是江华县贞观十七年改属永州、上元二年复旧这一变动情况，足以说明《坤元录》所记实为贞观十七年以前之事，其成书当在贞观年间，同为魏王李泰所撰无疑。

从目前所见《坤元录》佚文看，所记多为地理沿革、山川形胜、宫庙遗迹、古城遗址等，与《括地志》同属地志类著作，当无疑义。既然《坤元录》亦为魏王李泰所撰，那它与《括地志》之间究竟是什么关系？是同书异名？抑或两种不同的地志呢？唐杜佑《通典》、宋乐史《太平寰宇记》所引典籍，既有《括地志》，又有《坤元录》，用同书异名恐怕很难合理解释这一不同记载；而且，藤原佐世《日本国见在书目录》明确注录《括地志》六百卷、《坤元录》一百卷，这一不同书名与不同卷数之记载，也表明在二书之间实难划上等号，它们更有可能是两本不同的书籍。仔细考察并认真分析现存《括地志》与《坤元录》佚文的相关内容，可以发现，二书实为卷数不同、繁简不一的两种地志，虽互有关联，然并非同本。

《太平寰宇记》卷五七《河北道六·澶州》"濮阳县"载④：

---

① 《旧唐书》，第 1616 页。
② 《旧唐书》，第 1616—1617 页。
③ 参见冻国栋：《唐代人口问题研究》，武汉大学出版社，1993 年，第 16—17 页；又见同著《中国人口史》第二卷（隋唐五代时期），上海：复旦大学出版社，2002 年，第 22—30 页。
④ 《太平寰宇记》，第 1181 页。

《坤元录》曰:"濮阳县有故龙渊宫,俗名瓠子宫。《汉书》云河决瓠子,汉武起宫于决河之旁。"又云:"濮阳县西南八里有赤龙涡,有决口故道,盖古之龙渊宫也,非筑宫之所。"

《玉海》卷二一《地理》云①:

《括地志》:故龙泉宫俗名瓠子宫,亦曰宣房宫,在濮阳县北十里。

同书卷一五六《宫室》载②:

《括地志》:故龙泉宫俗名瓠子宫,在濮州濮阳县北十里,州西北九十里。元光中河决瓠子,塞决河之傍,龙泉之侧,因以为名。

按《坤元录》原书应避高祖李渊讳,不应有"龙渊宫"一名,此处"渊"字或为宋人所改。同样记龙泉宫,但二书却有不同的表述,《坤元录》引《汉书》,《括地志》未引,尤其是《坤元录》"汉武起宫于决河之旁"一语,与《括地志》文字存有较大差异。前揭贺次君先生有关"名称虽有不同,比较其内容则完全一样"的说法,恐怕是有疑问的。

其实,前揭日僧善珠《因明论疏明灯抄》所引《坤元录》卷七四有关道州的记载,可以完全证明《括地志》与《坤元录》并非同一本书。该书明确记载江南道道州见于《坤元录》"第七十四卷",而善珠之后的日本兴福寺僧人藏俊(1104—1180),在其所撰《因明大疏抄》卷三一中,亦引录了这一记载③:

《明灯抄》云:言唐兴者,两名相滥,未详何也。一县名唐兴,故《坤元录》第七十四卷云:江南道道洲(营道县、唐兴县、江华县)。

---

① 《玉海》,第 415 页。
② 《玉海》,第 2862—2863 页。
③ 藏俊:《因明大疏抄》,《大正藏》第六十八册,第 689 页,中栏。

可见，善珠书所引《坤元录》卷七四有关道州的记载，并不存在引书卷数和州、县名的歧义和讹误。明乎此点，对于认识《坤元录》一书至关重要。

众所周知，唐太宗贞观年间，曾依天下山川地理形势把全国划分为十道，据《初学记》所引《括地志·序略》，十道先后顺序依次为：关内、河东、河北、河南、山南、剑南、淮南、陇右、江南、岭南①。高宗以后，由于对洛阳的经营，河南道地位显著提升，其余各道顺序也发生若干变化，据开元年间成书的《唐六典》载，此时的十道顺序演变为：关内、河南、河东、河北、山南、陇右、淮南、江南、剑南、岭南②。从贞观到开元年间，河南由原来的第四道提升为第二道，陇右由原来的第八道提升为第六道，江南由原来的第九道升为第八道，剑南则由原来的第六道降为第九道。至于天宝到元和年间的十道顺序变化，《旧唐书·地理志》、《元和郡县图志》皆有充分反映③。这些变化其实关涉唐代前期政治、经济、军事、民族、边防诸问题，值得深入研究。

岑仲勉先生曾对《括地志·序略》进行过深入研究，指出④：

> 由上诠释，则《序略》中三百五十余州，都是按道编排，（中略）与今《通典》、《旧、新志》均略有不同，关内继以河东，重发祥也，河北先乎河南，顺地势也，剑南次山南后，岭南次江南后，取毗连也。《通典》诸书，均非一断限时期之制，惟《序略》所载，则为贞观十三年一年度之制，吾故曰，《括地志》遗文之最完部分，至可宝贵者也。

---

① 《初学记》卷八《州郡部·总叙州郡第一》，北京：中华书局，1962年，第165—166页。又贺次君：《括地志辑校》，第2—5页。据《唐会要》卷七〇《州县分望道》、《通典》卷一七二《州郡二》、《旧唐书》卷三八《地理志一》、《新唐书》卷三七《地理志》，贞观元年（627）始置十道之顺序依次为：关内、河南、河东、河北、山南、陇右、淮南、江南、剑南、岭南，与《序略》不合，却与开元年间成书的《唐六典》所记十道顺序完全相同，颇疑《会要》诸书所记并非贞观年间的实际情况。岑仲勉先生曾对此有所辨析，详见正文。
② 《唐六典》卷三《尚书户部》，北京：中华书局，1992年，第64—72页。
③ 《旧唐书·地理志》：关内、河南、河东、河北、山南、淮南、江南、陇右、剑南、岭南；《元和郡县图志》：关内、河南、河东、河北、山南、淮南、江南、剑南、岭南、陇右。
④ 岑仲勉：《〈括地志序略〉新诠》，《岑仲勉史学论文集》，北京：中华书局，1990年，第549—550页。

所论深刻,令人叹服。又据《括地志·序略》载①:

> 唐贞观十三年大簿,凡州府三百五十八,凡县一千五百五十一。至十四年,西克高昌,又置西州都护府及庭州并六县,通前凡三百六十州,依叙之为十道也。

所谓"依叙之为十道也",表明《括地志》是按照贞观年间十道的顺序进行叙述的。道州属于江南道,而江南道位列十道之第九道,有关道州历史的叙述,依顺序而言,只能列于卷末了。然而,善珠《因明论疏明灯抄》所引《坤元录》明确记载,有关道州的内容,见于该书"第七十四卷",如果《坤元录》与《括地志》是同书的话,皇皇五百五十卷的《括地志》,在其第七四卷就开始叙述道州的历史,实难想象。值得注意的是,日本宫内厅书陵部所藏《括地志》残卷,为解决这一疑难问题提供了至关重要的线索。

日本宫内厅书陵部所藏《括地志》残卷,抄于《管见记》卷六纸背,正文每行约二十字,总191行,约三千二百二十余字,所叙兖州曲阜县历史较为完整,是研究《括地志》及相关历史问题极为珍贵的资料。东京大学史料编纂所收藏有该残卷的影写本,山崎诚先生最先对其介绍和研究②,金程宇先生则把影写本全文刊布于张伯伟先生主编的《域外汉籍研究集刊》第二辑,并附跋文给予解说③,实乃嘉惠学林之举(参见图版十七、图版十八)。残卷第69—71行有如下记载④:

69 括地志卷第一百廿三 河南部 兖州三 瑕丘县 曲阜县上

---

① 《初学记》,第165—166页。又贺次君:《括地志辑校》,第2—5页。
② 山崎诚:《宫内厅书陵部藏管见记卷六纸背括地志残卷について》,载《和汉比较文学》第一号,1985年10月;后修改题为《宫内厅书陵部藏〈管见记〉卷六纸背〈括地志〉残卷について——付翻刻》,收入同著《中世学问史の基底と展开》,大阪:和泉书院,1993年,第215—229页。
③ 《东京大学史料编纂所藏〈括地志〉残卷(影印)》,载张伯伟主编:《域外汉籍研究集刊》第二辑,北京:中华书局,2006年,493—517页。金程宇:《东京大学史料编纂所藏〈括地志〉残卷跋》,第519—523页。
④ 《东京大学史料编纂所藏〈括地志〉残卷(影印)》,第502页;山崎诚:《宫内厅书陵部藏〈管见记〉卷六纸背〈括地志〉残卷について——付翻刻》,第225页。

70 括地志第一百廿四　河南部

71　　　　　兖州四　曲阜县下

《括地志》残卷原文作"河南部"①,《坤元录》则作"江南道","部"、"道"的不同称谓,或许反映了二书之差异。而且,兖州属河南道,河南道位列贞观十道之第四道,《括地志》总五百五十卷(不含《叙略》),加上四夷内容,平均每道所需卷数,大致在五十卷左右。当然,各道所领州县数多寡不一,内容相应有多有少,所需卷数也会存在较大差异,此就大数而言,不可一概而论。按《括地志》首叙关内道,其次河东道,其三河北道,其四河南道,该书在第一百二十卷左右叙河南道,依卷数安排而言,感觉顺乎情理,并无扞格难通之处。而江南道位列第九道,其在《括地志》中的卷数安排,更在河南道之后,即使把各道在书中的份量及所占篇幅因素都考虑进去,有关江南道的叙述,都应在《括地志》第四百卷之后。然而,《坤元录》有关江南道道州的记载,却系于"第七十四卷",这与《括地志》卷数安排无法吻合,二书存在着明显差异。首先,依《坤元录》记载,道州系于"第七十四卷",稍加估算,即可推知,此前的八道,每道所需卷数大致在九卷左右,这与上揭《括地志》每道约需五十卷左右的估算相比,差异十分明显;其次,《坤元录》卷七四叙江南道道州,以每道八至九卷估算,其此前叙第四道河南道,当在卷二十四至卷二十七左右。而前揭《括地志》残卷明确记载,河南道内容系于是书卷一百二十左右,其叙第九道江南道,更在卷四百以后。由此不难看出,二书在内容和卷数上无法吻合。至此完全可以断言,《括地志》与《坤元录》并非同本,二书实乃卷数不同的两本书。《坤元录》卷七四叙江南道道州,江南道之后紧接着叙岭南道,最后叙四夷,所需内容和卷数不会太多,是书总卷数当不超过一百卷;再联系《日本国见在书目录》有关

---

① 按《万历续道藏》所收明朱权编《天皇至道太清玉册》卷六,载有宋理宗赵昀(1225—1264年在位)《御制化胡辩》一文,其中提及《括地志·四夷部》诸书(《道藏》第三十六册,文物出版社、上海书店、天津古籍出版社,1988年,第422页),所谓"四夷部"正与残卷所记"河南部"相合,可证《括地志》原书按"部"分叙。此条承孙齐先生赐教,谨致谢忱! 参见孙氏撰《〈新资料与中古文史论稿〉述评》,载《理论与史学》第2辑,北京: 中国社会科学出版社,2016年,第226页。

"《坤元录》百卷"之相关记载,从中不难看出,二者适可相互印证、互为补充,表明《坤元录》实乃"百卷"之书,其与五百五十卷的《括地志》显然是两种卷数不同的地志。

二书同属地志,又皆为魏王李泰所主持编撰,前揭《括地志》、《坤元录》有关龙泉宫历史沿革的相关记载又表明,二书叙事有相同之处,差别仅在于卷数的多少,内容也会存在详略之分,据此推测,《坤元录》或有可能就是《括地志》略写本,即简本。二书一详一略,虽极有关联,但并非同本。《括地志》与《坤元录》这种不同卷数、不同书名且内容有详略之别的情况,在唐代也不乏其例,如开元九年(721)十一月,殷践猷、王愊、韦述、毋煛、刘彦真、王湾、刘冲等重修成《群书四部录》二百卷,右散骑常侍元行冲奏上之,其后毋煛"又略为四十卷,名为《古今书录》"①。敦煌古籍写本中,亦有不少类似的简本、节本,学者们称之为"略出本",如《籯金》,就有《略出籯金》②。这种对原书的缩编、简写,当然会出于不同的目的和需要,然对卷帙较大的原书进行缩写,恐怕更多是出于方便阅读、传播的需要,《坤元录》在五百五十卷的《括地志》基础上缩写成一百卷,其编写目的或许即是如此。至于《坤元录》是否有不同于《括地志》的内容,限于材料,并不清楚。

包括《序略》在内的《括地志》总卷数,《日本国见在书目录》记为六百卷,中国典籍则记为五百五十五卷(《括地志》五百五十卷、《序略》五卷),如何理解这一差异?山崎诚先生推测《序略》原卷五十,"五卷"当为"五十卷"之误③,很有道理。我们注意到,《旧唐书·经籍志》仅载《括地志序略》五卷,《新唐书·艺文志》、《通志·艺文略》皆分记《括地志》五百五十卷、《序略》五卷,似《序略》单独成册,并未与《括地志》正文合在一起。而且,有证据表明,魏王泰最初所上《括地志》,并不包括《序略》。《唐会要》卷三六《修撰》载④:

---

① 《旧唐书》卷四六《经籍志上》,第 1962 页。
② 参见王重民:《敦煌古籍叙录》,北京:中华书局,1979 年,第 208—213 页。
③ 山崎诚:《宫内厅书陵部藏〈管见记〉卷六纸背〈括地志〉残卷について——付翻刻》,第 217 页。
④ 《唐会要》,第 759 页。

（贞观）十五年（641年）正月三日，魏王泰上《括地志》五十卷，上嘉之，赐物一万段，其书宣付祕阁。

《资治通鉴》卷一九六系此事于贞观十六年（642）春正月乙丑①，《唐大诏令集》卷四〇载《魏王泰上括地志赐物诏》，系于贞观十六年正月②，故当以《资治通鉴》所记为是。"《括地志》五十卷"，四库本《唐会要》作"《括地志》百五十卷"，则诸本当有脱漏，原文当为"五百五十卷"，《册府元龟》、《新唐书》的相关记载可以为证。《册府元龟》卷二七〇《宗室部·文学》载③：

濮王泰，太宗第四子，少善属文。太宗以泰好士爱文学，特令就府，别置文学馆，上自引召学士。贞观十二年，奏请撰《括地志》，遂奏引著作郎萧德言、秘书郎顾胤、记室参军蒋亚卿、功曹参军谢偃等，就府修撰，成五百五十卷，奏上。太宗阅而嘉之。

同书卷二九二《宗室部·礼士》、卷五六〇《国史部·地理》亦记"撰《括地志》五百五十卷，奏上之"④，《新唐书》卷八〇《太宗诸子濮恭王泰传》则记《括地志》"凡五百五十篇，历四期成。诏藏祕阁，所赐万段"⑤。以上证据皆可表明，贞观十六年正月魏王泰所上《括地志》，仅为五百五十卷的正文，并不包括《序略》。

《括地志》始撰于贞观十二年（638），历时四年而成，所叙天下政区情况，主要依据贞观十三年（639）"大簿"，然贞观十四年（640）末唐平高昌，又于西域置西、庭二州并六县，全国州县数比贞观十三年又有所增加，这一新变化，在前揭《初学记》所引《括地志·序略》中已有明确反映，说明《序略》撰成于贞观十四年之后，其与贞观十二年开始撰写的《括地志》，在时

---

① 《资治通鉴》，北京：中华书局，1956年，第6174页。
② 《唐大诏令集》，北京：商务印书馆，1959年，第189页。
③ 《册府元龟》，北京：中华书局，1960年，第3205页。
④ 《册府元龟》，第3442页，第6731页。
⑤ 《新唐书》，北京：中华书局，1975年，第3570页。

间上并不同步,内容上也有可能无法相互照应,这或许正是《括地志》正文与《序略》并非同时奏上的原因之所在。既然贞观十六年正月魏王泰所上《括地志》五百五十卷,并不包括《序略》,则《序略》及其《坤元录》就有可能是在此后不久编成奏上了。考虑到《括地志》正文五百五十卷,而《序略》另外编成奏上,并单独成册,如果仅仅是五卷的话,似乎与长达五百五十卷的《括地志》正文有些不相匹配。因此,前揭《日本国见在书目录》记载《括地志》(包括《序略》)总数为六百卷,山崎诚先生据此推测《序略》原书五十卷,应该是很有道理的,值得信从。

中古写本时代,那些卷帙浩繁、部头较大的书籍不易保存,常会出现缺落现象,即使在和平岁月,皇家藏书亦不例外,如武周时所修一千三百卷的大型类书《三教珠英》,开元年间即出现缺落,玄宗曾下令进行修补①。战争动乱年月,典籍破坏更是严重。长达八年之久的安史之乱,使不少典籍受到摧残,乃至散佚不全,《旧唐书》卷四六《经籍志上》称②:

> 禄山之乱,两都覆没,乾元旧籍,亡散殆尽。肃宗、代宗崇重儒术,屡诏购募。

长达五百五十卷的《括地志》,很有可能就是因安史之乱的破坏而出现散佚。正因如此,安史乱后的学人开始转引《坤元录》,以补《括地志》散佚之不足。杜佑《通典》一书,既引《括地志》,又引《坤元录》,很有可能就是因为《括地志》散佚不全的缘故。《坤元录》后来也逐渐散佚,至南宋时仅存十卷。南宋以后,《括地志》与《坤元录》则完全散佚不存了。

综上所述,可归纳总结如下:

根据《日本国见在书目录》有关《括地志》与《坤元录》不同书名及不同卷数的记载,结合唐杜佑《通典》、宋乐史《太平寰宇记》既引《括地志》

---

① 《唐会要》卷三五《经籍》:开元七年(719)九月敕:"其《三教珠英》既有缺落,宜依旧目,随文修补。"第752页。
② 《旧唐书》,第1962页。

又引《坤元录》的情况,比较日本现存《括地志》残卷与《因明论疏明灯抄》所引《坤元录》相关卷数的差异,可以发现,《括地志》与《坤元录》虽同属魏王李泰所主持编撰的地志,且叙事也大致类同,然二者却并非同本,《括地志》六百卷(含《序略》五十卷),《坤元录》仅一百卷,二者不仅卷数不同,内容也有详略之分,《坤元录》很有可能即是《括地志》的略写本。《括地志》在安史之乱后出现散佚,故《通典》引用《坤元录》以补不足。《坤元录》此后也出现散佚,至南宋时仅存十卷。南宋以后,《括地志》与《坤元录》则全部散佚不存了。

(本文原载《历史地理》第二十八辑,上海人民出版社,2013年。收入本书时,略有订正。)

关于《括地志》辑校的若干问题

唐太宗贞观年间，由魏王李泰所主持编纂的六百卷巨著《括地志》（含《序略》五十卷），自宋元以后逐渐散佚不存，然不少佚文仍保存在唐宋时人的著述之中，清代学者曾下了很大功夫进行辑佚，其中以孙星衍辑《括地志》佚文八卷[①]、王谟辑《魏王泰括地志》二卷[②]，成就较大。其后，王恢、贺次君二位先生亦分别在前人已有辑佚成果基础上，广为搜罗，著成《括地志新辑》与《括地志辑校》二书[③]，取得不少新进展，被学者誉为"基本上代表了台湾和大陆学者关于《括地志》研究的最高水平"[④]。当然，二书存在的若干问题与不足，也受到一定的批评[⑤]。笔者在探讨《括地志》与《坤元录》二书关系过程中，对相关佚文进行了考察，结果发现，自清代以来的学者，在进行相关辑佚工作时，似都存在一个较为普遍的问题，即把若干原本并不属于《括地志》内容的佚文，皆辑入书中，一定程度影响了我们对《括地志》佚文的利用及相关问题的研究，故有必要加以辨析，澄清相关问题，以便为今后全面辑佚《括地志》佚文提供某些参考和借鉴。所言未必有当，敬请方家批评指正。

贺次君先生在《括地志辑校》"前言"中特别指出[⑥]：

[①] 收入孙星衍：《岱南阁丛书》，此据丛书集成初编本，北京：中华书局，1991年。
[②] 收入王谟：《汉唐地理书钞》，北京：中华书局，1961年，第224—266页。
[③] 王恢：《括地志新辑》，台北：世界书局，1974年；贺次君：《括地志辑校》，北京：中华书局，1980年。
[④] 华林甫：《〈括地志〉辑本校读》，《文献》1991年第1期，第135页。
[⑤] 华林甫：《〈括地志〉辑本校读》，《文献》1991年第1期；陈伟：《〈括地志辑校〉的几点商榷》，《历史地理》第十三辑，上海人民出版社，1996年。又收入同著《燕说集》，北京：商务印书馆，2011年。
[⑥] 贺次君：《括地志辑校》"前言"，第6页。

又古籍征引《括地志》,或称"魏王泰坤元录",或称"贞观地记",又称"魏王地记"、"括地象"等。名称虽有不同,比较其内容则完全一样,这里所辑录的仍照原引书目,不加更改。

基于这一认识与判断,《括地志辑校》一书录入了《坤元录》、《魏王地记》、《括地象》等书佚文。王恢先生的《括地志新辑》,也同样辑入了《坤元录》、《括地象》佚文。这一辑佚,可能沿袭了清人孙星衍的做法,因为孙氏早在其《括地志》辑本中,即已把《坤元录》、《括地象》相关佚文录入书中,说明孙氏在进行相关辑佚工作时,即已判定《坤元录》、《括地象》与《括地志》同属一书。至于《括地志》又称"贞观地记"、"魏王地记"之说,未见前人提出,似为贺次君先生首倡。然而,在对《括地志》现存佚文进行仔细考察之后,我们不得不指出,前人的相关认识和判断,存有诸多疑问,恐怕难以成立。

关于《括地志》与《坤元录》之关系,笔者在《〈括地志〉与〈坤元录〉》①一文中,通过比较分析中日古籍有关二书的相关记载,确认《括地志》与《坤元录》虽同为魏王李泰所撰,然并非同本,《括地志》五百五十卷,《序略》五十卷,而《坤元录》仅一百卷,《坤元录》很有可能是《括地志》的简本或略出本。中日古籍所见《坤元录》佚文,虽与《括地志》有关联,但二者并非同书,则是可以肯定的。因此,在今后的辑佚工作中,似应充分注意《括地志》与《坤元录》的区别与联系,切不可把二书完全等同、混淆一起。

《贞观地记》一书,不见史志目录记载,亦未见《括地志辑校》一书辑录相关佚文。通过搜寻查找相关史籍,发现有《贞观地志》,却无《贞观地记》,贺次君先生或有误记。《太平寰宇记》卷一二〇《江南西道十八·涪州》载②:

又《隋图经集记》及《贞观地志》云黔中是武陵郡酉阳地,按汉酉

---

① 刘安志:《〈括地志〉与〈坤元录〉》,《历史地理》第二十八辑,上海人民出版社,2013年。修订稿已收入本书。
② 乐史:《太平寰宇记》,北京:中华书局,2007年,第2390页。

阳在今溪州大乡界,与黔州约相去千余里,今之三亭县西北九百余里别有酉阳城,乃刘蜀所置,非汉之酉阳,事已具武陵郡。《隋图经》及《贞观地志》并言刘蜀所置酉阳为汉酉阳,盖误认汉涪陵之地也。

既名《贞观地志》,又列于《隋图经集记》之后,其为唐贞观年间所撰地志,似无疑问。然贞观年间所撰地志有《括地志》与《坤元录》两种,《贞观地志》究竟是《括地志》？抑或是《坤元录》？并不清楚。而且,唐初已改郡为州,上揭"又《隋图经集记》及《贞观地志》云黔中是武陵郡酉阳地"一语,也有疑问,因为贞观年间所撰地志不可能还使用"武陵郡"这样的称谓。正因如此,故胡三省在注释《资治通鉴》时,虽沿用《太平寰宇记》的说法,但有关武陵郡的记载,仅提《隋图经》,却不提《贞观地志》。《资治通鉴》卷七五邵陵厉公正始九年(248)九月"涪陵夷反"条胡注称①：

> 又《隋图经》,黔中是武陵郡酉阳县地。按汉酉阳在今溪州大乡县界,与黔州约相去千余里,今三亭县西北九百余里别有酉阳城,乃刘蜀所置,非汉之酉阳。《隋图经》及《贞观地志》并言蜀所置酉阳为汉酉阳,盖误认汉涪陵之地也。

《太平寰宇记》既引用《括地志》,又引用《坤元录》,然又提及《贞观地志》一书,不知其与《括地志》、《坤元录》之间究竟是什么关系？不管如何,《贞观地志》一书仍值得重视,期待今后能发现此书的一些线索和新资料。

至于《魏王地记》一书,仅见于南宋罗泌所撰《路史》,而不见它书记载。贺次君先生当据"魏王"二字,判断其为《括地志》同书异名。为便于说明问题,兹先引录《括地志辑校》(以下简称《辑校》)卷四商州上洛县条内容如下②：

---

① 《资治通鉴》,北京：中华书局,1956年,第2372页。
② 贺次君：《括地志辑校》,第201页。

> 潘,商州上洛县西四十里潘城是。《路史·国名纪》戊引魏王《地记》

《辑校》明确注明此条出自《路史·国名纪》戊卷所引魏王《地记》。经查阅原书,发现所记内容与《辑校》存在较大差异,《路史·国名纪》戊卷载①:

> 潘(番),《魏王地记》云:"下洛城西南四十潘城是。"毕分《十三州志》:"潘在广平城东北十里。"

清乾隆刻本、四部备要本、四库全书本《路史》皆作"下洛城",而非"上洛县",不知《辑校》所据为何?按下洛城、潘城,并在今河北涿鹿县(详后),多见于《水经注》记载,而商州上洛县在今陕西商洛市,上洛县境是否有"潘城",未见史籍记载。据《水经注》卷一三《漯水》载②:

> 《魏土地记》曰:下洛城西南四十里有潘城,城西北三里有历山,山上有虞舜庙。《十三州记》曰:广平城东北一百一十里,有潘县。

比较《水经注》与《路史》所引内容,不难发现二者之相似性,《路史》极有可能即源自《水经注》,然一作"《魏土地记》",一作"《魏王地记》",二者必有一误。按《魏土地记》乃北魏所著地志③,《水经注》多有引用,清人王谟及今人陈桥驿先生皆认为是《大魏诸州记》④,而《魏王地记》则不见他书记载。关于"下洛城"地望,一般认为即今涿鹿县城;"潘城",《括地志》

---

① 《重订路史全本》之《国名纪》卷五,清乾隆元年(1736)进修书院刻本,第九册,第14页;《路史·国名记》戊卷,四部备要本,北京:中华书局,1989年,第364页。《路史》卷二八《国名纪五》,景印文渊阁四库全书,第三八三册,台北:台湾商务印书馆,1986年,第343页。
② 《水经注疏》,南京:江苏古籍出版社,1989年,第1171页。
③ 李正奋《补后魏书艺文志》云:"《魏土地记》,见《水经注》,隋唐志均不著录,佚已久。案《水经注》出郦道元之手,其所引《魏土地记》又言道武事,则此书为魏人所撰无疑。"收入徐蜀编:《魏晋南北朝正史订补文献汇编》第三册,北京图书馆出版社,2004年,第713页。
④ 王谟:《汉唐地理书钞》之《大魏诸州记》,即据《水经注》辑入此条,第175页。陈桥驿先生认为:"此书即《大魏诸州记》。《隋志》著录二十一卷,《旧唐志》作《魏诸州记》二十卷,《新唐志》作《后魏诸州记》二十卷。"参见氏著《水经注研究二集》,大同:山西人民出版社,1987年,第418页。

云:"潘,今妫州城是也。"①据王北辰先生考证,今涿鹿县城西南保岱古城(西古城),即汉之潘县故城,唐之妫州城②。又上揭《路史》引《十三州志》所提及的"广平城",唐代时位于洺州鸡泽县③。贞观年间,妫州、洺州皆属河北道④,而商州属山南道,相距甚远,"潘城"不可能移位到商州之上洛县。又据《路史·国名纪》丁卷载⑤:

> 潘,故县属上谷,《左传》"潘获"、"潘子"者。本北燕州,贞观改曰妫州,今妫之怀戎,亦曰妫虚。《魏土地记》:下雒城西南故潘城也。

所引《魏土地记》"下雒城西南故潘城也"一语,与前揭卷二八引《魏王地记》"下洛城西南四十潘城是"大致相同,明显源自同一本书。同一条内容,《路史》引书却有《魏土地记》与《魏王地记》之别,结合前面有关《水经注》的记载及相关分析,可以基本断定,《路史·国名纪》戊卷所引《魏王地记》,实为《魏土地记》之误,"王"与"土"形近易误。因此,贺次君先生所谓《括地志》"又称'魏王地记'"的说法,恐有疑问,其据《路史》辑录的有关"潘城"的这段记载,实为《魏土地记》佚文,而非《括地志》佚文。

与此相关的,是有关"大䧜城"的另一条记载,《辑校》卷二怀州修武县条⑥:

> 大䧜城西二十里有小䧜城。《路史》《国名纪》乙引。

---

① 《史记》卷一《五帝本纪》"尧践帝位"条《正义》引《括地志》,北京:中华书局,1959年,第44页。又《括地志辑校》,第108页。
② 王北辰:《黄帝史迹涿鹿、阪泉、釜山考》,《北京大学学报》1994年第1期;又收入同著《王北辰西北历史地理论文集》,北京:学苑出版社,2000年,第291—306页。
③ 《元和郡县图志》卷一五河东道洺州鸡泽县条,北京:中华书局,1983年,第431页。
④ 按《初学记》所引《括地志·序略》,洺州属河北道,而《元和郡县图志》则属河东道,前后当有一个变化过程,值得另文探讨。
⑤ 《重订路史全本》之《国名纪》卷四,清乾隆元年(1736年)进修书院刻本,第八册,第8页;《路史·国名纪》丁卷,四部备要本,第349页。《路史》卷二七《国名纪四》,景印文渊阁四库全书,第三八三册,台北:台湾商务印书馆,1986年,第314页。
⑥ 贺次君:《括地志辑校》,第79页。

据《路史·国名纪》乙卷,此条实出自《魏土地记》,而非《魏王地记》①:

> 甯:杜云:汲郡,修武,今卫之获嘉有甯城,故修武也。(《诗外传》:武王伐纣,勒兵于甯,改曰修武。)《魏土地记》:大甯城西二十里有小甯城。今在怀戎。

按此条最先出自《水经注》卷一三《㶟水》②:

> 《魏土地记》曰:大甯城西二十里有小甯城。

由此不难看出,《路史》所引《魏土地记》,实源自《水经注》,王谟即据此辑入《大魏诸州记》③,而贺次君先生则把上揭"《魏土地记》"也误认为"《魏王地记》"了。因此,有关"大甯城"的这条记载,也不属于《括地志》原书内容,似可剔出。

至于《括地象》,一般认为是《河图》中的一种,内容专讲地理,实乃汉代谶纬之书;与此相关的《括地图》,是一本汉朝佚名志怪小说,虽早已失传,然在晋宋古籍中多被提及并引用④。按《路史》为南宋史学家罗泌所撰,引书甚多,既有《括地志》,又有《括地象》与《括地图》,三书之间是明显有别的,然自清代以来的《括地志》辑佚者,似乎皆认为《括地象》乃至《括地图》即《括地志》,故多据《路史》所引《括地象》、《括地图》佚文,而辑入《括地志》一书中,致使若干本不属《括地志》原文的文字混入其中,从而造成一定的混乱,实有辨析之必要。如孙星衍辑《括地志》卷三泾州鹑觚县条载⑤:

---

① 《重订路史全本》之《国名纪》卷五,第九册,第 14 页;《路史·国名纪》乙卷,四部备要本,第 364 页。《路史》卷二九《国名纪六》,景印文渊阁四库全书,第三八三册,第 343 页。
② 《水经注疏》,第 1180 页。
③ 王谟:《汉唐地理书钞》,第 175 页。
④ 李剑国:《唐前志怪小说史》,天津:南开大学出版社,1984 年,第 148—151 页。
⑤ 孙星衍辑:《括地志》,第 61 页。

> 鹑觚密氏，姞姓。今阴密城在泾州之安定。《郡县志》：在灵台西。《路史·国名纪》

按《路史·国名纪》甲卷云①：

> 密须：（中略）《括地象》云：鹑觚密氏，姞姓。今阴密城在泾之保定。《郡县志》：在灵台西。《寰宇记》：古密国地。

由此知孙星衍所辑上揭《括地志》佚文，实出自《括地象》。然原文为"保定"，孙氏则录为"安定"，不知所据为何？据《元和郡县图志》，泾州安定县，"至德二年（757），改保定县"；鹑觚县，"天宝元年（742），改为灵台县。今县理西阴密故城，东接县城，即古密国之地是也"②。按唐天宝二年方改鹑觚县为灵台县，至德二年改安定县为保定县，可知《路史》所引"今阴密城在泾之保定。《郡县志》：在灵台西"一语，绝非贞观年间成书的《括地志》一书的内容。根据《元和郡县图志》的记载，阴密故城位于灵台县西面，与《路史》所记"《郡县志》：在灵台西"完全吻合，"《郡县志》"实即《元和郡县图志》的略称。又据《太平寰宇记》，鹑觚县天宝元年八月改名灵台县，"即古密国之地"③，也可推知"《寰宇记》"实即《太平寰宇记》一书的简称，它们明显不属于《括地象》内容。"今阴密城在泾之保定"一语，也不是《括地象》中的内容，而是罗泌个人的表述，"保定"一名似可证此点，因至德二年才有保定县也。

其实，《括地象》有关鹑觚密氏与阴密故城的记载，早在西晋时期杜预所撰《春秋释例》中就有引用，该书卷七《土地名》载④：

> 密须：《括地象》云：阴密故城在泾州鹑觚县。密，密氏，姞姓，在

---

① 《路史·国名纪》，第 325 页。
② 《元和郡县图志》卷三关内道泾州，第 56 页。
③ 《太平寰宇记》卷三二关西道泾州灵台县，第 693 页。
④ 杜预：《春秋释例》，丛书集成初编本，北京：中华书局，1985 年，第 299 页。

安定。

比较《春秋释例》与《路史》所引《括地象》内容，不难发现，《路史》所引实为节文，然《括地象》并非《括地志》，则可断言，孙星衍据此而把相关文字辑录入《括地志》一书，恐难成立。

又孙星衍辑《括地志》卷五泗州徐城县云①：

> 泗州徐城县北，今徐城镇，在泗之临淮镇北三十里，有故徐城号大徐城，周十一里，中有偃王庙、徐君墓，去徐州仅五百□。《郡国志》曰薄薄城。《路史·国名纪》

"有故徐城"，《辑校》作"有故城"，注明出自《路史·国名纪》乙卷②；《新辑》则言引自《路史·国名纪》己卷③。经核查，此条实出自《路史·国名纪》乙卷④：

> 徐：赵孟曰：周有徐、奄。《括地象》云：泗州徐城县北。今徐城镇。在泗之临淮镇北三十（里），有故徐城号大徐城，周十一里，中有偃王庙、徐君墓，去徐州仅五百。《郡国志》曰薄薄城。本下邳。僮，即今临淮。

罗泌《路史》明言此条出自《括地象》，且没有证据表明其为《括地志》之误，不知前贤何以会认为它是《括地志》佚文？值得注意到的是，西晋杜预《春秋释例》卷七《土地名》所引《括地象》亦有如下记载⑤：

> 徐：《括地象》云：泗州徐城县北。

---

① 孙星衍辑：《括地志》，第135页。
② 贺次君：《括地志辑校》卷三泗州徐城县条，第132页。
③ 王恢：《括地志新辑》卷五泗州徐城县条，第137页。
④ 《路史》，四部备要本，第332页。
⑤ 《春秋释例》，第301页。

杜预所引《括地象》"泗州徐城县北"六字,与罗泌《路史》所引《括地象》首句同,这恐怕不是巧合,二者当有一定关联。"徐城镇"一名,不见唐代史籍记载,不过,据《舆地广记》卷二〇《淮南东路》泗州临淮县条载①:

> 徐城镇,本徐国,嬴姓。有徐君墓,季札挂剑之所。汉属临淮郡。东汉属下邳国。晋属临淮郡。梁置高平郡。东魏置高平县。隋开皇初郡废,十八年改县曰徐城,属泗州。唐因之。皇朝建隆二年省为镇,入临淮。

知徐城镇实乃北宋建隆二年(961)省徐城县而来,并归入临淮县。因此,"今徐城镇"一语,显然是《路史》作者罗泌的表述,绝非《括地象》一书内容。

又按"临淮镇",北魏似有设置②,然唐代是否设置,不见史籍记载。唐初贞观年间有徐城县,而无临淮县,临淮县乃长安四年(704)分徐城县地置③。有关大徐城的方位,《史记》张守节《正义》、《资治通鉴》胡三省注引《括地志》皆作:"大徐城在泗州徐城县北三十里,古徐国也。"④可见,《括地志》原文所记是"徐城县北",而非"临淮镇北"。《路史》所记"临淮镇",也有可能是"临淮县"之误,或"临淮徐城镇"之脱误,南宋程公说《春秋分记》在释"徐"时,就如是记载:"泗州临淮县徐城镇。"⑤不管如何,《路史》中有关大徐城"在泗之临淮镇北三十(里)"这一记载,既与《括地象》无涉,也非《括地志》的内容,则是可以肯定的。

综上所考,《路史》所引《括地象》文字,当仅有"泗州徐城县北"六字,其余则为罗泌围绕这一问题而展开的论述,与《括地象》完全无关,更不用

---

① 《舆地广记》,李勇先、王小红校注,成都:四川大学出版社,2003年,第587页。
② 《旧唐书》卷一九〇《刘胤之传》载:"刘胤之,徐州彭城人也。祖祎之,后魏临淮镇将。"北京:中华书局,1975年,第4994页。
③ 《元和郡县图志》卷九河南道泗州临淮县条,第231页。
④ 《史记》卷五《秦本纪》、卷四三《赵世家》、卷九一《黥布列传》,第176页、1780页、2606页;《资治通鉴》卷一二,北京:中华书局,1956年,第401页。按"三十里",《黥布列传》、《资治通鉴》皆作"四十里"。
⑤ 程公说:《春秋分记》卷三一《列国地总说·徐地释名》载:"徐(僖三年):泗州临淮县徐城镇。"同书卷八四《小国第四·徐》:"姬姓,子爵,吴与国,在今泗州临淮县徐城镇。"景印文渊阁四库全书本,台北:台湾商务印书馆,1986年,第333页、1022页。

说《括地象》与《括地志》是不同的书了,其不为《括地志》佚文,当无疑问。

又孙星衍辑《括地志》卷五莱州掖县条①:

> 故过乡亭,在莱州掖县西北二十里,本过国也。《史记·夏本纪》《正义》过,猗姓国是也。《路史·疏仡纪》引

贺次君先生《辑校》一书所辑,则与此稍有不同,该书卷三莱州掖县条载②:

> 过,猗姓国,莱州掖县西北三十里有过乡亭。《路史》《国名纪》一引,又《后纪》卷十三《疏仡纪·寒促传》引

据《路史·国名纪》己卷所载,此条实出自《括地象》,而非《括地志》③:

> 过:夏之国,即有过。《括地象》云:猗姓国。今莱之掖西北二十有过乡、过亭,《地道记》:有过城。有过氏。

由此可知,孙氏、贺氏所辑录的《括地志》佚文,乃据《路史》所引《括地象》,说明他们认为此《括地象》即《括地志》。其实,《路史》所记相关内容,早已见于杜预《春秋释例》,是书卷七《土地名》载④:

> 故过乡亭:在莱州掖县西北二十里,本过国。《括地象》云:倚姓国也。

仔细比较上述诸条记载,可以发现,《路史》所引《括地象》内容,恐怕只有"倚姓国"诸字,所谓"今莱之掖西北二十有过乡"等,应是罗泌自己的表

---

① 孙星衍辑:《括地志》,第151页。
② 贺次君:《括地志辑校》,第149页。
③ 《路史·国名纪》,第381页。
④ 杜预:《春秋释例》,第306—307页。

述,而非《括地象》内容。《路史》所引《括地象》内容,早在西晋时期杜预就已在《春秋释例》中加以引用,此《括地象》绝非唐朝贞观年间所撰的《括地志》,是可以肯定的。因此,孙氏、贺氏据《路史》所引《括地象》而复原的《括地志》相关内容,恐怕也是不能成立的。

又孙星衍辑《括地志》卷六宋州宋城县载①:

> 宋州城,古阏伯之墟,即商丘也,又云羿所封之地。《史记·殷本纪》《正义》羿五岁,父母与之入山,处之木下,以待蝉鸣。还欲取之,而群蝉俱鸣,遂捐而去。羿为山间所养。年二十,习于弓矢,仰天叹曰:"我将射四方,矢至吾门止。"因捍即射,矢靡地截草,径至羿之门,乃随矢去。《路史·疏仡纪》引

王恢先生《括地志新辑》(以下简称《新辑》)②、贺次君先生《辑校》③与此略同,皆未标明《路史》所引为何书,当沿袭孙辑而来。经核查,"羿五岁"至"乃随矢去"一段,出自《路史·后纪》卷一三《疏仡纪·夷羿传》所引《括地象》④。也就是说,前人皆把此段《括地象》佚文视为《括地志》佚文,不知所据为何。按上揭罗泌《路史》所引《括地象》佚文,又略见于比《路史》成书更早的北宋大型类书《太平御览》,只是所引书名为《括地图》,而非《括地象》。《太平御览》卷三五〇《兵部八十一·射捍》载⑤:

> 《括地图》曰:羿年五岁,父母与入山,其母处之大树下。侍(待)

---

① 孙星衍辑:《括地志》,第154页。
② 王恢:《括地志新辑》卷四宋州宋城县条:"古阏伯之墟,即商丘也,又云羿所封之地。(殷纪)羿五岁父母与之入山,处之木下以待蝉鸣。还,欲取之,而群蝉俱鸣,遂捐而去。羿为山间所养,年二十,习于弓矢,仰天叹曰:'我将射四方,至吾门止。'因捍即射矢,靡地截草,径至羿之门,乃随矢去。(路史疏仡卷十三夷羿传)"第111—112页。
③ 贺次君:《括地志辑校》卷三宋州宋城县条:"宋州城,羿所封之地。羿五岁,父母与之入山,处之木下,以待蝉,还欲取之,而群蝉俱鸣,遂捐而去。羿为山间所养。年二十,习于弓矢。仰天叹曰:'我将射四方,矢至吾门止。'因捍即射矢靡地截草径至羿之门,乃随矢去。(《路史·后纪》卷十三《疏仡纪·夏后纪》引)"第153页。
④ 《路史》,四部备要本,第151页。
⑤ 《太平御览》,北京:中华书局,1960年,第1612页。

蝉鸣,还欲取之。群蝉俱鸣,遂捐去。羿为山间所养。羿年二十,能习弓矢,仰天叹曰:"我将射远方,矢至吾门止。"因捍即射,矢摩地截草,经至羿门,随矢去。

两相比较,二者所记没有什么大的差异。有关后羿射矢的这一故事,最早为《括地象》所记,还是《括地图》所记,抑或二书同记?并不清楚。按《太平御览》乃以此前的类书《修文殿御览》、《艺文类聚》、《文思博要》为蓝本而编纂,而这些类书都比《括地志》成书早,可知《太平御览》所引《括地图》,并不存在是《括地志》之误的可能性。不仅如此,明代两大类书《天中记》、《广博物志》①皆记载了上揭有关后羿射矢的故事,并注明出自《括地象》,说明《括地象》也并非《括地志》之误。因此,前人仅据《路史》所引《括地象》的这一段文字记载,就判断其为《括地志》佚文,恐怕也是有疑问的。

又孙星衍辑《括地志》卷六曹州武城县载②:

> 曹州武城有重邱故城,今在济阴东北三十一。疑脱里字□云亦曰廪城。孙蒯饮马重邱,遂伐曹,取重邱者。与德之重邱异。《路史·国名纪》

《新辑》卷五曹州济阴县条辑校为:"武城有重邱故城,今在县东北三十一里。(亦曰廪城)孙蒯饮马重邱,遂伐曹,取重邱者。与德之重邱异。(《路史·国名纪》己)"③《辑校》卷三戴州成武县条则为:"(曹)州成武有重邱故城,今在济阴东北三十一里。孙蒯饮马重邱,遂伐曹取重邱者,与(安)德之重邱异。(《路史·国名纪》己引。按《齐地记》'平原安德有重邱乡',此引脱'安'字,今据补。)"④据《路史·国名纪》己卷载⑤:

---

① 陈耀文:《天中记》卷五七《蝉》,扬州:广陵书社,2007年,第1892页;董斯张:《广博物志》卷三二《武功下》,南京:江苏广陵古籍刻印社,1987年,第40页。
② 孙星衍辑:《括地志》,第162页。
③ 王恢:《括地志新辑》,第115页。
④ 贺次君:《括地志辑校》,第162页。
⑤ 《路史·国名纪》,四部备要本,第392页。

> 重丘二：以美女遗青阳者。《括地象》云：曹州武城有重丘故城。今在济阴东北三十一。亦曰廪城。孙蒯饮马重丘，遂伐曹取重丘者。《襄十七》，《寰宇》以乘氏东北三十七古重丘城，是。与德之重丘异。

知《路史》所引为《括地象》，前人多据之判断为《括地志》佚文，不知所据为何。然而，《路史》所引《括地象》中"曹州武城有重丘故城"一语，已早见于西晋杜预《春秋释例》一书，据该书卷七载①：

> 重丘：《括地象》云：曹州城武县有重丘故城。

二者所引书名、内容完全相同，可以证明皆出自同一本书，即《括地象》，而非《括地志》。至于其后的内容，很有可能是《路史》作者罗泌的按语，因为自注中提及"《寰宇》"一书，实即北宋初乐史所撰之《太平寰宇记》，其不为《括地志》佚文，是至为明显的。

又孙星衍辑《括地志》卷七归州巴东县条载②：

> 丹阳故国，归州巴东县也。《路史·国名纪》

《辑校》卷四归州巴东县条与此同，注明引自《路史·国名纪》己卷③。按《路史·国名纪》己卷载④：

> 丹：涂后封，今建平郡有丹阳城。《括地象》云：丹阳故国，归州巴东县也。

可知《路史》所引为《括地象》，而非《括地志》。又杜预《春秋释例》卷七

---

① 杜预：《春秋释例》，第313页。
② 孙星衍辑：《括地志》，第195页。
③ 贺次君：《括地志辑校》，第196页。
④ 《路史·国名纪》，第381页。

《土地名》云①：

> 丹阳：《括地象》云：归州巴东县。

杜预《春秋释例》所引《括地象》，虽无"丹阳故国"四字，然"归州巴东县"一语，则与《路史》所引《括地象》完全相同，此《括地象》绝非《括地志》，则可断言，因西晋时《括地志》一书还未出现。因此，上揭孙氏、贺氏据《路史》所引《括地象》内容而判断其为《括地志》佚文，也是有疑问的。

又孙星衍辑《括地志》卷七商州上洛县条载②：

> 商州：阚云：商州上洛。《九域志》、《舆地记》云：契始封。《路史·国名纪》

王恢先生《新辑》卷六商州上洛县条与此略同③，当参考并沿用了孙氏的这一辑录成果。然而，这一条所谓《括地志》佚文，却存在较大的疑问。据《路史·国名纪》丙卷载④：

> 商蕃：契封在华阴之郑。郑县有栾都城及故藩邑，故《世本》谓"契居蕃"。阚骃云：蕃，郑西，今之恋城是矣。地有商山。鲁连子云：在太华之阳。《世纪》谓"在商洛"。故世谓上洛汉商县，非也。（《括地象》云：商州。阚云：商州上洛。《九域志》、《舆地记》云：契始封。《通典》云：商之商洛，古商邑，乃商君封。《检地志》：盖南阳界古商于，汉之商县。）

按括号内文字乃罗泌自注，所引古籍有《括地象》、《九域志》、《舆地记》、

---

① 杜预：《春秋释例》，第 309 页。
② 孙星衍辑：《括地志》，第 199 页。
③ 王恢：《括地志新辑》卷六商州上洛县，第 155 页。
④ 《路史·国名纪》，第 344 页。

《通典》《检地志》等,"阚云"当指阚骃之说,《检地志》即《括地志》,为《通典》所引,"检"乃杜佑为避德宗"适"讳而改①。此处《括地象》与《检(括)地志》并列,说明二者并非同书。由于《通典》成书于《括地志》之后,故孙氏、王氏判断《路史》所引《括地象》内容至"契始封"止。据杜预《春秋释例》卷七《土地名》载②:

> 商国:《括地象》云:在商州。一说商丘即宋州。

一记"在商州",一记"商州",二者没有什么差异。问题是,《路史》"商州"之后的文字,是否为《括地象》中的内容呢?按《九域志》一书,不见于北宋以前史书记载,北宋以后则广为引用,似指北宋王存等所撰《元丰九域志》。除罗泌《路史》外,南宋王应麟《玉海》、《诗地理考》、《通鉴地理通释》,以及马端临《文献通考》、胡三省《通鉴音注》等,多简称为《九域志》。《舆地记》列于《九域志》之后,二书并列,则其或为北宋欧阳忞所撰《舆地广记》。而且,《元丰九域志》与《舆地广记》的相关记载,也可证明此点。《新定九域志(古迹)》卷三商州条载③:

> 古商国。《帝王世纪》云:卨(契)始(封)④于商,则今上洛县,亦秦封商君之地,张仪诈以商于地六百里赂楚,即此地也。

又《舆地广记》卷一四陕西永兴军路下商州条载⑤:

> 商契始封于此。春秋时属晋,战国时属秦,为内史地。

---

① 《通典》卷一七五《州郡五》商州上洛郡商洛县条,中华书局,1988年,第4580页;《通典》点校者认为:"《检地志》盖即指《括地志》,《通典》避德宗讳而改作'检',犹《礼典》'括发'讳改为'敛发'也。"甚是。第4600—4601页。
② 杜预:《春秋释例》,第301页。
③ 《元丰九域志》,王文楚等点校,北京:中华书局,1984年,第587页。
④ "封",点校本原缺,此据四库本《元丰九域志》补。
⑤ 《舆地广记》,第399页。

二书皆明确记载契始封于商,与《路史》所记"《九域志》、《舆地记》云:契始封"完全吻合,可证明《九域志》即《元丰九域志》,《舆地记》即《舆地广记》,皆为北宋时人著作。据此可以判断,上揭罗泌《路史》所引《九域志》、《舆地记》及相关文字,绝非《括地象》内容,"阙云:商州上洛"一语,应当也是如此。而且,《括地象》中的相关内容,早在西晋就已被杜预《春秋释例》所引用,其非《括地志》至为明显。因此,上揭孙氏、王氏判断《路史》所引《括地象》为《括地志》,并认为"阙云"至"契始封"一段文字,同为《括地志》佚文,这一认识和判断,也难成立。

《路史》除引《括地象》外,还引了《括地图》,二书皆比《括地志》成书早,三书之间的区别是明显的存在的,然前人在辑佚《括地志》时,也把一些《括地图》的内容辑入其中。如孙星衍辑《括地志》卷三陇州汧源县载①:

> 河水又出于阳纡。陵门之山者,穆王之所至。《尔雅》云"秦有阳纡",在今扶风汧县之西。《路史·疏仡纪》

据《路史·后纪》卷一二《疏仡纪·夏侯氏》"身解陓之河"条注称②:

> 即《阳纡经》所言纵极之渊也。《括地图》音:河水又出于阳纡。陵门之山者,穆王之所至。然《尔雅》云"秦有阳纡",在今扶风汧县之西。《周书》、《周礼》以为冀州,妄。

知《路史》所引实为《括地图》,而非《括地志》。而《括地图》的这一记载,早已见载于北魏郦道元所撰《水经注》中,该书卷一《河水一》"屈从其东南流,入于渤海"条载③:

---

① 孙星衍辑:《括地志》,第59页。
② 《路史》,四库备要本,第141页。
③ 《水经注疏》,第11—12页。

《括地图》曰：冯夷恒乘云车，驾二龙。河水又出于阳纡。凌门之山，而注于冯逸之山。《穆天子传》一曰：天子西征，至阳纡之山，河伯冯夷之所都居，是惟河宗氏。（后略）

比较二者所记，可以发现，不管是所引书名还是内容皆完全相同，其出自《括地图》而非《括地志》，应无疑义。

又孙星衍辑《括地志》卷五豫州上蔡县条载①：

豫州北七十里上蔡县，古蔡国。《玉海》引有"外城"二字②。县西南十里有故蔡城《路史·国名纪》武王封弟叔度于蔡是也。县东十里有蔡冈，因名也。《史记·周本纪》《正义》

王恢先生《新辑》与此同③，注明出自《路史·国名纪》戊卷。按《路史·国名纪》戊卷载④：

蔡：今蔡，治上蔡汉县，迄今，伯爵。仲子蔡伯《括地图》云：豫州北七十里上蔡，古蔡国。县西南十里有故蔡城、蔡山冈，故国也。

据此，知《路史》原引书名为《括地图》，而非《括地志》。又杜预《春秋释例》卷七《土地名》云⑤：

蔡：《括地象》云：豫州北七十里上蔡县，古蔡国，周武王封弟叔度于是。蔡县东十里有蔡山，则国名也。

---

① 孙星衍辑：《括地志》，第137、231页。
② 按"二城"二字，不见于王应麟《玉海》，而见于其著《诗地理考》卷三《管蔡》，孙星衍或有误记。参见张保见校注：《诗地理考校注》，成都：四川大学出版社，2009年，第133页。
③ 王恢：《括地志新辑》卷四豫州上蔡县条："州北七十里上蔡县，古蔡国。（玉海引有"外城"二字）县西十里，有故蔡城。（《路史·国名纪》戊）"第105页。
④ 《路史》，第362页。
⑤ 《春秋释例》，第300页。

这一记载与《路史》所引《括地图》相比,互有异同,不同之处在于蔡山或蔡山冈的方位有异,《括地象》记蔡山位于上蔡县东十里,《括地图》则记蔡山冈位于上蔡县西南十里。然据《史记》卷四《周本纪》"封弟叔度于蔡"条张守节《正义》载①:

> 《括地志》云:豫州北七十里上蔡县,古蔡国,武王封弟叔度于蔡是也。县东十里有蔡冈,因名也。

知蔡山当位于上蔡县东十里。又郑樵《通志·氏族略第二》与《都邑略第一》皆记故蔡城位于上蔡县西南十里②,则《路史》所引《括地图》中有关蔡山冈方位的记载,存有疑问。不管如何,比较上揭《括地象》、《括地图》、《括地志》所记内容,不难发现,三书在同一件事的记录上,有同有异,不排除《括地志》中的某些内容,有可能即源自《括地象》与《括地图》,但也不能因此就认为《括地象》与《括地图》完全等同于《括地志》,毕竟三者是不同的史籍。因此,上揭《路史》所引《括地图》佚文,在没有充分证据证明其为《括地志》内容的情况下,实不可轻易就断定其为《括地志》佚文。

贺次君先生《辑校》一书,还辑入一条《括地图》佚文,据该书卷四衡州临蒸县条载③:

> 临蒸县东北一百四十里有茶山、茶溪。《太平御览》卷八百六十七引《括地图》,又《舆地纪胜》卷五十五引《括地志》。

《辑校》注明此条出自《太平御览》所引《括地图》及《舆地纪胜》所引《括地志》。据《太平御览》卷八六七《饮食部·茗》载④:

---

① 《史记》,第128页。
② 《通志二十略》,王树民点校,北京:中华书局,1995年,第44、569页。
③ 贺次君:《括地志辑校》,第236页。
④ 《太平御览》,第3844页。

《坤元录》曰：辰州溆浦县山上多茶树。

《括地图》曰：临城县东北一百四十里有茶山、茶溪。

又《舆地纪胜》卷五五荆湖南路衡州"茶溪"条①：

《括地志》：临蒸县百余里有茶溪。

比较二书所引，文意虽大致相近，然内容有详有略，且存在"临城县"与"临蒸县"之别。此外，所引书名也有《括地图》与《括地志》之不同。因此，把二书所引内容皆视为《括地志》佚文，恐有疑问。

关于《太平御览》是否引用《括地志》一书问题，清人王谟曾有过这样的判断："乃至宋修《太平御览》，引书至一千六百九十件，独无一语及《括地志》，故未开列卷首书目。"②按《太平御览》"经史图书纲目"列有《括地图》一书，据初步统计，其引用《括地图》达二十七条左右。因此，上揭《太平御览》所引《括地图》，不可能是《括地志》之误。而且，有关茶树、茶溪的这两条记载，早已见于唐陆羽所撰之《茶经》，该书卷下《茶之事》记③：

《坤元录》：辰州溆浦县西北三百五十里无射山，云蛮俗当吉庆之时，亲族集会歌舞于山上。山多茶树。

《括地图》：临遂（蒸）④县东一百四十里有茶溪。

与《太平御览》所引内容相比较，可以发现，二书虽在内容上有详略之别，然所引书名、顺序完全相同，说明二书所引可能皆来自同一个源头，抑或《太平御览》源自《茶经》，亦未可知。不管如何，所引书名皆为《括地图》，

---

① 《舆地纪胜》，北京：中华书局，1992年，第2014页。又李勇先点校本《舆地纪胜》，成都：四川大学出版社，2005年，第2092页。
② 王谟：《汉唐地理书钞》，第224页。
③ 陆羽撰，沈冬梅校注：《茶经校注》，第49—50页。又参吴觉农主编：《茶经述评》，第202页。
④ 原作"临遂县"，沈冬梅据《舆地纪胜》卷五五校改为"临蒸县"，《茶经校注》，第56页注（105）。

而非《括地志》,则是可以肯定的。不仅如此,元陶宗仪《说郛》所录《茶经》,也是引用《括地图》①;明清时代的著作《天中记》②、《广群芳谱》③等,同样也是引自《括地图》。据此可以判定,有关临烝(城、遂)县有茶溪的这一记载,应该出自《括地图》,而非《括地志》。《舆地纪胜》所引《括地志》,有可能为《括地图》之误。从这一意义上讲,贺次君先生判断其为《括地志》佚文而辑入《辑校》一书中,恐怕也是有疑问的。

综上所述,可大致总结如下:

自清代以来,前人对《括地志》一书的辑佚工作,取得了卓著的成就,为今后《括地志》的整理及相关研究工作奠定了坚实的基础。然而,有些佚文是否为《括地志》原书中的内容,尚需要认真分析考辨。《括地志》成书后,似乎并不存在《魏王泰坤元录》、《贞观地记》、《魏王地记》、《括地象》之类的别名。就目前所知情况看,《坤元录》虽也属魏王李泰所编,但仅有一百卷,与六百卷的《括地志》是内容详略不同的两部地志。《魏王地记》实为北魏《魏土地记》之误,《括地象》、《括地图》则为《括地志》成书之前的著作,它们并不是同一部书。因此,前人据《路史》等书所引《魏土地记》、《括地象》、《括地图》内容,未加分辨即视之为《括地志》佚文,并辑入《括地志》辑本中,是有疑问的。需要特别说明的是,本文对此问题所作的若干分析与考辨,当然也是粗浅乃至不成熟的。不过,若能对今后《括地志》的全面辑佚整理及相关研究工作,提供某些参考和借鉴,则幸甚矣。

(本文原载《魏晋南北朝隋唐史资料》第二十九辑,2013 年。收入本书时,略有订正。)

---

① 《说郛》卷八三,第十一册,北京:中国书店,1986 年,第 16 页。"临烝县"作"临遂县"。
② 陈耀文:《天中记》卷四四《茶》:"茶山、茶溪:临城县东北一百四十里有茶山、茶溪(《括地图》)。"扬州:广陵书社,2007 年,第 1461 页。
③ 汪灏等编:《广群芳谱》卷一八《茶谱·茶一》:"《括地图》:临遂县东一百四十里有茶溪。"上海书店,1985 年,第 438 页。

参 考 文 献

一、古　　籍

（一）正史类

〔西汉〕司马迁：《史记》,北京：中华书局,1959 年。
〔东汉〕班固：《汉书》,北京：中华书局,1962 年。
〔南朝宋〕范晔：《后汉书》,北京：中华书局,1965 年。
〔西晋〕陈寿：《三国志》,北京：中华书局,1959 年。
〔唐〕房玄龄等：《晋书》,北京：中华书局,1974 年。
〔南朝梁〕沈约：《宋书》,北京：中华书局,1974 年。
〔南朝梁〕萧子显：《南齐书》,北京：中华书局,1972 年。
〔唐〕姚思廉：《梁书》,北京：中华书局,1973 年。
〔唐〕姚思廉：《陈书》,北京：中华书局,1972 年。
〔唐〕李延寿：《南史》,北京：中华书局,1975 年。
〔北齐〕魏收：《魏书》,北京：中华书局,1974 年。
〔唐〕令狐德棻等：《周书》,北京：中华书局,1971 年。
〔唐〕李百药：《北齐书》,北京：中华书局,1972 年。
〔唐〕李延寿：《北史》,北京：中华书局,1974 年。
〔唐〕魏徵等：《隋书》,北京：中华书局,1973 年。
〔后晋〕刘昫等：《旧唐书》,北京：中华书局,1975 年。
〔北宋〕欧阳修、宋祁：《新唐书》,北京：中华书局,1975 年。
〔元〕脱脱等：《宋史》,北京：中华书局,1977 年。

（二）综合类

〔春秋〕左丘明撰，〔晋〕杜预注，〔唐〕孔颖达正义：《春秋左传正义》，《十三经注疏》（附校勘记），北京：中华书局，1980年。

佚名撰，周祖谟校笺：《尔雅校笺》，昆明：云南人民出版社，2004年。

〔西汉〕东方朔：《神异经》，收入明程荣《汉魏丛书》，京都：中文出版社，1970年。

〔西汉〕东方朔：《神异经》，收入明程荣《汉魏丛书》，沈阳：吉林大学出版社，1992年。

〔西汉〕刘向撰，王叔岷校笺：《列仙传校笺》，北京：中华书局，2007年。

〔西汉〕刘安撰，刘文典集解：《淮南鸿烈集解》，北京：中华书局，1989年。

〔西汉〕扬雄：《法言》，收入明程荣编：《汉魏丛书》，沈阳：吉林大学出版社，1992年。

〔东汉〕于吉撰，王明校《太平经合校》，北京：中华书局，1960年。

〔东汉〕王符：《潜夫论》，收入明程荣：《汉魏丛书》，长春：吉林大学出版社，1992年。

〔西晋〕杜预：《春秋释例》，丛书集成初编本，北京：中华书局，1985年。

〔西晋〕崔豹：《古今注》，收入《汉魏六朝笔记小说大观》，上海古籍出版社，1999年。

〔东晋〕干宝：《搜神记》，汪绍楹校注，北京：中华书局，1979年。

〔东晋〕葛洪撰，王明校释：《抱朴子内篇校释》（增订本），北京：中华书局，1985年。

〔南朝宋〕刘敬叔：《异苑》，收入《汉魏六朝笔记小说大观》，上海古籍出版社，1999年。

〔南朝宋〕刘义庆撰，余嘉锡笺疏：《世说新语笺疏》（修订本），上海古籍出版社，1993年。

〔南朝梁〕任昉：《述异记》，收入明程荣编：《汉魏丛书》，长春：吉林大学出版社，1992年。

〔南朝梁〕释僧佑：《出三藏记集》，苏晋仁等点校，北京：中华书局，

1995 年。

〔南朝梁〕释慧皎：《高僧传》,汤用彤校注,北京：中华书局,1992 年。

〔北魏〕郦道元：《水经注疏》,杨守敬、熊会贞疏,段熙仲点校,南京：江苏古籍出版社,1989 年。

〔北魏〕贾思勰撰,石声汉校释：《齐民要术今释》,北京：中华书局,2009 年。

〔北魏〕贾思勰撰,缪启愉校释：《齐民要术校释》,北京：中国农业出版社,1998 年第二版。

〔唐〕长孙无忌等：《唐律疏议》,刘俊文点校,北京：中华书局,1983 年。

〔唐〕李林甫等：《唐六典》,陈仲夫点校,北京：中华书局,1992 年。

〔唐〕杜佑：《通典》,王文锦等校点,北京：中华书局,1988 年。

〔唐〕吴兢撰,谢保成集校：《贞观政要集校》,北京：中华书局,2003 年。

〔唐〕徐坚：《初学记》,北京：中华书局,1962 年。

〔唐〕萧嵩：《大唐开元礼》（附《大唐郊祀录》）,北京：民族出版社,2000 年。

〔唐〕萧嵩：《大唐开元礼》,景印文渊阁四库全书,台北：台湾商务印书馆,1986 年。

〔唐〕李吉甫：《元和郡县图志》,贺次君点校,北京：中华书局,1983 年。

〔唐〕唐临：《冥报记》,方诗铭辑校,北京：中华书局,1992 年。

〔唐〕段公路：《北户录》,收入张智主编：《中国风土志丛刊》第六十二册,扬州：广陵书社,2003 年。

〔唐〕郑綮：《开天传信记》,收入《唐五代笔记小说大观》,上海古籍出版社,2000 年。

〔唐〕李涪：《刊误》,张秉成校点,沈阳：辽宁教育出版社,1998 年。

〔唐〕吕温：《吕衡州文集》,丛书集成初编本,北京：中华书局,1985 年。

〔唐〕元稹：《元稹集》,北京：中华书局,1982 年。

〔唐〕李翱：《李文公文集》,四部丛刊本。

〔唐〕白居易：《白居易集》,北京：中华书局,1979 年。

〔唐〕白居易：《白氏六帖事类集》,台北：新兴书局,1969 年。

〔唐〕张九龄撰,熊飞校注:《张九龄集校注》,北京:中华书局,2008年。
〔唐〕杜宝撰,辛德勇辑校:《大业杂记辑校》,西安:三秦出版社,2006年。
〔唐〕欧阳询:《艺文类聚》,上海古籍出版社,1999年新2版。
〔唐〕刘肃:《大唐新语》,北京:中华书局,1984年。
〔唐〕释道世撰,周叔迦、苏晋仁校注:《法苑珠林校注》,北京:中华书局,2003年。
〔唐〕释慧祥:《古清凉传》,收入《大正藏》第五十一册。
〔唐〕释义净撰,王邦维校注:《大唐西域求法高僧传校注》,北京:中华书局,1988年。
〔唐〕陆羽:《茶经》,收入吴觉农主编:《茶经述评》,北京:中国农业出版社,2005年。
〔唐〕陆羽撰,沈冬梅校注:《茶经校注》,北京:中国农业出版社,2006年。
〔唐〕陆德明:《经典释文》,北京:中华书局,1983年。
〔五代〕王定保:《唐摭言》,收入《唐五代笔记小说大观》,上海古籍出版社,2000年。
〔宋〕宋敏求:《唐大诏令集》,北京:商务印书馆,1959年。
〔宋〕司马光:《资治通鉴》,北京:中华书局,1956年。
〔宋〕王溥:《唐会要》,北京:中华书局,1955年。
〔宋〕王溥:《唐会要》,上海古籍出版社,1991年。
〔宋〕王溥:《唐会要》,景印文渊阁四库全书,台北:商务印书馆,1986年。
〔宋〕王溥:《五代会要》,北京:中华书局,1998年。
〔宋〕乐史:《太平寰宇记》,北京:中华书局,2007年。
〔宋〕丁度等:《集韵》,上海古籍出版社,1985年。
〔宋〕聂崇义:《三礼图集注》,景印文渊阁四库全书,台北:台湾商务印书馆,1986年。
〔宋〕钱俨:《吴越备史》,丛书集成初编本,北京:中华书局,1991年。
〔宋〕罗泌:《重订路史全本》,清乾隆元年(1736)进修书院刻本。
〔宋〕罗泌:《路史》,景印文渊阁四库全书,台北:台湾商务印书馆,1986年。

〔宋〕罗泌:《路史》,四部备要本,北京:中华书局,1989年。
〔宋〕孙光宪:《北梦琐言》,贾二强点校,北京:中华书局,2002年。
〔宋〕吴曾:《能改斋漫录》,上海古籍出版社,1979年。
〔宋〕郑樵:《通志二十略》,北京:中华书局,1995年。
〔宋〕马端临:《文献通考》,北京:中华书局,1986年。
〔宋〕李昉等:《太平御览》,北京:中华书局,1960年。
〔宋〕王钦若等:《册府元龟》,北京:中华书局,1960年。
〔宋〕李昉等:《文苑英华》,北京:中华书局,1960年。
〔宋〕李昉等:《太平广记》,北京:中华书局,1961年。
〔宋〕王应麟:《玉海》,江苏古籍出版社、上海书店,1987年。
〔宋〕苏颂:《苏魏公文集》(附《魏公谭训》),王同策等点校,北京:中华书局,1988年。
〔宋〕任广:《书叙指南》,丛书集成初编本,北京:中华书局,1985年。
〔宋〕周密:《云烟过眼录》,丛书集成初编本,北京:中华书局,1985年。
〔宋〕周密:《齐东野语》,北京:中华书局,1983年。
〔宋〕江少虞:《宋朝事实类苑》,上海古籍出版社,1981年。
〔宋〕陆佃注,黄怀信集注:《鹖冠子汇校集注》,北京:中华书局,2004年。
〔宋〕王尧臣等:《崇文总目》,丛书集成初编本,北京:中华书局,1985年。
〔宋〕尤袤:《遂初堂书目》,丛书集成初编本,北京:中华书局。
〔宋〕陈振孙:《直斋书录解题》,上海古籍出版社,1987年。
〔宋〕郭茂倩:《乐府诗集》,北京:中华书局,1979年。
〔宋〕赵彦卫:《云麓漫抄》,北京:中华书局,1996年。
〔宋〕程公说:《春秋分记》,景印文渊阁四库全书本,台北:台湾商务印书馆,1986年。
〔宋〕高似孙:《纬略》,丛书集成初编本,北京:中华书局,1985年。
〔宋〕欧阳忞:《舆地广记》,李勇先、王小红校注,成都:四川大学出版社,2003年。
〔宋〕王存等:《元丰九域志》,王文楚等点校,北京:中华书局,1984年。

〔宋〕王象之：《舆地纪胜》，北京：中华书局，1992年。

〔宋〕王象之：《舆地纪胜》，李勇先点校，成都：四川大学出版社，2005年。

〔宋〕祝穆：《方舆胜览》，北京：中华书局，2003年。

〔宋〕罗愿撰，萧建新、杨国宜校注：《〈新安志〉整理与研究》，合肥：黄山书社，2008年。

〔宋〕王应麟撰，张保见校注：《诗地理考校注》，成都：四川大学出版社，2009年。

〔宋〕释赞宁：《宋高僧传》，北京：中华书局，1987年。

〔元〕陶宗仪：《说郛》，北京：中国书店，1986年。

〔元〕陶宗仪：《说郛》，景印文渊阁四库全书，台北：台湾商务印书馆，1986年。

〔元〕吴师道：《战国策校注》，四部丛刊本。

〔明〕王祎：《大事记续编》，景印文渊阁四库全书，台北：台湾商务印书馆，1986年。

〔明〕杨士奇等：《文渊阁书目》，丛书集成补编本，北京：中华书局，1985年。

〔明〕杨慎：《升菴集》，景印文渊阁四库全书，台北：台湾商务印书馆，1986年。

〔明〕梅鼎祚：《古乐苑》，景印文渊阁四库全书，台北：台湾商务印书馆，1986年。

〔明〕冯惟讷：《古诗纪》，景印文渊阁四库全书，台北：台湾商务印书馆，1986年。

〔明〕李攀龙：《古今诗删》，景印文渊阁四库全书，台北：台湾商务印书馆，1986年。

〔明〕曹学佺：《石仓历代诗选》，景印文渊阁四库全书，台北：台湾商务印书馆，1986年。

〔明〕徐应秋：《玉芝堂谈荟》，景印文渊阁四库全书，台北：台湾商务印书馆，1986年。

〔明〕王世贞：《弇州山人四部稿》，台北：伟文图书出版社有限公司，1976 年。

〔明〕方以智：《通雅》，景印文渊阁四库全书，台北：台湾商务印书馆，1986 年。

〔明〕钱谦益：《绛云楼书目》，丛书集成初编本，北京：中华书局，1985 年。

〔明〕冯舒：《诗纪匡谬》，知不足斋本。

〔明〕程荣：《汉魏丛书》，京都：中文出版社，1970 年。

〔明〕程荣：《汉魏丛书》，沈阳：吉林大学出版社，1992 年。

〔明〕陈耀文：《天中记》，扬州：广陵书社，2007 年。

〔明〕董斯张：《广博物志》，南京：江苏广陵古籍刻印社，1987 年。

〔清〕董诰等：《全唐文》，北京：中华书局，1983 年。

〔清〕徐松：《登科记考》，北京：中华书局，1984 年。

〔清〕仇汝瑚修，冯敏昌纂：《孟县志》，清乾隆五十五年（1790）刻本。

〔清〕吴任臣：《十国春秋》，北京：中华书局，1983 年。

〔清〕阮元：《十三经注疏》（附校勘记）上、下册，北京：中华书局，1980 年。

〔清〕纪昀等：《钦定四库全书总目》（整理本），北京：中华书局，1997 年。

〔清〕秦蕙田：《五礼通考》，景印文渊阁四库全书，台北：台湾商务印书馆，1986 年。

〔清〕汪灏等：《广群芳谱》，上海书店，1985 年。

〔清〕陈厚耀：《春秋战国异辞》，景印文渊阁四库全书，台北：台湾商务印书馆，1986 年。

〔清〕魏瀛、鲁琪光、钟音鸿纂修：《同治赣州府志》卷六五《艺文·唐文》，《中国地方志集成·江西府县志辑》（七四），江苏古籍出版社、上海书店、巴蜀书社，1996 年。

〔清〕崔国榜、金益谦、蓝拔奇纂修：《同治兴国县志》卷三五《艺文·诰敕》，《中国地方志集成·江西府县志辑》（七八），江苏古籍出版社、上海书店、巴蜀书社，1996 年。

〔清〕赵翼：《陔余丛考》，北京：中华书局，1963 年。

〔清〕顾祖禹：《读史方舆纪要》，北京：中华书局，2005 年。

〔清〕吴廷燮:《唐方镇年表》,北京:中华书局,1980年。
〔清〕严可均:《全上古三代秦汉三国六朝文》,北京:中华书局,1958年。
徐时仪校注:《一切经音义三种校本合刊》,上海古籍出版社,2008年。
《道藏》,文物出版社、上海书店、天津古籍出版社,1988年。
《大正藏》,东京大正一切刊经行会,1924—1934年。
《中华大藏经》,北京:中华书局,1993年。
《汉魏六朝笔记小说大观》,上海古籍出版社,1999年。
《唐五代笔记小说大观》,上海古籍出版社,2000年。
《宋元笔记小说大观》,上海古籍出版社,2001年。
(日)《令义解》(新订增补国史大系本),东京:吉川弘文馆,1988年。
(日)藤原佐世:《日本国见在书目录》,收入《古逸丛书》第三册,南京:江苏广陵古籍刻印社,1994年。
(日)源顺:《倭名类聚抄》,那波道圆校注本。
(日)惟宗允亮:《政事要略》,增补新订国史大系第二十八卷,东京:吉川弘文馆,1937年。
(日)具平亲王:《弘决外典钞》,东京:春秋社,1989年。
(日)藤原孝范编:《明文抄》,收入远藤光正:《类书の传来と明文钞の研究——军记物语への影响——》,あさま书房刊,1984年。
(日)释善珠:《因明论疏明灯抄》,收入《大正藏》第六十八册。
(日)释藏俊:《因明大疏抄》,收入《大正藏》第六十八册。
(日)释兼意:《宝要抄》,大阪:(财)武田科学振兴财团杏雨书屋,2002年。
(日)释兼意:《香要抄》(一)(二),大阪:(财)武田科学振兴财团杏雨书屋,2008年、2009年。
(日)释兼意:《药种抄》(一),大阪:(财)武田科学振兴财团杏雨书屋,2010年。
(日)释周凤:《善邻国宝记》,东方学会排印本,1928年。
(日)田中健夫:《善邻国宝记·新订续善邻国宝记》,收入《译注日本史料》,东京:集英社,1995年。

二、考古发掘报告、出土文献整理成果及图录、文献辑佚等

（一）考古发掘报告

黄文弼：《吐鲁番考古记》，北京：中国科学院，1954 年。

夏鼐：《敦煌考古漫记（一）》，《考古通讯》1955 年创刊号。

李正光：《长沙北门桂花园发现晋墓》，《文物参考资料》1955 年第 11 期。

湖北省博物馆：《武汉地区四座南朝纪年墓》，《考古》1965 年第 4 期。

长江流域第二期文物考古工作人员训练班：《湖北江陵凤凰山西汉墓发掘简报》，《文物》1974 年第 6 期。

纪南城凤凰山一六八号汉墓发掘整理组：《湖北江陵凤凰山一六八号汉墓发掘简报》，《文物》1975 年第 9 期。

熊传新：《湖南湘阴县隋大业六年墓》，《文物》1981 年第 4 期。

王勤金、吴炜、房宁、张容生：《江苏邗江胡场五号汉墓》，《文物》1981 年第 11 期。

长沙市文物工作队：《长沙出土南朝徐副买地券》，《湖南考古辑刊》第一辑，长沙：岳麓书社，1982 年。

甘肃省敦煌县博物馆：《敦煌佛爷庙湾五凉时期墓葬发掘简报》，《文物》1983 年第 10 期。

湖南省博物馆：《湖南资兴晋南朝墓》，《考古学报》1984 年第 3 期。

杨豪：《广东晋南朝隋唐墓葬》，广东博物馆、香港中文大学文物馆合编：《广东出土晋至唐文物》，香港中文大学出版社，1985 年，第 25—26 页。

瑞昌县博物馆：《江西瑞昌发现两座北宋纪年墓》，《文物》1986 年第 1 期。

黄炳煜：《江苏泰州北宋墓出土器物》，《东南文化》1987 年第 3 期。

敦煌县博物馆考古组、北京大学考古实习队：《记敦煌发现的西晋、十六国墓葬》，《敦煌吐鲁番文献研究论集》第四辑，北京大学出版社，

1987年。

吴晓松、胡佑成、刘瑜：《英山县茅竹湾宋墓发掘》，《江汉考古》1988年第1期。

廖晋雄：《广东始兴发现南朝买地券》，《考古》1989年第6期。

王吉允：《吉安发现一座北宋纪年墓》，《考古》1989年第10期。

张万高：《江陵高台18号墓发掘简报》，《文物》1993年第8期。

连云港市博物馆、东海县博物馆、中国社会科学院简帛研究中心、中国文物研究所：《尹湾汉墓简牍》，北京：中华书局，1997年。

漳浦县博物馆：《漳浦唐五代墓》，《福建文博》2001年第1期。

张子明：《钟绍京受赠诰文碑》，《南方文物》2001年第4期。

成都市龙泉驿博物馆：《成都龙泉驿区出土的宋明石质买地券与镇墓券》，《考古与文物》2002年汉唐考古增刊。

黄义军、徐劲松、何建萍：《湖北鄂州郭家细湾六朝墓》，《文物》2005年第10期。

（二）出土文献整理成果及图录、目录、工具书等

（日）香川默识编：《西域考古图谱》，京都：国华社，1915年。影印本，北京：学苑出版社，1999年。

王重民主编：《敦煌遗书总目索引》，北京：商务印书馆，1962年。

罗振玉：《罗雪堂先生全集》，台北文华出版公司、台北大通书局影印本，1968—1977年。

（日）池田温：《中国古代籍帐研究》，东京大学东洋文化研究所，1979年。

唐长孺主编：《吐鲁番出土文书》（录文本）第一册至第十册，北京：文物出版社，1981—1991年。

唐长孺主编：《吐鲁番出土文书》（图文本）第一册至第四册，北京：文物出版社，1992—1996年。

端方：《陶斋藏石记》，收入《石刻史料新编》第一辑第十一册，台北：新文丰出版公司，1982年。

（日）小田义久主编：《大谷文书集成》第一卷至第三卷，京都：法藏馆，

1984 年、1990 年、2003 年。

黄永武主编:《敦煌宝藏》,台北:新文丰出版公司,1986 年。

黄永武主编:《敦煌遗书最新目录》,台北:新文丰出版公司,1986 年。

唐耕耦等编:《敦煌社会经济文献真迹释录》第一辑,北京:书目文献出版社,1986 年。

唐耕耦等编:《敦煌社会经济文献真迹释录》第二辑至第四辑,北京:全国图书馆缩微复制中心,1990 年。

唐长孺主编:《中国大百科全书·中国历史》(隋唐五代史卷),北京:中国大百科全书出版社,1988 年。

刘俊文:《敦煌吐鲁番唐代法制文书考释》,北京:中华书局,1989 年。

北京图书馆金石组编:《北京图书馆藏中国历代石刻拓本汇编》第二册,郑州:中州古籍出版社,1989 年。

(日)池田温:《中国古代写本识语集录》,东京大学东洋文化研究所,1990 年。

陈柏泉:《江西出土墓志选编》,南昌:江西教育出版社,1991 年。

周绍良主编:《唐代墓志汇编》、《唐代墓志汇编续集》,上海古籍出版社,1992 年、2001 年。

王尧、陈践译注:《敦煌本吐蕃历史文书》(增订本),北京:民族出版社,1992 年。

王仲荦:《敦煌石室地志残卷考释》,上海古籍出版社,1993 年。

陈国灿:《斯坦因所获吐鲁番文书研究》,武汉大学出版社,1994 年。

伏俊琏:《敦煌赋校注》,兰州:甘肃人民出版社,1994 年。

荣新江:《英国图书馆藏敦煌汉文非佛教文献残卷目录(S. 6981—13624)》,台北:新文丰出版公司,1994 年。

中国社会科学院历史研究所、中国敦煌吐鲁番学会敦煌古文献编辑委员会、英国国家图书馆、伦敦大学亚非学院编:《英藏敦煌文献(汉文佛经以外部分)》第三册、第十三册,成都:四川人民出版社,1990 年、1995 年。

张传玺主编:《中国历代契约汇编》,北京大学出版社,1995 年。

胡孚琛主编：《中华道教大辞典》，北京：中国社会科学出版社，1995年。
李格非主编：《汉语大字典》（简编本），武汉：湖北人民出版社，1996年。
张锡厚：《敦煌赋汇》，南京：江苏古籍出版社，1996年。
汉语大词典编纂委员会等编：《汉语大词典》，上海：汉语大词典出版社，1997年。
王素：《吐鲁番出土高昌文献编年》，台北：新文丰出版公司，1997年。
王素、李方：《魏晋南北朝敦煌文献编年》，台北：新文丰出版公司，1997年。
柳洪亮：《新出吐鲁番文书及其研究》，乌鲁木齐：新疆人民出版社，1997年。
陈国灿、刘永增编：《日本宁乐美术馆藏吐鲁番文书》，北京：文物出版社，1997年。
季羡林主编：《敦煌学大辞典》，上海辞书出版社，1998年。
杨文和主编：《中国历史博物馆藏法书大观》第十一卷《晋唐写经·晋唐文书》，东京柳原书店、上海教育出版社，1999年。
吴钢主编：《全唐文补遗》第七辑，西安：三秦出版社，2000年。
施萍婷、邰惠莉等编：《敦煌遗书总目索引新编》，北京：中华书局，2000年。
刘昭瑞：《汉魏石刻文字系年》，台北：新文丰出版公司，2001年。
上海古籍出版社、法国国家图书馆编：《法藏敦煌西域文献》第十五册、第三十二册，上海古籍出版社，2001年、2005年。
陈国灿：《吐鲁番出土唐代文献编年》，台北：新文丰出版公司，2002年。
（日）中村不折：《禹域出土墨宝书法源流考》，李德范译，北京：中华书局，2003年。
侯灿、吴美琳：《吐鲁番出土砖志集注》，成都：巴蜀书社，2003年。
陈国灿、刘安志主编：《吐鲁番文书总目》（日本收藏卷），武汉大学出版社，2005年。
荣新江等主编：《新获吐鲁番出土文献》，北京：中华书局，2008年。
张传玺：《契约史买地券研究》，北京：中华书局，2008年。

高朋:《人神之契:宋代买地券研究》,北京:中国社会科学出版社,2011年。

(三) 文献辑佚

〔清〕孙星衍辑:《括地志》八卷,收入《岱南阁丛书》,丛书集成初编本,北京:中华书局,1991年。

〔清〕王谟辑:《魏王泰括地志》二卷,收入同著《汉唐地理书钞》,北京:中华书局,1961年。

李正奋:《补后魏书艺文志》,收入徐蜀编:《魏晋南北朝正史订补文献汇编》第三册,北京图书馆出版社,2004年。

逯钦立辑:《先秦汉魏晋南北朝诗》,北京:中华书局,1983年。

王恢辑:《括地志新辑》,台北:世界书局,1974年。

贺次君辑:《括地志辑校》,北京:中华书局,1980年。

金程宇:《东京大学史料编纂所藏〈括地志〉残卷(影印)》,载张伯伟主编:《域外汉籍研究集刊》第二辑,北京:中华书局,2006年。

(日)新美宽编,铃木隆一补:《本邦残存典籍による辑佚资料集成》,京都大学人文科学研究所,1968年。

(日)竹内理三:《翰苑》(校订、解说),东京:吉川弘文馆,1977年。

(日)汤浅幸孙:《翰苑校释》,东京:国书刊行会,1983年。

(日)仁井田陞:《唐令拾遗》,东京大学出版会,1983年。

(日)池田温等:《唐令拾遗补》,东京大学出版会,1997年。

三、研 究 著 作

(日)滨口重国:《秦汉隋唐史の研究》,东京大学出版会,1980年。

曹仕邦:《中国佛教史学史——东晋至五代》,台北:法鼓文化事业公司,1999年。

陈寅恪:《陈寅恪集》,北京:生活·读书·新知三联书店,2001年。

陈国灿:《斯坦因所获吐鲁番文书研究》,武汉大学出版社,1994年。

陈国灿：《敦煌学史事新证》，兰州：甘肃教育出版社，2002年。

陈国灿：《论吐鲁番学》，上海古籍出版社，2010年。

陈伟：《包山楚简初探》，武汉大学出版社，1996年。

陈桥驿：《水经注研究二集》，大同：山西人民出版社，1987年。

陈戍国：《中国礼制史》（隋唐五代卷），长沙：湖南教育出版社，1998年。

（日）池田温：《中国古代籍帐研究》，龚泽铣译，北京：中华书局，1984年。

冻国栋：《唐代人口问题研究》，武汉大学出版社，1993年。

冻国栋：《中国人口史》第二卷《隋唐五代时期》，上海：复旦大学出版社，2002年。

（日）饭田瑞穂：《古代史籍の研究》（中），饭田瑞穂著作集3，东京：吉川弘文馆，2000年。

方师铎：《传统文学与类书之关系》，台湾东海大学，1971年；天津古籍出版社，1986年。

（日）福田俊昭：《敦煌类书の研究》，东京：大东文化大学东洋研究所，2003年。

甘怀真：《唐代家庙礼制研究》，台北：台湾商务印书馆，1991年。

谷霁光：《府兵制度考释》，上海人民出版社，1962年。

韩国磐主编：《敦煌吐鲁番出土经济文书研究》，厦门大学出版社，1986年。

侯灿：《高昌楼兰研究论集》，乌鲁木齐：新疆人民出版社，1990年。

胡道静：《中国古代的类书》，北京：中华书局，1982年。

胡戟等主编：《二十世纪唐研究》，北京：中国社会科学出版社，2002年。

纪赟：《慧皎〈高僧传〉研究》，上海古籍出版社，2009年。

贾二强：《唐宋民间信仰》，福州：福建人民出版社，2002年。

（日）加地伸行（研究代表者）：《类书の总合的研究》，日本研究报告书，1996年。

姜伯勤：《敦煌社会文书导论》，台北：新文丰出版公司，1992年。

姜伯勤：《敦煌艺术宗教与礼乐文明》，北京：中国社会科学出版社，1996年。

（日）井ノ口泰淳责任编集：《西域出土仏典の研究》，京都：法藏馆，1980年。

李剑国：《唐前志怪小说史》，天津：南开大学出版社，1984年。

刘叶秋：《类书简说》，上海古籍出版社，1985年。

刘安志：《敦煌吐鲁番文书与唐代西域史研究》，北京：商务印书馆，2011年。

刘屹：《敬天与崇道——中古经教道教形成的思想史背景》，北京：中华书局，2005年。

刘昭瑞：《考古发现与早期道教研究》，北京：文物出版社，2007年。

柳洪亮：《新出吐鲁番文书及其研究》，乌鲁木齐：新疆人民出版社，1997年。

柳洪亮主编：《吐鲁番新出摩尼教文献研究》，北京：文物出版社，2000年。

罗联添：《唐代诗文六家年谱》，台北：学海出版社，1986年。

马雍：《西域史地文物丛考》，北京：文物出版社，1990年。

马德：《敦煌莫高窟史研究》，兰州：甘肃教育出版社，1996年。

孟凡人：《北庭史地研究》，乌鲁木齐：新疆人民出版社，1985年。

（日）内藤乾吉：《中国法制史考证》，东京：有斐阁，1963年。

倪根金主编：《梁家勉农史文集》，北京：中国农业出版社，2002年。

彭邦炯：《百川汇海：古代类书与丛书》，台北：万卷楼图书有限公司，2001年。

戚志芬：《中国的类书、政书和丛书》（增订版），北京：商务印书馆，1996年。

岑仲勉：《西突厥史料补阙及考证》，北京：中华书局，1958年。

岑仲勉：《唐人行第录（外三种）》，北京：中华书局，2004年。

（日）仁井田陞：《中国法制史研究（土地法·取引法）》，东京大学出版会，1980年。

任士英：《唐代玄宗肃宗之际的中枢政局》，北京：社会科学文献出版社，2003年。

荣新江：《归义军史研究》，上海古籍出版社，1996年。

荣新江：《中古中国与外来文明》，北京：生活·读书·新知三联书店，

2001年。

（日）山崎诚：《中世学问史の基底と展开》，大阪：和泉书院，1993年。

（日）上山大峻：《敦煌佛教の研究》，京都：法藏馆，1990年。

（日）森鹿三：《本草学研究》，大阪：（财）武田科学振兴财团杏雨书屋，1999年。

释果朴：《敦煌写卷P3006「支谦」本〈维摩诘经〉注解考》，台北：法鼓文化出版公司，1998年。

（日）松田寿男：《古代天山历史地理学研究》，陈俊谋译，北京：中央民族学院出版社，1987年。

孙继民：《敦煌吐鲁番所出唐代军事文书初探》，北京：中国社会科学出版社，2000年。

孙继民：《唐代瀚海军文书研究》，兰州：甘肃文化出版社，2002年。

（美）太史文：《幽灵的节日：中国中世纪的信仰与生活》，侯旭东译，杭州：浙江人民出版社，1999年。

唐长孺：《唐书兵志笺正》，北京：科学出版社，1957年。

唐长孺：《魏晋南北朝史论拾遗》，北京：中华书局，1983年。

唐长孺主编：《敦煌吐鲁番文书初探》，武汉大学出版社，1983年。

唐长孺：《山居存稿》，北京：中华书局，1989年。

唐长孺主编：《敦煌吐鲁番文书初探二编》，武汉大学出版社，1990年。

唐长孺：《魏晋南北朝隋唐史三论》，武汉大学出版社，1993年。

唐长孺：《唐长孺文集》（八卷本），北京：中华书局，2011年。

（日）藤枝晃：《トルファン出土仏典の研究》，京都：法藏馆，2005年。

王重民：《敦煌古籍叙录》，北京：商务印书馆，1958年。

王重民：《敦煌古籍叙录》，北京：中华书局，1979年。

王尧、陈践译注：《敦煌古藏文文献探索集》，上海古籍出版社，2008年。

王三庆：《敦煌类书》，台北：台湾丽文文化事业股份有限公司，1993年。

王小甫：《唐、吐蕃、大食政治关系史》，北京大学出版社，1992年。

王永兴：《唐代前期西北军事研究》，北京：中国社会科学出版社，1994年。

闻一多：《闻一多学术文钞·诗经研究》，成都：巴蜀书社，2002年。

吴宗国：《唐代科举制度研究》，沈阳：辽宁大学出版社，1992年。
吴丽娱：《唐礼摭遗——中古书仪研究》，北京：商务印书馆，2002年。
（日）小林正美：《唐代の道教と天师道》，东京：知泉书馆，2003年。
薛宗正：《中亚内陆——大唐帝国》，乌鲁木齐：新疆人民出版社，2005年。
薛宗正：《北庭历史文化研究：伊、西、庭三州及唐属西突厥左厢部落》，上海古籍出版社，2010年。
严耕望：《唐仆尚丞郎表》，北京：中华书局，1986年。
严绍璗：《汉籍在日本的流布研究》，南京：江苏古籍出版社，1992年。
杨富学：《回鹘文献与回鹘文化》，北京：民族出版社，2003年。
（日）伊濑仙太郎：《西域经营史の研究》，东京：日本学术振兴会，1955年。
余英时：《东汉的生死观》，侯旭东等译，上海古籍出版社，2005年。
郁贤皓：《唐刺史考全编》，合肥：安徽大学出版社，2000年。
（日）远藤光正：《类书の传来と明文抄の研究——军记物语への影响——》，あさま书房刊，1984年。
张娜丽：《西域出土文书の基础的研究——中国古代における小学书・童蒙书の诸相——》，东京：汲古书院，2006年。
张国刚：《唐代政治制度研究论集》，台北：文津出版社，1994年。
张涤华：《类书流别》，北京：商务印书馆，1943年；修订本，商务印书馆，1985年。
张勋燎、白彬：《中国道教考古》，北京：线装书局，2005年。
赵含坤：《中国类书》，石家庄：河北人民出版社，2005年。
郑阿财、朱凤玉：《敦煌蒙书研究》，兰州：甘肃教育出版社，2002年。
（日）中村裕一：《唐代公文书研究》，东京：汲古书院，1996年。
（日）中村裕一：《隋唐王言の研究》，东京：汲古书院，2003年。
周凤五：《敦煌写本太公家教研究》，台北：明文书局，1986年。
朱雷主编：《唐代的历史与社会》，武汉大学出版社，1997年。
朱雷：《敦煌吐鲁番文书论丛》，兰州：甘肃人民出版社，2000年。

四、研究论文(含学位论文)

(美) Albert. E. Dien, "A Note on Imperial Academies of the Northern Dynasties." Proceedings of the Second Biennial Conference, International Association of Historians of Asia. pp. 57 – 69. Taibei, 1962.

(法) Anna Seidel, "Traces of Han Religion in Funeral Texts Found in Tombs."秋月观暎编:《道教と宗教文化》,东京:平河出版社,1987年。

白彬:《吴晋南朝买地券、名刺和衣物疏的道教考古研究》,成都:四川大学博士学位论文,2001年。

白彬、代丽鹃:《试从考古材料看〈女青鬼律〉的成书年代和流行地域》,《宗教学研究》2007年第1期。

(日) 白须净真:《随葬衣物疏付加文言(死者移书)の书式とその源流》,《佛教史学研究》第二十五卷第二号,1983年。

(美) 白馥兰:《齐民要术》,曾雄生译,《法国汉学》第六辑"科技史专号",北京:中华书局,2002年。

卞孝萱:《〈赣州府志〉、〈兴国县志〉中的四篇唐代制书》,载中国历史文献研究会秘书处编《古籍论丛》第二辑,福州:福建人民出版社,1985年。

(日) 滨口重国:《府兵制度より新兵制へ》,《史学杂志》第四十一卷第十号,1930年;又收入同著《秦汉隋唐史の研究》上卷,东京大学出版会,1980年。

陈国灿:《从葬仪看道教"天神"观在高昌国的流行》,《魏晋南北朝隋唐史资料》第九、十合期,1988年。又收入同著《论吐鲁番学》,上海古籍出版社,2010年。

陈国灿:《〈唐李慈艺告身〉及其补阙》,《西域研究》2003年第2期。

陈立柱:《亳在大伾说》,《安徽史学》2004年第2期。

陈伟:《〈括地志辑校〉的几点商榷》,《历史地理》第十三辑,上海人民出版社,1996 年。又收入同著《燕说集》,北京:商务印书馆,2011 年。

陈直:《关于"江陵丞"告"地下丞"》,《文物》1977 年第 12 期。

(日)池田温:《中国古代墓葬の一考察》,《国际东方学者会议纪要》第六号,1960 年。

(日)池田温:《中国历代墓券略考》,《东洋文化研究所纪要》第八十六号,1981 年。

(日)大庭脩:《唐告身の古文书学的研究》,《西域文化研究》三,京都:法藏馆,1960 年。又收入同著《唐告身と日本古代の位阶制》,伊势市:学校法人皇学馆出版部,2003 年。

戴建国:《唐〈开元二十五年令·田令〉研究》,载《历史研究》2000 年第 2 期。

冻国栋:《跋武昌阅马场五代吴墓所出之"买地券"》,《魏晋南北朝隋唐史资料》第二十一辑,武汉大学文科学报编辑部,2004 年。

窦怀永:《敦煌文献避讳研究》,浙江大学博士学位论文,2007 年。

(日)渡边孝:《唐藩镇十将考》,《东方学》第八十七辑,1994 年。

(日)饭田瑞穗:《〈秘府略〉に关する考察》,载《中央大学九十周年记念论文集》,中央大学文学部,1975 年,第 293—331 页;又收入同著《古代史籍の研究》(中),饭田瑞穗著作集 3,东京:吉川弘文馆,2000 年。

范家伟:《六朝时代岭南的天师道传播——从出土的镇墓文谈起》,《宗教学研究》1996 年第 3 期。

樊锦诗、彭金章:《敦煌莫高窟北区 B228 窟出土河西大凉国安乐三年(619)郭方随葬衣物疏初探》,《敦煌学》第二十五辑,2004 年。

费和平:《从泰山到东海抑或是从东海到地下——关于北宋中期以前买地券中一类常见用语的讨论》,《东南文化》2012 年第 3 期。

冯培红:《晚唐五代藩镇幕职的兼官现象与阶官化述论——以敦煌资料、石刻碑志为中心》,黄征、全弘哲主编:《敦煌学研究》2006 年第 2 期、2007 年第 1 期,韩国首尔出版社,2006 年、2007 年。

付晨晨:《〈修文殿御览〉初探》,武汉大学学士学位论文,2009 年。

高国藩:《敦煌写本〈太公家教〉初探》,《敦煌学辑刊》1984 年第 1 期。

高明士：《唐代的释奠礼制及其在教育上的意义》，《大陆杂志》第六十一卷第五期，1980年。

高明士：《唐代的武举与武庙》，《第一届国际唐代学术会议论文集》，台北：台湾唐代学者联谊会，1989年。

（日）关尾史郎：《莫高窟北区出土〈大凉安乐三年（619）二月郭方随葬衣物疏〉的两三个问题》，《敦煌吐鲁番研究》第九卷，北京：中华书局，2006年。

桂罗敏：《〈修文殿御览〉考辨》，《图书情报工作》2009年第1期。

郭沫若：《由王谢墓志的出土论到兰亭序的真伪》，《文物》1965年第6期。

郭平梁：《突骑施苏禄传补阙》，《新疆社会科学》1988年第4期。

韩国磐：《唐籍帐残卷证明唐代造籍均田之勤》，《敦煌吐鲁番学研究论文集》，上海：汉语大词典出版社，1990年。

（美）韩森：《为什么将契约埋在坟墓里》，朱雷主编：《唐代的历史与社会》，武汉大学出版社，1997年。

（美）韩森：《中国人是如何皈依佛教的？——吐鲁番墓葬揭示的信仰改变》，《敦煌吐鲁番研究》第四卷，北京大学出版社，1999年。

韩香：《吐鲁番新出〈洪奕家书〉研究》，载朱玉麒主编：《西域文史》第二辑，北京：科学出版社，2007年。

何双全、狄晓霞：《甘肃省近年来新出土三国两晋简帛综述》，《西北师大学报》2007年第5期。

（日）河野贵美子：《〈弘决外典钞〉所引汉籍考——具平亲王的学问及周边的汉籍》，葛继勇译，《甘肃社会科学》2008年第5期。

洪业：《所谓〈修文殿御览〉者》，《燕京学报》第十二期，1932年；修订本又收入同著《洪业论学集》，北京：中华书局，1981年。

洪石：《东周至晋代墓所出物疏简牍及其相关问题研究》，《考古》2001年第9期。

（日）后藤昭雄：《〈坤元录〉屏风诗》，载王勇主编：《书籍之路与文化交流》，上海辞书出版社，2009年。

侯灿：《吐鲁番晋——唐古墓出土随葬衣物疏综考》，原载《新疆文物》

1988 年第 4 期,又收入同著《高昌楼兰研究论集》,乌鲁木齐:新疆人民出版社,1990 年。

胡立初:《〈齐民要术〉引用书目考证》,《齐鲁大学国学汇编》第二册,1934 年。

华林甫:《〈括地志〉辑本校读》,《文献》1991 年第 1 期。

黄烈:《略论吐鲁番出土的"道教符箓"》,《文物》1981 年第 1 期。

黄景春:《地下神仙张坚固、李定度考述》,《世界宗教研究》2003 年第 1 期。

黄景春:《早期买地券、镇墓文整理与研究》,上海:华东师范大学博士学位论文,2004 年。

黄维忠、郑炳林:《敦煌本〈修文殿御览残卷〉考释》,《敦煌学辑刊》1995 年第 1 期。

(日)荒川正晴:《唐の对西域布帛输送と客商の活动について》,《东洋学报》七三—三、四,1992 年。乐胜奎汉译文载《魏晋南北朝隋唐史资料》第十六辑,武汉大学出版社,1998 年。

(日)荒川正晴:《北庭都护府の轮台县と长行坊——アスターナ五〇六号墓出土、长行坊关系文书の检讨を中心として——》,《小田义久博士还历记念东洋史论集》,京都:龙谷大学东洋史学研究会,1995 年。

(日)荒川正晴:《トゥルファン汉人の冥界观と仏教信仰》,载森安孝夫责任编集:《中央アジア出土文物论丛》,京都:朋友书店,2004 年。

贾志刚:《从唐代墓志再析十将》,《'98 法门寺唐文化国际学术讨论会论文集》,西安:陕西人民出版社,2000 年。

(日)江川式部:《唐朝祭祀における五齐三酒》,《文学研究论集》第十四号,2001 年。

姜伯勤:《〈玄都律〉年代及所见道官制度》,《魏晋南北朝隋唐史资料》第十一期,武汉大学出版社,1991 年。

姜伯勤:《唐敦煌城市的礼仪空间》,《文史》2001 年第 2 辑。

金程宇:《东京大学史料科编纂所藏〈括地志〉残卷跋》,载张伯伟编:《域外汉籍研究集刊》第二辑,北京:中华书局,2006 年。

（日）菊池英夫：《唐代府兵制度拾遗》，《史林》第四十三卷第六号，1960年。

（日）菊池英夫：《唐代边防机关として守捉・城・镇等の成立过程について》，《东洋史学》第二十七辑，1964年。

（日）菊池英夫：《隋・唐王朝支配期の河西と敦煌》，《讲座敦煌2・敦煌の历史》，东京：大东出版社，1980年。

寇克红：《高台骆驼城前凉墓葬出土衣物疏考释》，《考古与文物》2011年第2期。

（日）枥尾武：《类书の研究序说（一）——魏晋六朝唐代类书略史》，《成城国文学论集》第十辑（坂本浩教授古稀庆贺），1978年。

李贞德：《唐代的性别与医疗》，邓小南主编：《唐宋女性与社会》，上海辞书出版社，2003年。

梁家勉：《有关〈齐民要术〉若干问题的再探讨》，《农史研究》第二辑，1982年；收入倪根金主编：《梁家勉农史文集》，北京：中国农业出版社，2002年。

梁家勉：《〈齐民要术〉的撰者、注者和撰期——对祖国现存第一部农书的一些考证》，广东农业科学院、华南农学院主办《华南农业科学》1957年第3期；收入倪根金主编：《梁家勉农史文集》，北京：中国农业出版社，2002年。

林忠干：《福建五代至宋代墓葬出土明器神煞考》，《福建文博》1990年第1期。

刘师培：《敦煌新出唐写本提要》（十九种），《国粹学报》第七卷第1—8期，1911年；收入《刘申叔遗书》（下），南京凤凰出版社，1997年。

刘昭瑞：《关于吐鲁番出土随葬衣物疏的几个问题》，《敦煌研究》1993年第3期。

刘昭瑞：《妳女地券与早期道教的南传》，《华学》第二辑，广州：中山大学出版社，1996年；又收入氏著《考古发现与早期道教研究》，北京：文物出版社，2007年。

刘昭瑞：《"老鬼"与南北朝时期老子的神化》，《历史研究》2005年第2期；

又收入氏著《考古发现与早期道教研究》，北京：文物出版社，2007年。

刘安志、石墨林：《〈大谷文书集成〉佛教资料考辨》，《魏晋南北朝隋唐史资料》第二十辑，武汉大学文科学报编辑部，2003年。

刘安志：《〈大谷文书集成〉古籍写本考辨》，《新疆师范大学学报》2004年第1期。

刘琴丽：《从出土墓志看唐代的武贡举》，载《中国史研究》2003年第3期。

鲁西奇：《六朝买地券丛考》，《文史》2006年第2辑。

鲁西奇：《隋唐五代买地券丛考》，《文史》2007年第2辑。

鲁西奇：《跋鄂东五县所见宋元地券文》，未刊稿。

吕博：《唐代德运之争与正统问题——以"二王三恪"为线索》，《中国史研究》2012年第4期。

孟宪实：《吐鲁番出土随葬衣物疏的性质及其相关问题》，《吐鲁番学研究专辑》，1990年；又收入同著《汉唐文化与高昌历史》，济南：齐鲁书社，2004年。

莫志东：《浅析桂林地区出土的南朝买地券及其相关问题》，《桂林文化》2003年第3期。

（日）内藤乾吉：《唐六典の行用に就いて》，《东方学报》第七册，京都，1936年；后收入同著《中国法制史考证》，东京：有斐阁，1963年，第64—89页。

齐陈骏、冯培红：《晚唐五代宋初归义军政权中"十将"及下属诸职考》，《段文杰敦煌研究五十年纪念文集》，北京：世界图书出版公司，1996年；又收入《敦煌归义军史专题研究》，兰州大学出版社，1997年。

（日）浅见直一郎：《中国南北朝时代の葬送文书——北齐武平四年〈王江妃随葬衣物疏〉を中心に——》，《古代文化》1990年第4期。

（日）浅见直一郎：《黄泉の土地と冥途への旅——中国の葬送文书に关する一考察》，《大谷学报》第八十七卷第一号，2007年。

岑仲勉：《〈括地志序略〉新诠》，《岑仲勉史学论文集》，北京：中华书局，1990年。

(日)臼田淳三:《ペリオ三〇〇六番汉文佛典注释书断片めぐつて——鸠摩罗什译以前の维摩经注释书》,《佛教史学研究》二三—二,1938年。

荣新江:《德国"吐鲁番收集品"中的汉文典籍与文书》,载饶宗颐主编:《华学》第三辑,北京紫禁城出版社,1998年。

荣新江:《〈唐开元二十三年西州高昌县顺义乡籍〉残卷跋》,《中国古代社会研究——庆祝韩国磐先生八十华诞纪念论文集》,厦门大学出版社,1998年。

荣新江:《唐写本中の「唐律」「唐礼」及びその他》,《东洋学报》第八五卷第二号,森部丰译,2003年9月。

荣新江:《唐写本〈唐律〉〈唐礼〉及其他》,《文献》2009年第4期。

(日)森鹿三:《亮阿阇梨兼意の「香要抄」について》,载《塚本博士颂寿记念佛教史学论集》,塚本博士颂寿记念会刊,1961年;又收入同著《本草学研究》,大阪:(财)武田科学振兴财团杏雨书屋,1999年。

(日)森鹿三:《修文殿御览について》,载《东方学报》第三十六卷,1964年;又收入同著《本草学研究》,大阪:(财)武田科学振兴财团杏雨书屋,1999年。

(日)森安孝夫:《吐蕃在中亚的活动》,劳江译,《国外藏学研究译文集》第一辑,拉萨:西藏人民出版社,1985年。

(日)山崎诚:《宫内厅书陵部藏管见记卷六纸背括地志残卷について》,载《和汉比较文学》第一号,1985年10月;后修改题为《宫内厅书陵部藏〈管见记〉卷六纸背〈括地志〉残卷について——付翻刻》,收入同著《中世学问史の基底と展开》,大阪:和泉书院,1993年。

(日)胜村哲也:《修文殿御览卷第三百一香部の复元——森鹿三氏「修文殿御览について」を手挂りとして》,《日本仏教学会年报》第三十八号,1973年。

(日)胜村哲也:《〈修文殿御览〉新考》,《森鹿三博士颂寿记念史学论文集》,京都:同朋社,1977年。

(日)胜村哲也:《修文殿御览天部の复元》,《中国の科学と科学者》,京都大学人文科学研究所,1978年。

史念海:《河南省浚县大伾山西部古河道考》,《历史研究》1984年第2期。

史树青:《晋周芳命妻潘氏衣物券考释》,《考古通讯》1956年第2期。

石英:《隋唐五代买地券的若干问题研究》,武汉大学硕士学位论文,2007年。

(日)松田寿男:《碛西节度使考》,《史潮》三—二、三—三,1933年。

苏北海:《唐代四镇、伊西节度使考》,《西北史地》1996年第2期。

孙继民:《关于唐北庭都护杨楚客其人》,《吐鲁番学研究》2003年第1期。

孙猛:《浅谈〈日本国见在书目录〉》,载《中国索引》2004年第3期。

孙齐:《〈新资料与中古文史论稿〉述评》,载《理论与史学》第2辑,北京:中国社会科学出版社,2016年。

谭其骧:《西汉以前的黄河下游河道》,载《历史地理》创刊号,1981年;又收入同著《长水粹编》,石家庄:河北教育出版社,2000年。

唐长孺:《唐西州诸乡户口帐试释》,《敦煌吐鲁番文书初探》,武汉大学出版社,1983年。

唐长孺:《唐先天二年(七一三)西州军事文书跋》,《敦煌吐鲁番文书初探二编》,武汉大学出版社,1990年。

唐长孺:《论南朝文学的北传》,《武汉大学学报》1993年第6期。

唐长孺:《跋吐鲁番所出〈千字文〉》,荣新江主编:《唐研究》第一卷,北京大学出版社,1995年。

(日)藤枝晃:《藤井有邻馆所藏の北庭文书》,《书道月报》第十三号,1957年。

王北辰:《黄帝史迹涿鹿、阪泉、釜山考》,《北京大学学报》1994年第1期;又收入同著《王北辰西北历史地理论文集》,北京:学苑出版社,2000年。

汪泛舟:《〈太公家教〉考》,《敦煌研究》1986年第1期。

王法星:《大伾山古貌初探》,《史学月刊》1991年第2期。

王素:《麴氏高昌职官"儒林参军"考略》,《文物》1986年第4期。

王素:《吐鲁番出土〈功德疏〉所见西州庶民的净土信仰》,荣新江主编:

《唐研究》第一卷,北京大学出版社,1995年。

王育成:《徐副地券中天师道史料考释》,《考古》1993年第6期。

王育成:《考古所见道教简牍考述》,《考古学报》2003年第4期。

王志高、莫庐:《六朝买地券综述》,《东南文化》1996年第2期。

吴丽娱:《唐高宗永隆元年（公元六八〇年）府兵卫士简点文书的研究》,载《敦煌吐鲁番学研究论文集》,上海:汉语大词典出版社,1990年。

吴荣曾:《镇墓文中所见到的东汉道巫关系》,《文物》1981年第3期;又收入同著《先秦两汉史研究》,北京:中华书局,1995年。

（日）小林正美:《天师道的受法教程和道士位阶制度》,李之美译,载程恭让主编:《天问》丙戌卷,南京:江苏人民出版社,2006年。

（日）小田义久:《吐鲁番出土葬送用文书の一考察——特に「五道大神」について》,《龙谷史坛》第四十七期,1961年。

（日）小田义久:《吐鲁番出土の随葬衣物疏について》,《龙谷大学论集》第四〇八号,1976年。

（日）小田义久:《吐鲁番出土葬送仪礼关系文书の一考察——随葬衣物疏から功德疏へ——》,《东洋史苑》第三〇、三一号,1988年。

（日）小田义久:《吐鲁番出土随葬衣物疏の一考察》,《龙谷史坛》第一〇八期,1997年。

（日）小田义久:《关于德富苏峰纪念馆藏"李慈艺告身"的照片》,乜小红译,《西域研究》2003年第2期。

谢文学:《〈钟氏族谱〉中的五篇唐代制书》,刘跃进主编:《中华文学史料》第二辑,北京:学苑出版社,2007年。

许建平:《敦煌本〈修文殿御览〉录校补正》,《敦煌研究》2010年第1期。

薛宗正:《阿史那献生平辑考》,《新疆师范大学学报》2009年第1期。

杨华:《论〈开元礼〉对郑玄和王肃礼学的择从》,《中国史研究》2003年第1期。

叶静:《30年来陆羽〈茶经〉研究的回顾与反思》,《农业考古》2012年第2期。

余英时:《中国古代死后世界观的转变》,《燕园论学集》,北京大学出版社,1984年。

余英时:《"魂兮归来!"——论佛教传入以前中国灵魂与来世观念的转变》,收入同著《东汉的生死观》,侯旭东等译,上海古籍出版社,2005年。

余欣:《唐宋敦煌墓葬神煞研究》,《敦煌学辑刊》2003年第1期。

张国刚:《唐代藩镇军将职级考略》,《学术月刊》1989年第5期,又收入同著《唐代政治制度研究论集》,台北:文津出版社,1994年。

张国刚:《唐代府兵制若干问题的探讨》,《文史》2002年第3辑。

张求会:《陈寅恪佚文〈敦煌本太公家教书后〉考释》,《历史研究》2004年第4期。

张俊民:《甘肃玉门毕家滩出土的衣物疏初探》,《湖南省博物馆馆刊》第七辑,长沙:岳麓书社,2011年。

赵澜:《〈大唐开元礼〉初探——论唐代礼制的演化历程》,《复旦学报》1994年第5期。

郑学檬:《吐鲁番出土文书〈随葬衣物疏〉初探》,韩国磐主编:《敦煌吐鲁番出土经济文书研究》,厦门大学出版社,1986年。

郑阿财:《学日益斋敦煌学札记》,载《周一良先生八十生日纪念论文集》,北京:中国社会科学出版社,1993年。

郑阿财:《论"张坚固、李定度"的形成、发展与民俗意涵——以买地券、衣物疏为考察对象》,《民间文学年刊》第二期增刊号(2008民俗暨民间文学国际学术研讨会专号),2009年。

钟国发:《也谈吐鲁番晋——唐古墓随葬衣物疏》,《新疆师范大学学报》1995年第3期。

周迅:《〈善邻国宝记〉———部最早的中日关系史》,载《文献》1981年第2期。

朱雷:《唐代"手实"制度杂识——唐代籍帐制度考察》,《魏晋南北朝隋唐史资料》第五期,1983年;又收入同著《敦煌吐鲁番文书论丛》,兰州:甘肃人民出版社,2000年。

朱雷:《唐开元二年西州府兵——"西州营"赴陇西御吐蕃始末》,《敦煌学辑刊》1985 年第 2 期；又收入同著《敦煌吐鲁番文书论丛》，兰州：甘肃人民出版社，2000 年。

朱雷：《唐代"点籍样"制度初探——吐鲁番、敦煌两地出土"点籍样"文书的考察》，《敦煌吐鲁番文书初探二编》，武汉大学出版社，1990 年；又收入同著《敦煌吐鲁番文书论丛》，兰州：甘肃人民出版社，2000 年。

（日）佐藤长：《初代碛西节度使の起源と其の终末——碎叶焉耆更换事情の一考察——》（上、下），《东洋史研究》七—六、八—二，1942 年、1943 年。

后　　记

　　近二十年来，我除利用敦煌吐鲁番文书研究唐代西域史，撰著出版《敦煌吐鲁番文书与唐代西域史研究》一书外，还对中国中古史上的其他一些问题进行了一定的思考和探索，收入本书的十六篇论文，即是这些思考和探索的初步成果。之所以取书名为《新资料与中古文史论稿》，乃在于这十六篇论文除利用敦煌吐鲁番文书外，还利用了碑刻、地券、族谱以及日本所藏《修文殿御览》佚文、《括地志》残卷等"新资料"。当然，除此之外，中古时期的"新资料"，尚有走马楼吴简、郴州晋简及宁波天一阁所藏《天圣令》等，限于能力和水平，我对这些"新资料"还没有进行过专门的研究。不过，那将是我今后努力的方向。

　　人的认识总有一个不断深化和提高的过程。如同业已出版的拙著《敦煌吐鲁番文书与唐代西域史研究》一样，此次收入本书的十六篇论文，虽然撰写和发表时间先后不一，但我都统一在原来基础上进行了不同程度的修改，有的甚至是大改，大体代表了我目前对中古史相关论题的认知水平。

　　人贵有自知之明。我对自己从来有清醒的认识和定位，那就是先天不足、悟性不高、理论欠缺等，比较适合做一些具体实在的分析考辨工作。因而我的研究多是零散性的，没有什么大的计划和目标，也缺乏系统性，收入本书中的各篇论文，或可说明此点。不过，万丈高楼平地起，若能通过一个个具体问题的分析与考辨，在前人已有众多研究成果基础上有所进步，哪怕是微不足道的些许进步，亦可为今后的史学高楼建设做点铺垫，提供一些参考和借鉴。从这一意义上讲，本书的分析考辨工作，也不是完全没有价值的。

2012年4—10月,在日本龙谷大学都筑晶子教授的大力帮助下,我有幸受聘为龙谷大学佛教文化研究所的外国人客员研究员,赴日本京都访学六个月。访学期间,除与日本学界同行进行广泛的学术交流外,还搜集了不少珍贵的资料和研究成果,不仅有助于我今后的学术研究,而且对本书的修改和完善也提供了条件。此外,我还得到龙谷大学非常勤讲师北村一仁博士的多方关照和帮助,谨在此向都筑晶子教授及北村一仁博士表示我衷心的感谢!

　　从参加工作到现在,我总是奔波忙碌,家中之事较少顾及,幸赖贤妻潘志芳女士(武汉大学附属中学教师)独力操持家务,育养幼女刘诗雨,其间岳母毛道芬老人还多次从贵州老家来到武汉,帮忙料理家务,使我能有更多的时间和精力从事自己所喜爱的教学与科研工作。此等恩情,让我终生难忘,无以回报。唯有不懈努力,在教学科研事业方面取得成绩,方能表达我的感激之情,也希望女儿长大成人后,能对我所从事的工作有所理解。

　　本书的修改,曾得到研究所同事李永生及研究生罗亮、齐子通、肖龙祥、丁洁、刘瑞萍、蔡伟瀚、秦延民、陈珍荣等诸位年轻朋友的帮助,他们为我一一核对了史料,并纠正了书中的不少引文错误。黄楼博士还为我造了十余个不易打出的俗体字。责任编辑盛洁女史认真负责的态度,也使本书避免了一些不必要的疏误。谨向各位年轻朋友表示我诚挚的谢意!

　　本书系教育部新世纪优秀人才支持计划项目(NCET-10-0615)、教育部人文社科研究规划基金项目(13YJA770016)阶段性成果,出版得到教育部新世纪优秀人才支持计划项目经费的资助,谨表谢忱!

刘安志
2013年11月于武昌珞珈山

修 订 后 记

《新资料与中古文史论稿》一书，是著者多年前挖掘利用敦煌吐鲁番文书、碑刻、地券、族谱以及域外文献等资料，结合传世文献，对中古礼仪、宗教、制度、类书、地志等诸问题进行若干粗浅探讨的论文结集。本书自2014年7月由上海古籍出版社正式出版后，迄今已有五年时间了。因初版印数不多，现已基本脱销，出版社决定重印，并希望著者进行适度修订，提供一个相对完善的文稿，以满足学界的需要。

特别值得一提的是，本书出版后，因具一定学术价值，受到海内外学界同仁关注与好评，相继有多位师友撰写书评发表（中文4篇，英、日文各1篇，总6篇），予以推介。如著名敦煌学家赵和平先生在《唐研究》第二十卷（北京大学出版社，2014年）所发表的书评中，称许本书为"自觉运用新资料研究中古文史问题的一部力作"。诸位师友在书评中，或提示笔者此前未曾注意到的史料及相关信息，或提出值得进一步思考与探讨的问题。凡此种种，都令著者深受鼓励，坚信"吾道不孤"。此外，其他师友们还通过多种方式，指出本书中存在的个别疏误与不足，同样让著者感佩莫名。

此次修订，主要体现在如下几个方面：一是订正原书中出现的明显错讹。二是统一全书体例。三是参考学界师友赐示的宝贵批评意见，对原书相关表述进行适当增补与修订。如复旦大学中文系杨明先生通过陈尚君先生转来教示，指出本书所收《〈修文殿御览〉佚文辑校》一文中，存在著者据《太平御览》改陆机《浮云赋》为《灵龟赋》的疏误。又如山东大学《文史哲》编辑部孙齐先生在《〈新资料与中古文史论稿〉述评》（载《理论与史学》第2辑，北京：中国社会科学出版社，2016年）一文中，提示《万历续道藏》所收明朱权编《天皇至道太清玉册》中，载有宋理宗《御制化胡辩》一文,内中所记"《括地志·四夷部》",透露出《括地志》分部的情况;又指出清乾隆中鄞县卢址《抱经楼书目》著录明抄本《修文殿御览》三百六十卷、一百六十三册,或即绛云楼旧藏,经傅增湘等学者目验判断,其乃据《文苑英华》编撰的伪书。再如网友 Bodhijaa 在 2015 年 5 月 30 日所发微博中,指出本书第 232 页第 2 段第 6 行"《易渐》引《王弼注》'适',不避德宗李适讳"一语判断有误。这些批评指正意见令著者深受教益,今皆参酌吸收,对本书相关部分进行适度增删改补。在此谨向诸位师友表示由衷的感谢!

学术之路是艰辛的,但发现并解决真正的学术问题,则是令人愉悦的。其间过程,相信不少学人都会感同身受。著者自 1987 年负笈珞珈,投入中古史学习与研究以来,始终恪守武汉大学严谨求实的唐门学风,注重新史料的开掘与利用,如近年来开展的《唐会要》整理与研究工作,以及 2017 年主持获批的国家社科基金重大招标项目"吐鲁番出土文书再整理与研究"(17ZDA183)等,皆属此类。在具体研究中,重实证、戒浮言,力求做到持之有故、言之成理,能经得起质疑与推敲。当然,本书虽经修订,但限于学力与识见,原有问题与不足依然存在,恳请学界师友继续不吝赐教。

本书修订,得到上海古籍出版社胡文波先生、盛洁女史及相关社领导的支持与帮助,并受到国家社科基金重大招标项目经费的资助,谨此深表谢意。

刘安志
2020 年 7 月

图书在版编目(CIP)数据

新资料与中古文史论稿／刘安志著. —修订本. —上海：上海古籍出版社，2020.9
 ISBN 978-7-5325-9731-4

Ⅰ.①新… Ⅱ.①刘… Ⅲ.①中国历史—中古史—研究 Ⅳ.①K240.7

中国版本图书馆 CIP 数据核字(2020)第 160175 号

新资料与中古文史论稿(修订本)
 刘安志 著
 上海古籍出版社出版发行
 (上海瑞金二路272号 邮政编码200020)
 (1) 网址: www.guji.com.cn
 (2) E-mail: guji1@guji.com.cn
 (3) 易文网网址: www.ewen.co
 常熟市新骅印刷有限公司印刷
 开本635×965 1/16 印张26.75 插页12 字数381,000
 2020年9月第1版 2020年9月第1次印刷
 ISBN 978-7-5325-9731-4
 K·2892 定价: 138.00元
 如有质量问题，请与承印公司联系